MÉMENTOS LMD

PublicitéS

Un outil qui permet à la fois plus de discernement de la part du consommateur et plus de pertinence de la part de l'annonceur

Philippe MOUILLOT

est maître de conférences en sciences de gestion à l'Institut d'administration des entreprises de Poitiers où il enseigne la stratégie, le comportement du consommateur, les études de marchés, la communication et la publicité. Il travaille également en étroite collaboration avec l'Université de Barcelone (il y dirige des recherches dans le domaine de la migration des marques) et avec l'École supérieure des affaires de Beyrouth (il y est professeur et consultant pour plusieurs sociétés implantées dans le Golfe).

Il est l'auteur d'une thèse de doctorat consacrée à la modélisation de l'impact de la suggestion subliminale sur les comportements humains.

Enfin, il assure de nombreux enseignements et opérations de consulting à l'étranger, principalement au Proche et Moyen Orient.

ISBN 2 - 297 - 00013 - 8

MÉMENTOS LMD

PublicitéS

Un outil qui permet à la fois plus de discernement de la part du consommateur et plus de pertinence de la part de l'annonceur

Philippe MOUILLOT

Gualino éditeur

« Nous sommes continuellement en train de communiquer,
pourtant, nous sommes presque totalement incapables
de communiquer sur la communication. »

P. Watzlawick

« Si je pouvais avoir vingt-cinq mille dollars,
je dépenserais vingt-quatre mille dollars en publicité
et j'utiliserais le reste pour fabriquer du Coca-Cola.
Et alors, nous serions tous riches. »

John S. Pemberton

Présentation

Volontairement pragmatique et critique, cet ouvrage n'est en rien un « best of » de la littérature publicitaire. Il n'est pas non plus une synthèse visant à construire la stratégie de communication « idéale ». En revanche, il est un outil permettant à la fois plus de discernement de la part du consommateur et de pertinence de la part de l'annonceur. Il privilégie les illustrations, au sens propre comme au sens figuré, et n'a pas pour vocation d'être fastidieusement exhaustif. Son objectif essentiel est de mettre concrètement en exergue les éléments atypiques comme récurrents qui sont inhérents à toute stratégie marketing visant à rester étroitement en contact avec les réalités économiques et psychosociologiques de notre époque. Alors, en lien avec des concepts de stratégie et de comportement du consommateur, il utilise de nombreux thèmes qualitatifs des sciences de gestion pour essayer de ***comprendre ce qu'est la publicité*** : son efficacité, ses règles de fonctionnement, et, surtout, le rôle de la ***marque***.

Cet ouvrage propose donc de ***décrypter les stratégies de communication*** privilégiées des annonceurs, d'***envisager les spécificités inhérentes aux différents secteurs*** dans lesquels elles apparaissent, et surtout, de fournir un ***guide*** à quiconque souhaiterait connaître un chemin à suivre ***pour créer sa marque, la faire muter, ou bien la faire disparaître***. Cette présentation prend tout son sens du fait qu'elle se place dans un XXIe siècle où le marketing est maintenant l'affaire de tous, que l'on soit annonceur ou consommateur. C'est pourquoi, à la lecture de ce livre, vous rencontrerez sans doute peu de chiffres ou d'algorithmes, mais probablement des émotions, des idées, des exemples, et des conseils. Vous pourriez aussi y croiser une ou deux petites expériences à réaliser par vous-même, qui sait… ? En tout cas, vous y trouverez sûrement ce qui guide vos choix, ce qui construit une marque, et ce qui annonce la fin d'une mode, c'est-à-dire tous ce dont vous devriez vous méfier face à un message publicitaire, que vous en soyez l'émetteur ou le récepteur. Enfin, presque tout…

Ce *Mémento* s'adresse principalement aux étudiants de sciences de gestion qui se spécialisent en Marketing, Management et Stratégie, comme aux élèves ingénieurs qui suivent un cursus à la fois scientifique et managérial. Mais il s'adresse également aux enseignants de ces mêmes formations, ainsi qu'aux entrepreneurs désireux de mieux appréhender le fonctionnement de leurs marchés, les perceptions de leurs consommateurs, ainsi que les moyens d'optimiser leurs mix de communication, quel que soit leur secteur d'activité. Sans oublier quiconque s'est un jour retrouvé dans le rayon d'un grand magasin...

Sommaire

Liste des abréviations

ADN	Acide désoxyribonucléique
B to B	Business to Business
B to C	Business to Consumer
BCBG	Bon Chic Bon Genre
CQFD	Ce qu'il fallait démontrer
CSP	Catégories socioprofessionnelles
DM	Développement de marché
F1	Formule 1
FCS	Facteurs-clés de succès
FNAC	Fédération Nationale pour l'Achat des Cadres
GMS	Grandes et moyennes surfaces
GSS	Grandes surfaces spécialisées
JO	Jeux olympiques
JT	Journal télévisé
MDD	Marques de distributeurs
MMS	Multi-Media System
ONG	Organisations non gouvernementales
OPA	Offre publique d'achat
OPE	Offre publique d'échange
PDA	Personal Directory Agenda
PGE	Politique générale d'entreprise (stratégie corporate)
PLV	Publicité sur le lieu de vente
PMR	Part de marché relative
PNL	Programmation neurolinguistique
QI	Quotient intellectuel
4 M	Media (outil), Message (contenu), Moment (planning), Memory (mémoire)
4 P	Product (produit), Price (prix), Place (lieu de vente), Promotion (publicité)
RP	Relations publiques
R&D	Recherche & Développement
SMS	Short Message System
USP	Unique Selling Proposal (proposition unique de vente)

Introduction

Il existe aux portes du désert, dans une petite ville au nom imprononçable, une épicerie qui ne paie pas de mine. Sa fonction essentielle, au milieu de nulle part, est d'alimenter les aventuriers qui se préparent à la grande traversée. Vous voici donc, cher voyageur, devant un « ***bazar*** » à proprement parler, regorgeant de produits divers dont vous ignorez tout et aux aspects parfois inattendus. Dans de telles circonstances, deux options s'offrent à vous : l'expérimentation, c'est-à-dire l'aventure, ou la sécurité, c'est-à-dire la culture.

Quoique l'on en dise, on n'abandonne jamais vraiment ses habitudes, même à l'entrée du grand rien. « ***Tu fuis avec toi-même*** » disait le grand Sénèque, et la perspective de la contemplation de la voûte étoilée au son des mélopées touaregs l'emporte heureusement sur celle d'une mauvaise dysenterie mal dissimulée à l'arrière d'une tente de fortune.

Le choix se pose donc entre le lait de chèvre caillé et le « ***Brassé*** » de **Danone** !

Pour être clair, la peur reprend ses droits et l'on assiste par là-même au réveil inattendu de la théorie de Maslow que l'on croyait devenue obsolète à l'ombre des quartiers d'affaires : manifestement, la prise de risque est inversement proportionnelle au degré d'hostilité de l'environnement, que vous arpentiez l'Amazonie ou le Faubourg Saint-Honoré. De la même manière, « ***Dior ou Prada, que faire ?*** » est également *la* question *vitale* à résoudre lorsque la nuit tombe dans les quartiers en vogue.

Voilà pourquoi nous sommes autant à l'écoute des messages des annonceurs, quel que soit le secteur dans lequel ils agissent ; la publicité nous oriente vers la marque qui saura nous rassurer. Voilà encore pourquoi « *nous ne pouvons pas ne pas communiquer, nous ne pouvons pas ne pas manipuler* »[1], le silence lui-même étant une merveilleuse forme de communication : « *Il y a une éloquence du silence qui pénètre plus que la langue ne saurait le faire* »[2] ; nous avons tous un positionnement, qui diffère selon nos croyances, nos origines culturelles, notre éducation ou notre désir

1. P. Watzlawick, *Communication orale* (colloque), Paris, 1998.
2. B. Pascal, « Pensées », Paris, éditions Jean de Bonnot, 1982.

d'appartenance à tel ou tel groupe[3], certes, mais qui existe bel et bien. D'où la nécessité d'en informer un entourage, tel l'animal social[4] que nous sommes, que nous soyons acheteurs ou « ***marketeurs*** ». Voilà enfin pourquoi la publicité a acquis son statut d'éternité ; quelles que soient nos fonctions, nos professions, ou nos choix de vie, il existe un point commun à tout ceci, inéluctable, et liant toute forme de disparité : la consommation.

Nous consommons tous un jour ou l'autre ; marques, substituts, ici ou ailleurs, logos croisés par inadvertance ou réel souci de rechercher ce qu'il y a de meilleur pour répondre à notre besoin, nous avons choisi de structurer notre monde social autour de la valeur et de la communication tacite. Et du fait que, justement ici ou ailleurs, nous sommes aujourd'hui tous en mesure d'imaginer, de fabriquer, et de commercialiser les objets de demain, marketing et publicité, même s'ils conservent certains secrets scientifiques pour certains, sont dorénavant connus de tous.

C'est ce monde si évident, puisque nous y évoluons perpétuellement, et pourtant si mystérieux, puisque tant de richesses l'animent, que nous allons explorer ensemble à la lecture de cet ouvrage.

Mais juste avant de prononcer l'éternel « ***à vos marques, prêts, partons...*** », n'oubliez jamais le fondement de tout ce que vous découvrirez à la lecture de ces lignes : si le produit ou le service sont originellement de mauvaise qualité, alors le succès ne sera jamais au rendez-vous ; et la publicité n'y changera rien...

BIBLIOGRAPHIE

ANZIEU (D.) & MARTIN (J.Y.), *La dynamique des groupes restreints*, Paris, PUF Le psychologue, 1re édition mai 1968, 10e édition corrigée mars 1994.

ARONSON (E.), *The Social Animal*, San Francisco, Freeman, 1972.

PASCAL (B.), *Pensées*, Paris, éditions Jean de Bonnot, 1982.

3. D. Anzieu & J.Y. Martin, « La dynamique des groupes restreints », Paris : PUF Le psychologue, 1re édition mai 1968, 10e édition corrigée mars 1994.
4. E. Aronson, « The Social Animal », San Francisco, Freeman, 1972.

CHAPITRE 1

Définitions, notions de stratégie et USP

1 • PUBLICITÉ VS. RÉCLAME : *QUI FAIT RÊVER, QUI FAIT VENDRE ?*

Avant toute chose, il est essentiel de fixer le cadre de naissance puis d'évolution de la publicité. Depuis le début des années 90, on assiste à une réelle mutation de la nature des messages : d'un souci d'information du consommateur, puis de tentative de conviction, nous observons maintenant que le message publicitaire, notamment télévisuel, s'intègre parfaitement dans le monde des courts-métrages. La réclame, reine de l'époque de nos grands-parents, a bien changé. Les annonceurs rivalisent de créativité et de technicité pour que leurs messages soient à la fois les plus perçus et les mieux perçus. Ils font appel à de célèbres réalisateurs, louent les traits de célébrités de tous horizons, sensibilisent les auteurs compositeurs à leur cause, bref, tentent d'exister au milieu de la foule des messages publicitaires qui régissent notre quotidien.

Alors oui, nous sommes matraqués, oui, nous sommes séduits, apeurés ou amusés, oui, nous sommes sollicités pour passer des heures devant des *films* publicitaires lors de manifestations comme La Nuit des Publivores, nul en doute encore ; tantôt séduits, tantôt agacés, tantôt avides d'être rassurés et informés sur notre achat futur, tantôt épuisés par tant de messages impersonnels et manipulateurs, la publicité fait partie de notre monde, et de la même manière, nous faisons partie du sien.

Mais la vraie question est assommante : la publicité est-elle efficace ? Fait-elle vendre ? N'est-elle pas devenue l'élément incontournable de tout mix marketing normalement constitué en présence duquel le succès reste bien incertain, mais en l'absence duquel tout échec est inévitable ? Herzberg[1] ne lésinait pas sur le sujet lorsqu'il exprimait sa théorie des deux facteurs de motivation : lors de tout processus d'achat, l'absence de facteurs entraînant le mécontentement n'est pas une motivation suffisante à l'acte d'achat en tant que tel ; les facteurs positifs doivent également être présents. En d'autres termes, là où il est presque certain que la présence d'un facteur négatif (ou plusieurs) altérera la vente, son absence ne la motivera pas pour autant.

1. F. Herzberg, « Work and the Nature of Man », Paris, Entreprise moderne d'édition, 1966.

Promenez-vous dans les rayons de la **FNAC** ; vous remarquez que sur les trois copies d'un ouvrage susceptible de vous intéresser, l'une d'entre elles porte les stigmates du passage d'un lecteur peu scrupuleux. Le livre aux pages déchirées ne sera pas acheté ; le facteur négatif de « page déchirée » entraîne systématiquement le non-achat du livre dans les conditions dans lesquelles il est proposé à la vente (une négociation sur une baisse éventuelle du prix pouvant diminuer la distorsion entre l'état du produit et sa valeur affichée) ; pour autant, les deux autres copies de l'ouvrage n'ayant subi aucune altération n'ont aucunement la certitude d'emporter votre choix. Il est donc certain que vous n'achèterez pas un livre aux pages déchirées. En revanche, le simple fait que le livre soit en parfait état ne justifie en rien votre décision de l'acheter si un facteur positif ne vient pas renforcer cet état originel (*effet de halo* inhérent à votre connaissance de l'auteur, prescription de la part d'un proche, etc.). *Idem* pour une simple pomme : belle et brillante, elle ne sera pas systématiquement achetée, là où pourrie elle sera toujours rejetée.

Alors, en sommes-nous là ? La publicité n'est-elle que la certitude que si l'on n'en fait pas, nous savons que nos ventes chuteront ? Comment faire vendre et rêver en même temps ? Nous ne connaissons pas les réponses à ces questions ; personne ose y répondre.

Nous communiquons donc tous, par les marques que nous choisissons de porter, les attributs que nous choisissons d'arborer, et les groupes auxquels nous décidons d'appartenir. Et nous n'avons pas le choix. Car la volonté même de n'appartenir à aucun groupe, est déjà en soi la volonté de communiquer un positionnement, donc d'appartenir à un groupe : le groupe de ceux qui ne veulent appartenir à aucun groupe.

Le véritable défi de la publicité n'est donc plus de faire vendre, mission obsolète mais diablement efficace de notre bonne vieille réclame. Son véritable défi est maintenant de faire exister la marque, de construire notre inconscient collectif, à l'instar d'un réseau autoroutier au sein duquel nous réussissons à glaner ce dont nous avons besoin pour justifier de prendre telle ou telle direction. La publicité ne vante plus les mérites d'un produit. Elle nous met face à nos fragiles responsabilités sociétales, à nos comportements génériques, et tel un subtil substitut à ces mêmes responsabilités, vient délicatement nous guider vers la délicieuse certitude que nos décisions de consommation n'émanent que de nous. D'où l'utilité d'avoir une marque, caution inébranlable de nos achats futurs.

2 • DE L'UTILITÉ D'AVOIR UNE MARQUE : *JUSTIFICATIONS EN TERMES DE STRATÉGIE ET DE POLITIQUE GÉNÉRALE D'ENTREPRISE*

Au lendemain des deux grandes guerres, le monde était en ruines. Les besoins étaient alors évidents et urgents. La demande ne tarissait pas et l'offre était bien en peine face à la dimension de la tâche. Aujourd'hui, la donne est différente. L'avènement des moyens de transport et de communication, le développement de l'Internet, sont autant de facteurs qui ont rapproché les lieux comme les personnes. Les compétences se vulgarisent et l'internationalisation est devenue aussi banale qu'elle fut terrifiante lorsque les frontières se sont adoucies pour laisser passer les hommes, leurs biens et leurs devises. L'une des cinq forces définies par M. Porter[2], les « ***nouveaux entrants*** », devient presque intangible, voire inexploitable dans la mesure où quiconque peut aujourd'hui venir concurrencer qui il veut, et ce, quand il le veut et où il le veut, tous secteurs confondus. Le consommateur est donc devenu roi, régent d'un état aussi vaste que le monde, aux sujets appelés « ***marques*** », et aux offres commercialisées avant même que l'imagination du roi n'ait pu envisager ce dont parlent tous les catalogues.

Cette situation a imposé un rôle éminemment stratégique à la publicité, dernière marche d'une échelle peu fiable aux barreaux parfois vermoulus : les Facteurs-Clés de Succès, l'Avantage Concurrentiel, et l'USP, ou *Unique Selling Proposal*.

Comme leur nom ne l'indique pas, les ***Facteurs-Clés de Succès*** *(FCS)* sont la base de toute commercialisation et non de tout succès. Ils vont définir les niveaux de prix, de technologie et de qualité, donc de valeur, qui seront implantés dans l'esprit du consommateur. Quel que soit le marché, si vous décidez de vous lancer dans l'aventure de la vente, vous ne pouvez être que dans deux situations : pionnier ou suiveur. Si vous êtes pionnier, c'est vous qui définirez les FCS par le biais de votre offre. Quelle que soit la concurrence future, le consommateur en évaluera la performance sur la base de ce qu'il connaîtra du produit, donc de ce qu'il connaîtra du vôtre puisque ce sera la première et unique référence qu'il aura rencontrée. Si vous êtes suiveur, votre premier objectif sera de déterminer si vous êtes capable de faire au moins aussi bien que ce qui existe déjà de façon à ce que le consommateur vous perçoive comme une nouvelle offre, et les concurrents comme une nouvelle concurrence. Votre crédibilité sera fonction de votre propension à maîtriser ce que les autres maîtrisent déjà et de votre capacité à le faire savoir. La terminologie employée est donc relativement mal choisie dans la mesure où la maîtrise des FCS n'assure en rien le succès ; tout juste l'existence, voire la survie, pour le cas où il serait important de trouver une terminologie commençant par un « s »...

Une fois cette étape franchie, il s'agit ensuite de définir, parmi les attributs de votre produit, celui ou ceux qui seront susceptibles de séduire le consommateur au point qu'il se fournisse chez vous plutôt que chez vos concurrents. Ces éléments portent le nom d'***Avantages Concurrentiels***. Différents outils stratégiques existent pour vous aider dans cette démarche (*Spider Web, Mapping, Sémantique Différentiel d'Osgood,* etc.).

Enfin, après que vous avez défini les attributs potentiellement aptes à séduire votre cible, l'étape ultime consiste à ne choisir qu'un seul argument qui sera mis en exergue dans votre communication, d'où le caractère unique de l'***USP***. Unique, car il y a un tel

2. M.E. Porter, « L'avantage concurrentiel des nations », Paris, InterEditions, 1993.

bruit sur le marché que vous n'aurez de chance de vous faire entendre que si le « *cri* », ou message, est simple, fort, et unique. Nous y reviendrons.

Ainsi, la publicité ne listera pas les attributs de votre produit ; au contraire, elle mettra en exergue l'un d'entre eux, susceptible de toucher l'inconscient collectif de votre cible et de déclencher la procédure de familiarisation à la marque, puis de conviction, et enfin, d'achat.

Lors du lancement de la **Twingo**, il n'était pas question pour **Renault** de nous préciser les avantages techniques du véhicule. Le message était clair : « ***à nous d'inventer la vie qui va avec*** ». Et **Renault** de proposer des coloris atypiques et des situations de gaieté quotidienne là où d'autres marques choisiraient d'afficher leurs performances mécaniques (**Volvo**) ou de communiquer sur la réalisation de notre rêve d'enfant (**BMW**) :

Renault continue d'ailleurs aujourd'hui dans cette optique de gaieté, créant un continuum avec sa première campagne d'invention de la vie que l'on souhaite vivre :

Les obligations stratégiques sont donc omniprésentes lors de la définition du contenu du message publicitaire. Et c'est la marque qui devient la représentation de ce message, le code intrinsèque et personnel permettant à un annonceur d'exister, de se faire entendre, et de fédérer la caution du plus grand nombre dans un environnement publicitaire en constante mutation.

Pourtant, il est une leçon que nul doit oublier :

« Les marques ne naissent pas grandes. Elles le deviennent... »

3 • L'ENVIRONNEMENT PUBLICITAIRE : *OU POURQUOI LA PUBLICITÉ EST DEVENUE INCONTOURNABLE*

Nous avons vu de quelle manière la publicité s'est docilement, néanmoins solidement imposée à notre monde. Son caractère incontournable est aujourd'hui renforcé par la présence d'autres phénomènes :

– la concurrence se développe de manière quasi virale : si nous ne participons pas à la « ***criée*** », notre marque reste dans l'ombre d'un espoir que le consommateur vienne directement à elle, ce qu'il n'a aucune raison de faire dans la mesure où toutes les marques concurrentes vont déjà à lui. Ceci, excepté si notre marque est éminemment célèbre, ce qui implique soit de l'ancienneté, soit une haute technicité, c'est-à-dire un marché niche, donc restreint, ou encore si l'entreprise a eu une démarche publicitaire de longue date ;

– l'efficacité de chaque euro diminue : imaginons un monde dans lequel l'inflation n'existerait pas. Quand bien même 10 € permettraient d'acheter un panneau publicitaire, du moment que d'autres panneaux fleuriraient autour du nôtre, la valeur intrinsèque de nos 10 € serait proportionnellement diminuée du nombre de panneaux venant déranger nos plans. Alors si l'on replace cela dans le contexte économique du XXIe siècle, la menace devient tout à coup vertigineuse.

Ainsi, les coûts de publicité augmentent en moyenne de 5 % par an ; aux États-Unis, 30 secondes de temps d'antenne au cours de la finale du Super Bowl[3] se réservent plusieurs années à l'avance et coûtent près de 3 millions de dollars. Sachez tout de même que, d'une manière générale, lorsque les prévisions de ventes ne sont pas atteintes, ce sont les budgets publicitaires qui sont systématiquement sacrifiés au profit d'opérations de marketing direct. Ceci permet d'obtenir des retours à court terme qui sont privilégiés aux investissements corporates dont le rôle consiste à assainir et implanter l'image générale de l'entreprise, donc sur la base de stratégies à long terme (éthique, protection de l'environnement, etc.) ;

– les produits se banalisent : il fut un temps où le caractère original d'un produit était son meilleur ambassadeur. Ce n'est plus vrai. Le consommateur est dramatiquement habitué aux efforts technologiques des annonceurs. Remerciez-vous le satellite qui vous survole chaque fois que vous recevez un appel sur votre mobile ? La technologie cellulaire est pourtant pleine de génie. Blasés, nous n'y prêtons guère attention. En revanche, nous ne manquerons pas de pousser des hurlements contre la Terre entière lorsque notre cher petit récepteur sera incapable de capter un résidu de réseau qui nous permettrait de téléphoner... Notre ingratitude assure donc un avenir d'une pérennité insoupçonnée à la publicité ;

– le marketing d'innovation se développe : informons des nouveautés ! S'il est un fait que l'originalité d'un objet ou d'un service n'est plus suffisante pour qu'il se vende de manière autonome, la publicité ne manque pas de nous informer d'une innovation ;

---

3. Célèbre compétition de football américain.

non pour que nous ne soyons pas ridicules lors de notre prochaine partie de Trivial Pursuit, mais bien pour nous mettre en situation de convoitise de manière à ce que nous n'ayons pas « ***envie*** » du produit, mais « ***besoin*** » de lui ;

– la puissance de la grande distribution s'intensifie : les grandes enseignes de distribution de masse n'en sont plus à demander à des marques réputées de bien vouloir figurer dans leurs établissements afin de leur conférer la crédibilité à laquelle tout distributeur aspire face à ses cibles. Le phénomène est inverse : du fait de la globalité de l'offre inhérente à la grande distribution, le consommateur, qui recherche systématiquement la solution la plus simple avant de se pencher vers la plus performante, choisit dorénavant bien plus souvent l'offre de la grande surface à celle de l'artisan. Par conséquent assurés d'être le vecteur de passage d'un nombre incalculable de quidams, les grands magasins séduisent les marques par la promesse d'être vues du plus grand nombre.

Et quiconque veut être référencé en GMS/GSS doit être notoire et puissant. Qui dit notoire, dit public, et qui dit public, dit qui pratique le sport publicitaire ;

– enfin, l'offre media se développe : l'émiettement des audiences exige aujourd'hui d'être présent sur plusieurs media et de faire appel à des supports complémentaires afin que chaque campagne d'affichage, par exemple, puisse faire référence à un message télévisuel ou radiophonique précédemment émis.

Pourtant, en complément de ces phénomènes dont nous venons de parler, si l'on se livre à un rapide calcul statistique, nous nous apercevons que 40 % de la cible visée par un message publicitaire remarqueront le produit, dont 35 % le reconnaîtront, dont 10 % liront une partie du texte, et dont 5 % le liront dans sa totalité. Bref, sur 10 000 personnes éminemment concernées, car faisant partie de la cible, seules 7 auront intégralement assimilé le message publicitaire. Ceci n'assurant encore une fois en rien la certitude de réaliser 7 ventes… En outre, chaque individu évoluant dans une société faisant la part belle au marketing sera chaque jour exposé à un nombre de messages publicitaires compris entre 300 et 600. Il n'en percevra qu'entre 30 et 80, et seulement 10 d'entre eux auront une probabilité non négligeable d'être mémorisés, et ce, toujours sans la moindre garantie d'incidence sur l'acte d'achat. (La communauté scientifique n'a pas d'informations tangibles quant à la durée de ces mémorisations).

Pour conclure sur le thème de l'environnement publicitaire, il est important de souligner que, hors media, d'autres outils de communication existent, totalement compatibles avec la publicité dite « ***traditionnelle*** ». Ces outils sont au nombre de quatre :

– la ***promotion des ventes***, qui est une offre temporaire permettant une accélération des ventes sur une période donnée ;

– le ***marketing direct***, qui est une offre ciblée utilisant le catalogue comme support ;

– le ***design*** et le ***packaging***, également appelés « ***les vendeurs silencieux*** », qui cherchent à allier le beau et le fonctionnel, et à séduire le consommateur sur une base fondamentalement esthétisante ;

– et les ***relations publiques***, qui sont des techniques de communication visant à développer une relation d'estime entre une marque et l'opinion publique (cf. chapitre 7).

Nous ne savons donc jamais à l'avance quelles surprises nous réservent les campagnes publicitaires que nous lançons. Il existe, en revanche, un point qui semble faire l'unanimité : sans publicité, la pérennité d'une activité est sérieusement compromise.

Alors si l'on ne peut se passer d'elle, autant essayer de la comprendre pour la maîtriser, l'utiliser, et donc s'en faire une alliée…

BIBLIOGRAPHIE

DÉTRIE (J.P.), *Strategor : Politique générale de l'entreprise*, Paris, Dunod, 2005.

HELFER (J.P.), KALIKA (M.), ORSONI (J.), *Management : stratégie et organisation*, Paris, Vuibert (5e édition), 2004.

HERZBERG (F.), *Work and the Nature of Man*, Paris, Entreprise moderne d'édition, 1966.

MARMUSE (C.), *Politique Générale*, Paris, Economica, Gestion, (2e édition), 1996.

PORTER (M.E.), *L'avantage concurrentiel des nations*, Paris, InterEditions, 1993.

PARTIE 1

Les composantes publicitaires

CHAPITRE 2

Caractéristiques et alternatives publicitaires

1 • NATURE DE LA COMMUNICATION : *FORMELLE, INFORMELLE, CORPORATE*

La publicité utilise différents chemins pour toucher sa cible. On peut voir cet aspect comme deux voies distinctes, deux options pourtant totalement liées : soit en considérant que le message va faire appel à des notions dont la cible n'est pas toujours consciente, on parlera alors de « ***chemin psychologique*** », soit en considérant le support même du message sans pour autant nécessairement s'adresser à une cible précise, et l'on parlera alors de « ***chemin technique*** ».

Le chemin psychologique fait appel à un ensemble de concepts complexes tels que la perception des symboles et des émotions, des formes et des couleurs, d'appartenance et de valeur, bref autant d'aspects difficilement quantifiables, toujours observables, et rarement contrôlables. Nous reviendrons longuement sur ces aspects dans cet ouvrage.

Quant au chemin technique, il est relativement facile à définir. Il se compose de trois composantes qui permettent de comprendre les fondements mêmes de la publicité, fondements sur lesquels l'annonceur va ensuite construire son message : la composante « ***formelle*** », la composante « ***informelle*** », et la composante « ***corporate*** ». En effet, avant toute décision dite de contenu, ou, en d'autres termes, avant d'élaborer le message à proprement parler et d'essayer de mesurer son efficacité supposée lors du choix des éléments psychologiques qui vont servir à en construire le sens, l'annonceur doit commencer par se poser d'inévitables questions technico-stratégiques. Il doit décider s'il suivra une stratégie lente ou rapide, choisir les supports les mieux adaptés à la fois à sa cible, à son budget et à l'interaction de ces mêmes supports, pour finalement s'offrir une base sur laquelle il sera en mesure de développer un chemin psychologique cohérent, nous y reviendrons dans l'analyse du mix.

Le choix de la stratégie, donc lente ou rapide, est fonction de trois critères : le budget alloué à la campagne, le cycle de vie du produit, et sa notoriété.

Une stratégie lente signifie que l'annonceur limite au maximum ses investissements publicitaires. Sur la base des trois critères précédemment exposés, une stratégie lente peut donc se justifier par le fait que l'entreprise a peu de moyens (cas d'une jeune entreprise, d'une structure ayant englouti tous ses investissements dans la R & D ou dans les contrôles de qualité, etc.) ; que le produit qu'elle souhaite commercialiser a de grandes chances d'avoir une durée de vie relativement longue (un nouveau conditionnement pour un pot de moutarde) ; ou encore que l'entreprise est très connue ou très spécialisée. Dans ce dernier cas, sa cible se renseigne donc naturellement et régulièrement sur l'évolution de son offre (marques de luxe). À l'inverse, une stratégie rapide signifie que les investissements publicitaires sont certainement la clé du succès du lancement du produit (ou du service). Ainsi, toujours sur la base de nos trois critères, une stratégie rapide se justifie par la capacité de l'entreprise à allouer d'importants budgets à son lancement, par sa crainte que la durée de vie du produit soit limitée ou que la concurrence soit immédiatement réactive à l'annonce du lancement de son innovation, enfin, par le fait que l'entreprise soit peu connue, donc nécessitant une aide médiatique – une entreprise nationalement célèbre pouvant être inconnue sur le plan international.

Il n'y a pas lieu de penser qu'***une stratégie rapide*** est plus ou moins pertinente qu'une stratégie lente. Dans le cas d'une approche rapide, l'annonceur contrôlera son image mais devra investir de colossales sommes d'argent, nous l'avons vu. Dans le cas d'une approche lente, les investissements seront limités mais, en contrepartie, l'image du produit naîtra de la prescription des utilisateurs, un phénomène par conséquent totalement incontrôlable. Il revient à l'annonceur de faire le choix le plus intelligent sur la base de ses diagnostics stratégiques, la sanction du marché lui communiquant alors la réponse à la question de la pertinence de ses choix.

Une fois ces aspects de vitesse décidés, il est alors temps pour l'annonceur de définir son chemin technique ; en d'autres termes, s'il va parier sur la composante formelle, informelle ou corporate. La ***communication formelle*** réunit l'ensemble des actions media et hors media. Elle est qualifiée de ***« publicité traditionnelle »*** ; en effet, en termes d'actions media, elle réunit les campagnes de presse, d'affichage, de T.V., de radio et de cinéma. Elle est la publicité telle que nous la voyons le plus souvent, celle qui s'adresse au plus grand nombre, cette fameuse rencontre qui croise inopinément notre chemin entre 300 et 600 fois par jour... Quant aux actions hors media, il s'agit du mécénat ou des techniques de marketing direct.

En parallèle de cette communication formelle, existe donc logiquement la ***communication informelle***. Celle-ci trouve son existence dans les produits eux-mêmes. Un packaging attractif, un emplacement susceptible de déclencher l'impulsion d'achat comme, par exemple, des confiseries à la caisse d'un supermarché, une couleur, une calligraphie, la couverture d'un livre, un vêtement sur un mannequin, un aspect, un parfum, une odeur, une mélodie, bref tout ce qui est à l'origine des célèbres ***« petites perceptions »*** dont Leibniz avait déjà souligné l'existence et le caractère suggestif au XVIIIe siècle[1].

1. G.W. Leibniz, « Les petites perceptions », in « Nouveaux essais sur l'entendement humain », II, chapitre 1, 1703-1704, Paris, Garnier 1966, pp. 96-97.

Enfin, troisième composante de notre chemin technique, la ***communication corporate***. Il s'agit ici de communiquer sur les valeurs institutionnelles de l'entreprise ou sur ses succès commerciaux et non sur l'objet de son existence ou de ses productions. Cette forme de communication apparaît clairement dans des secteurs susceptibles d'avoir mauvaise presse auprès de l'opinion publique, au sein de structures qui choisissent de communiquer sur des sujets relativement polémiques, ou dans des secteurs fortement atomisés auprès d'entreprises qui présentent chaque gain de part de marché comme une victoire sur ses concurrents. La communication corporate peut même concerner la défense des marques d'un point de vue conceptuel comme autant de repères apportant au consommateur la certitude de ne pas se tromper : www.les-marques-et-vous.com (campagne été 2006).

Par exemple, lorsque **Total** utilise le message « ***Vous ne viendrez plus chez nous par hasard*** », l'enseigne insiste clairement sur l'image du groupe et non sur le détail des prestations qui seront proposées. Lorsque l'émission **Ushuaia** nous accueille avec le message suivant : « ***Bienvenue dans Ushuaia, bienvenue dans un monde meilleur avec Rhône-Poulenc*** », l'entreprise ne cherche aucunement à vendre ses produits, mais bien à véhiculer une image qu'elle souhaite voir systématiquement associée à une émission prônant la protection de l'environnement, image nécessaire pour une entreprise évoluant dans un secteur plutôt perçu comme polluant. *Idem* pour le cas de la **Cogema** ; associer le nucléaire avec la protection de l'environnement est un pari délicat mais nécessaire pour démystifier la crainte que ce secteur continue d'entretenir au sein de notre inconscient collectif.

Également, lorsque nous voyons le film d'un sac plastique aux couleurs de **E. Leclerc** emporté par le vent sur une plage et accompagné du message « ***Il y a des publicités dont on se passerait volontiers*** », nous assistons là encore à une communication d'image et non de produit. Enfin, sur l'aspect polémique, **E. Leclerc** nous fournit encore un exemple intéressant : célèbre pour ses engagements, tant en matière de protection de l'environnement que de protection du consommateur, la campagne corporate qui a fleuri en 2004 pour la nouvelle année était tout à fait représentative du phénomène…

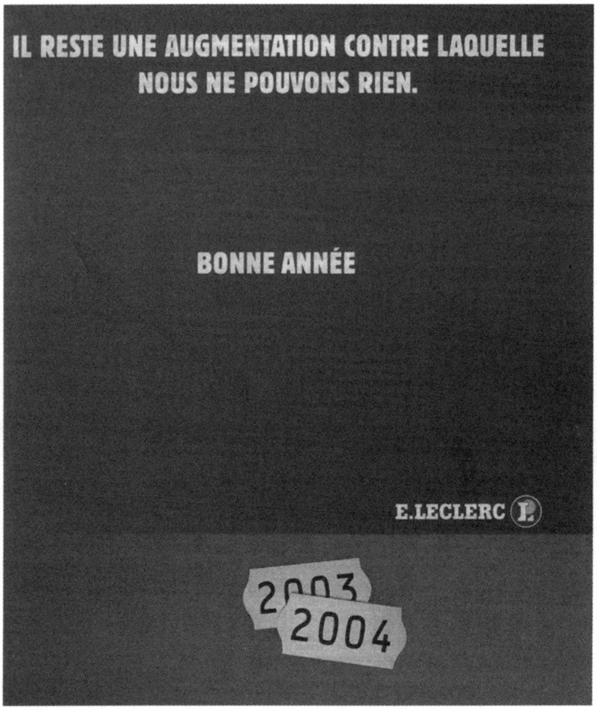

Enfin, les marchés hautement concurrentiels sont souvent le théâtre d'une communication corporate à caractère éminemment compétitif. Ainsi, lorsque **Young & Rubicam** a remporté le marché de **Volvic**, la photo suivante fut diffusée, accompagnée du slogan : « ***Young & Rubicam a gagné Volvic.*** »

Mais qu'il soit de nature formelle, informelle ou corporate, le message publicitaire doit avant toute chose être cohérent. Cette cohérence se vérifie à l'aide du mix de communication et a pour objectif principal que les cadres de référence de l'annonceur et de la cible soient en harmonie, nous y reviendrons au cours du chapitre 5. Cette harmonie sera la clé pour que le message soit non seulement correctement *aperçu*, mais également bien *perçu*, nous y reviendrons dans le chapitre 3.

2 • LE MIX DE COMMUNICATION : *VÉRIFICATION D'UNE COHÉRENCE*

Un mix marketing se compose traditionnellement de quatre variables appelées les 4 P's. Ces variables sont le ***produit*** *(Product)*, le ***prix*** *(Price)*, le ***lieu de distribution*** *(Place)* et la ***publicité*** *(Promotion)*. Traditionnellement car on peut trouver de multiples « *P* » supplémentaires, plus ou moins complémentaires, pour essayer d'affiner la pertinence du mix (le consommateur avec People, l'État avec Politics, etc.).

L'important n'est pas de concourir à l'élaboration de la liste la plus complète de « *P* » – ne voyez ici aucun jeu de mot olfactif – mais bien de vérifier que les composantes du mix sont cohérentes les unes avec les autres. Ainsi, par exemple, si vous avez choisi d'élaborer un produit de grande qualité, que vous lui associez un positionnement haut de gamme, une communication réalisée avec des codes véhiculant l'idée du luxe, et que votre offre est distribuée dans une GMS/GSS, alors l'une des composante du mix, en l'occurrence la « ***Place*** » n'est plus en adéquation avec les autres. Ce manque de cohérence risque de déstabiliser le consommateur qui verra une absence d'harmonie inhérente à l'offre, et qui décidera, dans la majeure partie des cas, de s'abstenir ou de s'adresser à la concurrence.

L'analyse du mix est donc aussi fondamentale que facile ; il ne s'agit nullement de s'amuser à répondre à la question de savoir si nous sommes conscients de ce que nous mettons sur le marché, bien entendu. Il est uniquement question de déterminer si les départements R & D, marketing et financiers ont travaillé de concert afin de proposer une offre globale qui soit cohérente aux yeux de la cible. Ainsi, de la même façon que nous avons des mix marketing globaux tels que l'exemple que nous venons de prendre, il existe des mix plus précis tels que les mix produits : leur rôle sera de vérifier la cohérence d'une gamme de produits afin de déterminer si l'un d'entre eux est susceptible de venir en cannibaliser un autre.

Autre exemple, les mix de communication : leur élaboration permet de vérifier la cohérence des supports utilisés et la complémentarité de leurs messages respectifs.

L'annonceur doit donc garder à l'esprit que la pertinence de son message est fonction de son offre et de sa cible, mais également de la cohérence des outils de communication qu'il choisira d'utiliser, que ce soit au sein d'une stratégie lente ou rapide. Du fait de l'émiettement des audiences, nous l'avons vu, les annonceurs font aujourd'hui appel à plusieurs canaux de communication, créent des fils conducteurs d'une campagne à l'autre, lient les messages entre eux quels que soient leurs supports, bref, rappellent en permanence au consommateur que *cette* affiche fait suite à *tel* film, film qui met en images *tel* message radio, et que *tel* journal résume le tout.

La cohérence du mix de communication, par conséquent la capacité de l'annonceur à toucher sa cible, à véhiculer le bon message, et à rester cohérent avec le mix global des 4 P's doit donc nécessairement tenir compte de l'ensemble de ces variables afin de contrôler le plus longtemps possible la promesse, le bénéfice, les supports et le ton de son message, ce que nous développerons dans le chapitre 5 avec l'étude de la « ***Copy Strategy*** ». Mais avant de traiter ces points de manière plus approfondie, essayons d'identifier les particularités génériques de la publicité.

3 • PARTICULARITÉS : *CARACTÉRISTIQUES DE LA PUBLICITÉ-RÉCLAME*

La publicité-réclame qualifie ce segment publicitaire qui n'est pas spécifiquement drôle, choquant ou esthétique, mais qui tente réellement de revenir à sa nature profonde : la capacité à faire vendre. Elle se découpe en cinq caractéristiques essentielles :

– elle permet de toucher de larges publics ; les messages sont donc simples, voire simplistes, peu élaborés, et concernent principalement des produits de consommation courante tels que les produits ménagers et autres lessives et détergents ;

– elle est l'outil des grands annonceurs sur les marchés de grande consommation ; les marques ayant choisi des stratégies de volume en sont les principales utilisatrices. À l'inverse des marchés d'écrémage, les marchés de volume se caractérisent par une offre nombreuse, techniquement appelée « ***atomisée*** », et des prix bas du fait de leur nature élastique, les consommateurs accordant une plus grande importance au critère de prix qu'à un critère permettant une différenciation d'une autre nature. Les secteurs les plus concernés par ce type de comportement sont les secteurs qui fournissent les achats routiniers, les achats de consommables, ou encore les achats de produits obligatoires tels que les assurances, les médicaments ou l'équipement des ménages ;

– elle fonctionne sur le principe de la répétition ; on parle alors souvent de « ***matraquage publicitaire*** ». Le but n'est pas d'assommer la cible de messages récurrents au risque de provoquer de sa part une véritable réaction épidermique de boycott du produit, mais bien d'essayer d'implanter la marque ou le slogan dans son esprit afin de la familiariser avec ses codes de façon à essayer de limiter l'analyse au profit de la spontanéité lors de son processus de choix.

– elle délivre un message simple, fort et unique ; en effet, du fait que l'annonceur s'adresse à la masse, il est incontournable de ne créer aucune disparité perceptuelle au sein de la cible. Ainsi, il est préférable d'exprimer un message simplissime au risque d'ennuyer une élite, plutôt que de véhiculer un message subtile mais susceptible alors d'être incompris et donc rejeté de la part de la majorité.

– enfin, elle délivre un message qui est *théoriquement* contrôlé par l'annonceur ; en d'autres termes, aucune modification de forme, de fond, et donc de sens n'est apportée par les media lors de la diffusion du message.

Ces particularités n'ont évidemment de sens que dans la mesure où l'on se préoccupe de la réception des messages. Ainsi, avant d'analyser de manière plus précise les composantes de l'art du ciblage que nous traiterons dans les chapitres ultérieurs, il est nécessaire de comprendre l'interaction qui lie le concept de demande avec la publicité.

4 • CIBLES, RÉGULATION DE MARCHÉS ET NATURE DE LA DEMANDE : *PRIMAIRE, SÉLECTIVE, DÉRIVÉE*

À terme, il est bien évident que la publicité est censée agir sur la demande. En ce sens, il est utile de distinguer trois types de demandes, cette définition étant propre au domaine de la publicité et non à celui de la stratégie qui, quant à elle, propose une approche quelque peu différente. Les trois types de demande que la publicité met en exergue afin d'affiner sa compréhension des phénomènes sont les suivants :

– la ***demande primaire***, qui est la demande totale pour un type de bien ;

– la ***demande sélective***, qui est fonction des marques qui sont en présence ; ainsi l'enfant n'exprimera pas à ses parents son besoin/envie de chaussures neuves ou de console de jeux vidéo, ce qui aurait constitué une demande primaire, il leur exprimera son désir de **Nike**, d'**Adidas**, de **PlayStation** ou de **X Box** ;

– enfin, la ***demande dérivée***, qui découle de la demande précédente d'un autre bien, comme, par exemple, les produits complémentaires du type rasoir / after-shave, cartouches d'imprimantes, sacs d'aspirateurs, filtres à café, pellicules photos, utilitaires informatiques, etc.

La publicité exerce donc une forme de régulation des marchés en développant, ralentissant ou entretenant les ventes. Elle agit également sur l'image de marque en donnant une forme de garantie homogène et propre à telle ou telle marque, bref une valeur qui permet de pré vendre la marque, dans la mesure où les règles publicitaires fondamentales ne sont pas transgressées.

5 • RÈGLES PUBLICITAIRES : *VÉRITÉ, UNICITÉ, SIMPLICITÉ, CONTINUITÉ*

Il est important de distinguer la communication publicitaire de la communication artistique. Dans ce dernier cas, l'artiste souhaite faire passer ses valeurs à travers son art ; il ne cherche pas l'adhésion. La communication publicitaire vise, quant à elle, à donner la perception de l'objet ou du service la plus favorable à sa cible. On distingue alors quatre lois fondamentales qui régissent le message publicitaire et qu'il est important de respecter sur la base de la théorie des deux facteurs de motivation mise en exergue par Herzberg[2].

Il s'agit des lois suivantes :

– ***la loi de Vérité*** : il est absurde de mentir sur les fonctionnalités réelles du produit car la perception et la prescription sont alors négatives et donc véhiculées comme telles au sein des groupes de consommateurs. La publicité doit toujours donner l'impression qu'elle honore la cible. Par exemple, dans le cas de « ***flyers*** » ou de mailing, le papier doit être de qualité et agréable au toucher car c'est le sens tactile qui déterminera ici la durée d'observation de ce type de support. Notre sens tactile est bien plus développé qu'il n'y paraît et, à ce titre, nous trompe de manière certainement plus effrontée que ne le fait le sens visuel, nous y reviendrons dans le chapitre 4 avec l'approche Gestaltiste. Vous en doutez ? Alors acceptez de vous prêter à l'expérience suivante : munissez-vous d'une bille à jouer (si vous n'en avez pas, une petite boule de gomme ou de mie de pain fera l'affaire). Posez sur la bille l'extrémité jointe de votre index et de votre majeur. Puis faites-la rouler d'avant en arrière en fermant les yeux. Vous sentirez la présence d'une bille. Une et une seule. Maintenant, procédez de la même manière mais en croisant vos doigts de façon à ce que votre majeur vienne chevaucher votre index. Placez donc leurs extrémités ainsi réunies sur la bille et faites le même mouvement de va et vient, toujours les yeux fermés. Et vous serez surpris de ressentir la présence, non pas d'une, mais de deux billes. Croirez-vous alors vos doigts ou bien vos yeux… ?

– ***la loi d'Unicité*** : en référence à l'USP dont nous avons parlé dans le premier chapitre, il est essentiel que le message ne mette en valeur qu'un seul attribut du produit, l'avantage concurrentiel, nous l'avons vu, et ce, afin d'éviter une cannibalisation des attributs, un rejet dû à la longueur du message, et un manque de discernement, voire de compréhension, de la part de la cible ;

– ***la loi de Simplicité*** : encore une fois, le message doit être simple. Il est préférable que le message soit perçu comme banal mais compris de la totalité de la cible au fait qu'il soit élaboré mais incompris d'une partie de la cible, donc interprété, et ce, avec tous les risques que cela comporte ;

– ***la loi de Continuité*** : l'annonceur doit toujours garder à l'esprit que tout message n'existe que par rapport au message précédent et qu'il est émis au sein d'un environnement en perpétuelle évolution. L'inconscient collectif propre aux cibles mute en permanence : la concurrence émet de nouvelles hypothèses, elle propose toujours de nouvelles perspectives, et l'annonceur, du fait de son existence et de ses communications antérieures, contribue à renforcer la constance de ces mutations.

Quels que soient les choix stratégiques d'extension de gamme, de diversification, d'internationalisation ou de changement de positionnement de l'entreprise, l'annonceur doit toujours considérer ses campagnes publicitaires comme étant la composante d'un tout dont la gestion est bien plus délicate que celle de la somme de ses parties.

---

2. *Op. cit.*

En outre, le suivi peut être perçu de manière technique : ainsi, lorsque les campagnes **Orange** ou **Marie**, par exemple, utilisent une musique et un scénario récurrents, ou bien font appel à un personnage familier, l'attention de la cible en est fortement améliorée du fait de cette familiarité. Suivi stratégique ou technique, la continuité est donc une variable rédhibitoire en matières de publicité et de perception de marque(s).

La communication publicitaire s'inscrit donc indéniablement dans une logique stratégique de construction d'une image qui a pour but idéal de créer puis de maintenir la fidélité du consommateur. Mais cette construction n'est possible qu'à trois conditions : que le message soit perçu, que le codage soit le même pour l'émetteur et pour le récepteur, et que le consommateur ne soit pas déçu par le produit. Nous reviendrons sur les aspects de codage et de promesse dans le chapitre 5. Pour l'heure, nous avons bien plus urgent à traiter : car dans la multitude de messages publicitaires qui décorent nos environnements visuels et auditifs quotidiens, le premier défi de l'annonceur consiste à être remarqué, identifié, et cautionné...

BIBLIOGRAPHIE

LEIBNIZ (G.W.), « Les petites perceptions », in *Nouveaux essais sur l'entendement humain*, II, chapitre 1, 1703-1704, Paris, Garnier 1966.

MUEHLING (D.D.) & SPROTT (D.E.) 2004, « The Power of Reflection », *Journal of Advertising*, 33(3) : 25-35.

CHAPITRE 3

La marque : images, perceptions, opinions, symboles

1 • PERCEVOIR LA MARQUE : *L'INFLUENCE DE NOTRE ENFANCE SUR NOS COMPORTEMENTS ADULTES*

Le degré de réceptivité de la cible à un message publicitaire trouve ses fondements dans un atavisme bien inattendu. En effet, notre perception publicitaire varie selon notre personnalité propre : « *Dans la fulgurance de la perception, ce que l'on voit et qu'on entend est déjà imprégné de notre subjectivité, de notre histoire intime et de notre contexte culturel.* »[1] Nous n'en sommes que très rarement conscients, bien que nos comportements quotidiens soient marqués du sceau de l'une des étapes de développement qui nous ont guidés sur le chemin de l'enfance vers celui de l'adolescence. Ces étapes sont les mêmes pour tous, ceci n'a rien d'exceptionnel ; ce qu'il est important de souligner, en revanche, c'est que tout adulte conserve la marque de ces étapes dans ses relations sociales, dont l'une d'entre elles sera prédominante et forgera ce que nous appelons communément « la personnalité ».

Notre personnalité est donc composée de deux éléments clairement distincts : *l'inné* et *l'acquis*. Nous évoluons dans une société dans laquelle nous apprenons sans cesse, nous observons des naissances de nouveaux produits, services, comportements, et autres groupes, mais également des disparitions d'autant de produits, services, comportements et groupes. Les phénomènes de « tribalisation » dus aux performances du marketing de la mode, de la technologie ou même de l'art sont monnaie courante. Nous observons tout à coup des milliers d'enfants en train d'animer les cours de récréation à coups de parties de yoyo endiablées, ou en train de faire danser dans les airs leurs diabolos, et nous n'avons pas même le temps de comprendre pour quelle raison ces jeux disparus depuis si longtemps réapparaissent comme par magie, qu'ils sont déjà balayés par d'autres phénomènes venus du pays du soleil levant, et que l'on appelle ***« Pokémon »***, ***« Tamagoshi »***, ou ***« Pogs »***. Et alors même que nous nous remettons de ces mascarets marketing qui remontent les courants de toute logique sociale, nous voyons fleurir ici ou là des jeunes femmes qui ont décidé de casser les

---

1. B. Cyrulnik, « Le murmure des fantômes », Paris : Odile Jacob, 2003.

standards de la mode en arborant un petit haut **Zara** et un sac **Vuitton** : le « ***masstige***[2] » est né.

C'est à n'y plus rien comprendre ! Les modes vont et viennent. Héroïnes d'un jour, décrépites le lendemain, les marques et les modes ont le même destin. Nous observons les tendances et nous décidons de nous y conformer, de les cautionner, d'appartenir à tel ou tel groupe, ou bien de ne pas entrer dans la spirale du moment, en tout cas, pour l'instant. Les naissances et les disparitions marketing sont donc permanentes, avec des cycles qui leur sont propres et que nous ne contrôlons, ni ne comprenons. Nous les observons et nous décidons de la suite à donner.

L'acquis est donc un phénomène constant dans la mesure où nous acquerrons sans cesse de nouvelles informations sur notre entourage, tout en communiquant nous-mêmes sur nos goûts, nos valeurs et nos positionnements divers. Cependant, nous n'avons pas tous la même faculté de perception de ces constantes mutations ; et quand bien même notre perception de ces dernières serait accrue, nous n'avons pas tous le même désir irrépressible de vouloir y succomber. Car cet aspect des choses n'est en rien acquis ; il est bel et bien inné.

« Buvons un thé et laissons-nous errer dans la douce folie des choses »[3] : les étapes de développement du nourrisson, de l'enfant, puis de l'adolescent sont riches d'enseignements à ce sujet. Nous mettrons évidemment de côté les aspects physiologiques et biomécaniques inhérents au développement humain. Bien au contraire, ce qui nous intéresse ici, c'est cette capacité que nous avons à observer les grandes étapes qui jalonnent le développement du caractère de nos enfants, sans avoir la moindre compétence quant il s'agit d'observer la rémanence de l'une de ces étapes dans nos comportements adultes une fois que nous sommes sevrés. Ces étapes sont au nombre de quatre :

– pour l'enfant âgé de moins de 3 ans, la fonction dominante est dite ***« relationnelle »*** ; le nouveau-né saisira par réflexe tout ce qui lui passera à portée de la main. Par la suite, en grandissant, il cherchera toujours à rester en contact physique avec sa mère, en la suivant, en lui tenant la main, les pans de ses robes, ou tout objet préhensible qui le liera physiquement avec elle ;

– entre 3 et 6 ans, la fonction relationnelle laissera la place à une deuxième fonction dominante dite de ***« temps »*** ; en d'autres termes, le monde de l'enfant tournera autour de la quantité d'attention qui lui sera apportée. Quoi qu'il fasse, quel que soit son loisir, vous devrez être, en tant que père ou mère, systématiquement fascinés par les activités de votre enfant. Pas question de détourner le regard, ni de s'adresser à vos amis, encore moins de répondre au téléphone. Essayez et vous verrez qu'il saura vous rappeler à l'ordre !

– les âges de 6 à 10 ans ont pour fonction dominante l'***« information »*** ; c'est à ce stade que commence votre entraînement de marathonien de la patience et que l'enfant va tester votre capacité de mémorisation du monde encyclopédique. Quoi que

---

2. Néologisme composé des termes de « masse » et de « prestige ».
3. O. Kakuzo, « Le livre du thé », Paris, Dervy, collection L'Être et l'Esprit, 1999.

vous fassiez, quoi qu'il puisse observer, qu'il pleuve, qu'il vente, qu'il neige, que l'appareil à glaçons marche ou que la voiture soit en panne, qu'il y ait une coupure de courant ou que vous croisiez une personne aux cheveux de couleur rose, que vous éclatiez de rire ou qu'une tourterelle vienne se poser sur votre épaule, il ne résistera jamais à vous poser LA question de savoir… POURQUOI !

– quant à la dernière étape, la fonction dominante sera la fonction dite de **« *valeur* »**. Votre enfant est alors âgé de plus de 10 ans, il est un **« *value addict* »** et il ressent un immense besoin de reconnaissance. Il a besoin d'exister aux yeux des autres, il a besoin d'appartenir à un groupe, à une tribu, bref, il a besoin de codes phonétiques, vestimentaires et comportementaux. Il n'a donc pas **« *envie* »** de **« *nouvelles chaussures* »** ; il a **« *besoin* »** de **« *NIKE* »**…

Ces étapes sont innées. Nous les traversons tous, nous les connaissons tous, à peu près aux mêmes périodes de notre évolution, et pour des durées relativement constantes. Ce qu'il faut alors souligner, c'est qu'elles marquent nos subconscients de façon plus ou moins importante. Car une fois adulte, l'une de ces étapes sera prédominante au sein de nos comportements sociaux.

Ainsi, touchés par la grâce relationnelle, nous ne manquerons jamais de saluer nos amis sans les cajoler, les prendre dans nos bras, saisir leur main dans les nôtres, voire délicatement poser une main amicale sur l'épaule de celui duquel nous nous séparons au coin d'une rue.

Imprégnés par la notion de temps, nous ne pourrons jamais nous empêcher de couper la parole, de nous placer en milieu de table au restaurant pour tenter de participer simultanément à toutes les conversations, ni même de finir les phrases de nos partenaires, comme le soulignait le regretté Jean-Dominique Bauby[4], « *(…) J'ai cependant compris la poésie de ces jeux de l'esprit le jour où, comme j'entreprenais de réclamer mes lunettes, on m'a élégamment demandé ce que je voulais faire avec la lune…* ».

Obsédés par la fonction d'information, nous ne cesserons de nous renseigner, de comparer, de demander à tous les prescripteurs qui voudront bien endosser le costume du bienveillant conseiller de nous apporter mille et une justifications au fait de choisir tel produit plutôt que tel autre lorsque nous serons confrontés au cruel dilemme du choix.

Quant à la fonction de valeur, nous la connaissons tous, nous la ressentons tous, nous la transpirons tous, notamment parce que c'est la dernière à laquelle nous avons été confrontés au cours de notre apprentissage des règles subtiles de la communication non verbale, communication qui régit les rapports de force et de séduction au sein de notre société. Elle est plus marquée chez certains que chez d'autres ; mais elle est néanmoins partout. Car qui dit valeur, dit cher ; en ce sens, j'ai une certitude de qualité, ce qui me rassure quant à mon investissement, et une certitude d'image de qualité, ce qui me rassure quant à mon reflet dans le regard des autres.

4. J.D. Bauby, « Le scaphandre et le papillon », Paris, Robert Laffont, 1997.

Les sociologues ont donc identifié un phénomène récurrent dans les comportements face aux marques. Les membres du dernier groupe sont incontestablement majoritaires. En outre, là où les « tactiles » ou les « pressés » ne seront sensibles aux marques que de façon très relative, ils n'en seront pas moins prescripteurs, rassurés pour vous lorsque vous leur direz que vous avez trouvé « un petit haut sympa chez **Kenzo**. » Leurs conclusions subconscientes seront de se dire que (1) vous avez les moyens, donc que tout va bien pour vous, (2) que vous adopterez un look flatteur, et (3) que vous avez misé sur de la qualité. Bref, avec la marque, tout va bien... Et quelle que soit notre fonction enfantine dominante, nous sommes concernés, comme utilisateurs ou comme prescripteurs.

Voilà pourquoi le consommateur en quête de valeur est la cible préférée des publicitaires : il est à la fois acheteur, utilisateur, séducteur et prescripteur. Et selon qu'elle soit la fonction omniprésente de notre statut d'adulte, ou bien une fonction refoulée de notre vie passée, elle sera systématiquement sollicitée par les annonceurs par le biais de messages publicitaires tous plus subtiles les uns que les autres : ***« Vous en avez rêvé ? ; Sony l'a fait »*** ; ***« Boursin ? C'est pas compliqué, vous êtes un chef ! »*** ; ***« Apple. Think different »*** ; ***« Axe. Plus t'en mets, plus t'en as »***, etc. Et ceci avec un unique objectif, récurrent, systématique, propre à chaque campagne : la foi de l'annonceur dans la capacité de sa cible à identifier sa marque.

2 • IDENTIFIER LA MARQUE : *HOMMES, FEMMES, ENFANTS, ANIMAUX, L'ART DU CIBLAGE*

Pour qu'un message soit bien perçu, il doit d'abord être aperçu, nous l'avons vu dans le chapitre 2. Ainsi, par exemple, la vue d'un enfant attire plus spécialement l'œil d'une femme ; celle d'une femme attire systématiquement la vue d'un homme, plus rarement celle d'une femme, d'où, par exemple, la campagne 2005 de la marque **Dove**, nous y reviendrons à la fin de ce chapitre.

Enfin, la vue d'un homme peut attirer indépendamment la vue des hommes et des femmes, même si rien attire plus un regard qu'un autre regard. L'animal pourra également être très attractif. Un chien, par exemple, permettra de focaliser certaines attentions grâce à son statut de « meilleur ami de l'homme ». En revanche, les reptiles et autres bestioles susceptibles d'inspirer le dégoût ne sont jamais utilisés, sinon au sein d'un scénario qui les démystifie, car ils fournissent une image de danger et de traîtrise. Cette campagne de **Young & Rubicam** pour **Land Rover** en est une parfaite illustration :

Pour autant, une femme nue portant un bébé et proche d'un gros chien à poils longs rendra-t-elle la publicité particulièrement performante ? Certainement pas, et ce, du fait de la vampirisation des stimuli entraînant du voyeurisme sans pour autant associer le message à un intérêt pour le produit. L'annonceur devra donc toujours distinguer le décideur de l'acheteur et de l'utilisateur.

Au sein du couple, le produit pourra être de nature fondamentalement masculine, mais dont l'achat sera pourtant décidé par la perception qu'en aura la femme. Si l'on prend l'exemple des campagnes **EDF-GDF**, nous sommes en présence d'une structure tripartite tout à fait représentative de ce phénomène. Globalement, l'équipement de la maison, les gros œuvres et les prestations de services sont souvent perçus comme émanant de décisions fondamentalement masculines.

Pourtant, il n'en est rien, dans la mesure où la décision masculine est souvent consécutive à une prescription féminine. Ainsi, dans ses campagnes, **Gaz de France** n'omet jamais de montrer un bambin auprès d'équipements permettant de diffuser une chaleur agréablement constante sans générer le moindre risque de pollution, de brûlure ou autre. La vue de cet enfant épanoui séduit les femmes, responsables du bien-être du foyer comme chacun sait, femmes qui s'emploient à prescrire cette « douce vie »[5] auprès de leurs conjoints.

Autre exemple, lorsque **TPS** propose son bouquet satellite[6], la publicité présente une jeune femme ouvrant plusieurs portes donnant sur des univers dans lesquels les programmes proposés sont diffusés. On y remarque deux choses importantes : la

5. **Dolce Vita** de **Gaz de France**.
6. **TPS Star**, campagne premier trimestre 2006.

première est que cette jeune femme est seule ; par conséquent, l'homme reste décideur de ce type d'achat au sein du foyer familial : « ça plaira certainement à ma femme ». Quant à la seconde, on constate qu'après avoir ouvert les portes donnant sur les films, les documentaires ou le sport, la comédienne ouvre la porte de la pièce qui propose **Teletoon**, une chaîne de dessins animés. Et une enfant apparaît alors, sortie de nulle part, radieuse et souriante. L'intervention de cette petite fille a pour but d'attirer l'attention féminine afin que « la mère » vienne cautionner la décision du « père » au sein du groupe primaire « famille » (cf. chapitre 6). En outre, elle aide l'enseigne à communiquer sur l'épanouissement de la famille.

Le ciblage est donc un art subtil dans la mesure où il n'est jamais très facile d'être certain que l'on s'adresse à la bonne personne : acheteur-utilisateur-prescripteur objectif, acheteur-offreur, receveur-prescripteur subjectif, prescripteur uniquement... Lorsque l'acheteur est l'utilisateur, le niveau de qualité est essentiel quant à la fidélisation du prospect. Si nous achetons un produit sur la base d'une promesse à laquelle nous croyons, il ne devra pas y avoir de distorsion entre la valeur perçue et la valeur finalement acquise une fois l'achat réalisé. Mais lorsque nous achetons pour offrir ou que nous recevons, donc sans avoir de notion de prix, alors marque et marketing seront essentiels pour nous rassurer, surtout si le produit est nouveau pour nous. L'annonceur aura alors recours à deux types de stratégies publicitaires : soit il communiquera sur la base d'un avantage concurrentiel afin d'essayer de séduire le consommateur aguerri (**« 0 % de matières grasses »** ; **« le plus petit lecteur MP3 du monde »** ; **« Intel Centrino »** ; etc.), soit il intégrera à son message publicitaire suffisamment d'éléments pour que la cible soit rassurée quant à sa méconnaissance du produit et au risque d'offrir un produit inadapté (**« Montblanc, l'art de l'écriture »** ; **« Peut-on passer une soirée sans Ferrero Rocher ? »** ; **« Seb, c'est bien »** ; etc.).

Enfin, tout ceci dans la mesure où la cible est adulte, en d'autres termes financièrement indépendante. Car dans le cas où l'annonceur cherche à toucher l'enfant ou l'adolescent, l'exercice est alors d'une toute autre nature...

3 • LE RÔLE DES ENFANTS : *CIBLES PRIVILÉGIÉES ET PRESCRIPTEURS*

Le pouvoir de décision et l'influence des enfants sont énormes quant aux achats des adultes. L'enfant est un excellent vecteur de captation de l'attention. Il attire, par exemple, facilement le regard des femmes, nous l'avons vu, ce qui permet de s'adresser à elles par son intermédiaire. Si c'est à lui que la publicité s'adresse, elle le tutoiera toujours, même si l'on mettra souvent un adulte à ses côtés afin de sécuriser la cible parentale. Le travail sur la perception des enfants fait constamment l'objet de recherches sémantiques poussées. On parle alors de ***« lexicologie »*** et de ***« lexicométrie »***, qui analysent les mots usités sur les plans qualitatif et quantitatif[7]. Il est

7. E. Vernette & J.L. Giannelloni, « Études de marché », Paris, Vuibert, Gestion, 2001.

essentiel de connaître le langage auquel la cible est sensible, voire habituée : il s'agit de trouver les mots qui touchent positivement sa sensibilité et, surtout, de trouver les mots dont l'annonceur est certain qu'ils ne comportent aucun double sens et qu'ils n'entraînent aucun risque d'interprétation subversive de la part de la cible.

Ainsi, de la même manière que l'on se renseigne de la langue dans laquelle on va s'adresser à quelqu'un, l'annonceur se renseigne des images, des symboles et des termes les plus pertinents pour atteindre sa cible sans la choquer[8] mais en la touchant et en véhiculant un message clair, compris, et ne souffrant aucune forme d'interprétation. Ceci est vrai quelle que soit la nature de la cible ; et ça l'est encore plus lorsque cette dernière est de nature adolescente, voire enfantine. En effet, les codes de langage des moins de 20 ans sont souvent ésotériques pour les adultes, en témoigne la formidable publicité de **La Poste** sur *le jeune*.

Les structures tribales au sein desquelles les enfants et les adolescents évoluent ont des codes de communication très précis : en témoigne leur langage phonétique pour communiquer par SMS, par exemple[9]. Et là où les adolescents auront déjà une maîtrise de la langue leur permettant des détournements de mots, voire l'utilisation de néologismes, les enfants devront avoir accès à l'information publicitaire présentée dans sa plus simple expression. Ainsi, il ne sera pas question de communiquer vers les enfants en vantant les mérites de l'*astringence* ou de la nature *sirupeuse* d'un produit, mais bien en insistant sur le fait que tel ou tel gâteau aura des *bosses* ou des *montagnes* en chocolat.

Le meilleur moyen de parcourir la gamme vocable des enfants est donc de les interviewer alors qu'ils sont en train de déguster des aliments ou de manipuler des objets ; leurs commentaires éclaireront l'annonceur sur les terminologies qui leur seront familières, donc sur les structures des messages qui leur seront ultérieurement destinés. Citons notamment le cas d'une recherche doctorale[10] qui a mené son auteur à conduire de nombreuses interviewes dans des écoles maternelles afin de recueillir les sensations des enfants après qu'ils ont goûté plusieurs produits de la marque **Nestlé**. Cette recherche, outre sa dimension critique en matière de sélection d'outils statistiques, a permis de dresser une cartographie (ou *mapping*) et une lexicologie des termes employés par ces mêmes enfants afin d'améliorer la pertinence des futurs messages de la marque vers la cible *enfant prescripteur*.

Mais alors que l'enfant est, justement, et par définition, extrêmement limité quant à son pouvoir d'achat et de prescription sur le plan purement littéral du terme, il n'en reste pas moins une cible privilégiée par les annonceurs ; justement parce qu'il n'a pas la notion de valeur des choses, encore moins celle d'utilité. De ce fait, il est facile à atteindre car il n'a pas besoin de justifications techniques, nous reviendrons sur ce point dans le chapitre suivant lorsque nous traiterons de la Gestalttheorie ; en outre, il ne fonctionne que sur la base de son désir d'appartenance au groupe. Il ne va donc

8. J.P. Teyssier, « Frapper sans heurter », Paris, Armand Colin, 2004.

9. 2m1 = « demain », etc.

10. Dr. Francis Sune, « L'attribut multidimensionnel. Comparaison entre les attributs sensoriels donnés par les enfants pour décrire un produit alimentaire appartenant à leur univers, et ceux utilisés par les experts », Université de Nice, 2001.

pas prescrire à partir d'une comparaison analytique des attributs du produit, ni même de celle d'une expérience vécue, mais uniquement sur la base d'« un sentiment », d'une perception totalement subjective, bref, sur une base irrationnelle laissant libre cours à tous les excès. Voilà pourquoi il est si facile de l'atteindre. Quant à savoir pourquoi il est utile de l'atteindre, c'est justement parce qu'il est le filtre idéal entre l'annonceur et la cible adulte, quant à elle rationnelle. Ainsi, jouant même involontairement de son charme et de son statut d'enfant-roi, il permet de sacraliser certains choix de consommation, là où le produit n'aurait peut-être pas intrinsèquement les avantages nécessaires pour séduire totalement la cible visée.

Les enfants nous conseillent donc dorénavant sur nos choix culinaires, vestimentaires ou ludiques à leur égard, mais également sur nos choix culinaires, vestimentaires ou ludiques pour nous-mêmes, dans la mesure où nous nous devons d'être à la hauteur de l'image qu'ils ont de nous, et surtout, de cette image qu'ils souhaitent donner de nous, donc d'eux-mêmes, aux groupes auxquels ils appartiennent – souvenez-vous de la dureté du jugement des enfants dans la publicité de la **Peugeot 806**. Des années avant qu'ils aient passé leur permis de conduire, ils sont déjà omniprésents dans le choix de votre futur véhicule...

Néanmoins, jeune ou âgée, féminine ou masculine, isolée ou en groupe, toute cible a ceci de commun qu'elle focalise son attention sur le message qui propose le stimulus le plus coloré, le plus inattendu, le plus dynamique ou le plus impertinent, comprenez « osé »...

4 • ATTRACTION VISUELLE : *POSITIVE, NÉGATIVE, COMPARATIVE*

Nous venons de parler d'attraction visuelle, notamment avec les exemples du sexe des protagonistes, ou bien de la présence de regards, d'enfants, ou d'animaux. Cette propension à capter l'attention, ce degré d'attraction visuelle porte le nom de « ***valeur d'attention*** ». La valeur d'attention peut être de 3 natures différentes :

– lorsqu'elle est ***positive***, le message publicitaire a pour objectif de mettre en exergue l'avantage concurrentiel : « ***Bio de Danone, ce qu'il fait à l'intérieur se voit à l'extérieur*** » ; « ***Avec Dash 2 en 1, plus besoin d'adoucissant*** » ; « ***Chez Midas, le forfait vidange est sans rendez-vous*** »... ;

– lorsqu'elle est ***négative***, le message porte sur l'inconvénient que l'annonceur essaie de combattre : « ***On a décelé des traces de cyanure dans un produit de consommation courante : la cigarette. Maintenant, vous savez*** » ; « ***Total : vous ne viendrez plus chez nous par hasard*** » ; « ***Loto : 100 % des gagnants ont tenté leur chance / à qui le tour ?*** »... ;

– enfin, lorsqu'elle est ***comparative***, le message porte sur le rapport direct entre les deux valeurs d'attention précédentes : « ***Votre machine est entartrée ? Utilisez***

Calgon à chaque lavage » ; « Pas le temps de vous laver les dents ? Mâchez Freedent » ; « Stressés ? Faites une pause KitKat »...

La valeur d'attention négative est celle qui séduit le plus les publicitaires car ce sont les mauvaises nouvelles qui attirent le public : elles nous permettent, sans doute inconsciemment, de faire des comparaisons de situation dont l'issue est de nous rassurer sur notre propre condition. La difficulté majeure est alors de dissocier clairement l'élément combattu de l'image de marque pour ne pas risquer une association des deux. Lorsque **Renault** a communiqué sur les capacités de freinage et de tenue de route de ses véhicules en utilisant l'image d'un couffin, le message a terrifié les femmes. Elles ont alors immédiatement boycotté la marque auprès de leurs époux (nous reviendrons sur cet exemple dans le chapitre 5).

Dans une veine plus violente, lorsque Luciano Benetton a confié son budget publicitaire à Oliveiro Toscani[11], nous avons également assisté à un boycott de la marque du fait de la montée en puissance des excès du créatif.

À partir d'images prônant la lutte contre la ségrégation raciale, le publicitaire a rapidement dérivé vers des symboles bien plus choquants en prétextant qu'il importait peu que l'on parle de **Benetton** en mal ou en bien, l'essentiel étant que l'on en parle :

11. O. Toscani, « Les campagnes Benetton », Paris, éditions de La Martinière, 2002.

(Authentique tenue d'un soldat bosniaque mort au combat)

La prudence est donc fortement recommandée lorsque l'on souhaite utiliser le pouvoir d'impact de la valeur d'attention négative. Pierre Desproges soulignait que l'on pouvait rire de tout mais pas avec n'importe qui ; empruntons-lui cette vérité pour l'adapter à notre propos : on peut communiquer sur tout mais pas auprès de n'importe qui ! Ainsi, l'annonceur n'a souvent d'autre choix que de se plier aux trois règles suivantes :

– tout d'abord, les consommateurs n'acceptent pas d'être mis en cause ou impliqués dans la responsabilité du problème soulevé. Nous ne fabriquons pas des véhicules toujours plus sûrs parce que vous êtes dangereux au volant, mais justement parce que nous savons que vous êtes un conducteur exemplaire ; nos véhicules vous permettent donc de vous protéger *des autres*... ;

– ensuite, sachez que nous ne supportons pas l'idée de mort ; à ce titre, nous nous croyons d'ailleurs *immortels*. **Chrysler** a totalement banni la notion d'âge en communiquant sur le modèle **Voyager** ; et nous n'hésitons plus à présenter une grand-mère absente, une petite fille inquiète et un père désolé lui annonçant que Mamie est partie pour un très long voyage... Juste avant de nous montrer la fameuse grand-mère pimpante de vie en train de débarquer sur un îlot paradisiaque !

C'est également l'une des raisons pour lesquelles la dernière campagne de Toscani pour **Benetton** a été violemment fustigée, campagne qui lui a d'ailleurs valu la rupture de son contrat avec la célèbre marque italienne : sous prétexte de faire un reportage dans les couloirs de la mort, Toscani a utilisé les photos de véritables condamnés à la peine capitale pour soutenir sa campagne publicitaire, avant d'être assigné par les familles des individus concernés :

– enfin, le marketeur doit identifier les images que la cible accepte en matière de signes et de symboles, nous reviendrons sur ce point de façon détaillée un peu plus loin dans ce chapitre.

La valeur d'attention est aussi prépondérante que délicate dans la mesure où, si elle guide le consommateur vers le message publicitaire, elle n'assure en rien son adhésion à la philosophie du message. L'annonceur ne doit donc pas se contenter d'accrocher le regard ; il doit garder à l'esprit qu'il doit également déclencher une caution et, dans l'absolu, une fidélisation de la part de la cible. Tous les moyens sont *possibles* pour réussir le première phase, ils ne sont pas tous *bons* si l'on veut être performant sur les deux suivantes… Apprendre à gérer les risques de communication devient donc inéluctable ; s'en désolidariser est une gageure.

5 • GÉRER LES RISQUES : *ABSENCE DE RISQUE, RISQUE ÉLEVÉ, RISQUE MOYEN*

La notion de risque est intimement liée à la démarche publicitaire. Ciblage, positionnement, valeur d'attention, perception de marque : véhiculer un message vers un consommateur est certainement aussi délicat et risqué que d'accepter de ne vendre que sur la base de la prescription. Le degré de risque perçu par la cible lors de son processus de décision d'achat justifie la présence ou l'absence de publicité.

Lorsque le risque perçu est proche de l'inexistant, le rôle de la publicité est faible car, dans ce cas, le consommateur achète souvent le produit le moins cher au lieu de distribution qui est le plus proche de lui.

Lorsque le risque perçu est très élevé, le consommateur est plus sensible à la prescription de personnes pour lesquelles il éprouve de la confiance, ou à la prescription de professionnels, qu'à celle de la publicité. Il suppose en effet que la publicité cherche à le manipuler et que, même si elle ne lui ment pas sur les éléments qu'elle défend, elle omet certainement certains aspects de l'offre qui, s'ils étaient connus, pourraient freiner son élan. Du fait que l'achat est important pour lui en termes de valeur sentimentale ou pécuniaire, il choisit de suivre l'avis de personnes de confiance et non celui d'un message adressé à tous. Dans ces deux premiers cas donc, la publicité a un rôle improbable pour cause d'impact marginal.

C'est dans les situations à risque moyen que la publicité est la plus efficace car cette dernière diminue alors ce risque perçu, tout en valorisant le savoir-faire du producteur : ***« Darty, le contrat de confiance »***.

Du fait de la rareté des risques élevé et faible, le risque moyen reste donc le degré de risque le plus souvent rencontré par le consommateur dans son quotidien, d'où la présence immanente, récurrente et incontournable de la publicité et de ses lieutenants : les marques.

6 • LA MARQUE PROPREMENT DITE : *INTENTION DE MARQUE, MARQUES PRODUITS, PARASOLS, HYBRIDES, CORPORATES*

En anglais, « ***marque*** » se dit « ***brand*** ». Quand on entre sur un moteur de recherche le terme « ***branding*** », on est souvent surpris de tomber sur une sous-catégorie liée au piercing, au tatouage et autres marquages corporels récurrents dans nos nouvelles tribus modernes. Car « ***Brander*** » ne consiste en rien de moins que de « ***marquer le corps de quelqu'un au fer rouge*** ». Surprenant ? Pas tant que cela, puisque le « ***brandon*** », terme anglo-saxon, fut au premier chef cet outil qui permettait aux éleveurs de marquer leurs bêtes, terme que la langue française emploie elle aussi à de mêmes fins. Les premiers à avoir été « marqués » sont nos animaux d'élevages. Nous trouvons là matière à une analogie parlante et constructive. Observons des vaches dans un pré. Que nous disent-elles à travers leurs marques ? : « ***j'appartiens à Martin*** » ou « ***j'appartiens à Pierre*** ».

La première fonction d'une marque est donc celle que l'on dit « ***d'inventaire*** », c'est-à-dire qu'elle permet de répertorier les produits dans un champ, des colonnes ou des rayons. Elle consiste dans la fonction première, immédiate, et essentielle de la marque : la fonction d'attribution. En effet, nous sommes souvent tentés d'oublier que nous achetons toujours notre voiture à quelqu'un et que la marque nous indique simplement qui en fut le premier propriétaire.

La marque permet donc, avant toute chose, de situer le produit à travers sa fonction d'inventaire, puis de l'identifier en comparaison avec ses concurrentes, de se la représenter, de l'authentifier, de se l'approprier, pour, enfin, la valoriser après achat.

Une fois cet inventaire réalisé, une autre fonction de la marque apparaît naturellement : elle est un repère, une réponse à la peur d'être déçu. On parle peu de la fonction signalétique des marques qui est de canaliser les peurs et leurs projections. La signalétique joue pourtant un rôle capital, à commencer par les allées des supermarchés où son rôle premier est de nous donner un signal précis, propre à diminuer nos appréhensions : rappelez-vous la petite épicerie de la ville au nom imprononçable située aux portes du désert... Nous emploierons ici une analogie riche d'enseignements.

Ayant entendu dire que la gare d'Antibes était le centre du monde, vous décidez de vous y rendre par la route. Un panneau de signalisation vous en indique la direction, puis à un croisement à la hauteur de Nice, plus rien. Faut-il prendre à gauche ou à droite ? Combien de temps, d'efforts, de kilomètres vous séparent du but selon l'une et l'autre option ? Vous décidez à regret de prendre à droite. Au bout d'une vingtaine de kilomètres, toujours rien et un autre embranchement. L'agacement vous étreint, l'ignorance et la frustration qui en résultent vous envahissent. La nuit tombe, votre petite dernière commence à trépigner dans son siège auto, et vous éprouvez un sentiment proche de l'égarement, puis de la peur. Ce suspense, ou retard dans l'information, est un procédé largement employé par le cinéma à suspense. Quel est le rapport avec notre propos ? Suivez plutôt...

Êtes-vous capable de citer une marque de cure-dent, voire deux ou trois ? Peu de personnes sont en mesure de réaliser cette prouesse. Et pourtant... En cette période de risque alimentaire et bactérien majeur (ESB, H5N1), ne vous est-il jamais passé par la tête que le geste anodin de se curer les dents pouvait entraîner un cortège de dommages infectieux graves et, pour certains, mortels. Non ? C'est que le geste est devenu banal dans un contexte de relatif progrès dans la prophylaxie générale de la société occidentale.

Si d'aventure demain, vous appreniez au journal télévisé que vingt-cinq cas de légionellose se sont déclarés suite à l'utilisation d'un cure-dent de marque jusqu'alors inconnue, ou que ce petit objet anodin soit la cause principale de pandémies, peut-être tendriez-vous l'oreille. Vous voudriez alors connaître cette marque et vous auriez évidemment les meilleures raisons du monde de le vouloir. Car le premier rôle de la marque est en effet de vous conduire, grâce à sa fonction d'inventaire, sur des voies où votre expérience du produit se devra d'être sûre pour votre personne, et ce, à de multiples niveaux.

La marque répond donc avant tout à un système plus ou moins enfoui de peurs (nous reviendrons sur l'exploitation de la peur dans le chapitre 5). Elle joue le rôle de garant à chacun des stades du processus d'adhésion, de sélection, d'achat, et de consommation du produit ou du service visé. À ce titre, la principale maxime communicationnelle de la marque consisterait donc dans **l'intention**. L'un des grands facteurs qui tend à être négligé aujourd'hui est justement l'intention de marque. Dans un contexte de surculture médiatique et de « ***consumer awareness*** », l'une des premières questions est de savoir ce que ce produit me veut ! En effet, pour les consommateurs, la marque a partie liée avec l'influence ; elle véhicule à ce titre une intention qu'il convient de décoder. Elle est là, présente, enrôlée dans une mission aux objectifs multiples.

L'intention de marque cherche alors à en atteindre quatre.

Il fut un temps au cours duquel, l'identification d'un problème ne menait qu'à la recherche de solutions. Avec le temps, et la substitution de la notion de désir à celle de besoin, la recherche de solutions s'est accompagnée du bénéfice du plaisir, pour finalement aboutir à une recherche immédiate et hédoniste sans pour autant avoir identifié un quelconque problème *a priori*.

Le premier objectif de l'intention de marque est donc de déclencher l'achat d'impulsion avec pour promesse le plaisir physique ou psychologique sans existence préalable de besoin initial. Autre aspect, l'intention de marque fait appel à une universalité que l'on retrouve dans toutes les cultures : l'émotion. Intérêt, joie, surprise, colère, détresse, dégoût, contentement, peur, honte, culpabilité, l'absence d'émotion, donc de conscience, n'existant pas :

« La conscience ne s'apparaît pas à elle-même comme hachée en menus morceaux. Les mots de chaîne *et de* suite *expriment encore fort mal sa réalité perçue à même; on n'y saurait marquer de jointure : elle coule. Si l'on veut l'exprimer en métaphores naturelles, il faut parler de rivière et de courant. La grande difficulté est maintenant de se rendre compte par l'introspection de la vraie nature des états transitifs. (...) La pensée met une telle fougue en son élan, que presque toujours elle est déjà arrivée à sa conclusion quand on songe encore à l'arrêter en chemin. Et si l'on est assez vif pour l'arrêter, elle cesse immédiatement d'être elle-même : on veut saisir un cristal de neige, et l'on n'a sur la main qu'une goutte d'eau (...). Tenter une analyse introspective dans ces conditions reviendrait à saisir un rouet pour en surprendre le mouvement, ou à allumer le gaz assez vite pour voir l'obscurité. »*[12]

Sur le plan émotionnel, l'intention de marque est polytechnicienne : elle déclenche l'intérêt à travers la curiosité de nouvelles façons de consommer (**technologie 3G**) ; elle procure la joie à l'idée d'identification au groupe (**iPod, Quiksilver**) ; elle limite la surprise de consommer un produit inconnu (**Activia, sushi, médicaments**) ; elle contient la colère et la panique que l'on peut ressentir lorsque nous n'avons aucun repère fiable (**Easyjet, grandes surfaces, offre multiple**) ; elle rassure quand la détresse nous envahit face à une absence de solution lors de l'apparition d'un problème de consommation (**Danone 0 % de matières grasses**) ; elle met en lumière des vertus inconnues lorsque le produit peut paraître dégoûtant (**huîtres, escargots, nucléaire**) ; elle apporte à l'individu la crédibilité de l'homme de goût (**Hugo Boss**) ; elle offre la solution aux peurs véhiculées par l'inconscient collectif (**Clearasil, Axe**) ; elle limite l'émergence du sentiment de honte (**Always**) ; et elle aide à gérer la culpabilité d'appartenance aux sociétés considérées comme riches (**Max Havelaar**).

Le deuxième objectif de l'intention de marque est donc d'observer la nature des sentiments humains afin de déceler les réels besoins des individus et d'affiner la promesse du message local, international, voire global.

L'intention de marque prend certainement son sens le plus profond dans la lutte contre la prescription négative. Par exemple, après avoir reçu des informations positives, 54 %

12. W. James, « Le courant de la conscience », in « Précis de Psychologie », Paris, Félix Alcan, 1915.

des consommateurs interrogés ont accepté d'essayer un nouveau café ; cette proportion est passée à 18 % après avoir rajouté un élément perçu comme négatif – à pondération égale, bien entendu : ils n'ont pas été informés que le café était parfumé à l'arsenic ! Elle est donc rassurante car empreinte de codes connus, référencés comme acceptables, habituels, et justifiés.

Ainsi, l'intention de marque est avant tout de rassurer en offrant un cadre de perception permettant d'emporter son chez soi au bout du monde.

Le troisième objectif de l'intention de marque est donc de rassurer le consommateur sur ses choix parmi une offre hétérogène et multiple dans des contextes souvent perçus comme étant hostiles à toute décision rationnelle.

Enfin, l'intention de marque permet d'***arbitrer une lutte ancestrale entre les notions de prix et de valeur***. À l'instar des conséquences inhérentes à une prescription négative, un prix élevé entraîne systématiquement la création d'une valeur proportionnellement moins importante qu'un prix faible n'entraîne la création d'une valeur très faible : ainsi, un objet très cher est souvent considéré comme normalement correct là où un objet bon marché est souvent considéré comme passable. C'est incontestablement la qualité du produit ou du service qui construit la marque, nous l'avons vu dans le chapitre 1 à travers l'exemple de la communication d'Adidas. Avec le temps, le prix se justifie par cette qualité. Et de cette alchimie entre le prix et la qualité, naissent la valeur et l'assise de la marque en tant que gardiennes des vertus du produit. Ce n'est qu'ensuite que l'on assiste à l'inversion du processus. Par effet de halo, la marque instaure le prix et la valeur. Elle protège les acquis de l'entreprise en termes de recherches d'excellence. Par conséquent, sans marque, le lien entre prix et valeur reste diffus, incompris, et entraîne la noyade du produit au milieu d'un océan d'offres hétérogènes. **Le *dernier objectif* de l'intention de marque** est donc de créer un lien distinct et durable entre un prix et la valeur qu'il véhicule par le biais de la construction d'un mix cohérent.

Alors, l'intention de marque est un phénomène complexe. Un phénomène que le publicitaire doit comprendre lorsqu'il se place en intermédiaire entre l'annonceur et sa cible. Car l'intention de marque revêt un caractère éminemment volatile, intemporel, intangible et difficilement contrôlable.

Bien entendu, nous reviendrons longuement sur la notion de marque proprement dite, si chère au consommateur et si utile à l'annonceur pour fixer les codes auxquels il peut se permettre de faire appel pour élaborer son message publicitaire. Mais avant toute chose à ce sujet, voyons de quelle manière la publicité classifie les grandes catégories de marques.

Nous référençons traditionnellement quatre catégories génériques (nous reviendrons sur ces aspects dans le chapitre 6 lorsque nous traiterons des catégories de marques spécifiques telles que les marques « ***descriptors*** », « ***branduits*** », ou encore « ***cautions*** ») :

– la première catégorie de marque générique est la marque « ***produit*** » ; comme son nom l'indique, elle signe un produit au sein d'une gamme quant à elle générique. Si l'on prend l'exemple de la lessive **Ariel**, la marque **Ariel Color** n'est pas simplement un indicateur de la part d'**Ariel** que ce produit spécifique est recommandé pour laver des vêtements de couleur. Elle est une marque à part entière, non un dérivé d'**Ariel**. Nous parlons bien de la marque **Ariel Color** en toute indépendance, et non de la marque **Ariel** en général, spécifiquement recommandée ici pour les lavages couleur ;

– la deuxième est la marque « ***parasol*** », également appelée « ***mega marque*** » ; cette nature de marque signe des catégories de produits différents : par exemple, **Ushuaia** regroupera sous sa terminologie les shampoings, les gels douche, et les bains moussants ; et **Hyundai** englobera les transports, les véhicules, et la recherche ;

– la troisième est la marque « ***hybride*** », ou « ***double marque*** » ; elle est composée d'une marque-mère associée à une ou plusieurs marques-filles : par exemple, la marque-mère **Danone** engendre la marque-fille **Actimel** ;

– enfin, la marque « ***corporate*** », ou « ***marque institutionnelle*** » ; celle-ci désigne un groupe dont les produits ne portent pas la même identité : par exemple, **PSA**, **Unilever**, **VAG**, **Procter & Gamble**, etc.

Ces catégories de marque identifient l'aspect technique de la marque ; elles distinguent les terminologies qui permettent d'identifier les familles qui composent la race publicitaire. Mais les marques ne se contentent pas de s'insérer dans des catégories sémantiques ; elles revêtent également des valeurs, des personnalités, et des identités qu'elles véhiculent auprès des consommateurs pour faire naître en eux les représentations que sont les images de marques.

7 • L'IMAGE DE MARQUE : *IDENTITÉ, LOOK, STYLE, VALEURS, TERRITOIRE*

Étrangement, bien que les marques soient totalement intangibles, elles se matérialisent systématiquement dans l'esprit du consommateur. C'est la publicité qui est à l'origine de cette matérialisation. Car celle-ci n'a d'autre choix que d'imposer des symboles, des couleurs, des images, un scénario, ou des représentations pour que, par analogie, par transfert, le consommateur essaie de se créer un territoire de repères au sein duquel il comprendra en quoi le message publicitaire lui sera adressé et donc le touchera.

Lorsque la publicité vante les mérites d'un produit technologique, la complication en est réduite dans la mesure où il n'est guère difficile de communiquer à la cible les notions de « ***plus rapide*** », « ***plus petit*** », « ***plus puissant*** » ou « ***plus facile*** ». Mais lorsque l'on commence à toucher à l'intangible, comme, par exemple, le domaine du parfum, alors la publicité ne peut plus se contenter d'utiliser la marque en elle-même. Elle doit lui associer une image tirée de symboles et de représentations que la cible connaît, qu'elle comprend, et auxquels elle adhère pour pouvoir se créer elle-même son propre imaginaire, sa propre représentation, bref, l'image qu'elle voudrait que les autres aient d'elle-même à la vue de ses choix. Car, nous le savons tous, il est indiscutable que nous évoluons entre l'image que nous croyons donner de nous-mêmes, celle que nous aimerions donner, et celle que nous donnons réellement. La publicité concourt à diminuer ces distorsions en nous abreuvant de messages mettant en exergue les personnalisations de marques qui aboutissent à ce que l'on nomme ***« l'image de marque »***, par conséquent, l'image de nous-mêmes qui nous convienne.

Avant donc de traiter les aspects symboliques dans le paragraphe suivant, voyons de quelles manières les marques réussissent à se créer ces images aussi intangibles et paradoxalement réelles auxquelles nous réussissons, à travers d'étranges circonvolutions de notre esprit, à donner corps et vie.

Chaque marque est constituée de cinq cellules fondamentales, inséparables et indivisibles : un ***« socle identitaire »***, un ***« physique »***, des ***« valeurs »***, un ***« style »***, et un ***« territoire »***. Ces cellules se déclinent ainsi :

– le ***socle identitaire*** représente les fondements de la marque, les produits d'origine qui ont lancé puis imposé la marque, ainsi que ses codes de positionnement, de qualité, et de communication. C'est le cas du polo chez **Lacoste**, ou du stylo bille chez **Bic**.

– le ***physique*** émane des impressions d'ensemble que véhicule la marque. Et ces impressions sont issues du produit lui-même, comme si, en retour, il déteignait sur la perception de marque. Par exemple, du fait de leurs carrosseries bien particulières au début de leur histoire, les voitures de la marque **Volvo** continuent de suggérer une image solide et surtout carrée, bien que les modèles récents soient beaucoup moins anguleux ; de la même manière, la **New Beetle**, grâce à ses formes délibérément rondes, est souvent qualifiée de très féminine ;

– les ***valeurs*** sont les concepts que défend l'entreprise au sein de sa culture interne. Le choix des représentations de la marque est alors souvent en continuité avec les croyances des dirigeants. Par exemple, **Marlboro** mettra toujours en exergue les valeurs profondes de loyauté et de courage des cow-boys du Far West américain, là où **Sony** préfèrera s'appuyer sur celles de technologie et surtout de fiabilité, si chères à la culture japonaise ;

– le ***style*** est souvent l'élément qui est à l'origine de l'avantage concurrentiel du produit. Deux stratégies permettent de l'exploiter : soit en ciblant une population aux comportements clairement établis, souvent en rupture avec la majorité ou avec les codes BCBG en vigueur, soit en communiquant sur le fait que si vous souhaitez donner telle nouvelle image de vous-même à votre entourage, alors le produit vous permettra de glaner toute caution à cet égard. C'est notamment le cas des publicités du type **Twingo**, qui vous suggèrent d'inventer la vie qui va avec, nous l'avons vu, ou bien du type **Smart**, qui vous proposent de réfléchir à un look personnalisé, ou encore du type **Modus**, qui tablent sur la question existentielle de savoir pourquoi faudrait-il grandir ;

– enfin, le ***territoire***, qui représente, quant à lui, le segment de marché sur lequel la présence de la marque est légitime aux yeux des consommateurs. Par exemple, **Danone** est totalement crédible lorsque l'on fait référence à tous les produits alimentaires à promesse de santé, et **Audi** lorsque l'on fait référence à la sécurité quand on conduit dans des conditions météorologiques délicates.

L'image de marque est donc l'ensemble des opinions, des croyances et des représentations entraînées par une marque dans l'esprit de ceux qui la consomment, qui ne la consomment pas, qui ne la consomment plus, ou qui ne l'ont jamais consommée. La marque dit moins quelque chose qu'elle ne rappelle quelque chose. Elle balise une route d'informations qui mène à une expérience qui, si elle est réussie, nous guide sur les voies inextricables de la fidélisation. En ce sens, l'image de marque est différente de la notoriété qui, elle, est une mesure de connaissance.

La publicité ne recherche donc pas seulement la création de notoriété, elle est bien plus ambitieuse que cela : elle exprime réellement un ensemble d'atouts par le biais de concepts universels ayant l'objectif de présenter la nouveauté à l'aide de cadres de référence souvent aussi anciens que l'histoire du monde. Ce sont ces cadres de référence qui construisent les opinions et les symboles.

8 • OPINIONS ET SYMBOLES : *CROYANCES, RUMEURS, REPRÉSENTATIONS ARCHÉTYPIQUES, ARCHAÏQUES, ALLUSIVES, EXPLICATIVES, SITUATIONNELLES*

Nous avons vu que le marketeur se devait d'identifier les images que la cible était susceptible d'accepter en matière de signes et de symboles. Nous avons également vu à quel point la marque et son image étaient aussi complexes qu'essentielles à utiliser, ceci principalement à cause du codage que les publicitaires utilisent, et ce, de façon récurrente pour essayer de réduire les risques de rejet de la part de la cible. Ces codes font presque systématiquement appel à la symbolique.

L'opinion que l'on se fait d'une marque est basée sur la prescription ou sur l'expérience : nous n'avons pas tous conduit une **Porsche** ou une **Lamborghini** ; cela ne nous empêche pourtant pas de donner notre avis sur la performance de ces marques. Quant à l'expérience, si nous consommons un produit, nous en avons automatiquement une opinion.

L'opinion est donc basée sur l'expérience, là où la croyance est induite par la rumeur, qui est d'ailleurs elle-même induite par l'opinion d'autrui. Quant à la représentation, elle est fondée sur le symbole ; d'où l'importance de créer un symbole positif. La valeur d'attention est souvent d'origine symbolique. Le désir naît de l'interaction du besoin avec un milieu culturel. Il a souvent un passé marqué par les satisfactions et les frustrations individuelles et collectives. Le symbole exprime une signification déterminée mais pas immédiatement visible. En publicité, le symbole est le premier médiateur exploité car il concerne un inconscient collectif, donc la masse. On distingue essentiellement cinq types de symboles en milieu publicitaire :

– ***le symbole archétypique*** : universel, on le rencontre dans toutes les civilisations ; le génie, le géant, le magicien, la fée, la sorcière, le religieux, etc., personnages que l'on retrouve par exemple notamment dans les communications de **Mr. Propre**, du maïs **Géant Vert**, ou encore du produit **Nes** de **Nescafé** :

Également, l'utilisation de la religion en tant que source d'icônes universelles, est publicitairement tentante car elle parle immédiatement au plus grand nombre, ce qu'ont très bien compris les créatifs en charge du dossier de la marque **Marithé & François Girbaud** lorsqu'ils ont adapté à la marque l'œuvre de Léonard de Vinci :

– ***le symbole archaïque*** : cette terminologie englobe tous les symboles intégrés par l'enfant avant l'âge de quatre ans. Également appelés « ***imago***[13] », il s'agit du père, fort, juste et bon ou de la mère, protectrice et nourricière. Dans cette optique, une femme sera, par exemple, facilement représentée avec une image de lèvres rouges, image qui lui confère d'ailleurs un statut de séductrice dans l'esprit de tous, thème sur lequel les créatifs responsables de l'image des **Galeries Lafayette** ont choisi de communiquer :

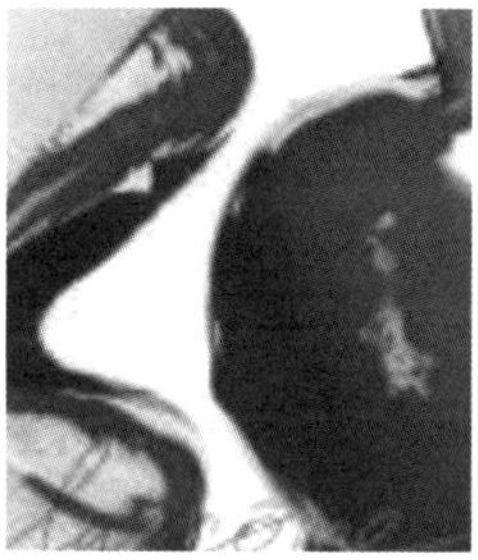

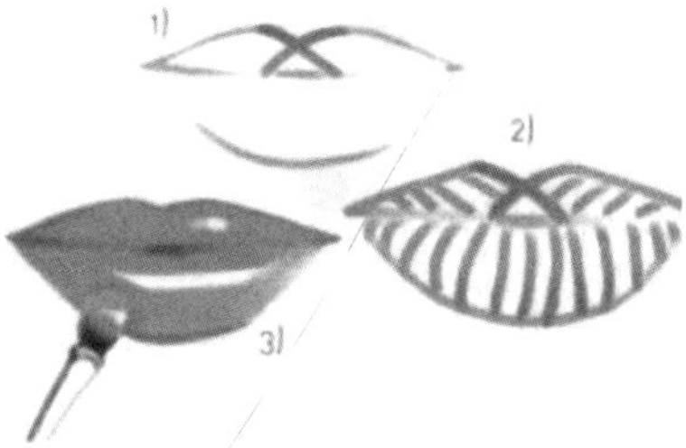

– ***le symbole allusif*** : dans ce cas, le message fera appel à la capacité de la cible à se placer en état d'apprentissage et de transfert par voies d'associations de situations ; par exemple, on présentera souvent un produit près d'une cascade pour lui associer

13. S. Tisseron, « Psychanalyse de l'image; de l'imago aux images virtuelles », Paris, Dunod, 1995.

une image de fraîcheur, l'eau étant ce que l'on a trouvé de mieux depuis la création de la publicité pour véhiculer cette notion :

– *le symbole significatif* : il est certainement le plus utilisé des symboles car il est un moyen indiscutable et clairement exprimé de s'informer sur l'utilisateur du produit, donc sur l'individu porteur du symbole. Ainsi, **Dunhill** a longtemps communiqué à l'aide d'un logo haut de gamme accompagné du slogan de « fumeur première classe » :

– enfin, ***le symbole de situation*** : ce dernier évoque une situation affective de consommation en faisant appel à des clichés tels que des paysages paradisiaques. On le retrouve de façon logiquement récurrente dans les campagnes 2005 du **Club Méditerranée** :

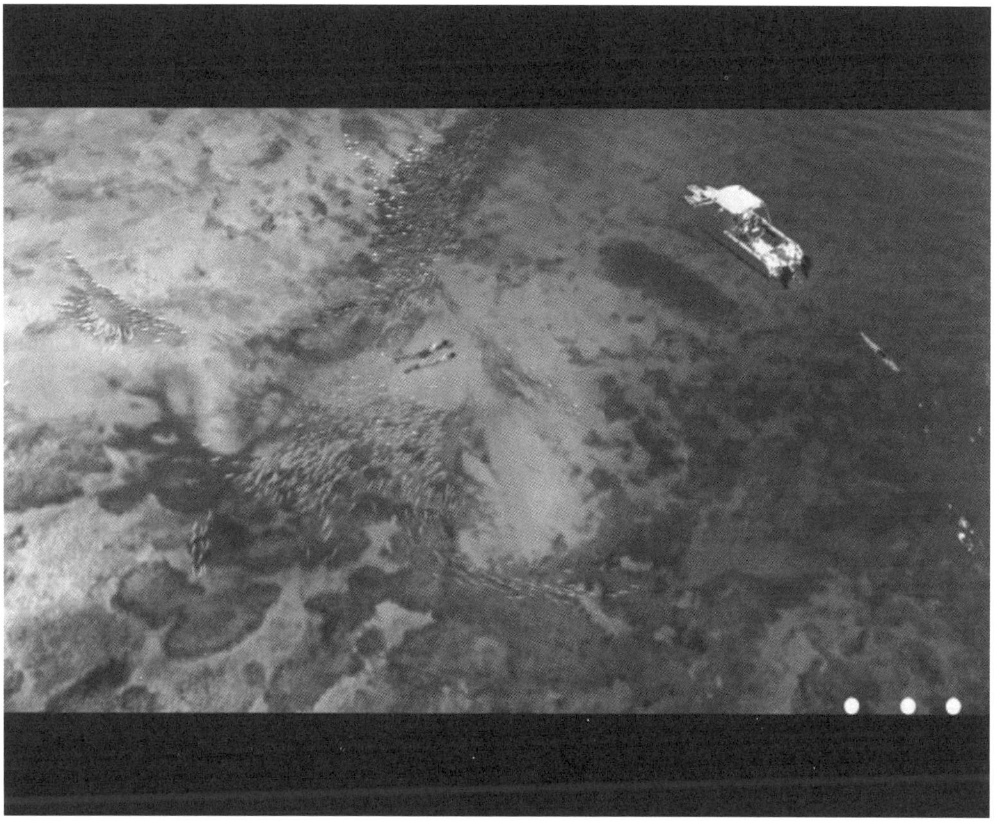

La symbolique est donc systématiquement présente en publicité ; source de rêve(s), nourrissant notre inconscient collectif, elle est tentante car elle regroupe des vecteurs de communication universels, donc de masse, et, à ce titre, elle diminue considérablement les erreurs marketing inhérentes aux mix de communication, notamment en termes de perspectives internationales, nous y reviendrons longuement dans le chapitre 7. Néanmoins, du fait de sa constance et de son évidence, l'utilisation de la symbolique, si elle diminue le risque de perception négative de la part du consommateur, diminue proportionnellement l'impact du message publicitaire. Son rôle n'est donc plus vraiment de déclencher le désir d'achat mais plutôt de rassurer le consommateur en lui soumettant des codes auxquels il est familier, afin de ne pas le braquer lorsqu'un autre aspect du message utilise des codes nouveaux, c'est-à-dire en rupture avec ce que son inconscient collectif est en mesure de tolérer.

Néanmoins, si d'aventure la symbolique n'avait pas suffisamment de poids pour rassurer le consommateur, voire que son utilisation s'avère un tantinet risquée ou injustifiée, l'annonceur peut alors avoir recours à la technique la plus simple et, pour avoir été maintes et maintes fois utilisée, certainement la plus efficace lorsque l'on veut avant toute chose rassurer sa cible : le témoignage.

9 • LE TÉMOIGNAGE : *NOTORIÉTÉ VS. ANONYMAT*

Les limites de l'impact de la symbolique exigent de faire appel à de nouveaux codes et à de nouvelles techniques. Afin d'aider le consommateur dans son processus subconscient d'acceptation et d'acception, les annonceurs font souvent appel au témoignage. Dans ce cas, la campagne se fonde sur la déclaration d'un personnage réel, ou supposé tel, afin qu'il incite la cible à l'imiter. On distingue deux types de témoins, le *témoin connu* et le *prescripteur inventé* :

– le ***témoin connu*** est connu et reconnu par la cible ; il est populaire et sympathique. La seule obligation, logique, est qu'un rapport doit exister entre la nature du prescripteur et la définition du produit. Là encore, il ne faut pas confondre notoriété et sympathie. Le prescripteur doit être à la fois connu, sympathique, mais surtout crédible aux yeux de la cible. Lorsque Alain Prost communique pour **Midas**, que Jean-Pierre Coffe vante les mérites de plats à faibles calories ou de fours à induction, ou que Maïté souligne le goût de tel ou tel fromage, personne n'ose mettre en doute la parole de ces icônes de notre culture de petit écran. De la même manière, lorsque les stars du grand écran vantent les mérites de **L'Oréal** à l'aide du célèbre slogan « *Parce que je le vaux bien* », leur image étant essentielle à leur succès et à leur avenir, nous ne doutons à aucun moment de la capacité des produits **L'Oréal** à venir abîmer une chevelure ou rater une coloration ;

– quant au ***prescripteur inventé***, il nous permet de nous projeter plus facilement au grand public car l'identification est plus facile qu'avec une star. Par exemple, une personne habillée d'une blouse blanche appuiera l'aspect scientifique nécessaire à la communication d'une publicité de lessive ou de dentifrice. Un lien avec le cas du témoin connu et l'exemple de **L'Oréal** est d'ailleurs ici judicieux dans la mesure où la célèbre marque ne communique plus à l'aide de stars sur le slogan ***« Parce que je le vaux bien »***, mais à l'aide de femmes inconnues sur le message énonçant ***« Parce que vous le valez bien »***. On assiste donc à un transfert de notoriété de la star vers la consommatrice inconnue afin que l'identification de la seconde à la première reste réalisable.

C'est d'ailleurs la stratégie choisie par **Dove** qui, souhaitant souligner que les personnes représentées dans les publicités féminines étaient pourvues de mensurations idéales, et donc systématiquement éloignées de la réalité, a décidé d'axer sa dernière campagne sur un message permettant une identification raisonnable de la cible féminine aux mannequins représentés. En effet, à l'aide de femmes rondes et âgées, **Dove** cherche ainsi à démystifier l'image de la femme-objet et réussit brillamment à permettre à cette cible de masse, non seulement de s'identifier facilement aux symboles représentés, mais surtout de s'accepter telle qu'elle est, quels que soient son âge et son physique[14] :

14. Nous reviendrons largement sur cet exemple dans le chapitre 7.

Tout semble donc être uniquement question d'esthétisme, de formes, de couleurs et d'organisation dans l'espace des *aliments* qui composent la base fondamentale du régime de notre perception : la nourriture de nos sens…

BIBLIOGRAPHIE

BAUBY (J.D.), *Le scaphandre et le papillon*, Paris, Robert Laffont, 1997.

BRUNEL (F.), TIETJE (B.C.), & GREENWALD (A.G.) 2004, « Is the Implicit Association Test a Valid and Valuable Measure of Implicit Consumer Social Cognition ? », *Journal of Consumer Psychology*, 14(4): 385-404.

CYRULNIK (B.), *Le murmure des fantômes*, Paris, Odile Jacob, 2003.

JAMES (W.), *Le courant de la conscience*, in *Précis de Psychologie*, Paris, Félix Alcan, 1915.

KAKUZO (O.), *Le livre du thé*, Paris, Dervy, collection L'Être et l'Esprit, 1999.

TEYSSIER (J.P.), *Frapper sans heurter*, Paris, Armand Colin, 2004.

TISSERON (S.), *Psychanalyse de l'image; de l'imago aux images virtuelles*, Paris, Dunod, 1995.

TOSCANI (O.), *Les campagnes Benetton*, Paris, éditions de La Martinière, 2002.

CHAPITRE 4

Le goût des consommateurs

1 • FORMES ET VISUELS : *GÉOMÉTRIE, PRESSE, TECHNOLOGIE*

Le goût des consommateurs est principalement fonction de leur perception des formes et des objets. La « ***perception*** » peut se définir comme la réponse du sujet à une stimulation extérieure, avec tout ce que cela comporte d'arbitraire. Il y a dans le fonctionnement de la perception des mécanismes très divers, notamment *l'identification* (dans le cadre de laquelle le stimulus est lié par le sujet à une réponse générique, élaborée depuis l'acquis antérieur du sujet) et la *différenciation* (dans le cadre de laquelle la spécification est une réponse consécutive à une abstraction des particularités de l'objet, ou comparaison entre objets ou formes d'objets simultanément perçus). Ces mécanismes divergent selon que l'on considère dans la perception celle des formes et celle des objets eux-mêmes perçus.

L'annonceur doit toujours tenir compte du fait que tout objet, toute représentation, toute mise en valeur n'existe que par rapport à un fond. Quels que soient le dessin, le produit, la situation, le scénario, les symboles, le graphisme, bref la structure de l'image publicitaire, toute chose mise au premier plan dans le but d'attirer le regard de la cible n'existe que par rapport à un second plan. Et tel un technicien de l'ombre, c'est la qualité du second plan qui mettra en valeur les attributs de l'objet présenté au premier plan. C'est la raison pour laquelle les publicitaires travaillent autant sur les phénomènes de mouvement du regard et analysent la durée pendant laquelle une pupille va s'attarder sur tel point de l'image ou traverser une page entière sans marquer la moindre pause. Tout est systématiquement pris en considération : l'organisation de l'image, ses premier et second plans, l'utilisation de formes à géométrie variable, la structure et la psychologie des couleurs, l'utilisation d'illusions perceptives, autant de variables qui permettent de guider les regards, donc les esprits vers tel ou tel attribut, tel ou tel élément du message, et ce, afin d'optimiser l'impact de la suggestion inhérente au message publicitaire.

Sur le plan de considérations générales, les formes géométriques attirent plus facilement le regard que les formes désordonnées. La forme la plus performante dans cet exercice est d'ailleurs le cercle, nous allons y revenir. Si l'objet en mouvement attire évidemment plus l'attention que l'objet statique, l'intérêt de la cible est décuplé si l'on associe ces éléments de géométrie fondamentale et de dynamisme.

Toute forme angulaire exprime deux idées susceptibles de freiner le consommateur ; la première est l'agressivité. Qui dit angle, dit pointe. Et la connotation négative qui en résulte est souvent associée à un risque dont il est difficile de déterminer la nature dans la mesure où le consommateur l'interprétera selon ses priorités, nous l'avons vu dans le chapitre précédent. Il n'en demeure pas moins que quelle que soit la nature du risque perçu, ce qui compte c'est qu'un risque soit bel et bien perçu. C'est pourquoi il est préférable de proscrire les formes angulaires dans la communication publicitaire, surtout en matière d'affichage et de presse ; car, dans ce dernier cas, aucun élément dynamique n'est plus en mesure de venir compenser la présence d'une telle nature de suggestion que le cercle ou la sphère (en balayant l'exemple suivant du regard, vous serez le témoin d'une illusion d'optique dynamique : le cercle semblera en mouvement au centre du carré) :

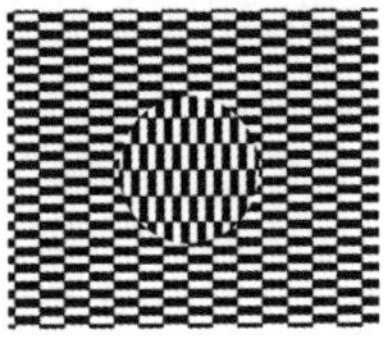

La seconde idée susceptible de venir freiner la motivation du consommateur est la limite. Le cercle désinhibe les psychologies. Il porte non seulement une empreinte de douceur, mais également d'éternité, d'absence de limite puisqu'une fois sur sa voie, le chemin peut être interminable. Il confère donc au message, plus précisément à l'objet du message, une image de douceur, mais également une notion de continuité, de pérennité, par conséquent de fiabilité. En outre, le cercle est certainement la forme que l'on rencontre le plus souvent dans la nature, ce qui en fait l'une des formes les plus naturelles pour quiconque la croise du regard. L'angle change de direction à un moment ou à un autre ; il montre une rupture, il souligne la violence du changement en même temps que le changement lui-même. Il enferme, il délimite, donc limite. Voilà les raisons pour lesquelles les formes cerclées et sphériques sont bien plus souvent utilisées que les formes angulaires, qu'elles soient structurées, comme les triangles ou les carrés, ou qu'elles soient quelconques.

L'exemple de **Motorola** est une parfaite illustration de ce phénomène :

Finalement, on se rend compte que lorsque l'annonceur utilise ce type de formes si rudes, c'est la plupart du temps dans deux cas bien distincts : soit pour choquer le consommateur, ce que l'on retrouve donc souvent en matière de communication pour la lutte contre l'alcool, la drogue, le tabac, ou dans des campagnes pour la prévention routière, soit afin de marquer une rupture au sein de la même publicité pour que, par comparaison, la fin du message vienne soulager la cible. Ainsi, lorsque **Peugeot** communique sur le modèle 407[1], les véhicules présentés à titre de comparaison sont de vulgaires jouets, tous exagérément anguleux, avant que le produit objet de la publicité ne vienne casser ce code et, tel un carré de chocolat, apporter un peu de finesse dans un monde de brutes à l'aide du slogan *« **Et si on reparlait automobile ?** »*.

En marge de ces éléments intimement liés aux campagnes de presse et d'affichage, soulignons un dernier aspect qui concerne plus la publicité dans la presse. Dans un magazine, il existe un emplacement, une surface dans la limite de laquelle le message est plus facilement perçu car mieux vu de la part du lecteur. Cet emplacement, coup du sort, est délimité par une forme angulaire puisqu'il s'agit d'un triangle (sic !). Et ce triangle de visibilité optimal se trouve être la base centrale d'une double page.

Par conséquent, si vous choisissez d'insérer une publicité dans un magazine, il est fortement conseillé de faire apparaître les éléments importants tels que le slogan, le logo de la marque ou l'avantage concurrentiel sur la partie inférieure droite si votre message se situe en page de gauche, et donc sur la partie inférieure gauche si votre message figure en page de droite.

1. **Peugeot 407 SW.**

Quant à la communication qui concerne les objets techniques, technologiques ou luxueux, elle doit montrer une photographie réelle du produit, jamais un dessin ou une estimation du type graphismes à la sauce Leonardo Da Vinci. En effet, montrer la photographie ou l'objet dans son cadre d'utilisation naturel permet d'indiquer qu'il a quitté le stade expérimental. En matière de produits de luxe, comme les bijoux, par exemple, cela permet également de prouver la réalité du produit dans un domaine dans lequel le rêve est toujours omniprésent. Également, il est recommandé de démontrer la taille réelle du produit à l'aide d'une mise en situation permettant une telle comparaison ; on utilise alors un objet dont on connaît la taille, par exemple, ou mieux, un organe du corps humain : le bijou n'aura jamais autant d'impact que présenté au doigt, au poignet ou au cou d'une femme ; de la même manière mais dans un autre registre, lorsque **Sony** a lancé le plus petit caméscope du monde, la marque n'a pas hésité à le présenter posé sur une main ouverte… (cf. chapitre 9).

Le degré d'attention que la cible porte à un stimulus publicitaire est donc fonction des composantes de l'image, du texte, et du symbole, ainsi que de leur organisation dans l'espace. Cette organisation est essentielle, aussi bien en termes de perception du message que de compréhension de son contenu. Le chemin que suit l'œil, l'ordre dans lequel les informations parviennent au conscient et au subconscient du spectateur sont autant de variables qui peuvent, *a priori*, sembler impossibles à structurer et à contrôler. Mais ceci n'est vrai que jusqu'à un certain point, ce que nous démontrent les travaux d'une école allemande appelée ***« École de la Gestalt »***…

2 • GESTALTTHEORIE : *ILLUSIONS PERCEPTIVES*

Ces différents commentaires concernant les aspects géométriques et de dimension d'un produit n'ont de sens que dans la mesure où aucun élément périphérique ne viendrait compromettre la perception directionnelle du consommateur. Nous ne sommes jamais à l'abri de commettre des erreurs à trop vouloir mettre en avant notre produit. Trop de couleurs tuent la couleur, trop de formes tuent le message, trop de « trop » résultent souvent en pas assez.

C'est dans cette optique que la publicité a commencé à exploiter les travaux allemands qui portent le nom de ***« Gestalttheorie »***, et dont le principal représentant français fut certainement Paul Guillaume[2]. Gestalttheorie peut se traduire par ***« théorie de la forme »*** ; comprenez théorie de la structure, de l'organisation dans l'espace. Les travaux de la Gestalt ont abouti à l'énoncé de nombreuses observations, notamment en matière d'illusions perceptives et de modifications de la rationalité décisionnelle du consommateur. Il ne s'agissait plus de se contenter d'associer les bonnes formes aux bonnes couleurs, mais bien de comprendre en quoi ces associations pouvaient mener à de nouvelles associations subconscientes susceptibles de modifier les perceptions au

2. P. Guillaume, « La psychologie de la forme », Paris, Champs Flammarion, 1979.

point de croire ce que l'on ne voyait pas, ou de ne pas croire à ce que l'on voyait : « *Ainsi la tâche n'est point de contempler ce que nul n'a encore contemplé, mais de méditer comme personne n'a encore médité sur ce que tout le monde a devant les yeux*[3]. »

Pour bien comprendre le phénomène, il est nécessaire de clairement distinguer la différence qui existe entre la sensation et la perception. La sensation est une information extérieure à notre corps et communiquée à notre cerveau à l'aide de l'un ou de plusieurs de nos cinq sens. La perception est l'interprétation que notre cerveau va réaliser à la réception de cette information.

Par exemple, lorsque nous regardons par la fenêtre et que nous observons un morceau de maison, un extrait d'arbre et un petit bout de ciel, notre sens visuel nous indique clairement que ces éléments sont limités dans l'espace. Pourtant notre cerveau ne croit pas une seule seconde à la limitation de ces éléments et, sans en avoir la preuve visuelle, anticipera le fait que la maison est entière, que l'arbre est également complet, et que le ciel est bien plus grand qu'il n'y paraît.

Nous avons vu, grâce à l'expérience de la bille que nous avons relatée dans le chapitre 2, que les jeux mettant en scène la sensation et la perception étaient effrontément efficaces. C'est donc cette interprétation que l'on appelle la ***« perception »***, et c'est du fait de sa nature interprétative que l'on se trompe quant à ce que l'on sent réellement :

« *Je vois cette cerise, je la touche, je la goûte, je suis sûr que le néant ne peut être vu, touché ou goûté : la cerise est donc réelle. Enlevez les sensations de souplesse, d'humidité, de rougeur, d'acidité et vous enlevez la cerise, puisqu'elle n'existe pas à part des sensations. Une cerise, dis-je, n'est rien qu'un assemblage de qualités sensibles et d'idées perçues par divers sens : ces idées sont unies en une seule chose (on leur donne un seul nom) par l'intelligence parce que celle-ci remarque qu'elles s'accompagnent les unes les autres. Ainsi quand le palais est affecté de telle saveur particulière, la vue est affectée d'une couleur rouge et le toucher d'une rondeur, d'une souplesse, etc. Aussi, quand je vois, touche et goûte de ces diverses manières, je suis sûr que la cerise existe, qu'elle est réelle : car, à mon avis, sa réalité n'est rien si on l'abstrait de ces sensations*[4]. »

La perception nous offre donc un environnement cohérent car elle est sans cesse corrections des pures données de sens, cohérence qui reste, vous l'aurez compris, totalement subjective. Il existe trois formes de perceptions :

– tout d'abord, ***la perception syncrétique***, c'est-à-dire globale, confuse. Comme le souligne H. Piéron, ce qu'un jeune enfant perçoit lorsqu'il regarde un chien endormi dans un jardin ensoleillé, par exemple, c'est l'ensemble ***« jardin-au soleil-avec le***

3. A. Schopenhauer, « Le monde comme volonté et comme représentation », traduction A. Burdeau, Paris , PUF, 1992, p. 58.
4. G. Berkeley, « Principles of Human Knowledge / Three Dialogues Between Hylas and Philonous », New York, Penguin Classics, 1988. & Y. Séméria, « Philoscope », 1996.

sensat° organisée

chien », dans lequel aucun élément ne se distingue de l'autre ; il s'agit là d'un tout indissociable dans le jeune esprit : « *De cet ensemble, le jardin, le chien et le soleil se dissocieront comme réalités indépendantes, puis l'aboiement, la toison du chien s'individualiseront*[5]. » L'annonceur peut donc se permettre plus facilement de présenter moult détails à la cible enfant dans la mesure où ce dernier a naturellement, et à l'inverse de la cible adulte, la faculté de voir comme un tout ce qui est composé de nombreux détails ;

– ensuite, ***la perception analytique***, qui se développe en fonction de l'intérêt affectif, des impératifs de l'action, ou de l'usage : « *Le monde est peut-être une continuité indistincte... (mais)... chaque être découpe le monde selon les lignes mêmes que son action doit suivre*[6]. » Appliquée à la publicité, cette observation de Bergson nous montre bien que notre attention est sélective et qu'il est donc primordial pour l'annonceur de parfaitement connaître sa cible, et donc les codes et symboles que cette dernière est prête à accepter, nous l'avons également vu dans la chapitre précédent ;

– enfin, ***la perception synthétique*** qui consiste à percevoir l'ensemble ainsi que les parties dans l'ensemble. Rarement rencontrée du fait de la sélectivité naturelle de notre attention et du nombre de messages que l'on croise chaque jour, la perception synthétique est une capacité que l'on observe presque exclusivement lorsque la cible est passionnée par le produit ou qu'elle est professionnelle, nous reviendrons sur la communication B to B dans le chapitre suivant. Ainsi, là où cette forme de perception aurait pu altérer la nature du message publicitaire, et donc limiter son impact du fait de la capacité de la cible à percevoir à la fois le tout et la somme de ses parties, elle reste efficace dans la mesure où la cible sera rarement d'une critique objective ; en effet, soit le consommateur est passionné, donc peu critique car demandeur de telles nourritures idéales, soit c'est un professionnel et le message est alors structuré de manière à lui apporter immédiatement les détails techniques dont il a besoin pour fonder son jugement.

La perception offre donc une source incommensurable de possibilités pour les annonceurs qui y voient l'opportunité d'améliorer la subtilité de leurs messages et de décupler le travail du subconscient face à des messages publicitaires statiques et ne pouvant compter que sur leur ramage silencieux pour séduire le consommateur. Là où la télévision et le cinéma utilisent le mouvement et donc les sensations auditives et visuelles, l'affichage et la presse substituent à ces moyens les sensations statiques visuelles et tactiles. D'où l'importance des travaux de la Gestalt en matière de PLV.

À titre d'exemples, les illusions perceptives les plus connues sont les suivantes :

---

5. H. Piéron, « Vocabulaire de la psychologie », Paris, PUF, 2003.
6. H. Bergson, « Matière et mémoire : Essai sur la relation du corps à l'esprit », Paris, PUF, 2004.

– *la forme de Hering*, dans laquelle les lignes horizontales, d'apparence courbe, sont, en fait, strictement droites et parallèles :

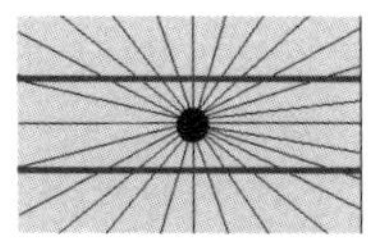

– *la forme de Müller-Lyer* selon laquelle d'après la disposition de l'empennage, des segments de longueur égale semblent disproportionnés :

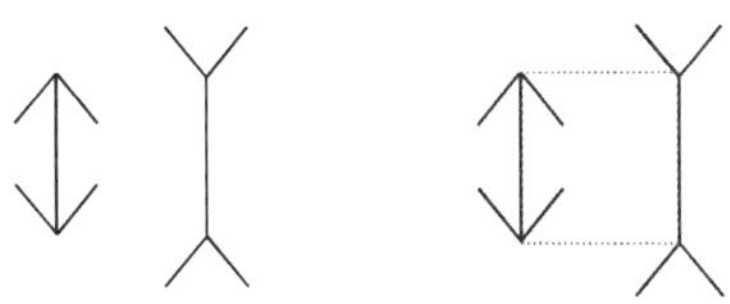

– *des formes impossibles* :

– *ou encore, des formes visibles qui n'existent pourtant pas...*

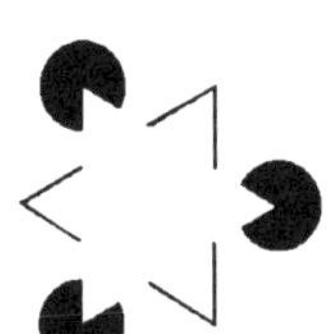

... et dont les meilleurs exemples sont certainement les logos de **Carrefour**, au centre duquel vous aviez évidemment remarqué la présence du « C », première lettre de la marque, et de l'escargot du TGV de la **SNCF**[7] :

Les annonceurs utilisent donc systématiquement ces techniques. Car ils mettent logiquement un point d'honneur à guider notre regard. Soyez donc pertinents lors de l'élaboration de vos messages : n'oubliez pas que l'œil suit les lignes structurées de signes équivalents, qu'il s'attarde sur les groupes de signes, et surtout, qu'il est capable de ne pas voir l'évidence là où il décèlera, en revanche, des formes qui n'existent pas.

En outre, gardez à l'esprit que les rayures verticales agrandissent la hauteur des produits, qu'un emballage ou une image comportant des cercles concentriques décentrés sembleront plus grands et plus conviviaux (nous l'avons vu avec l'exemple de **Motorola**), que la ligne horizontale est symbole de sérénité, de stabilité et de calme, que les lignes descendantes et ascendantes symbolisent, logiquement, respectivement la chute et l'espoir, que la perspective permet parfois de dynamiser un objet statique, et que la courbe est la forme la plus sympathique, la plus naturelle et la plus plaisante : un enfant désirant jouer choisira toujours la boule au cube qui reste, quant à lui, très adulte et masculin. Enfin, n'oubliez pas que nous avons la chance de voir en couleurs ; et que la couleur a ceci de séduisant qu'elle est universelle, même si nous ne sommes jamais certains que, face à l'océan, nous voyons le même bleu que celui que voit la personne qui est à nos côtés...

7. Logo qui souligne le paradoxe du slogan : « Prenez le temps d'aller vite. »

3 • COULEURS, UN INCONSCIENT COLLECTIF INTERNATIONAL : *STRATÉGIES PASSÉES ET ÉVOCATRICES*

Géométrie, illusions perceptives, messages suggérés, champs de vision contrôlés, informations hiérarchisées, le message publicitaire est une source infinie d'interprétations et de subversions. Il est pourtant une constante qui se révèle dans toute forme de communication, quelle que soit la cible, l'annonceur ou le produit : la couleur, ou l'absence de couleur, en d'autres termes, le noir et le blanc.

Les couleurs jouent un rôle primordial dans la publicité où elles ont bien plus de significations psychologiques que dans la mode. La couleur est la seule chose perceptible et lisible par tous, contrairement aux symboles. Elle joue donc un rôle primordial dans la notoriété d'une marque ; elle contribue à construire sa perception sensorielle et émotionnelle.

Par exemple, en GMS/GSS, aux rayons des cafés, les couleurs marron, noir ou rouge ont longtemps occupé les linéaires avant que **Jacques Vabre** ne propose un packaging vert. Méfiez-vous de la tradition car qui dit tradition, dit routine et donc manque de recul. Les marques se contentent trop souvent de dupliquer un point de vue qui a fait ses preuves, en particulier en France.

Autre exemple, le violet : dans les années 80, la seule marque à opter pour le violet était **Silkcut** ; cette marque de cigarettes capitalisait alors sur l'aspect à la fois sensuel et inquiétant de la couleur. Puis on l'a vue fleurir, d'abord en Art déco, puis dans la grande consommation, notamment avec les produits **Taillefine**.

Les consommateurs sont prêts à accepter toute proposition honnête et assumée ; il faut donc que la couleur ne travestisse pas la réalité du produit, mais qu'elle soit revendiquée dans toutes les expressions de la marque ou de l'entreprise.

Plutôt que de s'assujettir à la mode et au passé, les marques ont intérêt à créer leur propre influence, c'est-à-dire à s'approprier la promesse d'une couleur, son pouvoir d'évocation. Les marques de luxe ont été les premières à comprendre les possibilités de territorialité identitaire de la couleur : **Hermès** et son carré orange, **Chanel** avec le noir et le blanc... Puis suivirent des marques d'autres secteurs, moins luxueuses mais tout aussi prestigieuses : **Marlboro** et **Coca-Cola** avec le rouge et le blanc, **Uncle Ben's** et **Vigor** avec l'orange, **Daddy** avec le rose, **Milka** avec le mauve, **Fructis** avec le vert pomme... à tel point qu'il semble aujourd'hui plus difficile de co-opter un territoire couleur tant bon nombre de couleurs sont déjà cannibalisées par d'autres.

D'autant que, contrairement au graphisme d'un emballage pour lequel il faut sept points de comparaison pour juridiquement prétendre au plagiat, la couleur est systématiquement défendable devant un tribunal. Elle reste donc le meilleur point de différenciation d'une marque par rapport à une autre.

Néanmoins, l'utilisation de la couleur ne doit pas se faire de façon inconsidérée ou aléatoire, surtout lorsque l'entreprise entame une stratégie d'internationalisation. Les codes couleur doivent respecter les us et coutumes des uns et des autres, ainsi que les croyances et les religions, bref tout ce qui peut se trouver de près ou de loin être en lien avec la notion de sacré, donc d'intouchable.

Voici l'interprétation des couleurs principales et de la symbolique qu'elles véhiculent lorsqu'elles sont utilisées :

– ***le blanc*** : elle est une couleur froide, certainement du fait de sa représentation de la neige et de la propreté inhérente aux milieux médicaux dont les salles aseptisées sont rarement en mesure de nous réchauffer l'âme. Couleur du deuil et du poison en orient, elle symbolise traditionnellement l'innocence du paradis originel : pureté, virginité et sagesse. Elle peut signifier l'aspect bon marché pour des produits au rabais ou minimarges, mais également l'aspect sain pour les produits bios, voire l'aspect luxueux pour les produits haut de gamme, dans ce dernier cas, surtout en association avec le noir ; c'est le cas, par exemple, de la marque **Chanel** ;

– ***le rouge*** : à l'inverse du blanc, elle est une couleur chaude et dynamique, certainement la plus dynamique qui soit. Elle est visible très rapidement, d'où son utilisation pour la signalisation du danger, de l'interdit. C'est la seule couleur réellement perçue par les enfants. C'est également la seule, avec le vert, à avoir une résonance psychologique et physiologique puisqu'on les utilise en chromothérapie : un environnement rouge provoquerait la création de globules de couleur identique ;

– ***le rose*** : contrairement à ce que l'on croit, elle n'est pas la couleur des enfants, encore moins celle des filles. Entre cinq boules de couleurs différentes, l'enfant choisira en priorité la rouge et la jaune du fait de leur emplacement au centre de la gamme chromatique à laquelle l'œil humain est sensible. Le rose est une couleur sans *a priori* particulier, même si, du fait de son association inopinée au sexe féminin (à ne pas confondre avec la féminité) elle a souvent représenté la couleur de l'homosexualité : une sorte de pied de nez aux normes établies, même arbitrairement, l'acquisition d'un code couleur inhabituel chez le mâle à proprement parler de la part de la communauté masculine gay.

C'est donc tout aussi inopinément qu'elle a ensuite muté vers l'image du goût vestimentaire et fut donc portée par des hommes totalement hétérosexuels qui revendiquaient ainsi, non pas leur bisexualité, mais une forme d'éducation haut de gamme, de positionnement précieux, de raffinement, en empruntant à la communauté gay ses codes couleur, communauté dont chacun sait qu'elle est souvent à la pointe de la mode, notamment vestimentaire, car réputée comme ayant beaucoup de goût ;

– ***le mauve*** : elle est la couleur du luxe et des prix élevés, principalement du fait de son côté éminemment mystique et intellectuel. Les mages de l'histoire ont souvent porté une cape mauve, et il est maintenant fréquent de se voir présenter de luxueux objets dans des écrins de couleur mauve ; sans doute parce que ce côté mystique a souvent interpellé l'intelligentsia qui a choisi, dans sa quête d'interdits et de débauches luxueuses, d'associer les aspects mystiques et intellectuels à des objets symbolisant la différence, le luxe et l'inaccessible ;

– ***le vert*** : couleur la plus apaisante, elle est celle que l'on retrouve le plus souvent dans la nature, avec le bleu. Isolée, elle est susceptible de conduire à une forme de déprime ; en outre, elle offre un multitude de variantes qui vont du vert le plus éclatant et le plus irréel, au vert le plus glauque. Prudence surtout lors de son utilisation car elle est une couleur sacrée pour l'Islam. Dans l'Égypte Ancienne, un chat aux yeux verts était l'égal d'un dieu ;

– ***le jaune*** : à l'instar du rouge, le jaune est une couleur dynamique et expansive. Un point particulier la caractérise néanmoins : elle est la couleur qui a le plus de « ***goût*** » dans la mesure où elle inspire plus facilement qu'aucune autre les sensations de sucré, de salé, d'amertume, mais surtout, d'acidité. L'impact du jaune est très important lorsqu'il est associé à du vert car cette combinaison rappelle aisément un décor que l'on retrouve fréquemment dans la nature. Cette association est donc efficace pour installer le consommateur dans un cadre aux codes qui lui sont immédiatement familiers ;

– ***le bleu*** : elle est la couleur du ciel, de l'infini. Elle est la couleur préférée des adultes ; à ce titre, on a d'ailleurs constaté que les adultes aux QI les plus élevés préféraient le bleu turquoise. On l'associe souvent avec le froid car les glaciers sont bleus du fait que la glace laisse passer toutes les couleurs de la gamme chromatique, à l'exception du bleu ;

– ***le gris*** : elle est la couleur intellectuelle par excellence. Elle représente la sécurité et la maturité ; d'ailleurs, elle est souvent portée par les personnes les plus âgées. Également sobre, elle permet une transparence du discours ; c'est la raison pour laquelle les hommes politiques la choisissent souvent pour se vêtir. Utilisée en second plan, elle est reine pour mettre l'objet du premier plan en valeur ;

– ***le brun*** : elle est une couleur rassurante car elle est la couleur de la terre et du bois, donc des vraies valeurs. Le brun a beaucoup d'assise associé à du noir. Mais il connaît également plusieurs variantes de perception, d'où le risque de l'utiliser. De son statut noble, le brun peut rapidement passer à celui de sale et de dégradant ;

– enfin, ***le noir*** : elle est certainement la couleur qui a eu le plus de modifications de perception. N'omettons pas de faire un petit clin d'œil à nos amis artistes peintres et autres dessinateurs pour lesquels le noir et le blanc ne sont pas des couleurs, mais bien, respectivement, l'absence de couleur ou la somme de toutes les couleurs. Poursuivons ; le noir est devenu le symbole des prix élevés. Les gens riches et cultivés aiment le noir ; d'ailleurs, les peuples qui sont dans le besoin compensent souvent leur précarité par des costumes et des vêtements aux couleurs vives et diversifiées. Le noir est également une couleur ayant la particularité d'avoir une connotation physique ; en effet, verticalement, il amincit, posé sur le sol, il stabilise, et soulevé, il alourdit : soupesez deux objets strictement identiques en termes de forme et de poids mais dont l'un est noir et l'autre de la couleur de votre choix et vous arriverez systématiquement à la conclusion que l'objet noir est perçu comme étant plus lourd que l'autre. De la même façon, le consommateur choisira toujours un objet en plastique noir à un objet en métal d'une autre couleur. Le noir rassure quant à la solidité du produit, bien plus que ne le fait la matière elle-même. Le noir est donc la couleur la plus chic, la plus chère et la plus lourde. Mais le noir a également un côté tragique et agressif ; il est la couleur du mystère néfaste là où le mauve arbore une connotation plus mystique, plus sensuelle. Il est aussi le symbole de la saleté. En plus, le noir ne supporte pas l'espace : en bas, il stabilise, nous l'avons vu, mais en haut, il étouffe. Proposez à un automobiliste de se mettre au volant d'une voiture équipée de pneus multicolores et il sera convaincu que

Audi

le véhicule aura une tenue de route totalement frivole et plus qu'aléatoire ; entrez dans une pièce au plafond noir, voire dans une cave mal éclairée, et vous aurez systématiquement le réflexe de baisser la tête, alors qu'il serait bien plus simple de lever les bras pour évaluer la hauteur de plafond. Également, le noir n'est la couleur du deuil que depuis la décision de l'Église judéo-chrétienne qu'il en serait ainsi, puisqu'au Moyen-Age, le deuil se portait en blanc. Enfin, associé au blanc, le noir représente le code premium par excellence, nous l'avons vu avec l'exemple de **Chanel**, et peut donc contribuer à augmenter le positionnement de la marque et rendre, de ce fait, le produit inaccessible à la masse.

Au final, lorsque l'on utilise des couleurs pour fabriquer notre message publicitaire, nous devons constamment garder à l'esprit trois leçons fondamentales :

– ***la première leçon*** consiste à souligner que toute couleur n'existe que par rapport à une autre couleur ; il s'agit donc de considérer la couleur par rapport à celles qui l'entourent et non de se contenter d'évaluer son potentiel suggestif de façon uniforme et isolée ;

– ***la deuxième leçon*** est de comprendre à quel point la signification des couleurs est aussi complexe et étendue qu'il existe de peuples sur la Terre ; les variations de sens sont donc constantes et peuvent provoquer un rejet total et définitif de la marque de la part de la cible si le choix du code couleur n'est pas pertinent.

– Quant à ***la troisième leçon***, elle nous rappelle qu'il existe une multitude de teintes au sein de la même couleur, teintes qui sont donc susceptibles de provoquer des interprétations parfois inattendues de la part de la cible.

Couleurs, formes, objets, tout n'est donc que création. Création du message, création de la représentation que la cible se fera de notre publicité et de son contenu une fois ses sens stimulés par nos soins, création d'une envie, voire d'un besoin, création d'une image, d'un symbole, d'une histoire, d'une identité ; tout n'est que question de création, un peu comme en matière d'art. Mais nous avons vu que la création publicitaire se distinguait de la création artistique à proprement parler sur un point majeur : elle vise l'adhésion à la marque. Créer une publicité est donc bien plus complexe qu'il n'y paraît : car là où l'artiste parlera d'instinct, l'annonceur parlera quant à lui de stratégie...

BIBLIOGRAPHIE

BERGSON (H.), *Matière et mémoire : Essai sur la relation du corps à l'esprit*, Paris, PUF, 2004.

BERKELEY (G.), *Principles of Human Knowledge / Three Dialogues Between Hylas and Philonous*, New York, Penguin Classics, 1988.

GUILLAUME (P.), *La psychologie de la forme*, Paris, Champs Flammarion, 1979.

PIÉRON (H.), *Vocabulaire de la psychologie*, Paris, PUF, 2003.

PIETERS (R.) & WEDEL (M.) 2004, « Attention Capture and Transfer in Advertising: Brand, Pictorial, and Text-Size Effects », *Journal of Marketing*, 68: 36-50.

SÉMÉRIA (Y.), *Philoscope*, 1996.

SCHOPENHAUER (A.), *Le monde comme volonté et comme représentation*, traduction A. Burdeau, Paris, PUF, 1992.

CHAPITRE 5

Psychologies

1 • CRÉATION : *DIAGNOSTIC, CIBLAGE, PROPOSITION, SIGNIFICATION*

La création publicitaire est un exercice complexe car, de la même manière que le psychologue ne pourra jamais se défaire totalement de ses propres fantasmes, perceptions et autres ressentis qui composent son cadre de référence, et dont il devrait théoriquement faire abstraction lors de son analyse, le créatif est supposé être capable de quitter sa personnalité profonde pour se fondre dans celle de son client et de la cible de l'annonceur. Cette *schizophrénie* commandée est malheureusement impossible à atteindre totalement : nous laissons toujours un peu de nous-même dans nos créations.

Un autre biais qui vient souvent polluer la qualité de la création est l'impact du succès d'une campagne sur l'inspiration de la suivante. Comparez les slogans qui accompagnent les communications **d'Air France** et de **Lacoste**. **Air France** adopte : ***« faire du ciel le plus bel endroit de la terre »***, et **Lacoste** de renchérir avec : ***« un peu d'air sur terre »***. Le lien est tenace. Du reste, la cible de l'un et l'autre est la même, d'où, non pas un risque de confusion puisque les secteurs sont fondamentalement distincts, mais un risque de dévalorisation chronologique de la seconde au profit de la première. En effet, si la cible se préoccupe rarement de l'identité du créatif, en l'occurrence **Euro RSCG – BEPC**, elle crée, en revanche, facilement des parallèles peu pertinents mais marquants, et susceptibles d'aboutir à la conclusion erronée mais gênante que la seconde marque s'est inspirée de la première :

Le créatif doit donc réellement se mettre à la place de son annonceur et comprendre le cadre de référence de sa cible, tout en essayant de faire abstraction de son propre cadre de référence et de ses campagnes passées, succès comme échecs.

Traditionnellement, le processus de création publicitaire suit le schéma suivant : un diagnostic, un ciblage, une proposition, et une signification. Le diagnostic entame donc les débats. À l'instar de l'analyse stratégique, le diagnostic se divise en deux composantes distinctes mais néanmoins intimement imbriquées : l'interne et l'externe, ou ciblage.

Premier volet de notre schéma, le diagnostic interne consiste à tout connaître de l'annonceur car le mix de communication doit être cohérent, règle qui s'applique d'ailleurs quel que soit le mix concerné (marketing, produit, etc., nous l'avons vu dans le chapitre 2). Ceci car une campagne publicitaire est dynamique, jamais statique. Elle s'inscrit toujours dans une perspective évolutive, prospective ; elle n'est jamais figée. La lecture d'un message est souvent fonction des messages précédents, de l'image que l'on a de l'entreprise et des promesses futures qu'elle défend. Le mix de communication doit donc être cohérent dans sa structure organisationnelle (quels media, quelles fréquences, quelles périodes de diffusion…), mais également dans son interaction avec le passé de l'annonceur.

L'intérêt du diagnostic interne est donc de recenser des actions passées, mais surtout d'apprendre à se mouvoir dans l'univers de l'annonceur, de s'imprégner de ses valeurs, de la culture de son entreprise et de ses réalités économiques afin d'être en mesure de déterminer le message le plus pertinent pour ses besoins actuels et futurs. Ce diagnostic consiste, par exemple, à interviewer les membres de l'entreprise sur leur degré d'identification à la marque, à recenser les gammes distribuées, à comprendre les enjeux stratégiques de l'entreprise, à connaître les cibles et les campagnes précédentes, ainsi que leur impact, à comprendre les raisons des succès et des échecs de ces campagnes (mauvais positionnement, mauvais ciblage, éléments conjoncturels, coûts prohibitifs, mauvais ton, concurrence agressive, etc.), ou encore à comprendre les nouvelles orientations que l'annonceur souhaite imprimer à sa marque.

En résumé, cet audit doit permettre de glaner les informations qui permettront de vérifier la cohérence et la solidité de l'offre contenues dans le message, en d'autres termes, d'élaborer la *copy strategy* de la campagne, nous y reviendrons.

Une fois ces éléments connus, le créatif peut entamer le ciblage, en d'autres termes, le diagnostic externe, deuxième volet de notre schéma. Il s'agit alors d'identifier la cible à laquelle le message va s'adresser.

Le ciblage est un art. C'est un art parce qu'il fait intervenir tant de variables périphériques que la seule rigueur de la méthode n'est pas suffisante pour totalement connaître sa cible ; il faut y ajouter une petite dose de chance, de talent, et de flair. Ce que personne ne peut apprendre, quantifier, ou encore mesurer ; seulement ressentir...

Sur la base donc des éléments mis en exergue par le diagnostic interne, le créatif va proposer un axe de communication, troisième volet de notre schéma. Le diagnostic interne a théoriquement permis de connaître les campagnes passées, les valeurs de l'entreprise, les moyens financiers qu'elle souhaite mettre dans la réalisation de sa campagne selon qu'elle aura choisi une stratégie lente (PLV) ou rapide (communication multimedia, cf. chapitre 2), et surtout, ses positionnements réel et relatif, en d'autres termes, l'image qu'elle croit donner d'elle-même, l'image qu'elle aimerait donner, et l'image qu'elle donne vraiment, nous l'avons vu. En tenant compte de ces informations, capitales pour la suite du processus, le créatif propose alors un message plus ou moins agressif que les précédents, transmis par une pluralité médiatique supérieure ou inférieure aux précédentes, dans la continuité ou en rupture avec les campagnes passées, et à l'aide d'un ton récurrent ou nouveau. Ces décisions sont éminemment liées au ciblage stratégique de l'annonceur dans la mesure où ce dernier peut choisir de conserver la même cible et de la toucher de la même manière, de conserver la même cible mais en souhaitant l'atteindre avec un message de nature différente, ou bien de toucher une nouvelle cible, soit en rupture avec la cible actuelle, soit complémentaire de celle-ci, le tout en utilisant un message de même nature que les précédents ou bien également en rupture avec ces derniers ; vous l'aurez compris, toutes les combinaisons sont permises !

Dernier volet de notre schéma, et non des moindres puisque certainement le plus important, la signification du message. Lorsqu'en 1948 Harold Laswell a élaboré son modèle de communication appelé ***« modèle cybernétique »***, Norbert Wiener[1] l'a utilisé pour mettre en exergue l'importance de l'existence des cadres de référence de l'émetteur et du récepteur au cours de tout processus de communication. Il a notamment souligné l'influence du canal quant à la modification systématique de perception de la part du récepteur une fois le message codé par l'émetteur (langue utilisée, signes ajoutés, silences, ton utilisé, ponctuations, etc.), transmis, puis décodé par son desti-

1. N. Wiener et G. Guthrie, « Subliminal Perception or Perception of Partial Cue with Pictorial Stimuli », in *Journal of Personality and Social Psychology*, New York, 1966.

nataire. Le schéma mécaniciste d'Harold Laswell, puis de Norbert Wiener, montre que tout système de communication correspond au transfert d'un message matériel, ou « ***matérialisable*** », entre un émetteur E et un récepteur R.

Il démontre que le récepteur tend à assimiler le répertoire de l'émetteur (apprentissage) et que l'information émise en retour par le récepteur permet à l'émetteur d'ajuster son répertoire à celui du récepteur (feed-back). En parallèle de ceci, il souligne également la présence inopinée et permanente des *bruits* qui qualifient toutes les perturbations aléatoires qui interviennent au cours de la transmission (défectuosités du canal, interférences, attitudes, ambiguïtés du message, etc.). Ce modèle cybernétique permet de déborder très facilement de cette situation duelle Émetteur-Récepteur, et ce, aussi bien vers l'individu que vers le groupe. Car comme le remarque Maurice Reuchlin[2], ce modèle est applicable à l'individu isolé s'informant auprès d'une source extérieure, mais également au groupe : dans le champ social ainsi posé, on peut alors étudier le cheminement, la circulation, et la transformation du message. D'autre part, ce modèle permet d'interpréter les interactions : elles sont les effets du feed-back réciproque, d'où l'ajustement des deux interlocuteurs, des cadres de référence, des codes, du rythme, et des objectifs. La « ***signification*** » du message, donc de ses composantes d'objet et de forme, est alors éminemment importante dans l'élaboration du message publicitaire, nous en avons déjà discuté dans les chapitres précédents.

Mais, à la lecture des travaux de ces éminents chercheurs, un élément nouveau vient compliquer la tâche de l'annonceur. Car si dans le modèle Émetteur-Récepteur, il existe une dynamique permettant à l'un d'ajuster son répertoire par rapport à l'autre afin de maximiser leur compréhensions conjointes, ce n'est pas le cas en matière de communication publicitaire. En effet, si le message n'est pas directement clair, la cible ne renverra pas vers la publicité un commentaire lui permettant d'ajuster son message de façon plus pertinente. La sanction sera immédiate : elle se matérialisera par un désintérêt du consommateur au profit du produit concurrent ou d'un substitut. À la différence d'une conversation, le message publicitaire est à sens unique. Le feed-back n'emprunte pas ici le même chemin puisqu'il choisit celui de l'achat ou du rejet du produit. La création publicitaire est donc paradoxalement récurrente mais à usage unique ; d'où l'importance du travail en amont, donc des diagnostics.

Les composantes qui interviennent dans la perception des objets et des formes qui composent le message supposent l'existence d'un minimum d'individualisation de chacun d'entre eux dans un champ, des actions intérieures à l'un et à l'autre, et des interactions entre les deux. La réponse perceptive à une stimulation entretient avec celle-ci des rapports de dépendance causale et d'indépendance de contenu que l'on retrouve notamment dans les théories Gestaltistes.

La distribution homogène du stimulus dans le champ perceptif de la cible peut être rompue, ce qui rend ainsi possible une organisation différenciée du champ. L'étape suivante dans la différenciation est celle de la formation d'unités perceptives, résultant

2. M. Reuchlin, *Psychologie*, Paris, PUF Fondamental, 10e édition, Octobre 1993.

de deux forces antinomiques : l'une qui renforce l'égalité de la stimulation dans le champ, et l'autre qui la diminue. Deux facteurs contribuent à la formation de ces unités : la *proximité* et la *similitude*. C'est sur cette base que les Gestaltistes ont élaboré la notion de *forme* et dégagé leurs lois perceptives (unicité, proximité, etc.). L'une des propriétés fondamentales de la signification du message étant la constance des formes qui le composent, la perception de celles-ci évolue d'abord en fonction de l'apprentissage qui doit être précisément précoce pour être plus efficace. Mais les formes sont-elles primitives, comme tendaient à le croire les Gestaltistes ? On critique aujourd'hui cette idée, notamment au nom d'une nouvelle explication des phénomènes physiologiques et génétiques émise, à l'origine, par Hebb[3] en 1949, ainsi que sur une constatation des **« effets de champ »** et des activités perceptives. Piaget[4] a d'ailleurs montré, à propos des effets de champ, d'une part, que la courbe de leurs valeurs – en fonction des proportions de la figure – ne variait pas avec l'âge du sujet mais, au contraire, restait constante, et que, d'autre part, la valeur absolue de l'illusion diminuait avec le développement intellectuel du sujet, ce que le créatif du message publicitaire doit garder à l'esprit selon qu'il s'adresse à une cible éduquée, une cible enfant, masculine, féminine, âgée, ou encore une cible composée de CSP hétérogènes.

La création du message publicitaire est donc un aboutissement des diagnostics interne et externe qui visent à optimiser la signification de la proposition émise par l'annonceur. Cette signification peut avoir un double sens si les cadres de référence de l'annonceur sont différents de ceux de la cible, sans parler de la distorsion ayant pour cause le créatif lui-même. Mais il ne faut pas oublier que l'annonceur n'a qu'une seule chance : une fois lancé sur les media, le message ne lui appartient plus ; il devient la propriété des consommateurs qui l'interprètent, le jugent, le critiquent, le cautionnent ou le rejettent. Le meilleur moyen de limiter le risque d'incompréhension de la part de la cible est d'affûter un peu plus le mix de communication. Cette charge revient à la *copy strategy*.

2 • COPY STRATEGY : *PROMESSE, PROFIT, MEDIUM, STYLE*

La *copy strategy* est un guide, un contrat à partir duquel la création devrait se développer. Elle permet de faire le bilan de la cohérence et de l'interactivité des diverses composantes du message publicitaire. Ce bilan s'effectue en quatre étapes qui se présentent sous formes d'interrogations. Ces dernières sont totalement représentatives du type d'informations que le créatif doit récolter auprès de son client annonceur au cours de son diagnostic interne.

---

3. D.O. Hebb, *Psychophysiologie du comportement*, Paris, PUF, 1958, traduction française de *The Organization of Behavior* (1949).
4. J. Piaget et B. Inhelder, *La psychologie de l'enfant*, Que sais-je ? n° 369, Paris, PUF, 1968.

Le premier élément que le créatif doit déterminer est ***la promesse qui sera véhiculée par le message***. La publicité ne se contente plus d'informer des nouveautés ; elle joue également un rôle éminemment prescriptif pour lequel elle engage la responsabilité de l'annonceur. Elle promet donc un résultat basé sur son expérience et qui est normalement à l'origine de sa notoriété. On peut tromper le consommateur une fois, mais on ne le trompe qu'une seule fois...

Le deuxième élément sur lequel le créatif doit s'interroger est ***le bénéfice retenu par le consommateur***. Périphérique à la promesse, ce bénéfice vient compléter la valeur intrinsèque du produit, un peu à l'image d'une cerise sur un gâteau.

Le troisième élément de questionnement concerne ***les supports médiatiques*** qui devraient être utilisés pour supporter la promesse et le bénéfice. On parle alors de supports *techniques* (TV, affichage, radio, presse) et de supports *psychologiques* (composantes physiques et sociales du produit).

Quant au quatrième et dernier point, il a pour rôle de déterminer ***le ton*** sur lequel le message devrait être véhiculé.

Illustrons ces quatre étapes à l'aide de l'exemple de la campagne **Badoit** réalisée en 1999. La promesse du message était fondée sur les qualités physiologiques du produit, sa valeur originelle, sa raison d'être : « *Boire Badoit permet d'éveiller mes sens et m'aide à digérer* ». La promesse étant récurrente du fait de la célébrité de **Badoit** sur ses vertus digestives, le bénéfice retenu fut de souligner l'aspect socialisant du produit, systématiquement présenté comme étant consommé au restaurant ou en famille : « *Consommer Badoit c'est m'ouvrir aux autres* ». Les supports techniques choisis devaient montrer le dynamisme du produit, principalement fondé sur la présence des bulles. La radio a donc insisté sur le bruit si particulier aux boissons gazeuses lorsqu'on les décapsule, la télévision a souligné l'excitation des consommateurs en mettant en scène des personnages particulièrement dynamiques, et la presse et l'affichage ont mis en exergue d'agréables situations sociales connues de tous, telles que des repas familiaux ou professionnels partagés par plusieurs personnes manifestement ravies de se retrouver.

Quant aux supports psychologiques, ils ont été matérialisés par l'information concernant la fine « pétillance » des bulles et le statut d'eau de repas inhérent à **Badoit**, là où, par exemple, **Perrier** avait choisi de communiquer sur l'aspect festif, ponctuel, et délirant propre à débuter l'animation d'une soirée ou à dynamiser un apéritif en promettant une grande compatibilité avec de nombreux alcools. Enfin, le ton de chaque message fut enjoué, radieux, optimiste, gai, et chantant, et ce, quel que fut le support utilisé.

En 2005, **Badoit** a conservé la même structure médiatique mais en choisissant de renforcer notamment les aspects digestifs et gustatifs, moins présents dans les campagnes précédentes, à l'aide de la promesse selon laquelle l'élément clé étant à l'origine de la qualité du produit avait été amélioré : les bulles, toujours plus petites... !

La *copy strategy* est donc le garde-fou de la perspicacité et de la pertinence du message publicitaire, l'ultime contrôle de qualité de toute campagne avant son lancement, et ce, en accord direct avec la stratégie de communication et de positionnement de l'annonceur, et la cible visée.

Mais ce diagnostic concerne principalement les produits agro-alimentaires ou de grande consommation. Ainsi, lorsqu'une *copy strategy* doit être adaptée à une marque de luxe ou à une marque générique, elle revêt alors son habit de lumière pour se transformer en *star strategy*.

3 • STAR STRATEGY : *EXISTENCE PHYSIQUE, SENS CACHÉ, CONSTANCE*

La *star strategy* a la même fonction diagnostique que sa petite sœur, la *copy strategy*. Seules ses composantes varient de fait du statut de marque de luxe ou de marque générique qu'arborent ses protégées.

La marque de luxe est une marque représentant un produit pour lequel il existe une infinité de substituts. Nul n'est forcé de consommer du luxe ; le produit de luxe n'a pour but que de démarquer son consommateur de la masse, de proposer des attributs ou des services qui existent nulle part ailleurs, ou de rassurer sur la qualité de ses composants dans la mesure où, pour le commun des mortels, tout ce qui est cher est forcément de bonne qualité. Évidemment, puisqu'un prix élevé justifie la présence de matériaux nobles, donc rares, donc chers, mais aussi de contrôles de qualité pointus, de main-d'œuvre expérimentée, et d'origines contrôlées. À ce titre, le vrai luxe consisterait peut être à payer une fortune pour un objet ne servant strictement à rien…

Quant à la marque générique, elle s'est construite au fil du temps sur la base d'une qualité incontestablement avérée, pour finir par se substituer au substantif communément et originellement employé (du reste, la disparition d'une marque générique n'entraîne pas forcément la disparition concomitante des néologismes qui lui incombent). Ainsi, nous préférons nettement demander un **Kleenex**, mettre les courses au **Frigidaire**, lui-même ayant la chance de bénéficier également du petit surnom de **Frigo**, et écrire avec un **Bic**, plutôt que de demander un mouchoir en papier avant de mettre les courses au réfrigérateur et d'écrire avec un stylo-bille (nous reviendrons sur les aspects marque de luxe et marque générique dans le chapitre 9).

Du fait de leur nature intemporelle, voire éternelle, la marque de luxe et la marque générique nécessitent des critères de diagnostics adaptés. Ainsi, une *star strategy* se construit à partir des trois composantes suivantes : un *physique*, un *caractère*, et un *style*.

Première composante, ***le physique de la marque***. Direct héritage de la *copy strategy*, le physique d'une marque qualifie l'association naturelle que fait le consommateur, utilisateur ou non du produit ou du service, avec un simple stimulus lié à la marque. Ainsi, par exemple, la vision d'un logo peut déclencher dans l'esprit d'un quidam que **Woolite** est gage de sécurité pour la laine, que **Manpower** permet de trouver du travail rapidement, ou qu'une **Rolls Royce** ne tombe jamais en panne.

Deuxième composante de la *star strategy*, ***son caractère***. Chaque fois qu'un produit se donne un nom pour devenir une marque, il affirme un caractère, c'est-à-dire un imaginaire caché derrière ses simples performances techniques. Le consommateur, toujours utilisateur ou non de la marque, construit alors une perception de la promesse qui est directement issue de sa propre imagination, et ce, sur la base de performances relativement basiques. Ainsi, par exemple, le consommateur réalise un transfert et se voit serein comme le cow-boy de **Marlboro**, cultivé et culturel comme **Sony**, méticuleux comme **Rosières**, ou encore glamour comme **Woolite**. La qualité de la communication du caractère de la marque sera la capacité de cette dernière à matérialiser une solution évidente et durable dans l'esprit du consommateur à la simple vision de son nom, de son logo, ou de son slogan.

Enfin, troisième et dernière composante de la *star strategy*, ***le style***. Il s'agit ici de conserver au fil des campagnes des constantes d'exécution de la marque pour se faire remarquer de manière sûre et rapide : ainsi, par exemple, **Marlboro** ne manquera pas de montrer son cow-boy, **Hollywood** ne ratera jamais une occasion de mettre en scène des situations de sports extrêmes, et **BMW** de faire figurer des représentants de CSP aisées.

Ces trois composantes sont typiques de la *star strategy*. Mais il en existe une quatrième, quant à elle commune aux deux *copy* et *star strategies* : ***le ton***. Car enfin, quels que soient la cible et l'annonceur, le fonctionnement reste le même : un message unique à dimension interprétative, un vecteur de communication à sens unique et à l'objectif identique : toucher puis fidéliser la cible en cherchant sa caution. Ce sont les émotions qui sont alors sollicitées, tout simplement du fait de leur caractère universel. Quelle que soit la langue, quelle que soit la culture, quelle que soit la religion, la peine, la joie et la colère sont définitivement mondiales. Éminemment positive, la publicité prend donc souvent naturellement le parti de faire appel à l'humour pour véhiculer ses messages de conviction. Pourtant, il semble que cette louable attention ne soit pas des plus intelligentes...

4 • FAIRE APPEL À L'HUMOUR : *UNE TENTATION À PROSCRIRE*

Nous ne sommes pas là pour rigoler ! Un peu abrupte, non ? Et pourtant... Savez-vous que la moyenne des dépenses publicitaires (à écart-type restreint) correspond approximativement à 5 % des chiffres d'affaires des annonceurs ? À ce tarif, croyez-moi, on ne rigole vraiment pas.

L'humour est tentant. Positif dans ses messages, enclin à fédérer l'adhésion du plus grand nombre, il est une solution *a priori* facile pour tout annonceur souhaitant toucher le plus grand nombre car il peut être utilisé pour la plupart des produits. Pourtant, il est une solution piège pour plusieurs raisons.

Tout d'abord, l'utilisation du ton humoristique n'est possible qu'en matière de *copy strategy*. Il est bien évident que le *luxe* ne peut pas se permettre de faire appel à cette solution. Le *générique*, à la rigueur..., même si fort est de constater que le consommateur n'aime pas que l'on rie de ses symboles. Exit donc l'humour de toute *star strategy*. Il reste néanmoins tentant du fait que la *copy strategy* représente une immense majorité des produits distribués et des services offerts sur le marché, et à propos desquels communique la majeure partie des entreprises.

Ensuite, il faut reconnaître qu'il est difficile de faire rire sans faire appel à la délation ; la publicité comparative est autorisée dans certaines économies (nous y reviendrons dans le chapitre 7) mais elle reste soit rare, soit fortement réglementée. En outre, par définition, si l'on se moque de quelqu'un, il existe logiquement une immense probabilité pour qu'en contrepartie notre produit ou notre marque fasse l'objet de railleries quelque part sur le globe.

À moins de trouver une niche qui limite les risques et dont le plus bel exemple est certainement la campagne du shampoing **Timotei**, l'exercice est périlleux :

Enfin, et voici certainement le coup de grâce quant à la tentation de faire appel à l'humour : le rôle de la publicité n'est pas d'amuser la galerie mais de déclencher l'achat et de fidéliser le consommateur sur la base de la communication d'un positionnement clair et cohérent. Et l'humour n'est définitivement pas un déclencheur d'achat ; il permet la mémorisation mais il entretient l'existence d'une frontière imperméable entre cette fonction de mémorisation et celles de cautionnement puis d'achat. Il n'est éventuellement utile que dans l'accroche, dans la captation d'attention. Mais son rôle s'arrête là : « *Évitez l'humour. Ce qui est amusant pour une personne ne l'est pas pour des millions. Le rôle de la publicité, c'est de vendre, pas de divertir. Rappelez-vous qu'il n'y a pas une ligne marrante dans les deux livres les plus influents que l'on ait jamais écrits : la Bible et le catalogue de Sears*[5]. »

5. J. Caples, *Tested Advertising Methods*, Fifth Edition, New York, Prentice Hall, Business Classics, 1998.

La publicité fait fréquemment appel à l'humour, mais dans de très relatives mesures ; on le rencontrera surtout en matière de services ou de publicités comparatives, c'est-à-dire là où l'imaginaire est omniprésent et où la délation moqueuse est de mise. Du fait de l'intangibilité même du service, l'humour est alors une arme redoutable dans ce type de communications ; malheureusement, malgré la nature justement intangible du service, il n'a souvent d'autre choix que d'être associé à une mise en scène comparative qui enlève alors tout caractère chevaleresque à son message et expose ainsi la marque à la contre-attaque de la concurrence. Une fois entamé, ce type d'affrontement n'a alors ni limites de goût, ni limites de temps : en témoignent les joutes du couple le plus médiatique pour cet exercice, **Coca-Cola** et **Pepsi-Cola**, (cf. chapitre 7).

La solution de faire appel à l'émotion reste pourtant extrêmement intelligente. Et si l'humour offre tant de limites d'exploitation, croyez bien qu'il n'en est pas de même pour la peur...

5 • UTILISER LA PEUR : *EXEMPLES, DÉTOURNEMENTS, CONSTANTES*

La peur est certainement le plus brillant créneau utilisé par la communication publicitaire. Outre son caractère universel puisque faisant partie intégrante des émotions humaines, elle permet de forcer n'importe quelle cible à consommer en lui proposant les solutions aux problèmes et aux menaces que le message publicitaire soulève. Lorsque Michael Moore a réalisé « Bowling for Columbine », Palme d'Or au Festival de Cannes en 2002, celui-ci a notamment interviewé de nombreuses personnes et personnalités pour essayer de comprendre l'origine du drame[6] qui était à l'origine de son film, même s'il ne faisait aucun doute que la prolifération des armes et la facilité avec laquelle quiconque pouvait, et peut encore s'en procurer, expliquait malheureusement l'apparition de phénomènes aussi désolants. Nombre d'interviewés ont alors nommé la rock star américaine **Marilyn Manson** comme responsable du carnage, du fait que les deux meurtriers écoutaient sa musique.

M. Moore est alors allé interroger « l'accusé » ; l'analyse de Marilyn Manson, de son vrai nom Brian Warner, mérite la retranscription de ses dires quant à l'explication du rôle de la peur dans les publicités des sociétés modernes : « *(...) Les deux thèmes soulevés par cette tragédie ont été la violence dans la culture populaire et le contrôle des armes. Ça tombait vraiment à pic que ces deux sujets ressurgissent juste avant l'élection. On oubliait Monica Lewinsky, on oubliait que le Président lançait des bombes à l'étranger (...). Mais les media ne fabriquent pas de la peur avec ça. Quand vous regardez les journaux télévisés, on vous gave de peur. Inondations, sida, meurtres... Puis on envoie la publicité, achetez une* **Acura**, **Colgate** *si vous avez mauvaise haleine, on ne*

---

6. Deux lycéens avaient froidement assassiné douze de leurs « camarades » dans le Lycée de Littletown le 20 avril 1999.

vous parle pas, si vous avez de l'acné, les filles ne vous désirent pas ; ce n'est qu'une campagne de peur et de consommation. Je crois que tout est basé sur cette idée : si on fait peur aux gens, ils consomment ». Et, comme caution supplémentaire à l'innocence de la star, à la question de M. Moore de savoir ce qu'il dirait aux lycéens de Columbine s'il les rencontrait, Marilyn Manson de répondre : « *Je ne leur dirais rien ; j'écouterais ce qu'ils ont à dire. Ce que personne n'a fait* ».

Tout se résume donc certainement à l'idée très simple selon laquelle la peur entraîne le manque, la précipitation, l'absence de discernement et donc la recherche systématique de protection et d'assurance que la publicité s'empresse de venir satisfaire (cf. valeur d'attention, chapitre 3). La peur est le territoire fétiche de chasse de la communication publicitaire. Le message souligne le problème, puis apporte la solution. Simple, rapide, et diablement efficace. Efficace, oui, mais à la condition *sine qua non* que le consommateur ne soit jamais impliqué dans la responsabilité du problème (nous ne proposons pas des véhicules automobiles de plus en plus performants parce que nous savons que vous conduisez mal, nous les fabriquons pour vous protéger des autres, nous avons également vu cet exemple dans le chapitre 3).

L'utilisation de la peur trouve son domaine de prédilection dans les campagnes visant à lutter contre certains comportements tels que l'alcoolémie, la criminalité routière, l'utilisation de produits stupéfiants, le sida, etc. Plus question alors de calcaire ou de tartre, le problème est bien plus important et la fin justifie les moyens. Ce sont les Britanniques qui sont à l'origine des ces campagnes ultra violentes visant à essayer de créer de réelles prises de conscience dans l'esprit des jeunes consommateurs et des utilisateurs irresponsables. Les annonceurs, souvent publics, n'hésitent alors pas à communiquer à l'aide de messages tels que les exemples qui suivent le montrent :

(La conduite en état d'ébriété ne tue pas seulement les conducteurs ivres.)*

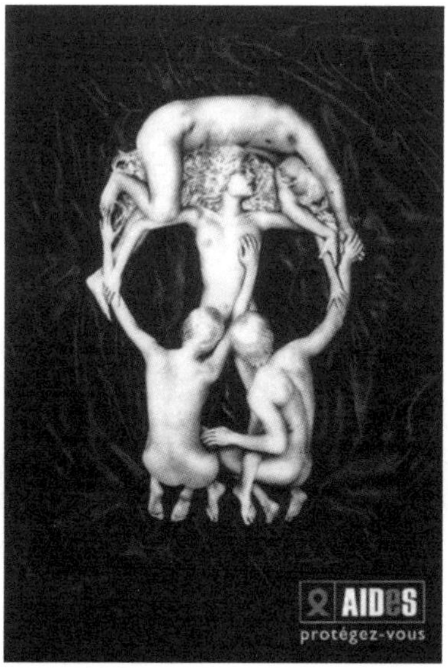

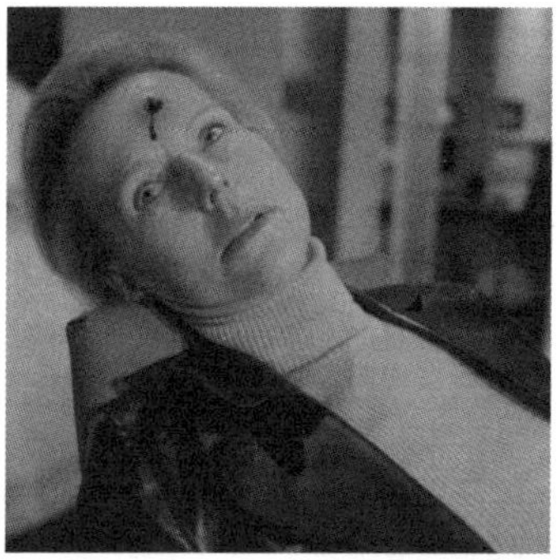

reporters
without borders

La peur, à des degrés divers, est donc l'une des émotions stars de la communication publicitaire internationale. À ce titre, trois remarques sont à noter : la première est que la peur est presque systématiquement et unanimement utilisée par les annonceurs ; la deuxième est que la solution proposée doit être appliquée souvent afin d'assurer un continuum dans l'utilisation du produit et ainsi pérenniser sa vente ; enfin, la troisième est qu'il existe une limite à ne pas franchir : l'utilisation d'un message susceptible de créer une confusion dans l'esprit de la cible. Reprenons l'un des exemples dont nous avons parlé dans le chapitre 3 : lorsque **Renault** avait choisi de communiquer sur la qualité de ses équipements, notamment les freins, les créatifs avaient mis en scène un couffin négligemment abandonné sur un chemin de campagne et évité de justesse par le véhicule en question. La cible n'a jamais retenu la performance du véhicule face à cette situation d'urgence ; au contraire, elle n'a mémorisé que le risque qu'avait pris **Renault** d'utiliser un couffin pour les besoins de l'expérience. À aucun moment la cible s'est figurée la nature artificielle de la situation ; elle a effectué un transfert et a ainsi crédibilisé la scène au point de la croire réelle, donc irresponsable.

Prudence donc quant à l'utilisation de la peur dans le message publicitaire. L'information émotionnelle que véhicule ce dernier peut être perçue à plusieurs niveaux selon les cadres de référence des uns et des autres. Cette information n'est jamais totalement objective ; elle fait appel à des symboles, elle s'incruste dans les mémoires, elle soulève des problèmes et des risques, elle propose des solutions inconnues, bref elle essaye de convaincre à l'aide d'outils et d'arguments différents de ceux des concurrents mais dont la créativité et le caractère unique ne sont pas éprouvés. C'est notamment la raison pour laquelle, malgré les efforts de créativité des publicitaires, on a souvent l'impression que la publicité communique toujours sur la base des mêmes fondements. Cette gestion récurrente de l'information fait donc perpétuellement appel à des techniques et des concepts connus car éprouvés au fil des campagnes et de la progression des connaissances dans le domaine des comportements de consommation.

6 • GESTION DE L'INFORMATION : *LES TECHNIQUES ÉPROUVÉES*

D'une certaine manière, il est bon de nous poser la question de savoir si, finalement, dans un monde où les marques ont souvent commencé par être des noms propres, on ne pourrait pas appeler de n'importe quelle façon tout produit si celui-ci est bon. Les exemples foisonnent de produits qui ont connu d'immenses succès « malgré » une marque qui aurait pu sembler pénalisante. Encore une fois, la marque ne *fait* le produit que dans la mesure où le produit a préalablement *fait* la marque...

La PNL que les militaires américains ont développée dans le cadre de leur projet *Jedi*, destiné en première approche à former des tireurs d'élite, nous apprend qu'il est possible de canaliser nos émotions afin de produire des conduites systématiques dont les déclenchements sont induits par le biais de ce que l'on nomme des *ancrages*. Ces derniers sont le plus souvent des gestes associés à des ensembles émotionnellement stables et positifs qui permettent au soldat de se retrouver dans l'état propice à la bonne réalisation du tir, au même titre que la photographie d'un être aimé prise dans un moment de bonheur suffit à recréer les conditions de cet état. La poésie symboliste et sa faculté de remémoration repose d'ailleurs en grande partie sur ce phénomène.

Pour ceux qui en ont fait l'expérience, boire son premier **Coca-Cola** (ou **Pepsi-Cola**, pas de jaloux !) un jour de grande chaleur est un moment organoleptique fondateur irremplaçable[7]. D'ailleurs, le moindre appel de la marque dans des circonstances propres à déclencher la soif est un rappel irrépressible de ce moment originel. Dans un cadre comme celui-là, la forme de la bouteille ou de la cannette, le jeu des couleurs blanche et rouge, les pleins et déliés du logotype, la teinte caramel, ou le bruit de la capsule libérée sont autant de rappels positifs des bons moments passés avec la marque, et donc autant d'accès concrets à cette expérience globale. Par conséquent, parmi les techniques éprouvées de gestion de l'information, le phénomène de mémorisation continue de retenir toute l'attention des chercheurs et des hommes de marketing.

Les Égyptiens avaient coutume de commettre volontairement des fautes sur les noms des défunts aux portes des tombeaux. L'objectif était le suivant : permettre par la restauration intérieure du nom de rétablir la vérité de l'être. Il s'agit d'une démarche spirituelle que l'on retrouve dans l'utilisation du lettrage gothique aux vitraux des cathédrales qui tendaient à évoquer, par son aspect hiératique, le sacré pour un public profane et ainsi introduire une difficulté salutaire qui conduisait à un plus grand recueillement des initiés. Dans tous les cas, la forme était immédiatement porteuse d'un trait particulier, d'une relation profonde qui obligeait chacun à se faire face et à accepter de progresser. D'une manière analogue, **Häagen Dazs** ou **Hoegaarden** par exemple, sont des signes qui appellent un apprentissage à cause de leur complexité phonétique (nous développerons ce phénomène dans le chapitre 6). Ces marques creusent des sillons très particuliers dans notre expérience quotidienne et jalonnent l'accès du produit de connotations étranges.

Petite pause ludique ; nous allons jouer à un jeu. Il s'agit d'une petite expérience à laquelle nous allons vous demander de vous livrer. Mais il faut respecter les consignes sinon cela n'a pas grand intérêt, d'accord ? Alors voilà. Fermez les yeux et imaginez une allumette.

Toute simple, droite, verticale, comme suspendue dans l'espace. Vous la voyez ? Son corps de bois et sa tête toute rouge ? Aucun problème, n'est-ce pas ? Bien, alors maintenant, essayez d'en visualiser deux ? Toujours OK ? Très bien, alors passons à trois. Prenez votre temps, prenez le temps de vider votre esprit pour ne laisser devant vos yeux fermés que l'image de trois allumettes. Bien, continuons, essayez d'en visualiser quatre maintenant. Attention, pas deux plus deux ; quatre ensemble, dans une perception globale. Cinq maintenant. Encore une fois, pas deux plus trois, ni deux plus

---

7. W. Reymond, *Coca-Cola, l'enquête interdite*, Paris, Flammarion, 2006.

une plus deux. Difficile ? Non ? Alors passons à six. Toujours en respectant la contrainte consistant à les visualiser globalement : ne les séparez pas en groupes de trois. Enfin, sept... ce que, théoriquement, vous ne devriez pas être capables de faire. Si tel était le cas, alors votre limite serait atteinte car il est impossible de visualiser huit éléments globalement.

Vous venez d'expérimenter la Loi de Miller. D'après lui, il est impossible de visualiser plus de sept signes. Ceci car la mémoire tampon immédiate a justement une capacité de sept informations. Lorsqu'une huitième information nous parvient, l'une des sept précédentes est soit *oubliée*, soit *refoulée* dans l'inconscient, soit *transférée* dans la mémoire à long terme, ceci selon l'intérêt que vous avez porté à ladite information.

Pendant de la mémoire, l'oubli. Il est impossible d'oublier volontairement. Essayez, vous verrez : le simple processus de tenter d'oublier quelque chose consiste justement par commencer à se le remémorer. L'oubli est un phénomène complexe et involontaire. Paradoxalement, il est souvent déclenché par la mémorisation d'une information, celle-ci venant écraser celui de nos sept derniers souvenirs le moins immédiatement important à nos yeux.

À travers le message publicitaire, la marque contribue à construire un environnement mnémonique permettant à l'individu de créer des sous-ensembles organisés à l'instar de dossiers pour classer des fichiers. Cette technique naturelle permet de conserver, par exemple, sept dossiers, dans lesquels nous trouverons à chaque fois sept fichiers. Ainsi, lors de la première confrontation à l'individu, il est essentiel que la marque construise son territoire, donne un ensemble de signes distincts et clairement identifiables afin d'atteindre son objectif fondamental, la durabilité. Étonnant de parler de durabilité avant de parler de qualité ? Pas du tout. Encore une fois, ce n'est pas la marque qui fait le produit, c'est l'inverse. Si le produit est bon, la marque communiquera une image de qualité. Elle n'est qu'une information sensitive permettant une reconnaissance, l'appel à la mémoire d'une information disant si oui ou non le choix de ce produit est bon ou non. Associée à un produit de qualité, la marque permettra l'identification parmi la masse d'informations auxquelles l'individu fait face, et une fois cette distinction opérée, guidera ce même individu vers un acte d'acquisition ou de rejet.

Carl Jung[8] a beaucoup travaillé sur ce phénomène. Il a, entre autres, distingué trois catégories différentes dans l'inconscient : les *souvenirs personnels accessibles*, qui remontent après un effort de concentration ou à l'aide de moyens mnémotechniques, les *souvenirs personnels inaccessibles*, refoulés par suite d'un traumatisme ou totalement oubliés, et donc uniquement accessibles sous hypnose régressive, et l'*inconscient collectif*. Le contenu de ce dernier ne peut jamais devenir conscient parce qu'il ne l'a simplement jamais été. Il renferme un savoir qui n'a pas d'origine connue. C'est ce que l'on appelle la « *nature humaine* » ou « *animale* ». Le fait de savoir téter quand on est un nouveau-né en est un exemple. Les instructions codées par l'ADN ont été *sues* par un premier bébé qui a appris à téter quelque chose, une petite Eve ou un petit Adam

8. C.G. Jung, *Problèmes de l'âme moderne*, Paris, Buchet/Chastel, 1927.

sans doute... Mais ce qui est appris ne se transmet pas génétiquement. C'est la raison pour laquelle cet inconscient collectif n'a pas d'origine connue. Il reste une théorie de Jung. Mais apte à justifier de nouvelles perspectives en matière de conditionnement. Nos réflexes collectifs ont muté à travers les âges ; ce phénomène reste encore inconnu mais il existe. Nous avons des comportements inconscients vis-à-vis de l'offre marketing. Pourtant, il ne nous semble pas certain qu'une forme de marketing ait guidé le bras armé d'une massue de nos ancêtres poilus.

Sans le savoir donc, la société apprend. Et elle apprend collectivement. La perception de la marque fait partie de cet apprentissage, telle une arme moderne dans l'environnement actuel. Là où, dans une autre ère, la massue était nécessaire pour être en sécurité, aujourd'hui, nos armes sont les marques, repères connus en terres inconnues, références rassurantes face à une offre massivement menaçante, éléments de communication tacites, grognements modernes, enfants de la *pub* !

Le rôle de la mémoire est donc fondamental, tant sur le plan individuel que collectif. Car quiconque sera guidé par sa propre mémoire lors de sa perception de marque, entrera sur le territoire de cette dernière et invitera ses protagonistes sur le même territoire à travers des messages subconscients du type : « *je vous rejoins sur votre terrain* », « *je ne fais pas partie du même monde que vous* », ou encore « *venez tenter l'expérience de mon territoire* », donc, par extension, « *de mon univers* ». Un terrain délimité par une marque, appartenant à un monde de marques équivalentes, le tout dans un univers que les entreprises choisissent d'explorer lorsqu'elles décident de leur positionnement.

L'expérience de la première fois est aussi importante pour la marque que pour l'individu car elle communique vers lui ce qu'il communiquera vers les autres ensuite, affectant ainsi le processus de mémorisation, par conséquent de fidélisation.

L'apprentissage de la marque est donc guidé par les cadres socioculturels des individus, et renforcé par le processus de mémorisation. Ce qui fait du message publicitaire un concept paradoxalement à la fois récurrent et à usage unique.

Ce qu'il faut bien comprendre, c'est que le consommateur est naturellement paresseux. Lors de son cheminement, une fois le problème identifié, il entamera une recherche de solutions internes qu'il poussera à la recherche externe seulement si les solutions internes ne lui conviennent pas ou plus. La recherche interne consiste uniquement à puiser dans sa mémoire suffisamment de références rassurantes et rationnelles pour justifier (1) son choix final, et (2) de ne pas pousser la recherche à son environnement externe. Le territoire de marque prend alors tout son sens dans la mesure où il fournit un ensemble de stimuli permettant de communiquer un nombre incalculable de messages au consommateur : « *il existe une solution, tu l'as déjà expérimentée, tu ne l'as jamais expérimentée mais tu as suffisamment de perceptions à son sujet pour te rassurer, elle te parle, elle t'ouvre une porte vers le connu dans un monde* a priori *inconnu.* »

Prenez un exemple simple. Que pensez-vous de **Lamborghini** ? Diriez-vous que ce sont des voitures extraordinaires ? Certainement. Mais avez-vous déjà seulement eu l'occasion d'en conduire une... ? Cela ne vous empêche pas d'avoir une opinion.

Lamborghini vous permet de distinguer un objet roulant d'une autre objet roulant ; **Lamborghini** vous permet de positionner ce même objet, et par effet de halo, d'extrapoler vers le monde de leurs propriétaires et l'univers de la marque. Les codes de telles marques font partie de l'inconscient collectif, d'où la mutation dont nous parlions précédemment. Demandez à quiconque de vous citer la première marque de voitures rouges qui lui vient à l'esprit et vous nous direz certainement que cette question est idiote car tout le monde répondrait **Ferrari**. La marque est mémorisée. Le territoire est défini. Le code est clair, compris et universel.

Alors qu'en est-il des variations comportementales vis-à-vis de la marque et du rôle de la mémoire ? Et bien elles apparaissent lorsque l'on distingue les situations d'achat, ou, plus précisément, le degré de risque qui les accompagne. Dans le cas d'une ***situation traditionnelle avec fort degré d'implication***, la recherche de solutions sera très poussée car le choix sera complexe. La marque mémorisée aura donc logiquement autant d'importance que l'effet de halo vers des positionnements similaires. Dans le cas d'une ***situation traditionnelle avec faible degré d'implication***, la recherche de solutions sera limitée aux références mémorisées ou reconnues face à une offre multiple. La marque sera alors le déclencheur de l'impulsion d'achat ; immédiatement rassurante grâce au territoire qu'elle délimite, son apparition marquera la fin de la recherche de solutions. Dans le cas d'une ***situation expérimentale***, le problème sera soulevé par un prescripteur ou par la publicité. La recherche sera irrationnelle et émotive, et la comparaison subjective. La marque mémorisée jouera encore une fois un rôle prédominant dans la mesure où elle ne rassurera le consommateur que sur la base de sa notoriété ou de la prescription qu'elle aura engendrée. C'est souvent ce phénomène qui est à l'origine de notre réflexe d'acheter la référence la plus chère, le prix élevé étant naturellement rassurant car empreint de qualité, nous l'avons vu plus haut avec la *star strategy*. Enfin, le dernier cas relèvera d'une ***situation dite influencée***, engendrée par un problème discriminant ou un malaise : vous n'achetez certainement pas des médicaments par plaisir. La recherche sera rapide, instinctive et incompétente (pharmacien, garagiste), et votre décision sera renforcée par la crédibilité du fournisseur ou du prescripteur. Le territoire de marque jouera alors à nouveau son rôle protecteur dans la mesure où cette situation de faiblesse précaire dans laquelle vous vous trouverez à un moment donné ne vous rendra réceptif qu'à des signes simples, immédiatement identifiables et automatiquement associés à une image satisfaisante.

La société **Rémy Martin** offre un exemple troublant en matière de mémorisation réflexe. En voici le logo :

RÉMY MARTIN
FINE CHAMPAGNE COGNAC

Rappelons que l'objectif de la mémorisation publicitaire est de rendre le consommateur spontanément, impulsivement et positivement réactif à des stimuli simples. Et audelà de la marque, aucun signe publicitaire n'est plus simple qu'un logo. Étudions donc ensemble l'exemple suivant :

Observez bien les lignes de fuite. La cible est incontestablement masculine. Lorsque l'on veut accrocher le regard d'une femme, on met en scène un enfant. Lorsque l'on veut attirer le regard d'un homme…

Messieurs, vous êtes donc irrésistiblement attirés par le regard de cette jeune femme (ne mentez pas, nous le savons ; rien n'attire plus un regard qu'un autre regard !). D'autant que cette charmante personne fume un cigare, ce qui, en soi, relève du symbole fantasmagorique par excellence.

Votre regard suit ensuite le corps de la jeune femme et rencontre une première information terminologique : « ***Only Rémy*** ». Puis, curieux, vous continuez de descendre et vous avez enfin l'explication globale de la publicité, en d'autres termes, le cartouche regroupant marque, logo et slogan.

Une fois l'information acquise, il n'est plus nécessaire pour vous de rester « en bas » et vous remontez donc vers des cieux plus propices à vos intérêts fondamentaux. Sachant cela, le stratège se devait de laisser la marque sous vos yeux quelque part. Ne remarquez-vous rien ? Ne remarquez-vous pas qu'une fois remonté sur les yeux de la jeune femme, vous vous attardez sensiblement sur ses lèvres ; et que le cigare est exactement parallèle à celles-ci, voire sur la même ligne, ce qui, offre naturellement à vos yeux une tendance au glissement inopiné vers le cigare qui, décidément, vous intrigue beaucoup à cause de l'atypisme de l'agrégation symbolique de la jeune femme et de cet objet fondamentalement masculin, les freudiens diraient « phallique » ?

Et bien si tel est le cas, votre mémoire aura été soumise bien plus souvent qu'il n'y paraît à la marque concernée. Si vous ne l'aimez pas, vous continuerez de ne pas la consommer. Si vous l'appréciez déjà, votre perception n'en sera que renforcée, ce que Skinner[9] a notamment démontré consécutivement aux travaux de Pavlov[10]. Mais si vous doutiez encore, il est presque certain que la prochaine fois que vous hésiterez entre deux cognacs ou que l'on vous demandera votre opinion de mâle prescripteur, vous suggèrerez l'achat d'un produit **Rémy Martin**.

Pour quelle raison ? Nous vous l'avons dit : vous avez été soumis bien plus souvent qu'il n'y paraît à la marque concernée… Regardez attentivement les volutes de la fumée du cigare…

Un dernier fait intéressant à souligner en termes d'inconscient collectif est que la mémorisation de la marque peut muter d'un signe pré-établi vers un signe préféré par le public. De la même façon qu'une rivière prendra toujours le chemin le plus court pour aller d'un point A à un point B, ce que nous pourrions appeler « *le réflexe de marque* » aura un comportement similaire. À titre d'exemple, pensez à **Sony**. Le logo de la **PlayStation** est un P vertical composé, notamment de rouge, de noir, de bleu et de jaune. Peu de gens l'identifient. Dessinez les quatre signes fondamentaux et univer-

---

9. B.F. Skinner, *Verbal Behavior*, New York, Appleton, 1957, et « How to Teach Animals », Scientific American, n° 6, 185, 1951.
10. I.P. Pavlov (I.P.), *Réflexes conditionnels et inhibitions*, Paris, Gonthier, Médiations n° 5, 1963, et *Typologie et pathologie de l'activité nerveuse supérieure*, Paris, PUF, 1955.

sellement connus et reconnus qui figurent sur les manettes de jeu (la croix, le cercle, le triangle et le carré) et vous assisterez à une identification immédiate (nous y reviendrons dans le chapitre 10).

Le territoire de marque se construit donc sur la base de la qualité du produit ou du service proposé. Le phénomène de mémorisation est indissociable de celui d'oubli, la mémorisation étant limitée à sept informations. La marque qui aura réussi à quitter le siège de la mémoire immédiate pour celui de la mémoire à long terme sera systématiquement sollicitée, quelle que soit la situation dans laquelle se trouvera l'individu. Qualité intrinsèque du produit vs. qualité de l'accroche, indépendamment de l'émotion utilisée et recueillie, l'issue de la stratégie choisie ne sera donc fonction que d'une information vraie, vérifiable et constante. Ces techniques sont indiscutablement éprouvées et aucune information ne peut venir contredire la réalité de cette qualité du produit ou du service et qui fait l'objet de la campagne publicitaire. Et là où, en matière de B to C, il peut subsister un doute quant à la réalité de cette qualité justement, le domaine du B to B ne laisse, quant à lui, plus de place à la moindre retenue.

7 • COMMUNICATION BUSINESS TO BUSINESS : *PARTICULARITÉS*

La communication B to B offre un champ bien plus large que celui de la publicité traditionnelle B to C car elle s'intéresse aussi bien aux services qu'aux produits, aux administrations qu'aux entreprises ; en plus de la communication marketing, dirigée vers le marché, elle englobe donc la communication financière et la communication sociétale pour parfois même influencer à la fois l'opinion et les pouvoirs publics.

Du fait de la nature souvent identique des émetteurs et des récepteurs, la communication B to B offre une plus grande sécurité en matière de signification et de compréhension de l'information. Certes, les domaines sont plus vastes et les éléments communiqués plus nombreux, mais du fait du langage commun utilisé entre l'annonceur et la cible, les bruits sont restreints et la clarté du message en est améliorée malgré le nombre d'informations transmises.

Paradoxalement donc, cette forme de communication ne doit pas respecter les contraintes que la communication publicitaire impose traditionnellement. En effet, elle peut se permettre d'énoncer des messages complexes car utilisant un langage assurément commun ; elle n'a aucunement besoin de limiter l'énoncé des attributs du produit à une USP puisque la cible souhaite justement recueillir le maximum d'informations permettant de faire un choix judicieux (nous sommes, en référence à la terminologie de la firme **Foote, Cone & Belding**[11], dans le cadre d'achats à forte implication et appréhendés intellectuellement) ; et elle n'a pas besoin de faire appel

11. Consultants en publicité que nous retrouverons dans le chapitre 6.

à de complexes techniques de captation de l'attention puisque la demande vient de la cible.

La communication B to B est donc particulièrement indépendante des techniques et des créneaux médiatiques traditionnels, créneaux qu'elle n'emprunte pour ainsi dire jamais puisqu'elle a les siens propres, parfaitement ciblés. Elle n'apparaît donc pas sur les media à forte diffusion et privilégie la qualité du ciblage et la personnalisation de son offre à la vulgarisation et à l'étendue de sa notoriété. Elle représente un marché publicitaire parallèle dans lequel plus que partout ailleurs, la crédibilité du message se fonde sur l'expérience de l'annonceur et sur sa capacité à fournir une communication exhaustive des attributs de ses produits ou de ses services.

Le dénominateur commun à tous ces annonceurs, qu'ils soient institutionnels ou privés, qu'ils s'adressent à des professionnels identifiés ou à des amateurs inconnus, est l'objectif que l'information arrive à la fois rapidement au bon endroit et au bon moment.

Quel que soit le secteur, quel que soit le positionnement, quel que soit le ton, ou quelle que soit la promesse, à ce jour, on n'a pas trouvé mieux qu'un mot ou qu'un petit groupe de mots pour véhiculer à la vitesse de l'éclair et dans les moindres recoins du globe l'information de la nouveauté, l'assurance de la qualité, ou l'image de la personnalité.

Et ce mot, c'est... la marque.

BIBLIOGRAPHIE

CAPLES (J.), *Tested Advertising Methods*, Fifth Edition, New York, Prentice Hall, Business Classics, 1998.

HEBB (D.O.), *Psychophysiologie du comportement*, Paris, PUF, 1958, traduction française de *The Organization of Behavior* (1949).

JUNG (C.G.), *Problèmes de l'âme moderne*, Paris, Buchet/Chastel, 1927.

KUMAR (A.) & KRISHNAN (S.) 2004, « Memory Interference in Advertising : A Replication and Extension »,. *Journal of Consumer Research,* 30 : 602-611.

MALAVAL (PH.), BÉNAROYA (C.), *Marketing Business to Business, du marketing industriel au marketing d'affaires*, 3e édition, NJ (USA), 2005.

PAVLOV (I.P.), *Réflexes conditionnels et inhibitions*, Paris, Gonthier, Médiations n° 5, 1963, et *Typologie et pathologie de l'activité nerveuse supérieure*, Paris : Puf, 1955.

PIAGET (J.) et INHELDER (B.), *La psychologie de l'enfant*, Que sais-je ? n° 369, Paris, PUF, 1968.

REUCHLIN (M.), *Psychologie*, Paris, PUF Fondamental, 10e édition, Octobre 1993.

REYMOND (W.), *Coca-Cola, l'enquête interdite*, Paris, Flammarion, 2006.

SKINNER (B.F.), *Verbal Behavior*, New York, Appleton, 1957, et *How to Teach Animals*, Scientific American, n° 6, 185, 1951.

WIENER (N.) et GUTHRIE (G.), *Subliminal Perception or Perception of Partial Cue with Pictorial Stimuli*, in *Journal of Personality and Social Psychology*, New York, 1966.

PARTIE 2

Les stratégies de marque

CHAPITRE 6

Comprendre et penser la marque

1 • LES SIGNES : *3 NATURES DE MARQUES POUR 3 TYPES DE MARCHÉS*

La marque n'est qu'un signe. Ne voyez dans cette remarque rien de péjoratif, encore moins quelque chose de limitatif. Elle n'est qu'un signe, oui, mais quel signe ! Les anticipations de perception de qualité qui découlent des interprétations que les consommateurs font des messages publicitaires montrent à quel point il est complexe de vouloir comprendre la marque quand on est consommateur, et de penser la marque quand on est annonceur. Ce que ne manque pas de nous rappeler Francis Blanche : « *Il vaut mieux penser le changement que changer le pansement.* »

Lorsque j'étudiais la philosophie, je m'obstinais à commencer mes dissertations par la rédaction de l'introduction ; allez savoir pourquoi... Je me disais rationnellement que l'introduction introduisant, il me semblait légitime qu'elle entama les débats. Moi-même, lorsque je rencontrais des musiciens, je leur demandais systématiquement quel était leur nom. Je ne m'intéressais à leurs goûts musicaux ou à leurs motivations qu'en second lieu. Je n'ai compris la stérilité de ma question qu'après avoir moi-même fait de la musique : avant de se renseigner sur le style qui me plaisait, sur ce que j'écoutais ou sur l'instrument dont je jouais, mon entourage commençait toujours par me demander comment s'appelait mon groupe. Cette information était certainement d'une importance capitale quant à la perception de notre positionnement de la part de ces personnes : « *Quand on connaît le nom, on connaît l'homme.* » disait Chrétien de Troyes. Pourtant, aucun nom n'est *bien trouvé* ou *mal trouvé*. Quand les musiciens du groupe **Korn**, l'une des formations les plus emblématiques actuellement, ont choisi leur nom, ce fut après avoir fait tomber un bol de corn flakes. Avec humour, ils ont décidé d'adopter ce nom pour justement souligner que, à l'instar de la communication d'**Adidas** au sujet de la grandeur des marques (cf. chapitre 1), ce n'est pas le nom qui fait le groupe ; bien au contraire : si le groupe a un réel talent, quel que soit le nom que ses membres choisiront, celui-ci sera un indiscutable ambassadeur de qualité. Qui aimerait « marketer » le nom d'un bombardier...[1] ?

1. U2.

Nous entamons donc la rédaction de nos dissertations avec celle de l'introduction, comme nous montons des formations musicales en commençant par les identifier. Pourtant, ne serait-il pas plus intelligent de rédiger une introduction philosophique lorsque la dissertation est terminée afin d'être certain de bien annoncer ce dont nous allons discuter ? Ne serait-il pas plus raisonnable de commencer par créer une âme au sein d'une formation artistique avant de s'imposer un positionnement sur la base d'une identité à laquelle nous aimerions ressembler mais qui ne nous correspond peut-être naturellement pas ?

Les deux méthodes se défendent. Commencer par rédiger une introduction permet de canaliser ses idées. Mais l'écrire en dernier permet de ne rien oublier de ce que nous annonçons. Attendre l'émergence d'une alchimie au sein d'une formation artistique permet de s'identifier soi-même à ce que l'on croit ou de rendre hommage à quelqu'un[2]. En revanche, commencer par créer un nom permet de fabriquer un ciment qui lie les individualités d'un groupe. Comme en toute chose, chaque thèse a son antithèse. Mais, à l'image de la vérité dans une célèbre série télévisée[3], le débat est *ailleurs*.

Le nom, la marque, ou le logo restent des signes qui informent d'un positionnement et d'une promesse. Nous reviendrons dans ce chapitre sur les raisons qui motivent telle ou telle appellation. Pour le moment, l'essentiel est de se rappeler à quel point la marque est importante pour le consommateur : elle est son bâton d'aveugle dans un environnement dans lequel il existe mille-et-une raisons de trébucher… La marque est donc ce signe dont nous avons déjà longuement parlé, ce signe qui nous permet de nous orienter, de nous rassurer et de nous justifier, quel que soit l'océan d'offres dans lequel le consommateur navigue. Elle est une balise **Argos** qui nous permet de savoir où nous sommes par rapport à la multiplicité de l'offre, et qui permet aux autres de savoir où nous nous situons par rapport à tous les signes extérieurs qui fondent notre propre positionnement. Ce signe qu'est la marque est donc indissociable des deux extrémités de la chaîne : elle permet au fournisseur de s'approprier le produit, le service, et la technologie qui en découle, et elle permet au consommateur d'identifier une offre, de souscrire à une garantie, et de personnaliser son mode de vie.

Quelle que soit son origine donc, la marque reste un passage obligé, un vecteur de communication sans lequel l'être humain ne peut pas se transformer en consommateur.

Nous avons mis en exergue les grandes catégories de marques dans le chapitre 3. Il se trouve que ces catégories sont principalement initiées par la nature des marchés sur lesquels elles évoluent. À ce titre, on distingue trois natures de marques pour trois types de marchés : les marques ***absolues***, les marques ***relatives***, et les marques ***transparentes***.

2. Le groupe **Pearl Jam** tire, par exemple, son nom de la relation qu'avait son chanteur, Eddie Vedder, avec sa grand-mère. Celle-ci s'appelait Perle, « Pearl » en anglais. Lorsqu'il était enfant, cette dame faisait une confiture qui, d'après le jeune Eddie, avait des propriétés hallucinogènes… D'où le nom de Pearl Jam, « la confiture de Perle », en souvenir de sa grand-mère.
3. X Files.

Les ***marques absolues*** viennent satisfaire le besoin d'achat d'un produit que nous avons déjà consommé et pour lequel nous ressentons satisfaction et sécurité. Ces marques ne véhiculent pas une image intangible. Elles sont perçues de manière personnelle par le sujet qui leur accorde sa confiance, non pas grâce à un message publicitaire qui se veut rassurant ou suite à la prescription positive émise par une personne de son entourage, mais bien sur la base de la propre expérience du sujet face à la marque. On rencontre fréquemment ce cas dans le secteur des services. La restauration en est un bon exemple : la marque d'un établissement n'aura pour but que le rappel d'une expérience gustative réussie lors du premier choix du consommateur d'aller s'y restaurer, premier choix fondé sur une motivation impulsive ou bien totalement arbitraire.

Les ***marques relatives*** rassurent le consommateur du simple fait de leur existence. S'il y a marque, il y a certainement organisation en amont, donc gage de qualité, même si cette qualité est totalement imaginaire. Ainsi, une boîte de lentilles arborant une étiquette imprimée d'une marque totalement inconnue sera systématiquement plus rassurante qu'un sac de lentilles vendues en vrac.

Enfin, les ***marques transparentes*** qui ne jouent pour ainsi dire aucun rôle car le choix du consommateur est uniquement guidé par le *merchandising*, le packaging ou la présence d'une offre promotionnelle.

La « marque-signe » est donc bien plus qu'un outil d'identification. Certes, elle permet de rassurer le consommateur en lui offrant un exutoire à ses peurs de consommation ; elle est un signe, et, par extension, une signature cautionnant la promesse de retrouver un plaisir passé, une sécurité connue ou supposée, ou donnant une image à laquelle l'utilisateur accorde une importance qui lui est propre. Comme ce besoin de marque fait partie intégrante de notre inconscient collectif, il apparaît dans tous les secteurs d'activités : primaires, secondaires, tertiaires, que l'on parle de produits, de services, de technologie ou d'agroalimentaire. Et si la marque est partout, alors elle ne peut y être sous une forme unique et globale ; car si tel était le cas, son pouvoir identitaire en serait considérablement affaibli.

C'est la raison pour laquelle nous n'avons d'autre choix que de distinguer ces marques à l'aide de terminologies pouvant parfois sembler quelque peu barbares…

2 • DÉFINITIONS : *LES MARQUES DESCRIPTORS, BRANDUITS, PRODUITS, LIGNES, PARASOLS, CAUTIONS, SINGULIÈRES, GESTION DES RISQUES FONDAMENTAUX EN MATIÈRE DE PSYCHOLOGIE DU CONSOMMATEUR*

Nous comprenons déjà depuis plusieurs pages non seulement l'importance d'avoir une marque, mais également l'importance d'avoir une *bonne* marque. Mais comme nous venons de le souligner, cette notion de *bonne* ou de *mauvaise* marque a peu de sens ; quand bien même elle en aurait un, il serait d'une terrifiante ambiguïté. De ce point de vue, *comprendre* la marque est déjà un pas immense vers la pertinence de marque, donc vers la pertinence de construction d'un mix marketing cohérent. *Comprendre* la marque signifie comprendre à quel point il est impossible de s'en passer. *Comprendre* la marque signifie savoir qu'il existe des *catégories* de marques (cf. chapitre 3), et des *natures* de marques (nous venons de le voir précédemment). Mais l'étape suivante consiste à *penser* la marque. Et *penser* la marque implique un peu plus de subtilité. Car finalement, lorsque l'on se penche sur la vastitude des secteurs qui existent, et donc des segments dont ils engendrent l'existence, atomiser ces catégories de marques avec un degré de précision aigu est nécessaire à l'élaboration d'un mix de qualité. C'est pour cela que nous subdivisons encore les catégories de marques, ces nouvelles identités et fonctions ayant, bien entendu, leurs avantages et inconvénients respectifs :

– ***la marque descriptor*** porte bien son nom ; en effet, elle décrit clairement le produit dont elle représente les intérêts. **Megaperls** ou **Croustymiel** sont des exemples de marque descriptor.

L'avantage d'une telle marque est que le message est clair : si vous achetez la lessive **Megaperls**, vous trouverez une lessive sous forme de perles ; si vous achetez les céréales **Croustymiel**, vous savez que vous dégusterez des céréales croustillantes et au goût de miel. Grâce à la nature descriptive de son nom, le bénéfice du produit est immédiatement accessible au consommateur et cautionne ainsi sa décision d'achat.

Ses inconvénients sont au nombre de trois : tout d'abord, ces marques semblent pauvres car leurs noms font rarement rêver ; ensuite, du fait de leur aspect générique, l'imagination du consommateur n'est pas sollicitée ; enfin, toujours à cause de la nature des terminologies employées, les perspectives de protection juridique sont relativement limitées ;

– ***la marque branduit*** qualifie les signes génériques issus de la technologie, c'est-à-dire les marques qui viennent se substituer au terme commun qui identifie un produit. **Walkman**, **Palm** ou **Barco** sont des exemples de marques branduit, néologisme construit sur la base des mots *brand* – le terme anglo-saxon pour marque – et *produit*.

Son avantage est de permettre à l'entreprise de s'approprier la catégorie de produit sur la base d'une innovation technologique. Il existe une multitude de PDA. **Palm** en est une marque parmi tant d'autres non moins célèbres (**HP** par exemple[4]). Mais du fait que **Palm** ait été la première marque identifiant ce type de produit, le consommateur est maintenant capable de dire qu'il a un *palm* de chez **Palm** ou un *palm* de chez **HP**, ce qui, dans ce dernier cas, est aussi idiot que de dire que l'on a un *frigidaire* de chez **Whirlpool**. Ce cas est fréquent dans le secteur des produits de haute technologie. Ainsi, nous avons tous des *walkman* de marques diverses, et nous utilisons un *barco*, non un vidéo projecteur de marque **Barco**. L'entreprise pionnière s'approprie donc bien la catégorie de produits, et ce, quelles que soient les marques de ses concurrents.

Son inconvénient est d'avoir le défaut de sa qualité. Du fait de la notoriété de la marque et de la vulgarisation de celle-ci, l'entreprise pionnière vient involontairement renforcer l'ensemble du segment, par conséquent la concurrence. Vous ne recherchez

4. Hewlett Packard.

plus un *palm* de marque **Palm**, vous recherchez un *palm* tout court. Du fait de l'importante durée de vie du produit et parce que ce type d'achat entraîne un long apprentissage de la part du consommateur, l'achat ne se fait ni sur la base de la notoriété, ni sur celle du prestige d'avoir été pionnier. Toutes les marques concurrentes étant connues et reconnues comme étant haut de gamme grâce à leur maîtrise obligatoire des facteurs-clés de succès qui régentent le marché, la décision d'achat est fonction des attributs du produit et de son prix. Et même en présence d'un produit **HP**, l'utilisateur continuera de parler de *palm*, et non d'*agenda* ou d'*organiseur électronique* lorsqu'il sera prescripteur. Voilà pourquoi on vous sert souvent un **Pepsi** alors que vous avez commandé un **Coca** : vous ne demandez pas une marque mais *un soda au goût caramélisé, frais et pétillant*. Il est très rare que le consommateur modifie sa commande insatisfaite : tant qu'on lui propose des bulles et de la fraîcheur… ;

– ***la marque produit*** est souvent une marque célèbre. À l'instar de la marque ***branduit***, elle qualifie les signes génériques qui ne sont pas issus de la technologie, mais généralement de l'histoire de la marque. C'est souvent le cas de marques anciennes ou de marques qui proposent une grande gamme de produits. **Bic** ou **Duracell** en sont de bonnes illustrations.

Il existe un double avantage à la marque produit. Nous connaissons tous l'âpreté des négociations en matière de présence au sein des grandes surfaces. Au début de leur histoire, les GMS/GSS avaient besoin de références de qualité pour attirer le consommateur vers une offre globale. Aujourd'hui, la donne a changé : les GMS/GSS sont si puissantes – car elles sont le vecteur de passages de milliers de consommateurs – que les marques ont tout intérêt à y être représentées, nous avions abordé cet aspect dans le chapitre 1. Le premier avantage de la marque produit est donc sa capacité à négocier de larges *facings* (rayonnages) du fait de l'étendue de sa gamme. Lorsque l'on cherche des piles, les typologies sont nombreuses. Des enseignes telles que **Duracell** trouvent là une justification à négocier des pans entiers de présentoirs. Le second avantage de la marque produit est justement de bénéficier d'un effet de halo, en d'autres termes, d'une réputation qui n'est pas issue d'un seul produit. Par effet de halo donc, ou, si vous préférez, par *extension*, quiconque achètera un *bic bleu* ne doutera jamais de la capacité de l'entreprise à fabriquer un produit de qualité équivalente dans une autre couleur ou sous une autre forme[5]. De la même manière, personne ne mettra en doute la qualité d'une pile « AA » fabriquée par **Duracell** par rapport à une pile « AAA » de la même marque.

Quant à l'inconvénient de la marque produit, il est de nature pécuniaire. Si l'annonceur décide de faire de la publicité, ce qui est souvent incontournable sur les marchés fortement élastiques au prix, donc où la concurrence des produits substituts est aussi

---

5. Ceci ne concerne que le cas de la diversification marketing, c'est-à-dire l'extension de gamme ; le cas de la diversification stratégique, diversification visant à équilibrer un portefeuille d'activités en changeant de secteur, n'est pas soumis aux mêmes lois. En effet, si l'on prend le cas de **Bic**, la diversification vers les briquets, les planches à voile ou les parfums a eu pour conséquence que le bénéfice de *halo* issu de la qualité des stylos fut amputé par la performance, le savoir-faire et l'image de marque des entreprises concurrentes dont c'était le métier d'origine.

nombreuse que féroce (quand on a besoin d'un stylo, un **Bic** ou un **XYZ** font l'affaire), il doit faire la promotion de l'ensemble de la gamme. Et comme ces gammes sont, en général, aussi larges que profondes, ce qui recule les seuils d'efficacité des messages, les investissements publicitaires atteignent rapidement des sommets. Tout n'est ensuite que question de stratégie.

Une marque ayant choisi une diversification marketing peut se permettre d'avoir recours à la communication corporate : l'annonceur vante les mérites de la marque en général plutôt que ceux d'un produit en particulier, ce qui conduit généralement à un renforcement de l'image de marque. En revanche, si l'annonceur a privilégié une diversification stratégique, alors les messages publicitaires doivent être propres à chaque catégorie de produit, d'où un coût substantiellement plus important que dans le cas précédent ;

– *la marque ligne* est une marque qui, comme son nom l'indique, présente un produit qui se décline en plusieurs versions. L'industrie automobile propose de nombreux exemples de ce type de marque. Néanmoins, la ligne se doit d'être très précise ; ainsi, la ligne **Porsche 911**, ou encore la ligne **Câble** chez **Blanc Bleu** sont des exemples qui illustrent parfaitement cette catégorie de marques.

Les avantages de la marque ligne sont issus de la notoriété de la marque, ainsi que de son image d'excellence. Tout d'abord, l'image de marque est ancienne et pérenne. Ensuite, cette image permet de distribuer très rapidement les nouveautés sans avoir recours à la publicité : le passionné de **Porsche** et le fan de **Blanc Bleu** n'attendront jamais les communications de ces entreprises pour se renseigner sur les nouveaux modèles ou les collections à venir. Enfin, conséquence des deux avantages précédents, les coûts de lancement des nouveautés sont relativement faibles.

Les inconvénients de cette catégorie de marques viennent essentiellement du fait que la nouveauté se cantonne généralement à une simple extension de gamme : nouveaux coloris, nouvelles motorisations, produits identiques pour cible féminine ou enfant, les révolutions sont rares[6] ; ce que l'on peut comprendre par ailleurs : pourquoi changer une recette qui fait ses preuves depuis tant d'années ? Mais à cet inconvénient de faible ampleur, vient s'en greffer un autre bien plus délicat : en cas de crise, et toujours par effet de halo, c'est la totalité de la gamme qui est touchée ;

– *la marque parasol* est une marque qui ne donne pas son nom directement à un produit. Elle est là mais en filigrane, assurant habituellement le pendant corporate de la communication générale de l'enseigne. Prenez comme exemple les marques **Nestlé** ou **Unilever**. Vous ne consommez pas de produits directement appelés **Nestlé** ; vous consommez **Herta**, **Lion**, **Maggi**, **KitKat**, **Buittoni**, **Chocapic**, **Ricoré** ou **Nesquik** *de* **Nestlé**. Ces enseignes créent d'autres marques dont la caution est directement liée au géant d'origine.

Les avantages du parasol sont que les nouveaux produits sont faciles à lancer grâce à la notoriété et à la caution de la marque-mère, nouveaux produits permettant de

6. Chez **Porsche**, le modèle **911** reste fidèle à la première version qui fut présentée en 1964.

renouveler constamment la gamme proposée sans pour autant nuire à la stabilité du capital-marque fourni par l'enseigne parasol.

En revanche, ces géants proposent habituellement des gammes de produits extrêmement variées, larges et profondes. Par conséquent, il existe un risque important de perte de cohérence entre toutes les gammes, perte de cohérence susceptible de mettre en danger l'image de marque du produit d'origine ;

– ***la marque caution*** naît de la diversification stratégique ou de l'association d'une référence connue par le consommateur à une marque nouvelle. Par exemple, il n'existe pas de produit **Virgin** en soi, ni de produit **Shiseido**. Il existe les lignes aériennes **Virgin**, les sodas **Virgin**, ou les mégastores **Virgin**. De même que l'on dira de **Shiseido** qu'elle est une marque cosmétique et non un produit particulier. Autre exemple, l'industrie automobile : lorsque **SEAT**, espagnole, arborait « système **Porsche** » sur les portières de ses véhicules (la marque allemande s'est maintenant retirée), ou que l'on nous présente l'**Aygo** en précisant distinctement « by **Toyota** »[7], les annonceurs utilisent la caution d'un code connu pour que la cible crée un lien *a priori* improbable.

L'avantage de cette catégorie est de pouvoir permettre l'éloignement le plus complet lors du processus de diversification. Les vins **Shiseido** communiquent ainsi sur ***« L'art de vivre »*** en référence au raffinement de ses gammes.

Néanmoins, ces références ne sont pas à l'abri d'un affaiblissement dû au fait qu'elles *n'existent pas* en tant que telles, ni protégées de la naissance d'une concurrence interne entre les composantes « produit » et « caution » de leurs gammes hétérogènes. Et puis, elles imposent des coûts de promotion réellement importants ;

– enfin, ***la marque singulière***. Comme son nom l'indique, elle se distingue des autres marques sur la base de son anticonformisme. Cette singularité découle en règle générale de son nom. Les marques **FCUK** et **Comme des garçons** sont certainement les meilleures ambassadrices du phénomène. En ce qui concerne la première d'entre elles, vous aurez immédiatement noté l'analogie existant entre les termes de *fcuk* et de *fuck* – la traduction de ce dernier substantif est certainement inutile. Il n'en reste pas moins que la marque joue sur cet aspect. Avez-vous entendu parler de la « lecture globale » ? Amusez-vous à faire le test suivant ; il s'agit de lire à voix haute et rapidement un texte *a priori* incompréhensible :

Selon une édtue de l'Uvinertisé de Cmabrigde, l'odrre des ltetres dans un mot n'a pas d'ipmrotncae, la suele coshe ipmrotnate est que la pmeirère et la drenèire soeint à la bnnoe pclae. Le rsete peut êrte dans un dsérorde ttoal et vuos puoevz tujoruos lrie snas porlbème. Ceci prace que le creaveu hmauin ne lit pas chuaqe ltetre elle-mmêe, mias le mot cmome un tuot.

La peruve…

7. Campagne février 2006.

Cette brève expérience démontre qu'il est donc tout à fait possible de lire « fuck » là où il est en fait écrit « fcuk » ; car la marque existe vraiment : **French Connection United Kingdom**.

fcuk™
FRENCH CONNECTION

Ce jeu sémantique qualifie les marques libertaires, anticonformistes, voire subversives. **fcuk** ne se prive d'ailleurs pas de jouer de cette analogie avec le terme *fuck* puisque dans sa communication pour sa gamme de parfum, on retrouve le slogan que l'on rencontre traditionnellement dans ce secteur ***(pour lui, pour elle)*** habilement nuancé ; ce qui pourrait donc être *fcuk* ***for*** *him* ou ***for*** *her* a du coup beaucoup plus d'impact à travers « l'invitation » finalement choisie par la marque : ***fcuk him / fcuk her***. La cible et le positionnement de la marque ne font aucun doute. Quant à la seconde, **Comme des garçons**, positionnée très haut de gamme, celle-ci se singularise par le fait qu'elle associe marque et slogan dans son nom. La marque elle-même comporte une promesse identitaire.

L'intérêt de l'existence de telles marque réside dans le fait de pouvoir associer marque et slogan. En outre, certaines font appel à l'interdit ; et le côté androgyne, voire libertin, reste l'un des symboles les plus séduisants pour la psyché et l'imago de quiconque.

En revanche, bien que nos sociétés soient de plus en plus tolérantes, l'image risque de choquer. En outre, lors du lancement d'une telle marque, il n'est pas exclu que la consomma*trice* craigne d'être perçue comme voulant s'habiller de manière peu féminine et que le consomma*teur* craigne d'avouer bien malgré lui des tendances « andromaniaques » ou « satiriatiques » à l'achat d'un parfum au nom aussi suggestif que subversif. Finalement, les uns et les autres courent le risque d'appartenir à un groupe clairement dissociatif même si, une fois le positionnement acquis, ces menaces disparaissent ; nous y reviendrons plus tard dans ce chapitre.

S'il existe une aussi grande variété de natures ou de catégories de marques, ce n'est pas tellement parce qu'il existe une grande variétés de marques proprement dites. Dans le chapitre 3, nous avons abordé la notion de risque et le degré dans lequel la publicité avait le plus de chances d'être performante. Cette notion de risque est la raison d'être de la marque puisque nous savons maintenant qu'elle sert à rassurer le consommateur[8]. Et c'est justement parce qu'il ne faut pas parler de risque de façon globale mais bien distincte, que les marketeurs n'ont eu d'autre choix que de subdiviser les marques en catégories.

La firme publicitaire **Foote, Cone & Belding** (cf. chapitre 5) met en exergue le degré d'implication du consommateur dans l'acte d'achat ; outre le fait qu'il soit de nature pécuniaire ou psychologique, l'implication est essentiellement soit forte, soit faible.

Une forte implication signifie que le risque perçu par l'acheteur est élevé. Mais, à l'instar des marques, ce concept de risque se subdivise en différentes catégories. Cette organisation permet ainsi à l'annonceur de gérer correctement le message qu'il adresse à sa cible.

Le consommateur peut se trouver en position de devoir faire face à sept catégories de risques : financier, de performance, physique, psychologique, social, temporel, et d'opportunité.

– ***le risque financier*** consiste, pour la cible, à se demander si elle a les moyens d'acheter ce qu'elle souhaite s'offrir. La question est ici essentiellement pécuniaire et le risque émane du fait que si l'on achète le produit en question, il se peut que l'on commette une grave erreur budgétaire compte tenu de nos moyens habituels.

– ***le risque de performance*** existe lorsque l'on se demande si le produit sera à la hauteur de nos attentes. En d'autres termes, une fois le produit acheté, la question est de déterminer si je vais ressentir une distorsion négative entre ce à quoi je m'attendais lors de la perception du message publicitaire et ce que j'obtiens finalement au moment où j'utilise mon produit. Notons que la distorsion peut tout aussi bien être positive : il est toujours possible d'être agréablement surpris lors d'un achat en constatant, par exemple, que le produit a certaines fonctions auxquelles on ne s'attendait pas ou qu'il est pourvu de certains accessoires que l'on n'avait pas remarqués dans l'offre initiale.

8. www.les-marques-et-vous.com.

– *le risque physique* apparaît lorsque le produit peut générer un danger lors de son utilisation. C'est le cas de nombreux outils, médicaments et autres objets dont la notice d'emploi est accompagnée de diverses mises en garde.

– *le risque psychologique* réside dans le fait de me demander si mon achat va véhiculer à mon sujet une image qui me dérange.

– *le risque social* émerge lorsque je me demande, à tort ou à raison, si mon achat peut faire croire à mon entourage que je veux donner une fausse image de moi. Par exemple, si je choisis de m'offrir une voiture luxueuse simplement pour le plaisir et sans vouloir impressionner mon entourage, je devrai peut-être justifier mon achat avec d'autres arguments que le simple hédonisme, de peur que mes amis pensent que je veux les impressionner car un tel véhicule est, à tort ou à raison, l'une des matérialisations les plus archétypiques du signe extérieur de richesse.

– *le risque temporel* me pousse à me demander si mon achat va m'aliéner à son entretien ou à son utilisation. Ce peut être le cas d'un bateau, d'un équipement de sport, d'un véhicule, d'un ordinateur, ou encore d'une console de jeu vidéo.

– Enfin, *le risque d'opportunité* naît du doute que l'on ressent lorsque l'on achète un produit relativement cher pour notre bourse. La question de l'opportunité est alors de savoir s'il est, par exemple, plus pertinent d'acheter un seul pantalon de marque haut de gamme ou, pour le même prix, plusieurs pantalons de marques moins célèbres.

La publicité a un rôle prépondérant en matière de diminution de la perception du risque dans la mesure où ces sept risques sont ici présentés dans l'ordre dans lequel le consommateur en perçoit l'importance. Par conséquent, si les risques financier et de performance sont prioritaires à celui d'atteinte à la santé du consommateur (par l'intermédiaire du risque physique), alors la publicité endosse un rôle de médiateur et d'ambassadeur visant à rassurer l'acheteur sur la validité de son choix. Elle a ainsi tout intérêt à revêtir ses plus beaux atours pour que la séduction de la cible soit totale et immédiate dès la première rencontre. L'information exprimant la fonctionnalité du produit doit donc être en complète osmose avec la pertinence sensorielle du packaging (conditionnement), du logo et de l'image que véhicule la marque pour que la promesse ne soit pas vaine dans son rôle de médiateur influent de la cible.

3 • FONCTIONNALITÉ ET PERTINENCE SENSORIELLE : *PROMESSES, OBJECTIFS, INFLUENCE*

La marque et le message publicitaire qui lui est associé sont une garantie totale qui accompagne tout le processus d'achat. Ils existent pour déclencher l'adhésion, le choix, puis l'achat de la part de la cible. Ils ont ensuite pour mission de générer la récurrence de ces étapes, autrement dit la fidélisation du consommateur.

Le couple marque / message publicitaire tente, en premier lieu, de déclencher l'achat d'impulsion. Cette démarche n'est pas consécutive à la crainte de dissimuler les éléments négatifs du produit. L'annonceur n'essaye pas de faire acheter rapidement pour que le consommateur n'ait pas le temps de constater l'aberration de son choix. Son but est justement de l'empêcher de se noyer dans une offre hautement concurrentielle au sein de laquelle les stimuli séducteurs peuvent être des ersatz. Encore une fois, si le produit n'est pas de bonne qualité, la meilleure publicité du monde n'y changera rien.

La promesse du message (cf. Copy Strategy, chapitre 5) est alors émise à travers un message simple et unique. Ce message exprime l'idée suivante : suite à la consommation du produit concerné, le sujet ressentira un plaisir de nature physique et/ou psychologique sans avoir préalablement émis le souhait, le besoin ou l'envie de ressentir un tel plaisir. Nous trouvons dans ce contexte toute la subtilité de l'achat d'impulsion : une décision aboutissant à un plaisir, lui-même débouchant sur la promesse de recommencer, sans présence de préméditation ou de justification *a priori*.

En second lieu, le couple marque / message publicitaire tente donc logiquement d'assurer à la marque la fidélisation de la cible. Dans cette optique, l'annonceur essaye de créer un lien logique entre la réception de l'information « prix » par la cible et sa perception de la valeur qui en découle. La promesse du message apparaît ici grâce à deux options : si l'entreprise est pionnière, la valeur est justifiée grâce à un contrôle de qualité transparent et sur la base d'un message crédible faisant référence à des notions protocolaires déjà connues de la part de la cible ; si l'entreprise existe déjà, l'annonceur a tout intérêt à communiquer sur ses compétences et sur son excellence empirique.

Cette tactique, qui mise sur le fait de déclencher l'achat d'impulsion pour ensuite focaliser les efforts de l'annonceur sur la fidélisation du client, donne une plus grande latitude aux stratégies de marge tout en limitant les écueils inhérents aux stratégies de volume. Elle permet donc à l'annonceur de concentrer ses efforts publicitaires sur les stratégies de fidélisation des consommateurs plutôt que sur les stratégies de séduction unique. Une entreprise vise logiquement la pérennité de son activité ; il est donc rationnel qu'elle insiste sur sa performance à déclencher l'impulsion pour ensuite consacrer ses efforts à la fidélisation de ses consommateurs, plutôt qu'elle opte pour une stratégie de conquête immédiate de parts de marchés, sans certitude quant à la pérennité de l'activité.

Vous aurez pourtant compris l'évanescence du concept publicitaire, par conséquent sa constante intimité avec la cible, tant dans la gestion de ses émotions que dans celle de ses intuitions. Les messages publicitaires, les marques, ces signatures qui sont autant de signes sont donc en perpétuelle mutation, des mutations qui font naître les concepts au gré de l'évolution des tendances.

4 • MUTATION DES SIGNES : *GESTION DES TENDANCES*

Le signe que matérialise la marque va vers le consommateur. L'inverse n'est vrai qu'après fidélisation. C'est un chemin à sens unique, nous l'avons vu dans le chapitre 5.

S'il veut toucher le cœur de sa cible, le message publicitaire doit donc faire appel à l'émotion, à l'intimité du sujet ; il ne peut en être autrement. Et c'est parce que ce message nous est si intime que nous le personnifions, non sans l'avoir auparavant personnalisé. La publicité se retrouve alors dans la confortable position d'être en mesure de nous apporter une solution à n'importe quel problème préalablement rencontré.

Voilà pourquoi nous parlons de *sciences humaines*, la variable humaine venant considérablement relativiser la capacité scientifique à identifier et contrôler des variables aussi faciles à appréhender que des gouttes d'eau. Car celui qui n'observe pas l'homme en société ne mesure ni ne comprend l'étendue des sentiments humains, autant de symboles et de mots qui permettent à la publicité d'émettre un langage universel qui est perçu, compris, accepté et cautionné par les masses. Cette démarche empathique ouvre d'innombrables perspectives quant à la perspicacité de la promesse contenue dans le message publicitaire.

Le message publicitaire et sa marque sont bien plus un signal qu'un simple signe. Ils sont un stimulus inévitable et délicieusement séduisant. Une compilation de représentations : des mots, des goûts, des couleurs, une forme, un sentiment, un rituel... Le couple marque / message publicitaire doit donc être immédiat, irrévocable, intuitif, presque instinctif puisque son environnement est composé de tant de variables issues de la psyché humaine.

La mutation est perpétuelle, donc difficile à anticiper sans se raccrocher aux tendances les plus marquées. Ainsi, nous pouvons conserver comme acquis que le message publicitaire est le premier pas sur un nouveau chemin d'expériences. Nous savons qu'il est le medium de réminiscences d'expériences de consommation positives. Enfin, nous avons la certitude qu'il peut muter d'un état de propagande positive à un état de symbole de rejet instantané en cas de réminiscence négative. En résumé, dans la mesure où son langage soit le nôtre, nous ne faisons confiance à un message publicitaire qu'une seule fois avant qu'il ne se transforme en rappel de plaisir ou en signal de danger. Le message publicitaire trouve alors ici une autre dimension à sa raison d'être : il rappelle bien plus de choses qu'il n'en exprime...

5 • LES MODES D'INFORMATION : *ANTICIPATIONS ET INTERPRÉTATIONS*

Les marketeurs sont souvent tentés de résoudre la quadrature du cercle en cherchant l'oiseau rare. En matière de création de marques, le coup de cœur n'intervient qu'exceptionnellement.

Qui pourrait penser que des **Vivendi, Wanadoo** et bien d'autres ont pu ne pas être des enfants immédiatement désirés et qu'il a souvent fallu des trésors d'études et de persuasion pour les faire adopter ?

Si vous n'éprouvez pas le fameux « *love at first sight* » pour les signes qui vous sont proposés et présentés par une agence, il n'est pas toujours nécessaire de vous inquiéter. Il vaut parfois tout simplement mieux changer de lunettes. Car la séduction des marques fonctionne sur un mode particulier : la captation d'attributs d'un ou de plusieurs signes par un autre, une métaphore qui procède d'une figure de transfert de qualité, une hypallage.

La marque est un présage, et, au-delà des modèles conceptuels les plus puissants, l'adhésion à la marque relève d'une forme de superstition de même que les guerriers apaches prélevaient le scalp de leurs victimes ou les matadors les divers attributs du taureau.

La magie du parfum dont la fonction est de nous permettre d'accéder à une autre dimension de notre personnalité, à la manière des ancrages de la PNL, repose sur cette attribution préventive d'un ensemble de qualités. À ce titre, il est important de rappeler qu'à l'inverse de la parole poétique, ce n'est pas au message publicitaire de tout dire. En fait, il vaut mieux que la marque ne dise rien du tout mais qu'elle s'érige en déictique : qu'elle pointe un doigt bien visible vers l'objet ou l'idée qu'elle désigne. Car la sémiologie publicitaire n'a pas vocation à *dire* quoi que ce soit mais à accueillir *du sens*.

La disponibilité sémantique des signes est souvent l'un des plus grands gages de réussite. Les grandes marques ne veulent en réalité souvent rien dire en tant que telles. Du petit bout de notre lorgnette, il est difficile d'imaginer que **Picasso** puisse ne rien évoquer en Tasmanie Subéquatoriale ou en Patagonie et que **Quixo**, qui pourrait signifier « rapidité », « sympathie » et une certaine forme de « chaleur », se traduit à peu de choses près par « clochard » en catalan.

Avons-nous besoin de savoir qu'**Ultraviolet** était le nom de la muse d'Andy Warhol pour apprécier le parfum de **Paco Rabanne** ? Non, mais pour celui *qui sait*, cela participe d'un plaisir plus grand car plus intime et plus précieux.

En vérité, c'est pour atteindre cette intimité dont nous parlions plus haut que le message publicitaire fonctionne sur le mode de la métaphore : elle prélève les sens dont elle a réellement besoin et évacue les autres. « *Vous êtes mon lion, superbe et généreux...* », écrivait Victor Hugo. Si je dis de Pierre qu'il est un « lion », je penserai plutôt « superbe et généreux » quand je pourrais tout aussi légitimement énoncer « fait travailler sa femme et passe ses journées à dormir » ! Si la lessive **Persil**[9] évoque la fraîcheur, rien ne m'empêche également de croire qu'elle peut teinter mon linge en vert.

L'annonceur vit donc perpétuellement avec une épée de Damoclès au-dessus de ses « 4 par 3 » : la double signification du message. Il ne peut empêcher l'interprétation du message par la cible. Car de cette interprétation naît l'identification du consommateur

9. En France, **Persil** s'appelle **Le Chat** : c'est en 1907 que **Henkel** met au point la lessive **Persil** qui sera commercialisée sous ce nom en Europe. Mais cette marque était déjà déposée en France par Ronchetti qui la vendra dix ans plus tard à **Unilever**.

au message. Et c'est certainement ce qui compte le plus. Car finalement, si je souhaite vous vendre mon ordinateur sur la base de ses performances techniques et que vous ne m'entendez pas parce que vous ne voyez que son design et le moyen d'intégrer le groupe de consommateurs qui ont fait le même choix, en quoi cela justifie-t-il que je modifie mon message ? Si je suppose être capable de vous séduire par mon sourire et que c'est à mon regard que vous êtes finalement sensible, votre interprétation de mon message me conviendra, votre identification au monde qui est le mien sera la bienvenue car votre fidélité me sera alors acquise. Cela, même si vous avez choisi un chemin différent de celui que j'attendais : « ma pub reste une bonne pub ».

Dès lors que le consommateur cautionne la marque, il montre à l'annonceur que le message publicitaire n'a pas été émis en vain. Il n'en demeure pas moins que notre annonceur ne peut jamais totalement avoir la certitude que son message est à l'origine du comportement d'adoption de sa cible. Il est impossible d'anticiper précisément la nature des affects qui envahiront la psyché d'un consommateur à la réception d'un message publicitaire. **Ajax** et **Orange**[10] sont-ils des stimuli faisant naturellement référence à des marques de lessive et de téléphonie ou bien à des héros troyens dans l'esprit d'un sujet ? Se documente-t-on sur l'histoire des familles **Hermès**, **Mars**, ou encore **Schweppes** ? Pas le moins du monde. Cette influence historique ne contribue-t-elle pourtant pas à l'ancrage de la marque dans notre inconscient collectif ? Pourquoi la marque américaine **Häagen-Dazs** a-t-elle choisi une telle terminologie ? Pour rappeler une sonorité scandinave dit-on, donc logiquement liée à la fraîcheur de la crème glacée. L'idée était bonne, toujours fondée sur le principe d'interprétation, même si la majorité des consommateurs a cru que la marque était allemande. **Le Chat Machine** pouvait courir un risque analogue lors de son lancement : pourvu que les consommateurs comprennent que nous lançons une lessive et non une litière ! Les *voix* de la phonétique sont impénétrables.

Si l'on vous dit **MONTBLANC**[11], cela déclenche-t-il chez vous une salivation à l'idée de déguster une crème dessert ou bien avez-vous les yeux qui pétillent à l'idée de posséder un **Meisterstück** ? Si vous vous offrez le célèbre polo **Lacoste**, votre perception de la valeur de votre achat en serait-elle modifiée si vous saviez que vous arborez environ 23 kilomètres de fil ? Seriez-vous freiné(e) dans votre rêve de vous offrir une **Rolls Royce** sachant que le logo aux deux lettres noires porte cette teinte en hommage aux deux créateurs maintenant disparus[12] ? Votre fibre paternelle, Messieurs, serait-elle sollicitée si vous saviez que le logo en forme de losange de l'huile de cuisine **Lesieur** symbolise l'union de **Georges Lesieur** et de ses trois fils ? Percevriez-vous le positionnement de **Mitsubishi** comme étant de nature plus luxueuse si vous saviez que la marque signifie « trois diamants », gemmes symbolisées par le logo ?

---

10. Le logo retenu pour **Orange** fut un carré afin d'éviter l'association d'idée entre le nom et le fruit.
11. Sachant que la marque de crème dessert s'écrit en deux mots : **Mont Blanc**.
12. À l'origine, le logo de **Rolls Royce** était rouge. L'une des deux lettres fut noircie au lendemain du décès de l'un des deux fondateurs, puis les deux une fois les deux hommes disparus. Aujourd'hui, le modèle « **100 EX** », distribué en 2005, arbore à nouveau les deux lettres rouges : une série limitée justifiant ce retour aux codes visuels originaux de la marque ; le deuil doit être terminé…

Il existe bien évidemment pléthore d'exemples en la matière : **PepsiCo** fut fondée pour vendre un soda censé vous aider à lutter contre la dys*pepsie*, **Fanta** fut créée par les représentants allemands de **Coca-Cola** auxquels on avait demandé de faire preuve d'*imagination* (***fanta**sie* en allemand) pour préparer une nouvelle marque au cas où le régime nazi[13] s'opposerait à la distribution d'un produit américain pendant la guerre, etc. Et, de la même manière que le groupe **Korn** s'est « amusé » de l'aberration de la création de marque, nous ne pourrons jamais juger de l'efficacité de telle ou telle enseigne de choisir une identité plutôt qu'une autre d'utiliser son nom, comme l'a fait Adolphe Dasler pour créer **Adidas**, habile mélange de son surnom « Adi » et de la première syllabe de son nom, ou encore de créer la marque **Auchan** en hommage à la région des « Hauts Champs ».

Voilà pourquoi, comme nous le soulignions au début de ce chapitre, il est si complexe de vouloir comprendre la marque quand on est consommateur, et penser la marque quand on est annonceur. Qui pourrait dire avec certitude ce que signifie une marque à moment donné ? La question elle-même a-t-elle un sens ? La sémiologie nous apprend à distinguer deux événements : le *sens* qui est le résultat d'une expérience dans le temps et la *signification* qui est une convention arbitraire que l'on retrouve le plus souvent dans les nomenclatures et les dictionnaires à une époque lambda. Pour faire une image, il y a entre *sens* et *signification* autant de différence qu'entre la *langue*, parlée par tous, et la *parole*, c'est-à-dire le résultat de mon discours (nous y reviendrons dans le chapitre 7). Le sens produit des effets liés au contexte de réalisation du langage employé. Ainsi la phrase « *la bouillabaisse, c'est moi* » défie la logique conventionnelle dès lors qu'elle n'est pas prononcée dans un restaurant et par une femme ; en revanche, elle nous semble parfaitement naturelle dans ce contexte précis.

Il en va de même avec les messages publicitaires et leurs marques. Ils ont moins un sens traductible qu'ils ne convoquent un faisceau de sens. La publicité est une convergence dont la construction individuelle n'est pas nécessairement rationnelle. Ainsi est-on surpris de constater que les acheteurs de la marque **Angel** de **Thierry Mugler** peuvent lire **Angèle** (au lieu, phonétiquement, de **eindj(e)l**) sans que cela soit de nature à pénaliser particulièrement les ventes ; car d'autres stimuli viennent compenser une apparente perte en ligne de sens.

On constate ainsi que les personnes interrogées quant aux contenus d'une nouvelle marque arbitraire, qui n'a donc pas de signification *a priori*, tendent à se construire un

13. Si vous possédez un véhicule du réseau **VAG**, avez-vous remarqué que vos clés sont gravées aux lettres AH ?

sens par approximation, rapprochement, ou analogie, et ce, en faisant intervenir divers niveaux d'interprétation : l'esprit opère des « bris-collages » sémantiques constants pour nommer une réalité nouvelle, puisque c'est un fait culturel que l'on retrouve dans la langue elle-même.

La langue, comme la publicité, procède également par approximation, invention spontanée et cumulative en transformant par exemple le *pot au rose*, récipient du « rose », ce maquillage qui servait à grimer les comédiens des troupes du XVIIe siècle, en *pot aux roses* à la signification parfaitement aléatoire et la plus souvent fantaisiste. Les comédiens de l'époque s'amusaient à se faire des farces en cachant le précieux récipient, d'où l'expression de « découvrir le pot au rose ». Vous-même, êtes-vous d'ailleurs plutôt « pot aux roses » comme le Petit Larousse ou « poteau rose » comme La cage aux folles ? Ne pas savoir ce que signifie *fur* dans l'expression « *au fur et à mesure* » n'interdit pas d'employer cette expression avec le plus grand naturel et la plus grande pertinence[14].

De la même manière qu'il n'est pas utile de savoir qui a raison ou tort de ceux qui explicitent *GOLF*[15] ou *FUCK*[16], ou *COMMENT ALLEZ-VOUS*[17]. Le sens n'est donc pas toujours indispensable à la bonne utilisation des signes. La compréhension individuelle d'une publicité, l'interprétation personnelle d'un message, ou la croyance en une marque ne sont donc également pas toujours indispensables à la bonne perception d'un produit ou d'un service.

Un message publicitaire qui ne dit rien mais qui n'empêche pas de dire quoi que ce soit est donc préférable à un signe qui veut tout dire. Car le consommateur a ainsi le loisir de décider intimement et affectivement quel est l'aspect du message qui va l'atteindre, donc, entre autres, à quel groupe de consommateur il souhaite et va appartenir.

6 • LA NÉCESSITÉ D'UNE MARQUE : *IDENTIFICATION ET AFFECT*

A-t-on vraiment besoin d'avoir une marque[18] ? Que serait un monde sans marques[19] ? Cette question ne se posait pas il y a encore moins d'un siècle. La société d'alors était « immédiate » et l'on allait chercher le lait, le fromage et les œufs directement chez le fermier tout en pouvant en caresser les producteurs à quatre ou à deux pattes. Ce n'est

14. « Fur » signifie… oh et puis non, vous saurez tout dans le chapitre 10 !

15. Gentlemen Only Ladies Forbidden : détournement de lettres dans le plus pur humour britannique mais sans le moindre lien avec la véritable étymologie du mot.

16. Fornication Under Consent of King : dans l'Ancienne Angleterre, les vassaux du Roi devaient-ils réellement demander l'autorisation de leur souverain pour procréer… ?

17. Question fondamentale posée, dit-on, aux Rois de France en début de journée pour s'assurer que leur transit intestinal ne risquait pas de venir gêner les affaires de l'État !

18. Le Jury des Grandes Marques, « Le Livre des Grandes Marques », Vol. I et II, Londres : Superbrands, 2003 (I) et 2005 (II).

19. N. Klein, M. Saint-Germain, *No logo : La tyrannie des marques*, Paris, J'ai lu, 2004.

plus vrai aujourd'hui, puisque au-delà de la simple fourniture d'un bien, on recherche une reconnaissance, une image que l'on pourra au passage véhiculer vers la société. On veut être référencé de la même façon que nos produits le sont. Appartenir à des catégories nous rassure et rassure notre entourage qui a besoin de ces codes pour juger de *nos* goûts, de *notre* goût, donc de notre bien-être social.

Les catégories retenues pour la mise en œuvre de la marque relèvent le plus souvent d'une grossière approximation, pour ne pas dire de mauvaises habitudes qui ont la vie particulièrement dure puisque le consommateur s'accroche à ses *a priori*, à ses identités, et à ses principes : « *Vous avez raison de vous appuyer sur vos principes, ils finiront bien par céder*[20]. »

Le consommateur s'accroche à ses marques comme autant de langages lui permettant de communiquer à la fois vers les membres de sa tribu et vers les membres des tribus adverses. L'identification à une marque trouve donc son origine dans le fait que ce consommateur ressent toujours un besoin d'identification à un groupe. Du coup, chaque message publicitaire entraîne nécessairement la présence d'un code auquel on souhaite ou non adhérer. C'est pourquoi l'émergence du risque social est inévitable du fait de l'appartenance à des groupes distincts de chaque individu. Même le fait de ne vouloir appartenir à aucune structure est en soi une homogénéité : l'appartenance au groupe de ceux qui ne veulent appartenir à aucun groupe, « *ceux qui jouent à ne pas jouer un jeu*[21]. » On distingue six natures de groupes d'individus-consommateurs :

– ***les groupes de référence***. Leurs valeurs sont considérées comme un guide ; par exemple, des écoles de pensée, des religions, ou bien des organisations environnementales ou médicales telles que **Greenpeace** ou la **Croix Rouge**. Dans leur cas, la marque a un rôle quasi unique d'identification de la structure à des fins informatives ;

– ***les groupes d'aspiration***. Ces derniers sont ceux auxquels un individu souhaiterait appartenir. La marque et son positionnement jouent alors ici un rôle identificateur fondamental. Car à travers les codes qu'elle véhicule, elle offre un vecteur de communication naturellement absent au sein de la personnalité propre de l'individu ;

– ***les groupes dissociatifs***. « *Je ne voudrais jamais faire partie d'un club qui m'accepterait comme membre*[22]. » Antinomie du type précédent, ces derniers représentent les groupes auxquels un individu ne souhaite pas appartenir. Le risque social prend ici toute sa dimension dans la mesure où, d'un côté, la marque peut rassurer l'individu quant à son choix, et, d'un autre, le freiner quant à l'image qu'il suppose être en mesure de véhiculer autour de lui[23]. Cet aspect souligne clairement la structure de pensée lors de la perception du risque puisque une fois la capacité de financement

20. Oscar Wilde.
21. P. Watzlawick, J.H. Beavin, D.D. Jackson, *Une logique de la communication*, Palo Alto : Points Essais, 1966.
22. Groucho Marx.
23. Voici l'exemple même de ce dont a souffert **Lacoste** après que le marque a été récupérée par les jeunes des banlieues défavorisées : les consommateurs nouveaux comme traditionnels ont naturellement rejeté la marque pour ne pas être associés au groupe dominant l'actualité médiatique.

définie, les ultimes déclencheurs de l'acte d'achat seront la marque et son poids institutionnel au sein de l'inconscient collectif. Les groupes d'aspiration et dissociatifs sont donc uniformément liés à l'impact de la marque et de son image sur ses utilisateurs, comme sur ses non-utilisateurs ;

– ***les groupes primaires***. Ils sont les groupes auxquels nous appartenons directement, voire naturellement. La famille en est sans doute le meilleur exemple. Dans ce cas, la marque n'aura pas de poids important sur la psychologie de l'acheteur. En effet, là où de « mauvais » choix d'image peuvent entraîner une sanction immédiate de l'entourage informel de l'individu (rejet, dissociation), il n'existe quasiment aucune chance pour que la famille sanctionne l'un de ses membres sur une base aussi irrationnelle ;

– ***les groupes formels***. Ces groupes sont des structures prédéfinies dont l'organisation est contractuelle, limitante, mais également furtive. D'où l'absence de rejet de la part de l'individu et l'exploitation limitée de la marque. Une promotion d'université, un groupe de travail en sont des illustrations. Priorité est donnée au but de la réunion. Il existe néanmoins une probabilité pour que le comportement d'individualités mute quelques instants vers une relation plus informelle au sein de ces organisations formelles, ce que nous allons traiter dans le point suivant ;

– enfin, ***les groupes informels***. Ces groupes se composent assez naturellement ; il s'agit de groupes d'amis, de partenaires de sport, ou encore de personnes partageant des passions ou des centres d'intérêts communs. La marque joue ici son rôle fédérateur *a priori* puisque la connivence naissante ne se produit qu'avec des personnes ayant relativement la même vision des choses.

Le cas des utilisateurs de l'**iPod** est une bonne illustration : les « *mobile clubbers* » se réunissent à heure donnée, par exemple dans une gare, et dansent chacun sur ce qu'ils écoutent individuellement. Ces comportements tribaux ont donné naissance à une distinction qui ouvre de nouvelles perspectives à la notion de *positionnement de marque*.

Ainsi, avec les groupes d'aspiration, les groupes informels sont certainement ceux qui sont les plus sensibles à l'influence de l'image de marque à cause de leur action liante entre les acteurs. Du fait de la reconnaissance des membres du groupe par les marques caution choisies, il est alors naturel d'assister au phénomène de mutation des positionnements : en effet, ne pouvant créer directement une marque, les utilisateurs mixent les gammes existantes, créant ainsi de nouveaux comportements qui sont dissociés des convenances originelles des marques concernées (cf. « masstige », chapitre 3). Cette situation permet plusieurs choses : l'utilisation d'une marque appréciée, l'annihilation du risque d'appartenance à un groupe dissociatif, et une forme de « tribalisation » tout de même rassurante mais aux codes inconnus permettant d'appartenir au groupe de ceux qui, justement, n'appartiennent à aucun des groupes préalablement référencés.

La part « cérébrale » et « interprétative » du processus de réception du message publicitaire est donc fonction du cadre de référence de la cible et de son groupe de prédilection. C'est l'*affect* du consommateur qui est essentiellement sollicité (cf. chapitre 7), ce qui contribue à considérer les marchés sur lesquels l'entreprise évolue comme des entités pouvant difficilement accueillir des propositions de communication globales ; *glocales* à la rigueur[24]...

Chaque marché a donc la propension à n'accueillir que certaines catégories de marques, catégories dont les limites dépendent malheureusement des présages et des superstitions des cibles auxquelles elles s'adressent.

7 • QUELLE MARQUE POUR QUEL MARCHÉ : *PRÉSAGES ET SUPERSTITIONS*

Lorsqu'il arrive au message publicitaire d'avoir un sens initial, il est souvent conduit à le perdre ; car ce sens premier est bien moins important à l'arrivée que ne le présageait sa capacité à s'ouvrir à des sens futurs, notamment au travers de la marque. Il faut d'ailleurs aussi évoquer ici une inquiétude fréquente des marketeurs : celle d'avoir le même nom qu'un autre. Mais c'est faire peu de cas du contexte où les marques naissent : on oublie qu'elles sont d'abord des objets réels, quoique particuliers sur des marchés hautement différenciés. La qualité de la perception culturelle de la cible lors du processus de diagnostic externe et de l'étude de marché[25] est donc prépondérante dans l'issue de la rencontre entre la marque et le consommateur. Les présages et les superstitions y jouent un rôle incontournable.

David A. Ricks[26] a souligné nombre de mésaventures rencontrées par les annonceurs lors de leurs quêtes de marques pour les marchés qu'ils ciblaient. Car il est certaines cultures pour lesquelles l'émergence d'un nom a bien plus de signification qu'un dommage collatéral causé par la chute d'un bol de corn flakes. Nous reviendrons sur les exemples de Ricks dans le chapitre 7. Pourtant, l'un d'entre eux mérite que l'on s'y attarde immédiatement.

À l'origine, la marque **Toyota** portait le nom de son digne fondateur, Monsieur Toyo*d*a. Mais en japonais, « Toyoda » s'écrit à l'aide de sept signes, un chiffre qui porte malheur au Japon. La décision fut donc prise de transformer le « d » en « t » afin d'être en mesure d'écrire la marque en n'utilisant que six signes...

La création publicitaire consécutive à l'étude de marché est donc doublement délicate en ce sens qu'elle doit non seulement émettre un message clair et en adéquation avec les capacités perceptives de sa cible, mais en plus essayer de se protéger à la fois de l'influence inattendue de l'environnement culturel collectif dans lequel elle va se répandre et des croyances propres des individus qui la composent.

24. Le terme de « glocal » est issu de l'union de « global » et de « local ». Il qualifie la démarche stratégique consistant à globaliser les éléments communs à chaque marché afin de réaliser des économies, et à localiser, c'est-à-dire réaliser les adaptations locales sans lesquelles l'échec de la pénétration serait inéluctable.
25. E. Vernette et J.L. Giannelloni, *Études de marché*, Paris, Vuibert, Gestion, 2001.
26. D.A. Ricks, *Blunders In International Business*, 4th Edition, Oxford, Blackwell Publishing, 2006.

Ces croyances sont toujours anciennes. La marque publicitaire doit donc tenir compte des traces laissées par le passé pour ne pas utiliser de stimuli interdits ou systématiquement rejetés (souvenez-vous qu'elle doit rappeler des expériences de consommation réussies). Mais elle doit également construire une empreinte susceptible de durer tout en conservant l'homogénéité, la pertinence et la cohérence de ses valeurs premières. L'épreuve du temps est donc certainement l'épreuve la plus difficile à affronter pour le créatif.

8 • ANTICIPER LES ÉVOLUTIONS : *LES MARQUES À L'ÉPREUVE DE L'HISTOIRE*

Cette inquiétude du temps qui passe renvoie à une tentation psychologique tout aussi fréquente, celle de vouloir « imprimer sa marque » comme on graverait une maxime au marbre d'un frontispice. Disons-le en toute simplicité : une marque qui ne peut pas évoluer est déjà morte.

Tout ici n'est qu'une question de délai et si certaines marques paraissent éternelles, nulle n'est à l'abri de n'avoir un jour plus rien à dire parce qu'elle aura voulu trop en dire.

Fusions, acquisitions, scissions, saturations de marchés, si 80 % des produits (et donc des marques) que nous utiliserons dans dix ans n'existent pas encore[27], il est encore plus surprenant de voir que certaines des plus grandes marques qui peuplaient notre quotidien il y a justement dix ans ont disparu corps et biens de notre environnement : **UAP, L'alsacienne, Ola, Compagnie Générale des Eaux**, etc.

Il est communément acquis par le sens stratégique que la méthode de détermination de la décision passe par un certain nombre d'étapes qui permettent, non pas de définir la meilleure stratégie, mais d'essayer d'adopter la « moins pire ». La décision stratégique a ceci de passionnant, comme de terrifiant, qu'elle intervient *a priori* de toute action. Par conséquent, nous ne sommes jamais à l'abri de commettre une erreur de jugement, d'ignorer un élément, ou de mal anticiper les perspectives de marchés en perpétuelle évolution.

La marque joue un rôle d'ombrelle avec le temps, permettant, si toutefois elle a su véhiculer l'image d'une offre rassurante, de limiter les risques stratégiques liés aux décisions spéculatives. La détermination de l'USP est donc systématique et, ce qui est surtout important, axée sur des domaines divers et variés suivant la cible à atteindre.

Si l'on se réfère au modèle développé par **Foote, Cone & Belding**, les informations transmises seront souvent oniriques pour les cibles affectives (**Twingo, Modus, Apple, Axe, Nokia**), quantitatives pour les cibles analytiques (**tests EuroNCAP, IBM, déter-**

---

27. Par exemple, près de la moitié des ventes réalisées par la marque **Gillette** sont aujourd'hui le fait de produits qui n'existaient pas il y a à peine cinq ans.

gents), financières pour les cibles routinières (**30 % de produit en plus ; 3 pour le prix de 2**), et impulsives pour les cibles hédonistes (**achetez maintenant / payez demain ; prix verts à la fnac**). Une fois cette démarche accomplie, on assiste souvent à un ralentissement de la performance de l'activité stratégique ; un peu comme si tous les efforts avaient été concentrés sur le lancement et que l'on compte sur une intervention divine pour que la suite se « passe bien »...

Pourtant, la définition de l'USP, dont il ne faut absolument pas remettre en cause la nécessité, mérite une nouvelle perspective d'illustration. L'USP ne limite en rien les perspectives évolutives de la marque. Sa détermination, suivant pourtant un schéma en entonnoir, se limite au message que le stratège jugera pertinent de communiquer à un instant donné. Mais l'évolution de l'entreprise nécessite obligatoirement des perspectives de développement de plus grande ampleur, par conséquent de nouvelles démarches FCS / Avantage concurrentiel / USP. Ces évolutions sont totalement naturelles et dictées par des lois économiques qui impliquent de la part de l'entreprise d'être toujours en éveil pour fournir de telles adaptations. La marque change-t-elle pour autant ? Car voilà la vraie question. La détermination de l'USP ne fige aucunement la marque. Celle-ci est à l'épreuve du temps. La stratégie communicationnelle peut changer et la marque peut évoluer. Mais il n'y a aucun lien de cause à effet entre les deux phénomènes.

Qui ne connaît pas **La vache qui rit** ? Elle a bercé tous les goûters de notre enfance. Les slogans ont changé mais la marque reste la même. Mieux, la communication n'est plus maintenant axée sur un avantage concurrentiel du type goût, matières grasses ou facilité d'utilisation. Elle est justement axée sur le côté institutionnel issu de la longévité de l'existence de la marque. La question de la publicité n'est plus de savoir si vous connaissez la marque ou si vous la préférez à d'autres. Ceci est considéré comme acquis à travers son histoire. La question soulevée est maintenant de savoir pourquoi la vache qui rit, rit ! Un prodigieux retour aux sources qui, plutôt que de remettre en question l'existence même du nom, non seulement le justifie, mais en plus le renforce. Nous en arrivons à nous poser une question étymologique, drôle de surcroît, à laquelle nous savons que personne ne répondra sans doute un jour, mais qui alimente un inconscient au fond duquel on retrouve certainement le désir caché de connaître quand même la réponse. Sentiment bien compris par l'annonceur puisqu'il diffuse de multiples interprétations de témoins variés et toutes plus farfelues les unes que les autres. Mais qui, néanmoins, ne nous empêchent pas, après avoir entendu chaque interprétation, de nous demander pourquoi cette sacrée vache rit... Dans ce cas donc, la marque a su traverser l'histoire en interpellant les nouvelles cibles tout en fédérant une nature de consommateurs friands de *vintage*[28] pour finalement aboutir à une communication quasi corporate. Les cibles ont changé, le code produit a changé, mais la marque est toujours là.

---

28. Par *vintage*, comprenez « bon cru », « année de référence », « période regrettée ». Par exemple, à Paris, **Zôa** se définit comme le premier magasin de vêtements vintage pour enfants puisque l'intégralité de la collection n'a pour origine que les produits dénichés par Alexandra Freiss dans les brocantes et les vide-greniers français et européens.

Les marques peuvent traverser l'histoire de la même manière qu'elles peuvent soudainement disparaître. Ce qui compte n'est pas leur capacité à la pérennité ; l'important est de bien prendre conscience que la détermination d'une USP ne fige en rien une marque, que celle-ci peut allègrement « encaisser » de multiples évolutions d'USP, et se maintenir telle un arc-en-ciel flottant au-dessus des marchés. Et nous savons tous que pour faire un bel arc-en-ciel, il faut du soleil mais aussi un peu de pluie...

La détermination d'une USP ne fige donc en rien une marque. Celle-ci peut totalement assumer de multiples modifications d'avantages concurrentiels. Son maintien ou sa disparition (conjoncturelle ou stratégique), sont des phénomènes issus d'éléments d'autres natures dont nous parlerons dans le chapitre 8. Mais l'épreuve du temps concerne aussi l'évolution de la communication, l'internationalisation des échanges, l'apparition de néologismes et la mutation des prononciations. Le message publicitaire fait appel à de nouveaux mots, il fait référence à de nouvelles idées, il s'inspire de l'actualité, bref, il vit. Il est une littérature, un roman à la lecture duquel chacun contribue à écrire la suite de l'histoire de la marque.

9 • LITTÉRATURE DE MARQUE : *ESTHÉTISME ET CONSTRUCTION DU SENS*

Les noms que l'on dit « arbitraires », c'est-à-dire ceux qui n'ont traditionnellement aucune signification particulière (**KODAK**)[29] se voient ainsi réinterprétés par chaque aspérité du matériel sonore, visuel ou olfactif, que les media mettent à notre disposition. Il est probable qu'un trappeur rapprochera **KODAK** de l'ours *KODIAK* qui participe de son environnement immédiat pour conférer à la marque une coloration toute particulière et aucunement incompatible avec les intentions de cette dernière. Car, nous le rappelons, c'est moins le sens qui construit la marque que l'inverse. C'est ici qu'interviennent ces composantes clés de la pertinence esthétique : l'expressivité et la mise en relation.

Avez-vous entendu parler *d'auditions colorées* ou de *synesthésies* ? Baudelaire faisait pourtant de ces « correspondances » le langage commun entre des ordres divers et apparemment séparés de la nature.

Par exemple, Arthur Rimbaud nous disait du « a » qu'il était *blanc*, là où Stéphane Mallarmé utilisait cette absence de couleur pour qualifier plutôt « la nuit ». Nous agissons de même avec les produits, les services et les marques, même si nous ne sommes pas complètement d'accord avec les poètes. Ainsi les « i » et les « u » évoquent-ils plus particulièrement une certaine luminosité voire de la blancheur, un caractère aigu, peut-être même de la froideur, tandis que les « o » et les « a » jouent de rondeur, de chaleur et de sympathie.

29. **Kodak** est la seule marque à n'avoir de sens dans aucune langue, tout en étant prononçable dans toutes les langues...

À votre avis, pourquoi les créatifs de la campagne de lancement de la bière **Hoegaarden** ont-ils autant insisté sur l'enseignement de la prononciation de la marque ? Il y a certainement de multiples raisons à cette stratégie. Mais il aurait sans doute été plus simple de communiquer soit sur un autre nom, soit directement sur l'un des avantages concurrentiels du produit. Il se trouve que la ville d'Hoegaarden est la capitale belge des bières blanches et reconnue comme telle depuis le XVIIIe siècle. D'où l'intérêt de conserver cette note historique comme un gage d'expérience et de qualité. Cependant, qui sait cela sinon les consommateurs locaux, certainement les belges d'une manière générale, et les férus de bière blanche ? Apprendre au consommateur étranger à en prononcer le nom permettait, entre autres, qu'il ne renonce pas à en commander par peur du ridicule ; que celui qui n'a pas souri en entendant quelqu'un prononcer **Versace** « verzasse », ni assisté à la gêne occasionnée à l'idée de ne pas savoir ce que **DKNY**[30] signifie et comment le prononcer jette la première pierre.

La synesthésie trouve donc ici un terrain d'application extraordinaire. Car là où il aurait semblé raisonnable d'utiliser une autre marque à la sonorité plus globale, la brasserie belge communiquait à la fois en aidant le consommateur et en utilisant son patrimoine culturel de qualité et de savoir-faire, le tout en véhiculant subconsciemment l'image d'une bière *lumineuse*, *blanche*, *ronde*, *chaude* et *sympathique*.

Il est troublant de voir des dizaines d'individus recréer chacun à un endroit du monde, et avec une conviction profonde, un sens prétendument unique mais partagé par tous. Ce phénomène c'est l'expressivité ; il repose sur les constituants syntaxiques de notre inconscient collectif : les lettres, les couleurs, les sons, ou les mélodies… Roland Barthes avait coutume de dire que « *la langue est fasciste* » au sens où nous sommes régis par sa syntaxe, son vocabulaire, sa phonétique et que nous nous comprenons généralement par le biais d'échanges à proprement parler, de conventions successives mais aussi de rapprochements « sauvages » et pourtant bien communs.

Il faut au passage noter le caractère des plus artificiels de ce type d'interrogation puisque les marques nous sont généralement « données ». Devant le nombre croissant d'occasions d'avoir accès directement aux marques sans le recours d'une médiation quelconque (rayon de magasin, Internet, affichage), il devient capital de s'interroger sur le caractère dicible, audible, visible, montrable, intelligible, et intuitif du message pour privilégier avant tout son adéquation au contexte de communication.

Certaines marques n'ayant besoin que d'être *lues*, d'autres ont vocation à être *dites* comme le « **Love Symbol** » du chanteur « précédemment connu comme **Prince** ». Avec le dépôt des marques olfactives, il est probable que la seule manifestation de la marque d'un produit soit son parfum très particulier. De la même manière qu'avec le dépôt des marques auditives (**Harley Davidson** a déposé le bruit de ses moteurs, **Metro Golwyn Mayer** a déposé le rugissement du lion qui annonce le générique du film, etc.), il est probable que la seule manifestation de la marque d'un produit ou d'un service soit son immuable récurrence.

auditive

[Prince marketing]

30. **Donna Caran New York**, vêtements.

Globalement donc, comprendre et penser une marque ainsi que son support publicitaire exigent une attention constante de la part des cibles et des marchés sur lesquels elles évoluent. Les CSP ne cessent de muter du fait de désirs d'appartenance à des groupes qui sont souvent en totale contradiction avec les cadres de référence originaux des consommateurs visés.

Rien est inaccessible à quiconque et la publicité n'a d'autre choix que d'explorer la complexité de cet inconscient collectif au sein duquel les frontières disparaissent et les codages communicationnels s'individualisent et se complexifient. La marque est pour le message publicitaire ce qu'est la signature pour la lettre. Le récepteur n'arrive pas toujours à lire l'écriture de son correspondant, ni à comprendre ses idées ; mais la signature est là. Elle vient l'aider à gagner en temps, en efficacité, et en compréhension. Car la marque-signature supporte à elle seule un passé construit sur la base d'expériences plus ou moins réussies, un présent constitué de séductions plus ou moins crédibles, et un futur avide de promesses qui luttent chaque jour un peu plus pour tenter de convaincre un consommateur blasé.

C'est dans ce contexte, un environnement où les variables sont mal éduquées et singulièrement capricieuses, que l'annonceur doit s'atteler à apprivoiser ce qui, des diagnostics interne et externe, permettra peut-être de créer et de développer sa marque.

BIBLIOGRAPHIE

KLEIN (N.), SAINT-GERMAIN (M.), *No logo : La tyrannie des marques*, Paris, J'ai lu, 2004.

Le Jury des Grandes Marques, *Le Livre des Grandes Marques*, Vol. I et II, Londres, Superbrands, 2003 (I) et 2005 (II).

LEE (A.Y.) & LABROO (A.A.) 2004, « The Effect of Conceptual and Perceptual Fluency on Brand Evaluation », *Journal of Marketing Research,* XLI : 151-165.

RICKS (D.A.), *Blunders In International Business*, 4th Edition, Oxford, Blackwell Publishing, 2006.

VERNETTE (E.) et GIANNELLONI (J.L.), *Études de marché*, Paris, Vuibert, Gestion, 2001.

WATZLAWICK (P.), BEAVIN (J.H.), JACKSON (D.D.), *Une logique de la communication*, Palo Alto, Points Essais, 1966.

CHAPITRE 7

Créer et développer la marque

1 • FINESSE ET CRÉATIVITÉ : *CODES GRAMMATICAUX*

Quitte à « laisser sa marque », autant le faire dans le dictionnaire, pensent certains. Au-delà de l'orgueil inhérent à la démarche, elle procède avant tout d'une fondamentale erreur stratégique. Car la marque est un signe à part entière, et qui possède une existence propre. Jugeons-en plutôt. À la différence du nom commun, le nom de marque transgresse allégrement la grammaire et ses codes. Si je vous dis *une* **Mercedes**, vous comprendrez d'abord qu'il s'agira d'une voiture ensuite qu'il peut s'agir d'une berline ; si je vous dis *un* **Mercedes**, vous pourrez penser qu'il s'agit d'un camion, d'un coupé ou d'un 4x4. D'un certain point de vue, on pourrait penser que ce n'est que justice puisque les noms de marque ont souvent commencé par être des noms « propres ». Ainsi *un* Durand est-il un fils de famille tandis qu'*une* Durand sera une fille.

Mais la marque va plus loin, puisqu'elle peut être également adjectivée. Une femme sera *très* **Dior** ou *très* **Guerlain**, *très* **Prada** ou *très* **Gucci**, dans tous les cas certainement *très* **Barbara Gould**. Par exemple, c'est en la personne du mannequin polonais Daria Werbowy (accompagnée de Michelle Buswell, USA) que Ridley Scott a « défini » en 2005 celle qui serait **« la femme Prada »** par excellence :

Ce statut grammatical particulier est un signe majeur de la relation qu'établit le nom et il importe avant toute chose de le garantir et de le préserver des tentatives de passage dans la langue courante, ce que les linguistes appellent la « lexicalisation » et les marketeurs les marques « génériques » (**Frigidaire, Kleenex, Bic, Coca, Barco, Walkman**...).

Qu'un fauteuil ait des *bras* et qu'une table ait des *pieds* vous semble aujourd'hui naturel. Il s'agit pourtant ici du point de vue de la logique classique d'un patent abus de langage, ces attributs étant ceux de l'homme et non d'un objet inanimé. Les individus qui ont nommé ces réalités ont donc été amenés à opérer un choix entre tous les signes qui étaient à leur disposition, et, plutôt que d'en créer de nouveaux, ont décrété de nouvelles combinaisons.

Ces exemples sont autant de métaphores passées dans la langue et constituent, à ce titre, des formules figées, de même la marque qui n'aurait plus qu'un seul sens et ne pourrait être revitalisée se verrait condamnée au musée de la langue ou au folklore qui n'est parfois plus que de la culture en fin de vie.

Les marques, et à travers elles la publicité, sont présentes partout dans notre quotidien. Elles sont donc utilisées comme des codes pour définir des valeurs, des standards de qualité ou de positionnement. De ce point de vue, il est alors normal qu'elles soient facilement associées à des substantifs communs. Donc qu'elles changent, qu'elles mutent, bref qu'elles soient *adAptées* par les consommateurs qui les ont d'abord *adOptées*.

2 • RÈGLES FONDAMENTALES : *LES MARQUES ÉTERNELLES, DISPARUES, COURTES...*

Outre le fait d'atteindre la bonne cible, le véritable problème de l'entreprise n'est donc pas tant de *créer* une marque que de la faire *durer*. Car si la marque dure, elle devient identifiante et gage de qualité. Si l'on observe l'histoire pour dresser un rapide portrait des marques aux vies les plus longues et les plus éphémères, on trouve de nombreux exemples de marques éternelles comme disparues. Par exemple, comme nous l'avons souligné dans le chapitre 6, vous ne trouverez plus :

Rhodia a été rachetée par **Rhône-Poulenc**, l'**UAP** par **AXA**, la **Générale des Eaux** par **Vivendi** ; quant à **Ola** ou **L'Alsacienne**, elles ont simplement disparu...

L'observation de l'histoire des marques et de leur évolution nous montre également qu'il existe un véritable phénomène d'appropriation par le consommateur, notamment à travers la façon qu'il a de renommer ses marques sur la base de leurs terminologies d'origine, un peu comme lorsque l'on donne un surnom à quelqu'un qui nous est cher.

Ce phénomène tend à démontrer que la marque ne pourrait alors disparaître que sur décision stratégique de l'entreprise ou suite à un accident conjoncturel (pandémie pour des produits agro-alimentaires, défaut dangereux sur un élément d'une gamme, etc.). Par exemple, si l'on vous dit **Cosmo, Casto** ou **Amex**, vous visualiserez immédiatement :

Par conséquent, si le consommateur s'approprie votre marque au point d'en redéfinir son code identitaire, sachez en user et en abuser ! Suivez-le dans son choix et créez ainsi une relation toujours plus intime, donc pérenne. **Castorama** n'a pas manqué d'exploiter brillamment le phénomène en utilisant son surnom à l'aide d'une ritournelle dont la répétition assurait la reconnaissance de la marque, le célèbre jingle : *« Chez Casto, y'a tout c'qu'il faut, outils et matériaux (...) »*. Vous avez maintenant la mélodie en tête pendant une durée indéterminée, croyez-moi !

En parallèle de ceci, il est également intéressant de souligner l'existence d'un autre phénomène, le remplacement – de la part du consommateur – de la marque d'origine par celle qu'il choisit parce qu'il la préfère. L'exemple le plus représentatif est certainement **Lacoste**. Nous parlons tous de **Lacoste**, mais la véritable marque est **La chemise Lacoste**. Pourtant, le produit qui a assis le socle identitaire de la marque n'est pas une chemise mais un polo, *le* **polo Lacoste**. Célébrissime, le polo **Lacoste** est passé du statut de produit à celui de marque, puis du statut de marque à celui de marque ambassadrice. C'est la raison pour laquelle, fort de son succès avec le polo, **La chemise Lacoste** communique aujourd'hui à l'aide d'une marque raccourcie, **Lacoste**, et ne manque jamais de faire figurer son polo parmi l'ensemble des produits nouveaux, diversifiés, ou des nouveaux coloris qu'elle lance. Ceci lui permet d'en cautionner la crédibilité et surtout d'en faciliter l'identification et l'adoption par le consommateur qui a *choisi* que **Lacoste** lui parle **Lacoste** et non **La chemise Lacoste**, et qui, par sa priorité d'achat vers le polo, a imposé à la marque qu'elle utilise ce code de communication lorsqu'elle s'adresse à lui.

Ainsi, de la même manière qu'il est intelligent d'utiliser une marque naturellement raccourcie par le consommateur pour s'adresser à lui de manière plus personnelle, n'hésitez pas à utiliser l'un de vos produits comme marque si tel est également son désir ; ce que **Sony** ne manquait pas de faire également à l'époque lorsqu'elle communiquait à l'aide du message suivant : « ***Sony, l'inventeur du Walkman.*** » Le produit **walkman** était également devenu marque ambassadrice de la qualité et de la créativité de **Sony**. Sa durée de vie plus courte et sans doute moins spectaculaire que celle de **Lacoste** s'explique certainement par le fait que la marque évolue dans le secteur technologique, donc rapidement obsolète (disparition du **walkman** suite à la naissance du **MP3**, de **l'iPod**, etc.).

Dans une certaine mesure, la publicité fait œuvre de *maïeutique* dans son art d'accoucher les esprits critiques et créatifs des consommateurs auxquels elle s'adresse.

Décider d'une USP ne coagule jamais une marque. Le fait que la marque dure ou disparaisse n'est absolument pas un phénomène que l'on peut lier à la qualité de la définition de l'USP. Cette dernière ne peut être tenue pour responsable que d'une seule erreur : celle de positionnement lors d'un lancement. Et l'erreur de positionnement est généralement consécutive à deux phénomènes : soit un mix markting déséquilibré et incohérent, soit un mauvais codage de sens (cf. « Construire la cohérence du mix » à la fin de ce chapitre).

Un mix marketing déséquilibré provoque la confusion dans l'esprit de la cible ; et un consommateur qui a le moindre doute quant à ce qu'il achète renonce systématiquement à l'achat de la marque concernée. Le risque est ici que l'USP informe d'un avantage concurrentiel qui n'est pas perçu comme étant en adéquation avec ce que rencontre le consommateur une fois sur le lieu de vente ou lorsqu'il est confronté au prix ou au produit pour la première fois.

Un mauvais codage de sens a l'effet d'un contresens, voire d'un non-sens dans l'esprit de la cible. Dans ce cas, le consommateur ne comprend ni la publicité, ni son message, ce qui a pour conséquence immédiate qu'il se détourne du produit par manque d'intérêt. Il y a quelques années, **Contrex** avait lancé une campagne extraordinaire sur le plan graphique : toujours axée sur le slogan du « *partenaire minceur* », elle suggérait des silhouettes féminines parfaitement proportionnées à l'aide de gouttes d'eau qui symbolisaient tantôt un monokini, tantôt un bikini. Cette campagne n'a pas connu le succès qu'elle méritait car la consommatrice ne voyait souvent que de simples gouttes. Même la cible masculine, théoriquement plus sensible aux formes féminines (cf. **Rémy Martin**, chapitre 5), n'a pas perçu l'attractivité de ces formes *dessinées*.

La signification de l'USP est donc d'importance majeure pour l'implantation de la valeur de marque dans l'opinion publique, un domaine dans lequel on se perd souvent en conjectures en s'imposant des contraintes sémiologiques parfois bien inutiles.

3 • RÈGLES INUTILES ET DANGEREUSES : *SENS SIGNIFIÉ ET SENS SENSITIF, TRADUCTIONS*

L'annonceur doit toujours rester vigilant à ses codes car c'est certainement dans le domaine de la publicité que les codes sémantiques connaissent le plus grand nombre de modifications de perceptions. Ceci s'explique notamment par la présence constante de bruits (cf. Laswell, chapitre 5) qui viennent perturber la qualité et la réalité de la perception du consommateur, donc la pertinence et la performance de l'USP.

Ainsi, il convient d'insister à nouveau sur la distinction entre le *sens* tel qu'on le *ressent* et le *sens* tel qu'on le *comprend* (cf. chapitre 6). Il ne s'agit plus ici de parler d'illusions perceptives (cf. chapitre 4) mais bien des origines du sens. Le sens sensitif résulte de l'expérience alors que le sens signifié résulte d'une caution arbitraire. L'expérimentation d'un produit ou d'un service aboutit à la mémorisation d'une perception qui traduit une réussite ou un échec, nous l'avons vu. Mais le sens signifié a pour origine la publicité, c'est-à-dire le message que l'annonceur souhaite véhiculer à son sujet concernant à la fois son positionnement et les attributs de son produit. Il est donc primordial pour l'annonceur qu'il n'y ait pas de confusion de style. L'objectif de la création publicitaire ne réside pas dans la recherche d'un code systématiquement nouveau, mais bien dans celle du code le plus pertinent. L'annonceur doit être identifié par sa cible, puis il doit être compris d'elle. Il n'est pas nécessaire de faire appel à de nombreux artifices pour cela. Il est encore plus inutile de s'imposer des contraintes sémiologiques visant à tout prix à provoquer l'adoption d'une marque, de son diminutif ou de ses représentations.

C'est pour cela que le message publicitaire n'est que *théoriquement* contrôlé par l'annonceur. Quiconque communique sur les valeurs d'une institution ou les attributs d'un produit sait que le récepteur du message tient le premier rôle dans l'interprétation qu'il en fait. Le message doit donc être simple et créé en utilisant le moins de variables susceptibles de laisser libre cours à des interprétations littérales. Il ne doit pas rechercher l'adhésion, uniquement la compréhension ; c'est déjà beaucoup. Une fois le message transmis par l'annonceur, il ne lui appartient plus. C'est la marque qui fait le reste ; elle continue de porter le message et ses valeurs, elle tente de conditionner l'interprétation et de limiter les dérives de sens, elle est l'ambassadeur, le corps, la représentation concrète d'un ensemble de significations que l'on souhaitera homogènes à travers le temps. Les marques sont intraduisibles. Elles sont des aires de jeu au sein desquelles on peut faire beaucoup de choses tant que l'on n'en sort pas. Chacun jouera selon ses propres règles dans la dimension délimitée par la marque et son image. C'est cela que l'on qualifie d'*interprétation* de la part du consommateur.

Tout l'art de l'annonceur réside donc dans sa faculté à construire un terrain de jeu invitant au voyage mais dans un environnement délimité par des frontières subtiles, pourtant présentes. On traduit donc certains codes, par besoin ou par réflexe, mais d'autres non. Et le Code public, premier terme qui compose celui de *publicité*, le code universel, celui qui ne se traduit pas, celui qui ne s'interprète pas, c'est la marque.

L'annonceur doit donc concentrer ses efforts sémiologiques sur sa marque et non sur les messages qui vont l'accompagner dans ses voyages d'ambassadrice. Voilà encore pourquoi si un message n'est pas compris, on peut toujours réagir là où lorsque c'est la marque qui perd son sens, les difficultés sont nécessairement plus sévères.

Quand **Lacoste** décide de faire du parfum, le message peut sembler inattendu, voire incompréhensible de la part de sa cible originelle. Mais **Lacoste** reste **Lacoste**. En revanche, lorsque la marque est récupérée par des jeunes ayant une mauvaise image au sein de la communauté, alors tout vacille. La marque ne dit plus ce qu'elle disait, elle ne promet plus ce qu'elle promettait. Alors comment réagit le consommateur fidèle dans un tel cas ? Il se sent trahi, lésé, car il interprète un phénomène qu'il n'explique pas puisqu'il lui manque de nombreuses variables. S'il avait su qu'il suffisait qu'une star du rap monte sur scène vêtue du célèbre crocodile pour déclencher l'engouement, il aurait peut-être pardonné. Mais dans le doute, et surtout, en l'absence d'information, il se dit qu'il est préférable d'aller voir chez **Ralph Lauren** ce qui s'y passe…

Quand **Coca-Cola**, le 23 avril 1985, par l'intermédiaire de son charismatique patron d'alors, Roberto Goizueta, décidait de cannibaliser la création de John S. Pemberton par le **New Coke** après avoir pourtant réalisé 190 000 tests concluants auprès des consommateurs, il ne s'agissait alors pas de proposer une diversification marketing du type **Cherry Coke**[1], **Diet Coke**, ou récemment, **Blāk**[2]. On ne touchait à rien d'autre qu'à la marque puisque le produit était devenu générique. Devant la révolution nationale provoquée par l'annonce de la stratégie, le 10 juin 1985 marqua un vrai moment de l'histoire des États-Unis puisque **Coca-Cola** *fut de retour*[3]. Et les ventes de s'envoler comme un souffle de libération venant balayer des semaines de terreur. Coup stratégique de génie en jouant sur la frustration et la panique du consommateur patriote ou coup de chance démontrant que si Dieu existe, il est certainement fan de la marque, l'issue fut terrible pour le concurrent **PepsiCo**. Pourtant, à issue différente, le phénomène restait le même que dans l'exemple de **Lacoste** : si l'on touche à l'ambassadeur-marque dans les ambassades-messages publicitaires, rien ne va plus. Et la roulette s'arrête alors où elle veut…

---

1. **Cherry Coke** fut *rebrandé* en **Coca-Cola Cerise** pour la France en 2005.
2. Lancement mars 2006 du **Coca-Cola** goût café en concurrence du **Pepsi Max Cappuccino**.
3. M. Pendergrast, *For God, Country and Coca-Cola*, Londres, Weidenfeld & Nicolson, 1993, et Basic Books, 2000.

Par conséquent, lors de l'étude de marché, si vous utilisez un questionnaire, n'oubliez jamais de vérifier que la personne interviewée comprend les questions que vous lui posez[4].

Dans la même logique, vérifiez sa sensibilité à la marque en insérant une question piège, par exemple[5]. Car si les messages, les questions, bref les codes que vous utilisez ne sont ni clairs, ni sujets à ne pas être interprétés, alors toute étude de marché ou de comportements de consommation se révèlera inutile car inexploitable.

4 • COMMENT EXPLOITER L'ÉTUDE DE MARCHÉ : *PANELS, LOYAUTÉ, DÉCLENCHEURS D'ACHAT, SEGMENTATION*

Avez-vous regardé la télévision hier soir ? Si oui, alors prouvez-le : qu'avez-vous vu ?

L'étude de marché a ceci de compliqué que trois éléments viennent systématiquement polluer nos bonnes intentions : le premier est que l'on a toujours la frustration de devoir se cantonner à n'interroger qu'un échantillon de la cible, le deuxième est que l'on n'est jamais certain d'interroger le bon échantillon, et le troisième est que l'on n'est jamais non plus certain que l'échantillon sera sincère.

Le choix des outils est donc primordial, ainsi que celui des supports de nos messages. Audiométrie, lexicométrie, le problème n'est jamais tant de trouver une boîte à outils que de savoir lequel choisir.

La presse, par exemple, est certainement le support qui permet le meilleur ciblage car il offre le plus fort degré de segmentation. Mais la presse reste désespérément statique.

L'affichage est efficace mais plutôt lors d'annonces événementielles. Il permet d'être présent dans de nombreux endroits et à un coût raisonnable. Le secret en matière d'affichage est de privilégier la luminosité des panneaux ; n'oubliez pas que la nuit tombe toujours à un moment ou à un autre... En outre, à l'instar de la communication via *flyers* (cf. marketing ***anonyme***, paragraphe 12), l'affichage est souvent le parent pauvre de la communication : sa « multi présence » le vulgarise et le salit, au sens propre comme au sens figuré. Il a donc besoin d'un environnement apte à redorer son blason. La qualité du support physique de l'affiche ne doit donc pas être négligée (propreté, luminosité, fonctionnement sans heurts des panneaux à lamelles, etc.).

Dans la nouvelle stratégie que **JCDecaux** a mise en place début 2006, l'afficheur visionnaire nous prouve à quel point la qualité du support peut venir soutenir la qualité du produit : finalement, l'un et l'autre partagent la même image dans l'esprit du consommateur. Les abribus donc permettent maintenant de présenter des produits

4. En 1993, Lionel Delaveau, alors Directeur R&D de **GSF** à Sophia-Antipolis, recommande de faire lire votre questionnaire à un enfant de 10 ans en lui demandant de vous dire avec ses propres mots ce qu'il comprend. Si ce sont bien les questions que vous vouliez poser, alors la cible les comprendra...

5. Demandez à votre cible de vous dire si elle connaît et/ou utilise les marques que vous allez lui citer, en ayant pris soin, auparavant, d'insérer une marque de votre création dans la liste.

insérés dans des vitres qui suggèrent que l'objet est en sustentation. La « lévitation » au service du marketing, un moyen permettant de modifier les limites physiques du produit et de l'intégrer naturellement dans son environnement par simple phénomène de transparence et de superposition :

Autre outil de communication, le septième art. Son impact est très important en matière de publicité ***indirecte***. Voir le « héro » se désaltérer de **Perrier** ou porter des **Puma** est d'une redoutable efficacité, surtout auprès du jeune public. Mais le message doit être naturel, cohérent et raisonnable : la scène doit justifier l'utilisation de la marque et le réalisateur doit éviter d'en abuser. Le film **The Island** (2005) illustre parfaitement ce dernier excès. En revanche, la publicité ***directe*** y est malvenue. En effet, les consommateurs payent le grand écran pour deux raisons : voir de nouveaux films bien sûr, mais surtout éviter la publicité justement. Au cinéma, la publicité énerve le consommateur comme nulle part ailleurs. Le public risque donc de mémoriser votre marque comme celle qui a contribué à retarder son plaisir, voire à gâcher sa soirée.

Quant à la télévision, elle reste le meilleur des media puisqu'il est facile d'accès, permet une totale passivité et surtout, partage votre foyer, donc votre intimité. Mais elle est si coûteuse[6]… Comment choisir, quand on n'est pas capable, comme **Coca-Cola**, de gagner des parts de marché à coups de milliards de dollars ? Essayez à l'aide de réflexions et de questions simples (toujours).

Si la taille ou le degré de représentativité d'un échantillon vous inquiète, dites-vous que les lois statistiques sont les mêmes pour tous. Si c'est la loyauté de vos consommateurs qui vous tracasse, dites-vous qu'elle ne vient qu'avec le temps et au travers

6. La France autorise 12 minutes de diffusion publicitaire par heure : les places sont chères.

d'une recherche constante de la qualité et de l'excellence. Vous ne comprenez pas que le consommateur hésite autant avant de vous choisir alors que vous avez usé de trésors d'imagination pour le séduire ? Dites-vous que plus l'attente sera longue de sa part (non, pas « plus ce sera bon ! »), plus son choix sera sûr et argumenté. Ce qui aura pour conséquence directe non seulement qu'il vous sera fidèle, mais encore qu'il vous servira de prescripteur positif auprès de son entourage. Enfin, si vous doutez quant à votre capacité à correctement segmenter le marché dites-vous deux choses. La première est qu'il existe une infinité de critères de segmentation, donc une infinité de combinaisons. Et la seconde est que si vous tenez toujours compte de l'éducation « marketing » que votre cible a de votre segment, si vous maîtrisez votre technologie pour proposer une qualité marquée, et si vous vous rappelez que le consommateur adore qu'on lui démontre qu'il a de nouveaux besoins, alors vous dormirez bien mieux.

Si vous ne deviez retenir qu'une seule chose de ces éléments, que ce soit celle-ci : huit groupes de questions, huit « i » qui, agréablement, lorsque vous prononcez cette lettre, nécessitent de sourire.

Intention : En tant qu'annonceur, quel est mon objectif de positionnement ? Quelle image ai-je décidé de véhiculer ? Cette image est-elle cohérente avec mon mix global ? Mon message et ma marque sont-ils en accord ? Ai-je un quelconque risque d'être mal compris, voire incompris ? Quelles seraient les conséquences de mon positionnement si toutefois des opportunités s'ouvraient à moi à l'étranger ?

Institution : Je représente et m'adresse à quelle institution ? Ai-je un passé ou suis-je un pionnier ? Ai-je déjà communiqué sur mes valeurs de marque ? Quel est le résultat de cette communication ? Ai-je atteint mes objectifs de cible et de signification ? Serait-il incompatible que mon message s'adresse à une nouvelle institution ? Une communication B to C serait-elle cohérente dans le domaine du B to B ?

Isotopie : Comment trouver des points de concordance au sein de cibles hétérogènes ? Dois-je toujours conserver ma cible d'origine ? Puis les mêmes cibles ? Mon image risque-t-elle de muter ? Si je le souhaite, comment faire pour qu'elle mute dans la direction que j'aurai choisie ? Comment communiquer au sein de segments différents et auprès de cibles différentes les valeurs uniques qui sont les miennes ?

Invention : Quels sont les codes et les outils publicitaires que je vais utiliser ? Dois-je faire appel à la symbolique ? Dois-je exploiter le panel qu'offrent les émotions ? Dois-je utiliser l'humour, la peur ? Dois-je montrer l'homme, la femme, l'enfant ? Puis-je me permettre de changer mes codes ou bien dois-je conserver mes traditions ? Dans quelle mesure l'évolution de mes marchés va-t-elle m'aliéner à la création publicitaire ?

Intuition : Comment, en tant que créatif, vais-je gérer mes propres affects ? Ce que j'aime va-t-il séduire ? Les codes auxquels je suis moi-même sensible lorsque je suis consommateur transparaîtront-ils dans les codes que j'utiliserai en tant qu'annonceur ? Puis-je garder à l'esprit le cadre référentiel de ma cible alors même que je lui concocte un message qui est issu du mien ? Dois-je faire abstraction de mes affects au risque de déshumaniser mon message ?

Immédiat : Comment réussir à déclencher l'achat d'impulsion (si celui-ci est justifié) ? Ai-je intérêt à vouloir déclencher l'achat d'impulsion ? Si ce dernier n'est pas prévu, comment puis-je l'expliquer si le phénomène se produit ? Comment gérer la perception immédiate de mon image ? Comment transmettre l'impulsivité d'une signification tout en pariant sur un comportement d'apprentissage (donc non impulsif) susceptible de créer une fidélisation ?

Instinct : Comment faire directement appel à l'affect de ma cible ? Dois-je avoir une approche uniquement instinctive de ma cible, uniquement analytique, ou bien mixte ; et alors dans quelles proportions ? Puis-je faire suffisamment confiance à l'appel de ma marque et à sa capacité de séduction pour parier sur sa compétence à mieux toucher l'affect de ma cible que mon message ? Comment l'affect de ma cible va-t-il évoluer avec les modes et le temps ?

Irrévocabilité : Comment créer un prescripteur fidèle ? Comment assurer l'engagement auprès de ma marque ? Comment créer un sentiment d'adoption de la part de ma cible ? Comment négocier le comportement naturel d'un consommateur satisfait à prescrire sur la base de données ou d'attributs erronés ? Comment connaître avec certitude les raisons pour lesquelles ma cible m'est fidèle ? Qu'est-ce qui pourrait être à l'origine d'une rupture de fidélité ?

Ces questions sont très introspectives mais nécessaires. Trop d'entreprises ne travaillent et ne décident que sur la base d'états financiers ou d'informations concernant l'émergence d'opportunités ou de menaces quantifiées à l'extrême. N'omettez pas le rôle éminemment sentimental de la publicité, sa capacité à entrer dans l'inconscient des gens, donc dans leurs intimités les plus profondes. Elle est un outil efficace mais diablement complexe si l'on essaye d'en maîtriser toutes les composantes. Pour autant, tout n'est pas permis.

Et c'est justement parce qu'elle est si puissante et si fragile à la fois qu'elle doit être utilisée avec respect, intelligence, et surtout prudence, et ce, dans le respect des codes, des acceptions, des cultures et des lois.

5 • ASPECTS JURIDIQUES : *PUBLICITÉ COMPARATIVE, ÉTHIQUE ET MORALITÉ*

La publicité suit des règles esthétiques, perceptives, ou sémiologiques, mais nous devons garder à l'esprit qu'elle est un outil public, donc soumis aux règles de la communauté, en d'autres termes, à la loi.

En matière de publicité, quand on parle de loi, on pense immédiatement à deux choses : la publicité comparative et l'éthique des messages. À l'instar de la vente à perte[7], qui est uniquement autorisée pendant les soldes, la publicité comparative ne

7. Dumping.

rentre pas par tout dans le même cadre légal. Les États-Unis, par exemple, sont le champ de batailles d'une violence inouïe là où la France est bien plus modérée.

Contrairement à ce que l'on croit, la publicité comparative n'est pas interdite en France. Elle doit, en revanche, respecter deux règles inexpugnables : pas de dénigrement et une comparaison honnête basée sur des faits avérés. Nous n'assistons donc pas aux mêmes spectacles que ceux dont se régale l'Amérique. Nous ne voyons pas la pomme d'**Apple** se faire manger par une bouche invisible, à grand renfort de sons révélateurs de la présence d'un ogre, pour finalement s'effondrer une fois à l'état de trognon au moment où **IBM** apparaît à l'écran. Nous ne voyons pas non plus un jeune enfant s'acheter deux cannettes de **Coca-Cola** qui vont lui servir d'échasses pour pouvoir atteindre le bouton du distributeur qui délivre un **Pepsi-Cola**. Nous ne voyons pas **Ronald McDonald** se rendre chez **Burger King** pour déjeuner. Ni un **iPod** de la taille d'un téléviseur de marque **Microsoft**. Ni des chauffeurs de **FedEx** et d'**UPS** bloqués à un passage à niveau et regardant passer un train transportant des dizaines de conteneurs **DHL**.

Encore moins un jeune enfant noir hésiter entre un distributeur **Coca-Cola** et **Pepsi-Cola** pour finalement choisir et lever les yeux vers le magasin mitoyen, en l'occurrence un vendeur de guitares électriques : la boutique mitoyenne de l'autre distributeur vendant des accordéons, on sourit à la vue du slogan *« Jimmy Hendrix à 12 ans ; on a eu chaud ! »*[8].

En revanche, on entend **Maison du Café** présenter **L'Or** sous le slogan « *sans doute le meilleur* café du monde », **Twinings** parler de son **English breakfast** comme étant *peut-être* le meilleur thé, on observe que les couches **Huggies** sont nettement plus extensibles que les couches **Pampers**, et l'on apprend qu'avec la carte **Tele2** on peut téléphoner 15 minutes de plus qu'avec sa jumelle proposée par **SFR**[9]. Quant à **Ferrero**, on sait que le nouveau **Kinder Pingui**[10] a une génoise plus crémeuse et un chocolat plus croquant… mais ce que l'on ne sait pas, c'est : *plus croquant que qui ?*

Alors avant de céder à la tentation de faire appel à cette pratique, rappelez-vous deux choses : la première, que les entreprises sont dirigées par des humains qui restent des humains, donc qu'en cas d'attaque, il existe toujours une revanche ; et la seconde, que de telles guerres ne profitent à personne car non seulement les images des belligérants sont maculées, mais en plus, la valeur entière du secteur s'en voit diminuée.

Il en va de même en matière d'éthique et de moralité. Quelles que soient les natures de vos messages, vous serez toujours tiraillé(e) entre la tentation de faire ce que nul autre a osé faire avant vous, notamment au nom du principe de liberté, et le choix du respect des traditions et des « recettes qui marchent ». L'une et l'autre stratégie a ses avantages et ses inconvénients, vous les devinez sans peine ; mais vous devez garder à l'esprit les codes que votre cible accepte, la vitesse à laquelle ils mutent, dans quelle mesure vous pouvez repousser les limites de ces frontières immanentes, et les consé-

---

8. Ces exemples sont tous réels.
9. Campagne du premier trimestre 2006.
10. *Idem.*

quences de la rupture matérialisée par une soudaine mutation de vos stratégies de communication.

Non que la rupture soit une erreur stratégique en soi, loin de là : la décision de créer **Chupa Chups** en arrêtant la vente locale en Espagne d'une large gamme de confiseries pour ne lancer que la seule boule de sucre au bout d'un bâtonnet (à l'origine en bois), et ce directement en Europe occidentale[11] fut aussi audacieuse que rentable.

En outre, une autre variable ne doit jamais être minimisée : le succès. Si votre produit se développe, vous aurez certainement le loisir de tenter l'expérience internationale, que ce soit pour cause de saturation de marché ou de présence d'opportunités à l'étranger. Vous trouverez sur place les messages adéquats, mais vous emporterez votre marque dans vos bagages, avec ses sens, ses codes, ses représentations, bref, son immanence. Et vous évoluerez dans un monde dans lequel la moindre erreur de compréhension ou de perception vous sera fatale.

6 • LA VISION INTERNATIONALE : *LE BILAN DE DAVID A. RICKS*

David Ricks[12] a coutume d'appeler ces erreurs des *blunders*, ou « bourdes » en anglais. Il s'agit pourtant de bien plus que des bourdes. Jugez plutôt à l'aide de ce florilège. On a manqué un important marché en Inde pour avoir conditionné des bonbons dans du papier blanc : la couleur locale du deuil et du poison. Imaginez-vous face à une offre de bonbons à la réglisse conditionnés dans des emballages noirs affublés de « têtes de morts rouges ». **Alcatel** n'a compris que trop tard la raison pour laquelle un appel d'offres qui lui était favorable lui est passé sous le nez en Afrique du Nord : phonétiquement, le terme est proche du mot arabe qui traduit *assassin*. **Coca-Cola** a conditionné son soda dans des bouteilles de 2 et 3 litres à destination du marché espagnol, supposant, à juste titre, que le pays vivant sous le soleil et au rythme des *fiestas*, la cible serait une importante consommatrice. C'était sans compter sur l'incapacité des réfrigérateurs espagnols d'accueillir des bouteilles aussi grosses. **Opel** n'a jamais réussi à vendre le modèle **NOVA** en Espagne du fait de la signification espagnole du nom : *ne marche pas*. Et plusieurs fast-foods qui souhaitaient entamer des campagnes de *teasing* (cf.chapitre 8) en Asie et au Moyen-Orient pour attirer les cadres sur la base de l'avantage concurrentiel vantant les mérites de l'enseigne à fournir toutes les garanties de ne pas se tâcher en mangeant avec les mains ont omis le sens dans lequel lisaient les autochtones : le message fut traduit par « *soyez assurés de décorer votre cravate* ».

Les exemples affluent chaque jour mais ils ne sont pas si drôles que ça. À leur décharge, ils affluent parce que ces entreprises essayent, tentent des choses, bref,

---

11. Phénomène appelé « Quick Fix » et notamment illustré par le modèle de **Stopford & Baden-Füller** (cf. chapitre 8).
12. *Op. cit.*

osent quitter le lac paisible du marché domestique pour affronter l'océan international. On ne peut quand même pas reprocher à Shakespeare d'avoir écrit Hamlet pour expliquer les violences familiales contemporaines, ni affirmer que si Christophe Colomb n'avait rien découvert, Kennedy serait encore vivant.

Mais certaines pratiques sont terriblement dangereuses : par exemple, ne communiquez pas en utilisant du vert dans un pays musulman puisque c'est la couleur de l'Islam ; ne tentez pas de gruger le consommateur comme on a tenté de le faire en Australie en prétextant s'appeler **CUGGI** alors que la notoriété de **GUCCI** est mondiale ; n'utilisez pas les enfants de façon subversive ou pouvant être perçue comme telle ; ne faites pas appel à des animaux repoussants ou sacrés (cf. chapitre 3) ; ne prenez aucune position politique ou religieuse ; respectez toute moralité si vous êtes sur les segments de produits culturellement « délicats » ou « subversifs » (alcool, hygiène intime, etc.)... En revanche, si le Dalaï Lama vous y autorise, vous pouvez mettre une banderole au Tibet à l'instar de **Coca-Cola**. Et si vous avez vos entrées à la NASA, n'hésitez pas à mettre un produit géant en orbite autour de la Terre, à l'instar de **PepsiCo**.

Mais si l'on vous invite à de tels excès, n'omettez jamais la réaction de l'opinion publique : elle reste l'arbitre, le consommateur final, le décideur souverain de la continuité ou du boycott de la marque. Vouloir être partout ou se permettre de tout utiliser peut être un gage de puissance, mais cela peut également être témoin d'irresponsabilité et de démesure dans la course à la part de marché et à la publicité comparative.

Ces exemples soulignent le fait que souvent, le jeu n'en vaut pas la chandelle. La solution n'est-elle finalement pas de tout arrêter en renonçant purement et simplement à la publicité... ?

7 • MÉFIEZ-VOUS DES PIÈGES : + *DE PUB OU PLUS DE PUB ?*

La tentation est grande... En moyenne, les coûts de publicité et de promotion s'élèvent donc à environ 5 % d'un chiffre d'affaires (nous reviendrons dans le paragraphe « Marketing*S* » sur le cas de **Zara** à la fin de ce chapitre). Imaginez ce que nous pourrions faire avec ces 5 % si nous n'avions l'obligation d'exister sur les media. Nombreuses sont pourtant les entreprises qui n'ont pas le choix... de faire de la publicité comme de ne pas en faire. Si vous lancez une activité, vous n'aurez peut-être pas assez d'argent pour la promouvoir rapidement ; en outre, ce ne serait peut-être pas une bonne stratégie : on communique traditionnellement beaucoup pour informer des nouveautés technologiques ou de prix sacrifiés, mais il existe une large gamme de cas entre ces deux extrêmes. Certaines entreprises aiment parier sur le secret de la prescription comme sur un secret d'alcôve. D'autres sont si anciennes que la communication est inutile ; d'autres encore renforcent leur notoriété grâce aux journalistes ou aux sports, à travers le sponsoring – c'est souvent le cas dans le sport automobile ou pour tous les équipementiers.

Alors, oui, il est terriblement tentant de renoncer à faire de la publicité : gains de temps, d'argent, plus de soucis de positionnement, plus de problèmes de symboles, de langages, de traductions ou de cultures, un remède universel, une panacée. Une entreprise a donc osé. La plus grande de toutes, la plus connue : **Coca-Cola**. **Coca-Cola** c'est 7 000 bouteilles bues dans le monde à chaque seconde et 1 000 000 000 (oui, un milliard) de produits dérivés vendus chaque jour. 94 % de la population mondiale est capable d'identifier la marque grâce à son logo. Bref, **Coca-Cola** c'est le deuxième mot le plus connu sur la Terre, dépassé d'une très courte tête par « OK »[13].

La firme d'Atlanta a donc osé faire l'expérience sur le territoire américain : renoncer à toute promotion pendant un mois. Cela s'est traduit par une chute spectaculaire (environ 30 %) de ses ventes. Les conclusions ont été immédiatement tirées, et ce, sans attendre que le phénomène se calme. Car pendant ce temps, cette petite expérience faisait les choux gras de **PepsiCo**. Première conclusion, au moins 30 % des personnes qui consomment le sirop de John S. Pemberton le font sur la base d'une impulsion ; conséquence stratégique, être partout grâce aux distributeurs automatiques pour que tout le monde, comprenez « sur la planète », croise le logo au moins une fois par jour. Seconde conclusion, même lorsque l'on est **Coca-Cola**, on ne peut pas se permettre de jouer avec le consommateur. Les raisons de sa fidélité restent un mystère ésotérique.

Il faut donc être partout, tout le temps. Media, PLV, automates, et surtout, relations publiques.

8 • LA GESTION DES RELATIONS PUBLIQUES : *DÉSIR, CONDITIONNEMENT, CONFIANCE, LOBBYING, SPONSORING*

La publicité fait appel au désir. Elle est la stratégie du sentiment et non du conditionnement comme certains pourraient le croire en utilisant la technique du matraquage. Cette dernière est efficace en matière de propagande, pas de publicité.

La publicité est donc une stratégie de désir et la propagande une stratégie de conditionnement. Quant aux relations publiques, elles sont une stratégie de confiance. La confiance que des partenaires commerciaux ou financiers peuvent ressentir les uns pour les autres, la confiance qu'un Conseil d'Administration met dans le dirigeant de l'entreprise, la confiance que des actionnaires ont pour leurs titres en cas d'OPA ou d'OPE, la confiance d'une poignée de mains au détour d'un cocktail ou sur un parcours de golf.

Les relations publiques ont ceci de fondamental qu'elles sont certainement le meilleur des parachutes en cas de crise. En effet, c'est une erreur de ne les voir qu'au sein de relations individuelles ; la communication *corporate* a pour responsabilité de nouer cette nature de relations entre un groupe et l'ensemble de ses clients, de la même

13. In W. Reymond, *op. cit.*

manière qu'un lobby naîtra d'une rencontre fortuite ou d'une année passée dans la même promotion universitaire. Si le consommateur s'identifie fortement à sa marque, alors il la défendra toujours, nous y reviendrons dans le paragraphe « Prévoir l'imprévisible ».

Rappelez-vous la campagne pour les JO de 2012 : Londres l'a emporté. Qu'ont dit les media ensuite ? Comment a-t-on expliqué la défaite française malgré la qualité de son dossier, le charisme de Paris, pour tous la « ville lumière », la présence de nos champions, l'éloquence de M. Delanoë et le film de Luc Besson ? Par le fait que les Anglais avaient fait « ce qu'il fallait », la veille, dans les couloirs, autour d'un verre, ou bien au détour d'un salon : des relations publiques. Rumeur, vérité, si le dossier avait réellement été de mauvaise qualité, Londres n'aurait pas été choisie. Par conséquent, la grande leçon à retenir est qu'à compétence égale, à intérêts proportionnels, ce qui fait la différence, ce sont les relations humaines.

Il semble inéluctable, non pas de faire des relations publiques, mais qu'il y en ait. Alors autant les gérer.

N'hésitez donc pas à faire du sponsoring pour des causes qui vous sont chères : vous serez vus, consciemment comme subconsciemment, et votre image sera associée à un environnement populaire. Soyez de tous les événements, de tous les salons, de toutes les manifestations. **MAIF**, **fnac**, **E. Leclerc** ou **ADA**, autant d'exemples d'entreprises qui communiquent souvent sur leur militantisme. Offrez des cadeaux cohérents tout en veillant à ce qu'ils ne soient jamais perçus comme des tentatives de corruption. Profitez des fêtes de fin d'année pour présenter vos vœux. Toutes ces démarches n'ont qu'un seul objectif : indépendamment du plaisir réel et sincère que vous trouverez dans le fait de communiquer vers des cibles qui comptent, vous réussirez à suggérer à vos consommateurs que chacun d'entre eux est tout simplement unique.

Les relations publiques trouvent leur domaine de prédilection dans les secteurs du luxe car les consommateurs y sont souvent raffinés ; ils sont donc très sensibles aux manifestations de reconnaissance et à la « bonne éducation » des entreprises. Mais elles sont surtout fondamentales si vous évoluez dans des secteurs qui ne peuvent légalement pas faire autant de publicité qu'ils le voudraient ; le tabac et l'alcool sont de bons exemples.

Enfin, les RP sont incontournables dans les domaines du conseil (consulting) et du B to B. Le conseil a ceci de particulier qu'il est un secteur ne proposant aucun produit à proprement parler. C'est donc la relation qui existe entre les acteurs qui est gage de qualité et de compétence. Quant au domaine du B to B, les règles de communication y sont particulières, nous l'avons vu dans le chapitre 5. Du fait de la capacité qu'ont les acteurs de pouvoir communiquer plus longtemps en mettant en exergue plus d'attributs, la relation qui se crée alors est souvent source de verrouillage des échanges futurs.

La gestion des RP est donc éminemment stratégique, et, par là-même, leurs principaux vecteurs, les journalistes. Car malgré leur souci constant de ne révéler que des faits, l'angle sous lequel ces faits sont présentés et le volume des reportages (occurrences, durée, nombre de pages) entraînent des perceptions qui diffèrent largement d'un individu à l'autre. Pourtant, la qualité des relations publiques ne permet pas de préserver l'entreprise et son image de tout ce qui peut venir inopinément déstabiliser les entreprises les plus saines et les plus audacieuses.

9 • ANTICIPER LES ENNUIS : *LOIS, MODES, TRADUCTIONS, UTILISATIONS, POSITIONNEMENTS*

L'anticipation est certainement le plus difficile des arts (pour autant que c'en soit un). Comment connaître à l'avance le réel impact d'une campagne, la réaction d'un consommateur, ou la décision stratégique d'un concurrent en mesure de bouleverser le marché ou de changer les règles qui le régissent depuis toujours ? C'est le rôle des outils stratégiques de diagnostic. Mais sur le plan de la publicité, le meilleur moyen est de ne jamais tendre le bâton pour que l'on vous tape dessus. Cinq conseils méritent que l'on s'y attarde quelques instants.

Pour commencer, ***respectez les lois***. Tant que vous êtes dans la légalité, si vous commettez la moindre erreur de jugement sur le ton d'un message ou sur l'évaluation que vous avez faite de la cible à laquelle il était destiné, on ne vous reprochera jamais votre bonne foi. L'illégalité prouve la préméditation et le volontarisme de la transgression (à moins que votre bonne foi soit démontrée). En revanche, l'erreur de jugement dans la légalité n'est… qu'une erreur de jugement. La communication est aussi là pour défendre des idées et des choix stratégiques.

Deuxième conseil, ***ne vous laissez pas emprisonner par la mode***. C'est ce qui distingue principalement le pionnier du suiveur. Le pionnier crée la mode, le suiveur la subit. Les modes changent ; pire, elles changent au gré du vent. La seule chose dont on soit sûr concernant la mode, c'est qu'elle ne dure jamais. Elle peut revenir, elle peut perdurer plus longtemps que prévu, elle peut être récupérée par des groupes de consommateurs ou des cibles inattendues, mais, à plus ou moins long terme, que ce soit ponctuellement ou définitivement, elle disparaît toujours.

Troisième chose, ***pariez sur la qualité*** de ce qui peut vous sembler le plus anodin. Le produit a autant, si ce n'est plus de pouvoir de suggestion que la publicité elle-même. Une fois le message compris et cautionné, le produit et la marque adoptés, le consommateur ne doit absolument pas ressentir la moindre distorsion, la moindre dichotomie entre la promesse de votre message et son résultat. Ainsi, un élément souvent perçu comme étant anodin peut pourtant venir ternir cette image : à ce sujet, rappelez-vous la théorie des deux facteurs de motivation d'Herzberg (cf. chapitre 1). Par exemple, proposez des manuels ou des modes d'emploi de qualité, aux traductions correctement réalisées. Plus le positionnement du produit sera important, plus les dommages collatéraux inhérents à ce type d'erreur seront dévastateurs. Plus l'achat du produit aura représenté une part importante du budget du consommateur, moins il pardonnera l'absence du petit détail qui fait la différence, même s'il est le seul à le remarquer. N'oubliez pas que dans le cas d'achats à forte implication, qu'elle soit psychologique ou pécuniaire (cf. Foote, Cone & Belding, chapitres 5 et 6), le consommateur recherche toujours de quoi justifier son achat une fois qu'il l'a réalisé, cela aussi bien auprès de son entourage que de lui-même.

Quatrième élément, ***tenez toujours compte de la capacité qu'ont les mauvaises nouvelles à se répandre*** comme des traînées de poudre. Si vous observez le moindre accident de parcours lors du lancement ou de l'utilisation de votre produit, ne le laissez pas de côté, bien au contraire : communiquez sur le sujet. Si l'on voit autant de messages imprimés sur les bouées pour enfants ou sur les sacs plastique mettant en garde des risques de noyade ou d'étouffements, c'est malheureusement parce que des accidents se sont produits. Lorsque l'on constate le moindre problème dans une gamme agro-alimentaire, automobile ou médicamenteuse, les enseignes n'hésitent jamais à la rappeler ; mieux, elles communiquent ouvertement sur le sujet afin de montrer à l'opinion publique qu'elles prennent leurs responsabilités. L'image de marque sort toujours grandie de ce genre de situation, bien plus que si l'entreprise choisit de faire profil bas. Le consommateur présume que s'il consomme le produit en question, il pourra toujours compter sur la marque : elle veillera sur lui et le préviendra au moindre indicateur de présence d'un risque.

Dites-vous bien que si les manuels d'utilisation des fours à micro-ondes ou les échelles comportent des notes qui vous mettent en garde sur certaines utilisations de ces produits avec, notamment des animaux vivants ou des lignes à haute tension, c'est parce que quelqu'un quelque part a fait sécher son chat dans un four ou bien a voulu réparer la ligne téléphonique avec une échelle en métal. Si vous n'avez pas prévu de tels cas, le consommateur peut se retourner contre vous pour manque de transparence et de clarté dans le manuel ou sa traduction.

Enfin, ***soyez toujours certain de votre positionnement***. Pas de celui que vous essayez de communiquer ou que vous aimeriez avoir, mais bien de celui que vous avez réellement. Prenons deux exemples, **Lancel** et **Hermès**. Ces deux marques ont des positionnements respectivement haut de gamme et luxe. Pourtant les consommateurs en ont une image souvent inexacte et croient que les gammes qui y sont proposées leur sont inaccessibles. Ce n'est pas faux. Mais ce n'est pas non plus complètement vrai. Ces enseignes offrent une gamme de prix bien plus étendue qu'il n'y paraît et l'on peut y avoir de très bonnes surprises. La réalité d'un positionnement est donc complexe pour qui souhaite communiquer sur le sujet. Une image de mauvaise qualité aura le même impact dans l'esprit du public qu'une image de trop bonne qualité, qui sera, quant à elle, automatiquement associée à la notion de « cher » ou « d'inaccessible ».

Pourtant ne soyons pas dupes. Ces recommandations ne mènent jamais au risque zéro. Elles en atténuent la probabilité d'occurrence et permettent surtout de pouvoir en gérer les conséquences une fois le ver dans le fruit. Par exemple, à la différence des cycles de vie produit qui, selon qu'ils décrivent un phénomène de mode, un échec, un apprentissage long ou court, ou bien la saisonnalité d'une demande, les cycles de vie technologie suivent toujours le même schéma. Et malgré, cette évolution annoncée, il se passe parfois ce à quoi personne pouvait s'attendre…

10 • PRÉVOIR L'IMPRÉVISIBLE : *LE CYCLE DE VIE DES TECHNOLOGIES*

Le cycle de vie d'un ***produit*** comporte cinq phases auxquelles correspondent des stratégies génériques : la recherche & développement (phase de copie ou de création), le lancement (pour lequel on a le choix entre pénétration ou écrémage lent(e) ou rapide), la croissance (où il est souvent question d'extension de gammes, de diversifications ou de changements de positionnement), la maturité (qui donne tout son sens à la cannibalisation), et le déclin (une phase qui pousse souvent les acteurs à s'internationaliser pour essaye de dénicher d'autres perspectives).

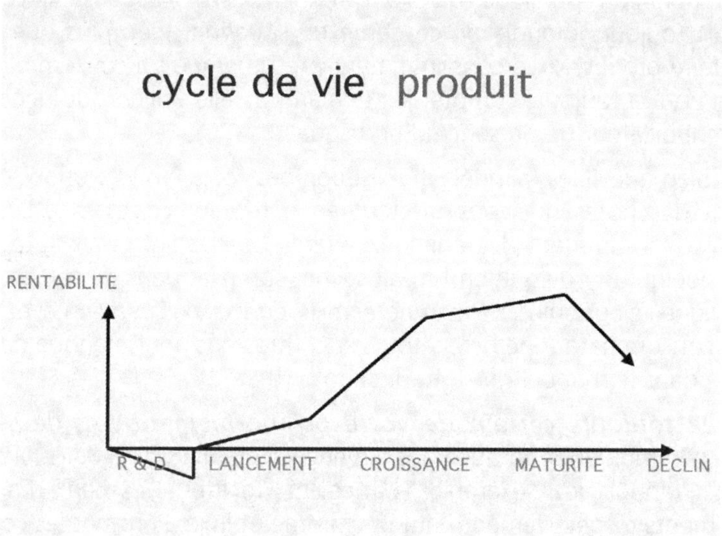

Le cycle de vie d'une ***technologie***, quant à lui, comporte trois phases. La première est illustrée par ce que l'on nomme les « ***problèmes de démarrage*** ». C'est le cas de notre échelle ou de notre micro-ondes : même après avoir testé les produits en laboratoire ainsi qu'auprès de consommateurs, on n'est jamais à l'abri d'une utilisation inattendue du produit. La deuxième indique l'apparition du « ***design dominant*** ». Cette phase correspond à la croissance dans le cycle de vie produit. Elle illustre le produit dans sa version définitive, prêt à être copié par la concurrence ou décliné dans de nouveaux formats ou coloris. Enfin, le cycle se termine par le ralentissement des ventes pour cause de ***limite technique du produit*** : il y aura toujours une vitesse au-delà de laquelle votre véhicule ne pourra pas aller, un volume de données au-delà duquel votre clé USB vous sera d'aucune utilité. Voici sa représentation graphique :

cycle de vie technologie

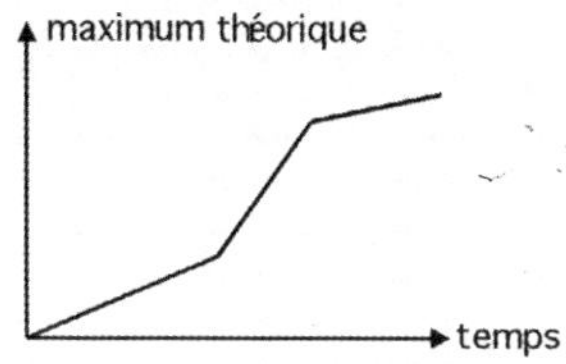

L'objectif de ces cycles est principalement d'aider le stratège dans le difficile exercice de l'anticipation. On ne sait jamais réellement quand un cycle va prendre fin et quand un autre va débuter (sauf, bien entendu, pour le cas du lancement), mais l'on sait déjà qu'après A il y a B et qu'après B, on aura certainement C ou D ; c'est un début.

Pourtant, malgré cette encourageante perspective, on assiste parfois à des phénomènes qui amènent les entreprises à faire le choix de stratégies de communication particulièrement cocasses. Nous allons prendre trois exemples : **Mercedes**, **IBM**, et **General Motors**.

Lorsque **Mercedes** a lancé son modèle **Class A**, un test de tenue de route a été largement commenté dans les colonnes de nombreux journaux et magazines spécialisés. Après avoir zigzagué quelques instants entre des plots à l'image des candidats au permis moto, le véhicule de test s'est retourné. **Mercedes** n'a pas communiqué sur le sujet. Sa stratégie a consisté à ne rien dire après avoir parié sur le poids institutionnel de la marque. Et ce fut un excellent choix puisque l'on a alors assisté à deux phénomènes inattendus : le premier concerne les consommateurs. Ces derniers n'ont jamais mis en cause la tenue de route d'un véhicule de la marque, en l'occurrence la **Class A**. Ils sont donc naturellement arrivés à la conclusion que si la voiture s'était retournée, c'était parce que le test était inadapté, et non par manque de fiabilité du produit. Le second phénomène concerne les concurrents : **Audi** et **BMW** ont cautionné l'avis du public en faisant discrètement savoir qu'aucun véhicule de cette nature[14] aurait réussi à passer le test. Ce n'était donc pas le produit **Mercedes** qui devait être critiqué, mais bien la nature même du test ainsi que le protocole expérimental. Encore un exemple de l'importance de l'image de marque en cas de crise, nous avons déjà insisté sur cet aspect : quand tout vacille, si la marque résiste alors tout résiste ; si c'est la marque qui tremble, alors, peu de solutions émergent.

Deuxième exemple, IBM. Nous sommes en 1996, aux JO d'Atlanta. La marque avait remporté le marché du chronométrage, des mesures de performance et autres affichages. Rappelez-vous le contexte des courses : les résultats tombaient avant que les séries aient eu lieu, le 100m se courait en à peu près 3 secondes, les distances de

14. Sans technologie particulière pour les hautes vitesses ou les prises de courbes à plat.

natation étaient marathoniennes et les perchistes franchissaient environ 40 mètres ! Heureusement, des systèmes de sécurité parallèles avaient été mis en place pour pouvoir assurer le bon déroulement des épreuves et procéder à des mesures réalistes. Suite à cet épisode, IBM n'a jamais communiqué sur le sujet. La firme aurait pu, par exemple, prétexter avoir réussi à dépasser toutes les limites humaines ! Mais la marque a choisi une autre stratégie : un B to C à l'image d'un B to B.

Les **Solutions pour une petite planète** ont commencé à émerger et l'enseigne s'est directement adressée à la fois aux entreprises et aux particuliers sur le thème de l'optimisation de leurs réseaux ou de la protection de leurs données. Ce territoire de communication d'IBM est d'ailleurs toujours d'actualité.

Dernier cas, celui de **General Motors**. L'une des plus importantes entreprises du monde a traversé une crise peu reluisante il y a quelques années. Le JT français avait présenté le cas d'une jeune conductrice noire qui avait été gravement brûlée après que l'arrière de sa voiture, de marque **General Motors**, a été percuté par un autre véhicule. Nous n'avons plus jamais entendu parler de cette histoire, sauf aux États-Unis où la puissance d'investigation des journalistes est plus importante qu'en Europe. Le mémo retrouvé d'un ingénieur à l'intention de son patron, Jack Welch, prouvait que la firme était au courant d'un défaut dans la conception du réservoir d'essence, et donc du risque d'explosion en cas de percussion par l'arrière. L'affaire a pourtant totalement été étouffée, les media n'ont plus jamais donné de nouvelles de la victime, et aucun des véhicules de la série ne fut rappelé pour être modifié.

Ces exemples soulignent qu'il n'y a pas de bonne ou de mauvaise stratégie de communication ; il n'y a que des choix, ce que l'on peut faire dans de telles circonstances selon les degrés éthiques et les marges de manœuvre dont on dispose. Car nous évoluons dans un monde de marques, un monde où notre libre-arbitre est certainement plus conditionné par des images et par les valeurs qui en découlent : l'habit fait définitivement le moine… Les phénomènes auxquels le développement des outils de communication ont donné naissance mènent les entreprises à considérer différemment les stratégies qu'elles adoptent. Elles n'ont plus le choix que de s'adapter à cet environnement dont la publicité fait varier les goûts et les couleurs au gré des craintes et des audaces des uns, des modes et des révolutions techniques des autres. Un monde sans marques n'est donc pas possible. Il n'est plus possible.

11 • UNE ANALYSE CONTEXTUELLE : *UN MONDE SANS MARQUES*

À l'époque où les marques n'avaient pas encore envahi notre quotidien (à quand cela peut-il bien remonter… ?), au temps où la publicité n'avait pas une telle main mise sur l'environnement de nos décisions, la perception que nous avions des codes de notre société et de ses hiérarchies était bien différente de celles que nous avons aujourd'hui. Nos priorités n'étaient pas du tout les mêmes, ce que Maslow a clairement souligné avec sa pyramide des besoins.

D'une certaine façon, le monde était plus précis du point de vue du rapport à la source des phénomènes : nous savions d'où nos produits venaient ; nous étions en mesure de nous fournir directement à la source, à la production, nous étions même capables de connaître certaines « intimités » du fournisseur, de la même manière qu'il connaissait souvent la plupart des nôtres (remarquez, nous continuons de beaucoup nous confier à nos coiffeurs...). L'homme était de qualité, les produits l'étaient donc également. Mais le monde était aussi plus diffus quant à la qualité de ces phénomènes : on ne pouvait jamais réellement être sûr de ce que cela allait donner ; avec toute la bonne volonté du monde, une chèvre pouvait être malade et une poule en manque d'inspiration. Bref, on achetait « du » lait, « du » fromage, ou « des » œufs de façon ouvertement générique.

Puis on a commencé à acheter ces produits chez l'épicier du coin, au sein d'enseignes progressivement spécialisées. La source première des phénomènes devenait moins identifiable. La relation demeurait *intuitu personæ* et la confiance dans le vendeur était donc le premier résultat mesurable du travail de sélection des commerçants. Untel était un « bon » boucher, tel autre un « bon » fromager, etc., ce que l'on retrouve d'ailleurs encore parfois aujourd'hui dans la « lutte » contre la domination des grandes surfaces.

Cette époque paraît bien loin au temps des échanges mondialisés, du commerce électronique et des distributeurs automatiques. Le besoin de marque paraît comme étant inversement proportionnel au rapport humain préalablement introduit dans le circuit : « mon banquier est toujours de bon conseil ». Il apparaît d'ailleurs dans le même rapport au caractère ouvertement aléatoire du produit : « le melon sera-t-il bon cette année ? » Quelques bastions font pourtant naturellement de la résistance au besoin de marque. Ainsi le changement d'enseigne d'un agent général d'assurances n'a-t-il souvent que peu, voire pas d'influence sur la fidélité de sa clientèle : on a d'abord confiance en l'homme... Dans certains secteurs donc, les priorités de la pyramide de Maslow ne sont alors peut-être pas si désordonnées qu'on pourrait le croire : par exemple, il semblerait que dès que l'on touche au patrimoine, à la sécurité ou à la santé, l'homme reprenne le dessus sur la marque. D'où une communication publicitaire intime, personnelle, référencée sur la base de problèmes connus, communément sociétaux, c'est-à-dire rencontrés par tous : « je sais si bien ce que vous traversez... ». Que retient-on de la campagne de **Norwich Union** qui a mis en scène Jean-Marie Proslier ? Une petite fille qui demande à son grand-père si elle peut lécher la casserole. Le symbole nous parle, ce ne sont pas des faiseurs d'argent mais de bien-être, ce sont des assureurs qui connaissent ma vie, ma situation et mon problème, ils parlent donc un langage qui m'est familier et surtout qui m'est cher.

Une première question pourtant évidente devrait se poser avant de mettre sur le marché un produit ou un service nouveau, ou bien avant d'en relancer un. À quoi va bien pouvoir me servir une marque dans ce cas précis ? Cela sonnera comme un truisme mais peut-on proposer au public une automobile comme de la fourniture électrique ou du voyage en montgolfière ? Si saugrenue que puisse paraître cette question, elle n'en relève pas moins d'une réalité constante : nous évoluons sur un terrain de jeu dans lequel les règles sont fixées par les entreprises aux positions dominantes, où les arbitres sont toujours plus nombreux que les joueurs, et où le matériel de jeu est rangé dans une immense boîte sur laquelle on peut lire « marketing ». Que chacun choisisse son arme, les arbitres sont prêts : ils viennent d'allumer leur téléviseur...

12 • « MARKETINGS » : *ANONYME, PERSONNALISÉ, PRÉSENCE, NO COMMUNICATION, IMAGO, VIRAL, SENIORS*

« Le marketing est une énigme : il est l'une des activités humaines les plus anciennes mais il est pourtant considéré comme le sujet le plus récent des Sciences de Gestion. »[15]

Le marketing est une boîte à outils aussi large que profonde. À vouloir tous les utiliser, on en arrive souvent à mal le faire, voire à s'inventer des raisons pour le faire. Il existe certainement autant de pièges dans le choix des outils marketing que dans l'univers pour lequel ils existent. Encore une fois, à l'instar d'une stratégie ou d'un choix de ton ou de positionnement, il n'y a pas de bonne ou de mauvaise décision. Tant que l'on conserve une certaine constance, les risques majeurs sont momentanément écartés.

Si votre choix se porte sur un marketing ***anonyme***, il est fortement conseillé de communiquer en témoignant un important respect à la cible. Le marketing anonyme c'est par exemple la distribution de tracts, également appelés *flyers*. Le premier de vos sens à être sollicité lorsque vous regagnez votre véhicule pour constater la présence d'une « pub » sous vos essuie-glaces, c'est la vue. Et le jugement est en général sans appel, avant même de savoir ce que l'on va essayer de vous vendre. L'information est peut-être de tout premier ordre. Vous jetterez peut-être un coup d'œil, dans le doute... Mais, *a priori*, la sentence est déjà tombée : poubelle. Cette réaction est née du manque presque constant de respect de la cible. Pourquoi lirions-nous un message imprimé sur un vulgaire papier ? Le second sens sollicité est alors le toucher, vous en conviendrez.

Reconnaissez que votre réflexe n'est plus le même si vous tenez entre les doigts une formule sur papier glacé et brillant.

Le respect de la cible de la part du support implique son corollaire, le respect du support de la part de la cible ; avec cette grande différence que la durée d'exposition entre les deux qualités ont permis de lire le message. L'information est passée, tout va bien : le jury délibère, l'arbitre va annoncer le score.

Nombreuses sont alors les remarques qui soulignent le coût d'un tel support. Mais dans ce cas, renoncez totalement à ce medium ; l'économie sera totale, tant sur le plan pécuniaire que sur le plan notoire : votre image ne sera jamais associée à ce manque de qualité. Car qui dit mauvaise qualité du support, dit perception de qualité différente de la vôtre, distorsion négative, donc, par effet de halo, qualité également médiocre

15. M. Baker, « On the Logics of Students' Argumentation Dialogues », in J. Caelen, D. Vanderveken et D. Vernant, *Logic and Dialogue*, Netherlans, Dordrecht, Kluwer, 2004.

du produit lui-même. Vous jetez systématiquement les petits morceaux de papier grossièrement imprimés vous informant de la capacité de tel ou tel voyant de vous apporter santé, travail, amour et argent sous quinzaine, n'est-ce-pas ? Si la carte était plastifiée, votre perception serait certainement différente et vous iriez peut-être glaner quelques informations sur l'avenir, on ne sait jamais, il se pourrait que vous ayez enfin de la chance au **Loto**. Car qui dit qualité du support, dit moyens, donc réalité de l'activité économique et succès de l'activité commerciale ; en d'autres termes, qualité et sérieux = je suis rassuré ; encore une fois, tout va bien.

Ce que le message publicitaire cherche à provoquer dans ce cas, c'est l'impulsion, le « pourquoi pas ». Par conséquent, une fois l'accroche définie selon des règles de qualité précises, il est recommandé de mettre en lumière la promotion plutôt que la marque. La marque sera, plus tard, le gage de qualité qui aidera le consommateur à repérer l'offre et à justifier son éventuelle « addiction ». Mais elle n'est pas prioritaire lors du premier contact. C'est l'offre promotionnelle qui est le phénomène déclencheur, car si ce type de media est utilisé, cela implique nécessairement que nous soyons sur un marché élastique au prix, donc fondé sur un avantage concurrentiel pécuniaire et non technique.

Maintenant, si vous préférez privilégier un marketing ***personnalisé***, alors personnalisez-le vraiment. N'entamez pas votre mailing par « Madame, Monsieur », renseignez-vous sur la cible, sur sa situation familiale et professionnelle, essayez de glaner suffisamment d'informations pour que le consommateur se sente directement concerné sans pour autant qu'il croie que vous savez tout de lui, ce qui pourrait le terrifier quant à la protection de sa vie privée. En outre, rappelez-vous toujours qu'à l'instar des couleurs ou des formes qui n'existent que par rapport à un fond, un message n'existe que par rapport au message précédent.

Tenez donc un historique précis de vos démarches antérieures car il n'y a rien de pire que d'appeler M. Martin du nom de Durand, ou de lui poser une question déjà posée lors de votre dernière campagne. Dans le domaine du marketing de communication personnalisé, une erreur de cet acabit est toujours plus marquante car en plus de la déception, il y a la mémoire…

Le meilleur représentant du marketing ***de présence*** est incontestablement l'enseigne **Zara**. Nous avons vu que les dépenses publicitaires étaient traditionnellement de l'ordre de 5 % des chiffres d'affaires. Avez-vous déjà vu une publicité de **Zara** ? C'est normal, elles sont rarissimes, voire inexistantes. Car la stratégie du groupe ne consiste pas à inonder le marché de messages publicitaires. Le choix de **Zara** est de consacrer son budget de communication à la recherche et à la location des lieux de distribution les mieux placés. Les boutiques **Zara** sont toujours imposantes, placées dans des lieux très publics, et aux multiples vecteurs de passage. Bref, avec **Zara** on voit la marque « en vrai ». À titre d'exemples, voici les magasins implantés à Cannes, Paris, et Séville :

Le marketing ***no communication*** joue la carte du secret, du fantasme, de la rumeur, voire du subversif. Le cas de **No Name** (« pas de nom » en anglais) est typique de ce dernier terme puisque les publicités existent ; c'est le logo qui n'existe pas. Enfin, entendons-nous bien, le logo est justement le symbole de la marque de ne pas afficher de nom :

Ce type de représentation visuelle traduisant une certaine forme de révolte contre un système établi (celui d'avoir un nom, une marque, un logo, un slogan, un positionnement, etc.) est parfait quand la cible est adolescente, donc en pleine crise identitaire.

Mais ce marketing est également celui de Rolls Royce ou de Ferrari. La marque d'origine anglaise communique sur… rien. Portez-vous acquéreur et demandez, par exemple, la puissance du véhicule de votre choix ; la réponse sera constante : « *Suffisante, Monsieur.* » (ou *Madame !*).

Quant à **Ferrari**, les grands prix de F1 sont une excuse remarquable à l'entretien du secret et du fantasme liés à la marque italienne ; les salons de l'automobile dévoilent parfois quelques informations, de même que les revues et les émissions spécialisées, mais Maranello reste un lieu sacré, celui des essais, celui des fantômes rouges que l'on surprend parfois à ralentir à cause d'une courbe…

Le choix d'un marketing fondé sur l'***imago*** est typique du secteur des parfumeurs et des grandes marques de créateurs de mode qui ont choisi cette diversification. Les noms des parfums sont toujours très symboliques[16] et, plus que partout ailleurs, la marque et le message font appel à une interprétation onirique dans laquelle chacun trouve message à séduire.

En ce qui concerne le marketing ***viral***[17], nous sommes certainement en présence du phénomène le plus récent car pour qu'un virus se répande, il lui faut des contacts, donc un réseau. Ce qu'en anglais, on traduit par « web ». Le marketing viral fonctionne donc via l'Internet. Lorsque **Hotmail** vous propose l'ouverture d'un nouveau compte gratuit à chaque message reçu, vous êtes contaminé. Le marketing viral recherche la contamination à tout prix, l'étendue constante de ses arborescences. Dans son cas, les consommateurs eux-mêmes *sont* à la fois le message publicitaire et le prescripteur.

Ce marketing est le marketing de nouveaux environnements ceux qui rapprochent les hommes en les isolant. Il ouvre sur de nouveaux marchés (le commerce électronique), de nouveaux comportements (la transmission de ses coordonnées bancaires vers des

16. Nous l'avons vu dans le chapitre précédent avec l'exemple de **fcuk**, mais c'est aussi le cas de **Champagne**, **Opium**, ou **Le Mâle** : autant de noms qui symboliseront le groupe auquel on appartient ou bien auquel on souhaite appartenir (ici, respectivement subversif, raffiné, interdit, ou androgyne).
17. Également appelé ***Buzz Marketing***.

destinataires inconnus), et de nouvelles technologies (un équipement informatique adéquat). Mais une constante immuable vient pourtant à son tour contaminer ce nouvel organisme ; en effet, que la publicité soit électronique ou plus traditionnelle, il y en a, comme partout, des tonnes. Par conséquent, comme nous l'avons souligné dans les chapitres 2 et 3, pour être perçu, il faut d'abord être aperçu. Les bannières publicitaires électroniques ne dérogent pas à la règle. Si vous faites appel à cet outil, mettez toutes les chances de votre côté afin d'être immédiatement visualisables : codes couleurs, emplacements dans le site et à l'écran, images dynamiques, etc. N'oubliez pas qu'à la différence d'autres supports, si vous pouvez toucher le consommateur directement et perpétuellement, il a, quant à lui, les moyens de vous faire disparaître d'un simple clic.

Enfin, le marketing des ***seniors***. Cette tranche de la population a ceci de spécifique que ce sont des gens à qui « on ne la fait plus ». La publicité met souvent en exergue des valeurs subjectives qui en appellent à un inconscient collectif, au besoin de s'évader, de muer ; ceci est particulièrement vrai pour les produits cosmétiques ou les services proposant des activités permettant de perdre du poids ou de tonifier son corps. Les seniors sont des consommateurs qui ont du recul sur pas mal de choses et bien souvent d'importants moyens, tant sur les plans intellectuel et critique que pécuniaire. Plus que jamais, si vous deviez vous adresser à cette tranche de la population, jouez la carte de la sincérité. On peut facilement faire croire à une adolescente que son achat ou son adhésion à telle ou telle marque provoquera de la part de son entourage son identification immédiate au mannequin ou au personnage qui présente le produit, donc aux valeurs qu'il défend. Ce n'est plus vrai lorsque l'on s'adresse aux seniors.

Encore une fois, le meilleur exemple de rupture avec ces codes passés est sans doute la marque **Dove**[18]. En faisant appel à des femmes rondes et âgées, la marque a clairement crié haut et fort sa nouvelle ligne de communication : « stop à l'hypocrisie ». Cette sincérité, cette objectivité face aux affres du temps et des rondeurs montre que l'enseigne est consciente des enjeux de son époque et qu'elle ne cherche aucunement à dissimuler des vérités, bien au contraire ; elle en assume la présence pour mieux les combattre. Cette stratégie, qui permet, entre autres, que la consommatrice s'identifie à la marque sans la moindre ambiguïté, tire essentiellement sa pertinence de son respect envers elle et de la sincérité qu'elle lui témoigne.

Il ne sera donc jamais inutile de rappeler à quel point la publicité et son message doivent être sincères et respecter leurs cibles. Toute communication publicitaire doit toujours être empreinte d'une imperméable cohérence, une responsabilité qui incombe au mix.

18. Cf. Chapitre 3.

13 • CONSTRUIRE LA COHÉRENCE DU MIX : *4P ET 4M*

Un mix marketing se décline traditionnellement sous le format de quatre « P », les initiales des termes anglais ***Product***, ***Price***, ***Place*** et ***Promotion*** (en français, ***produit***, ***prix***, ***lieu de distribution***, et ***publicité***). Toujours en anglais, « Mix » signifie « mélange ». La terminologie est pertinente car il s'agit bien d'un mélange : celui des différents éléments sur lesquels le consommateur va fonder son adoption ou son rejet de l'offre.

Ainsi, par exemple, un produit de haute technologie, au prix élevé, et à la communication luxueuse ne pourra pas être distribué ailleurs qu'en magasin spécialisé[19]. Si tel n'était pas le cas, une distorsion apparaîtrait à la perception du consommateur qui y verrait une absence de cohérence de la part de l'offre. Et nous tenons pour acquis qu'un consommateur qui doute renonce systématiquement à son achat ou bien se tourne vers la concurrence.

De la même manière qu'il existe un mix marketing que l'enseigne doit utiliser pour vérifier que la perception globale de son offre est naturelle dans l'esprit de sa cible, il existe un mix de communication dont le but est de vérifier la cohérence des variables et des outils qui interviennent dans la propagation du message publicitaire. À l'instar des « 4P » que nous venons d'évoquer, la publicité a également son groupe de quatre lettres, cette fois-ci des « M ». Il s'agit de **Media**, **Message**, **Moment** et **Memory** (media, message, moment et mémoire).

L'annonceur doit garder à l'esprit les quatre questions que soulèvent les « 4M » :

– ***media*** : Quel support médiatique vais-je utiliser ? Lequel semble être le plus pertinent en accord avec la cible que je souhaite atteindre et les moyens dont je dispose ?

– ***message*** : Quel message vais-je choisir de faire passer ? Traditionnel ? Corporatiste ? Comment vais-je structurer ma copy ou ma star strategy ?

– ***moment*** : Quand vais-je entamer ma campagne de communication (nécessité d'un rétro-planning) ? Quelle sera la récurrence de diffusion de mes messages (suivant les supports que j'aurai choisis) ?

– ***memory*** : Enfin, comment fidéliser mon consommateur et réussir à implanter un réflexe de marque dans son esprit ? À ce propos, avez-vous toujours la chanson de **Castorama** en mémoire ? Bien, alors continuons votre entraînement ; en voici une autre pour ne pas vous relâcher : ***« Mini Mir, mini prix, mais il fait le... »***[20].

---

19. Cas de la marque de vêtements et matériels de randonnée **Aigle**, qui se positionne haut de gamme, aux campagnes publicitaires réalisées sur des supports luxueux, dont les produits sont de qualité mais alternativement distribués dans les boutiques de la marque, chez **Decathlon**, ou bien dans des magasins de bricolage. Le quatrième « P » du mix, en l'occurrence *Place* (le lieu de distribution), met donc en exergue une incohérence au sein du mix qui se traduit par une baisse considérable des résultats de l'enseigne.
20. ***« ... maximum » !***, vous avez raison. Aucun doute, vous êtes conditionné(e)...

La recherche de cohérence d'un mix marketing se complexifie donc par la présence, au sein même de l'un des « 4P », en l'occurrence *Promotion*, d'un mix complémentaire, une sorte de sous-segmentation de l'outil originel qui permet théoriquement de mieux assurer la pertinence de l'offre. Cette subdivision s'explique notamment par l'importance de la « première impression » : si l'on trébuche lors du lancement, la suite est en général très chaotique, voire plus que précaire.

Pourtant, malgré ce constant développement des outils et des besoins de publicité, en dépit des techniques et des moyens mis en œuvre pour déterminer un message clair, correctement ciblé et cohérent, pour des raisons parfois conjoncturelles et inattendues, parfois volontaires et stratégiques, parce que le temps a passé ou pour de sombres raisons que personne peut expliquer, il arrive que la marque… meure.

BIBLIOGRAPHIE

BAKER (M.), *On the Logics of Students' Argumentation Dialogues*, in J. Caelen, D. Vanderveken et D. Vernant, *Logic and Dialogue*, Netherlans, Dordrecht, Kluwer, 2004.

PENDERGRAST (M.), *For God, Country and Coca-Cola*, Londres, Weidenfeld & Nicolson, 1993, et Basic Books, 2000.

CHAPITRE 8

Tuer la marque

1 • UNE JUSTIFICATION STRATÉGIQUE, 3 MÉTHODES QUI ONT FAIT LEURS PREUVES : *BCG, ADL, CHAÎNE DE VALEUR*

Une marque, c'est comme un enfant : ça fait partie de soi. Lorsque l'entreprise décide de retirer une marque de son portefeuille, il faut donc que la raison en soit hautement justifiée car c'est un choix qui entraîne toujours un repositionnement de l'enseigne ; avec tout ce que cela comporte comme inconnues. Deux phénomènes peuvent justifier de prendre une telle décision : une modification de l'environnement socioculturel dans lequel la marque trouve ses cibles (externe), et une nouvelle orientation stratégique décidée en interne. Il est bien évident qu'il n'existe aucune frontière entre ces deux phénomènes.

L'explication externe vient, par exemple, d'une réaction négative du public (un terme signifiant quelque chose de gênant dans la langue locale), d'une décision gouvernementale (**Bio de Danone** forcé de s'appeler **Activia** car dorénavant les seuls produits issus de l'agriculture biologique auront le droit de porter cette terminologie, nous y reviendrons dans le dernier paragraphe de ce chapitre), d'une fusion, d'une acquisition, ou d'une décision de conduire une communication globale (**Raider** devenue **Twix**, **Treets** devenue **M&M's**), d'un boycott consécutif à une information qui dérange, quelle qu'en soit l'origine (une filiale de **Motorola** qui fabrique des mines antipersonnel), ou encore d'une exigence du public qui s'approprie la marque en la modifiant (le groupe anglais **Easy Cure** qui a dû s'appeler **The Cure** pour respecter le choix de simplification imposé par son public). Les exemples sont évidemment très nombreux, ce qui, encore une fois, met un exergue une équation simple mais définitivement acquise : une fois la marque lancée, elle n'appartient plus à son entreprise mais au public qui se l'approprie, l'ignore ou la rejette.

L'explication interne, quant à elle, peut avoir pour origine un changement de Direction, une réorientation stratégique, le souhait d'avoir un nouveau positionnement, une diversification, une intégration, une internationalisation, bref autant de raisons qu'il y a d'opportunités d'augmenter ses parts de marchés ou de pratiquer une gestion territorialiste.

Le problème du retrait ou du changement de marque c'est qu'il entraîne avec lui un système de valeurs, de perceptions, et d'habitudes, bref, une histoire. Ce n'est pas le cas du retrait d'une publicité, celle-ci n'étant finalement *qu'un message*.

On retire une publicité parce que le message est mal compris, parce que la cible ne se sent pas concernée ou bien parce que l'on a trouvé mieux. On peut même retirer une campagne par manque d'argent. Mais sa durée d'exposition est toujours relativement courte, en tout cas, toujours trop courte pour qu'elle puisse appartenir au patrimoine identitaire de la cible. Si l'on remarque une nouvelle publicité, c'est parce que le ciblage est très pertinent, parce qu'elle choque (cf. **Benetton**, chapitre 3), parce qu'elle est diffusée continuellement, ou encore parce qu'elle se dévoile *au fur et à mesure* de ses diffusions[1] (vous connaîtrez la signification de « *au fur* » dans le chapitre 10, une promesse est une promesse). Mais une nouvelle publicité qui apparaît ce n'est qu'un message de plus parmi des milliers d'autres. Sa durée de vie est inversement proportionnelle au nombre de messages qui se télescopent chaque jour sur les media : plus le marché est médiatisé, plus la durée de vie et la capacité d'impact du message seront faibles, nous l'avons vu dans le chapitre 1. En revanche, il y a un dénominateur commun à ces messages qui s'appelle une *marque*. Et ce dénominateur est justement récurrent, il est constant, il participe à une construction perceptuelle qui, avec le temps, fonde un patrimoine. La disparition de la marque est donc un aspect de la publicité qui est éminemment dangereux.

Que la justification soit de nature interne ou externe, il n'existe aucune frontière entre ces deux phénomènes ; car, retirer un élément patrimonial du paysage entraîne *de facto* une modification de ce paysage. Également, toute modification du paysage socioculturel, qu'elle soit d'origine publique ou privée, implique, en interne, de prendre des décisions : exploiter une opportunité, se préserver d'une menace, modifier son positionnement ou se diversifier plus tôt que prévu, même la décision de ne rien faire est une décision en soi. La modification sera inéluctable, même sans intervention de la part des marques périphériques. Si vous décidez de changer la couleur de fond d'un tableau, votre perception des formes peintes sur ce fond en sera modifiée, même si ces éléments ne bougent pas d'un iota. Du reste, on ne leur demande pas leur avis. Ainsi, l'arbre qui apprécie d'être peint sur fond campagnard n'aura d'autre choix que d'accepter la décision de l'artiste de le faire maintenant figurer sur fond maritime. Il en va de même pour la publicité et les marques. Un positionnement est une information perceptive et totalement subjective.

De la même manière qu'une forme n'apparaît que par rapport à un fond et une couleur par rapport à une autre couleur, un positionnement n'existe que par rapport à un autre positionnement. Une marque n'existe que par rapport à une autre marque. C'est parce qu'il y a multiplicité, et donc comparaison possible, que le positionnement existe. C'est parce qu'il y a une compétition communicationnelle visant à vanter les

1. Cette technique s'appelle le *teasing*, terme emprunté au strip-tease pour illustrer une campagne qui tient le consommateur en haleine à l'aide de différents messages diffusés sur plusieurs semaines pour finalement se garantir de son attention maximale lors de la diffusion du message dévoilant l'offre. Nous y reviendrons dans le dernier chapitre.

mérites des attributs de telle ou telle offre que le consommateur peut dire que ce produit est mieux que son concurrent. C'est parce qu'il y a association d'une marque et de son histoire avec un prix que naît la fragile notion de *valeur*, donc de caution ou de rejet, de confiance ou de méfiance, de fidélité ou d'infidélité. C'est la cohabitation de tous ces éléments qui crée le positionnement. Un positionnement c'est comme de l'air : tout le monde le conçoit, cibles comme annonceurs, mais personne ne le saisit jamais réellement…

La conclusion de tout ceci est diabolique : il existe une multitude de raisons de tuer une marque. Mais l'opération est aussi simple que de vouloir freiner le flot des idées qui parviennent à une conscience humaine ; comme nous l'avions souligné dans le chapitre 3 avec le témoignage de William James, cela reviendrait à « *(…) saisir un rouet pour en surprendre le mouvement, ou à allumer le gaz assez vite pour voir l'obscurité*[2]. » Ce n'est pas impossible. Ce n'est juste pas très facile… L'annonceur doit donc essayer de limiter au maximum sa prise de risques lorsqu'il prend la décision de faire disparaître une marque car c'est un chemin semé d'embûches et dont les conséquences peuvent être tout aussi immédiates qu'ultérieures. Dans de telles circonstances, il existe trois outils stratégiques d'aide à la décision susceptibles d'être utilisés. Ces trois outils sont les matrices de gestion de portefeuilles du Boston Consulting Group et d'Arthur, Doo & Little, et la chaîne de valeur développée par M. Porter[3]. Il en existe beaucoup d'autres, mais ces trois-là sont certainement ceux qui allient le mieux simplicité et efficacité.

Lorsque nous sommes malades, nous allons demander conseil auprès d'un médecin. Nous lui décrivons nos symptômes et après avoir dressé son diagnostic, il nous prescrit un remède. Le consulting, c'est la même chose. Lorsqu'une entreprise est malade (démotivation interne, augmentation du niveau des facteurs-clés de succès, concurrence agressive, consommateurs impatients, manque d'argent, rentabilité inférieure aux prévisions, pertes de parts de marchés, nouveaux entrants, législation changeante, mix incohérents, publicités mal perçues, problèmes de démarrage systématiques, distorsion de positionnement, nous pourrions en écrire des pages entières), elle va consulter son « médecin ».

Le consultant va donc également dresser un diagnostic : celui des fonctions de l'entreprise et de son environnement. Il va enquêter, interroger, interviewer, calculer, comparer, bref, il va s'imprégner de son « patient » pour essayer de voir ce que l'entreprise ne voit pas ou ne voit plus. Puis il va prescrire son remède sous forme de recommandations : augmentez les volumes, baissez les prix, changez l'axe de communication, cessez telle activité, sortez tel produit de votre portefeuille, licenciez, embauchez, économisez, investissez, etc.

Avec le temps, les laboratoires pharmaceutiques ont constaté une récurrence des pathologies. Et les chercheurs se sont alors dit que si tout le monde souffrait de la gorge de la même manière, on pourrait donner un nom générique au phénomène et

2. *Op. cit.*
3. *Op. cit.*

prescrire les mêmes remèdes quel que soit le patient. De nombreux vaccins et traitements sont donc chaque jour utilisés pour des personnes qui n'ont absolument rien en commun sinon d'être conçues sur le même modèle. Et bien les pathologies marketing ont connu un développement similaire ; *au fur et à mesure* (chapitre 10, promis) de leurs interventions, parfois chirurgicales, les consultants ont observé que de nombreuses entreprises souffraient de pathologies identiques. Les phénomènes de doute étaient récurrents, les origines microbiennes souvent proches, et les microbes en eux-mêmes souvent cousins germains.

Et l'on s'est surtout rendu compte d'une chose plus importante encore : de nombreux problèmes managériaux, qu'ils furent d'origine interne comme externe, étaient identiques malgré la diversité des secteurs au sein desquels ils émergeaient. Par conséquent, à l'instar de la médecine qui a créé les remèdes médicamenteux, les sciences de gestion ont créé des remèdes matriciels permettant aux entreprises d'anticiper ses pathologies, des outils permettant de limiter les options quant au fait de déterminer la meilleure solution face à un événement déstabilisent la gestion de l'entreprise et sa performance auprès de sa cible. Cette approche ne devait pas totalement et surtout systématiquement empêcher l'entreprise de tomber malade, mais la probabilité qu'un microbe la contamine s'en voyait singulièrement réduite. Le vaccin managérial était né.

Ces médecins s'appellent **Boston Consulting Group**, **McKinsey**, **KPMG**, **Coopers & Lybrand** ou encore **Accenture**. Et leurs vaccins s'appellent des « *matrices* ».

Voyons donc dans le détail ces trois outils annoncés plus haut afin de comprendre dans quelle mesure ils sont susceptibles de venir aider l'annonceur à prendre la décision de se débarrasser d'une marque ou de la conserver.

Le premier de ces outils a été développé par le **Boston Consulting Group**. Communément appelé ***« matrice BCG1 »***, cet outil permet de mieux appréhender la gestion d'un portefeuille de produits ou de marques. Il est donc un outil de diagnostic interne, d'où son nom de BCG*1*, par opposition à une autre matrice également développée par le BCG et affublée du chiffre *2* car traitant de l'externe à travers une analyse typologique des différents environnements concurrentiels au sein desquels tout acteur est susceptible d'évoluer.

Cet outil se présente de la façon suivante :

Boston Consulting Group 1

DM \ PMR	+	–
+	Stars	Dilemmes
–	Vaches à lait	Poids morts

En abscisses, figurent les différentes parts de marché relatives détenues par les produits du portefeuille. « Relatives » car une valeur absolue n'a aucun sens stratégique : si je vous dis que je détiens 20% de parts de marché, les conséquences seront fondamentalement différentes selon que je serai dans un environnement oligopolistique ou atomisé ; dans le premier cas, je serai probablement dans une position concurrentielle défavorable alors que, dans le second, ma position sera certainement dominante.

En ordonnées, figure le degré de développement du marché, ou degré de croissance : lorsque **France Telecom** avait prédit, à juste titre, que le XXIe siècle verrait le nombre de téléphones portables dépasser celui des téléphones fixes, les opérateurs ont pu se permettre de conclure sans risque que la téléphonie mobile était en pleine croissance.

Ces deux échelles permettent de définir quatre natures de produits. Si l'un des produits que vous commercialisez, donc appartenant à votre portefeuille, est plébiscité par les consommateurs, donc choisi au détriment de vos concurrents, et que, globalement, le marché, le secteur ou le segment, pour ce type de produit est en plein essor, alors, parmi les différentes références que vous distribuez, celle-ci est considérée comme étant votre référence ***Star***. Ce produit, également appelé ***Vedette***, génère d'importantes ressources financières grâce à sa PMR, mais a également besoin d'aides financières car comme le marché est en plein essor, la concurrence est rude. Il faut donc constamment communiquer sur les avantages concurrentiels du produit pour obtenir la caution du consommateur.

Si, maintenant, l'un de vos produits détient une PMR importante mais que le marché s'essouffle ou se stabilise (phase de maturité, lutte concurrentielle moins virulente du fait de la fidélisation des consommateurs, etc.), alors cette référence porte le nom de ***Vache à lait***. Les investissements de R&D et de publicité sont maintenant amortis, la bataille concurrentielle s'est calmée, le marché est à maturité, bref, la conjoncture est à la récolte de vos efforts passés. Ce type de produit ne nécessite donc aucun investissement substantiel ; bien au contraire, il génère de l'argent, souvent utilisé justement pour financer la lutte du produit vedette.

Avec le temps et la maturité des marchés, de nouvelles offres émergent qui donnent lieu à de nouveaux comportements et de nouveaux besoins. Les conjonctures font tomber la sanction : un produit qui évoluait dans un environnement maintenant en déclin ne trouve plus d'acheteur ; sa part de marché diminue donc plus ou moins rapidement, mais toujours sûrement. Ces produits portent le nom de ***Poids morts***. Ils sont traditionnellement retirés du portefeuille et abandonnés une fois leur mission accomplie.

Quant aux ***Dilemmes***, ils sont les nouveaux-nés. Mais leur créateur n'a pas encore décidé de leur avenir. Du fait de leur jeune âge, ils ne sont que des projets ou des produits lancés sur des marchés-tests ; d'où leur faible PMR. Néanmoins, ils naissent souvent pour venir assurer la relève technologique sur des marchés en pleine croissance. La notion de dilemme vient donc de cette situation d'hésitation.

Si l'entreprise pense être capable de maîtriser les FCS et de développer un avantage concurrentiel clair, distinct, durable et apte à fidéliser sa cible, alors, notamment grâce à ses vaches à lait, elle investira sur ce poulain pour tenter de gagner des parts de marché et en faire son produit vedette de demain. En revanche, si sa connaissance du marché est trop limitée, que l'environnement est trop instable, que la concurrence est atomisée, performante ou agressive, ou que le consommateur est volage, alors elle choisira l'option de ne pas investir et la future star sera reléguée à la place de poids mort, puis certainement sortie du portefeuille.

Nous ne développerons pas plus ici les perspectives stratégiques inhérentes à cette matrice. Ce qui nous intéresse est de comprendre dans quelle mesure l'outil du BCG peut aider l'annonceur à savoir quelle est la marque qui serait susceptible d'être retirée du portefeuille, le tout en tenant compte d'environnements interne et externe qui sont en perpétuelle mutation. Mais avant de discuter ce point, il est essentiel de connaître un autre aspect de cet outil.

Traditionnellement, la matrice BCG1 est utilisée de la façon suivante :

Boston Consulting Group 1

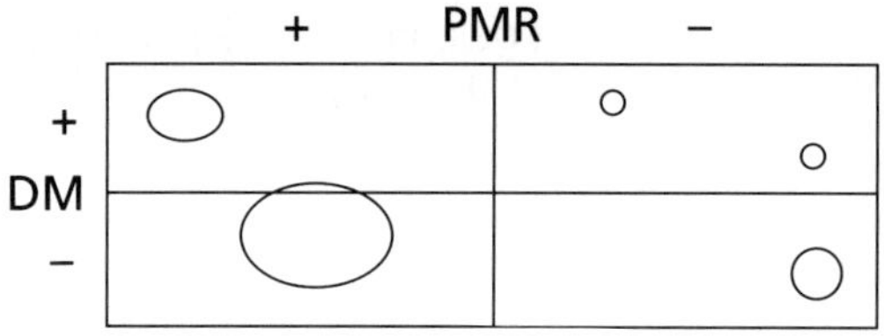

Chaque cercle identifie un produit. Dans cet exemple, l'entreprise commercialise donc cinq produits. La taille des cercles est proportionnelle à la contribution de chacun au chiffre d'affaires. Notre exemple montre une matrice parfaitement équilibrée : un produit vedette assure la présence de la marque parmi les meilleurs offres d'un marché en plein essor, une vache à lait génère suffisamment de capitaux pour aider la star à se maintenir à ce niveau d'excellence, sa proximité avec la partie supérieure du graphique montre que l'entreprise a certainement cannibalisé son produit précédent, empêchant donc ainsi sa concurrence d'assurer l'intérim, l'existence de deux dilemmes prouve que la firme a prévu la relève, et la présence d'un poids mort prouve qu'elle est expérimentée. Alors quelles sont les options qui s'offrent à l'annonceur si toutefois son environnement ou la conjoncture exigent la disparition de l'une de ses marques ? C'est discutable :

– ***si la marque est vedette***, c'est soit qu'elle est en train de construire son territoire, soit qu'elle a déjà une existence et une caution dans l'esprit du consommateur. Si elle construit son territoire, l'entreprise doit absolument viser l'excellence afin qu'aucune distorsion puisse venir perturber la perception et l'adoption du consommateur. La qualité du produit doit être sûre et le message publicitaire limiter au maximum le risque d'apparition d'une distorsion entre l'offre attendue et l'offre rencontrée. En revanche, si la marque a déjà une existence dans la vie de la cible, l'annonceur doit connaître l'environnement perceptuel qu'elle a délimité dans sa psyché pour, surtout, ne pas en sortir ;

– ***si la marque est vache à lait***, sa situation peut prêter à deux interprétations dichotomiques : dans un cas, elle peut être perçue comme une caution faisant partie d'un patrimoine culturel, dans l'autre, elle peut être perçue comme étant décrépite, dépassée. Là où le premier cas impose souvent le lancement d'une campagne de communication corporate pour justement exploiter les qualités intrinsèques du produit inhérentes à la durabilité et à la célébrité de la marque, le second peut être un indicateur de la nécessité de s'en débarrasser ;

– ***si la marque est un poids mort***, la théorie suggère naturellement une élimination pure et simple de la marque. Ce n'est pourtant pas toujours aussi simple dans la mesure où celle-ci peut être conservée pour vanter les mérites d'une qualité passée, néanmoins constante, l'existence d'un savoir-faire qui, par effet de halo, pourrait supporter les lancements futurs. Prenons un exemple. La société **Aigle** connaît un réel problème de positionnement (cf. chapitre 7). La qualité de ses produits n'est absolument pas remise en cause. Cependant, son mix est profondément incohérent : distribuée tantôt dans de luxueuses boutiques, tantôt dans des magasins de bricolage, elle véhicule à la fois l'image d'un produit cher, de qualité et vieux.

Si la société[4] qui détient **Aigle** décidait de remplacer la marque, elle pourrait radicalement changer le positionnement des produits à travers un mix plus cohérent sans pour autant renoncer à informer que les produits de la nouvelle marque sont issus du savoir-faire d'**Aigle**. Par conséquent, si l'image véhiculée par la marque semble négative, alors elle doit disparaître. En revanche, si cette image peut être une caution supplémentaire, alors la marque peut disparaître du produit lui-même tout en continuant d'apparaître en filigrane dans les communications de ses remplaçantes : l'effet de halo ferait son œuvre.

– enfin, si nous sommes confrontés au « ***dilemme du dilemme*** », l'annonceur doit absolument connaître la perception corporate que sa cible a de son produit, que cette cible soit un consommateur fidèle, ayant essayé l'un des produits de sa gamme au moins une fois, ou nouveau. Car selon les résultats de cette investigation, il saura s'il doit conserver sa marque pour le lancement, bénéficiant ainsi d'un effet de halo positif, ou bien s'il doit en changer afin de communiquer de nouvelles valeurs.

La matrice BCG1 est donc une alliée de choix en matière de contrat qu'une firme peut mettre sur la tête d'une marque, car elle permet de connaître la position de chacune de ses références au sein de son portefeuille, leurs contributions respectives à l'enrichissement de la firme, et les options qui s'offrent à l'annonceur en matière de modification d'image.

Le deuxième outil susceptible de servir de support à la décision d'éliminer une marque a été développé par les auteurs ***Arthur, Doo, et Little*** :

---

4. Au 13/02/06, **Aigle** était détenue à 97,46 % par la **SIPDT**, Société Internationale de Production et de Diffusion Textile.

Arthur Doo Little

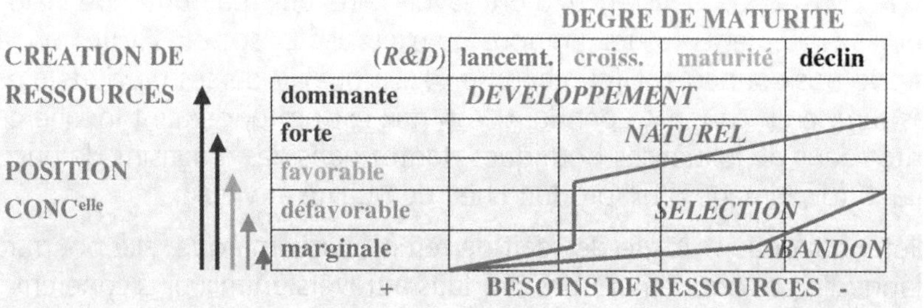

Cette matrice se réfère au ***cycle de vie du produit*** (sans tenir compte de la phase de R&D puisque celle-ci intervient avant le lancement du produit) et à la ***position concurrentielle de la firme***. Les ressources financières de l'entreprise sont générées proportionnellement à sa position concurrentielle et ses besoins sont également proportionnels au degré de maturité du marché.

Une firme à la position concurrentielle dominante génère théoriquement plus de ressources qu'une firme qui tient une position marginale, et les besoins publicitaires inhérents au lancement d'un produit impliquent de plus gros besoins au cours de cette phase que lorsque le marché arrive à maturité car la lutte concurrentielle y est moins obstinée, nous l'avons vu avec les produits vache à lait dans la matrice BCG1.

Comme dans le cas de cette dernière, il n'est pas utile ici d'entamer de fastidieuses analyses stratégiques. En revanche, sachez que votre position concurrentielle peut décider de la conservation ou du retrait d'une marque. En effet, plus votre position concurrentielle sera dominante et plus la probabilité que votre produit connaisse un développement naturel, c'est-à-dire qu'il suive un cycle de vie en cinq phases homogènes dans leurs développements et leurs durées, sera importante (cf. chapitre 7).

Mais si toutefois, l'intensité concurrentielle ne vous permettait pas de bénéficier de ce schéma, donc de facilement anticiper les phases à venir et leurs instrumentalisations stratégiques, vous devriez alors soit opérer une sélection dans vos gammes, soit, dans le cas le plus extrême, abandonner le marché. Dans ce dernier cas, c'est donc l'environnement qui vous impose de tuer la marque, non sans avoir donné la chance à toute organisation de pouvoir suivre un développement naturel (nous voyons qu'en phase de lancement, tout le monde a sa chance, même si la probabilité est encore une fois proportionnelle au degré de domination de l'acteur). Et le choix de la sélection ou de l'abandon implique une communication vers les produits pour lesquels on se recentre dans le cas de la sélection, et pour de nouveaux univers de marques dans le cas de l'abandon.

Cet outil complète donc le précédent car il ajoute la dimension dynamique inhérente à la présence de quatre des cinq étapes d'un cycle de vie, dimension qui pouvait faire défaut lors de la photographie du portefeuille. Quant à la matrice BCG1, elle peut également jouer un rôle en complément de cet outil lorsque l'annonceur doit *sélectionner* parmi sa gamme le produit sur lequel il focalisera dorénavant ses efforts publicitaires.

Enfin, ***troisième*** et dernier outil d'aide à la décision en matière de disparition volontaire de marque, ***la chaîne de valeur proposée par M. Porter***, Professeur à l'Université d'Harvard :

Chaine de Valeur

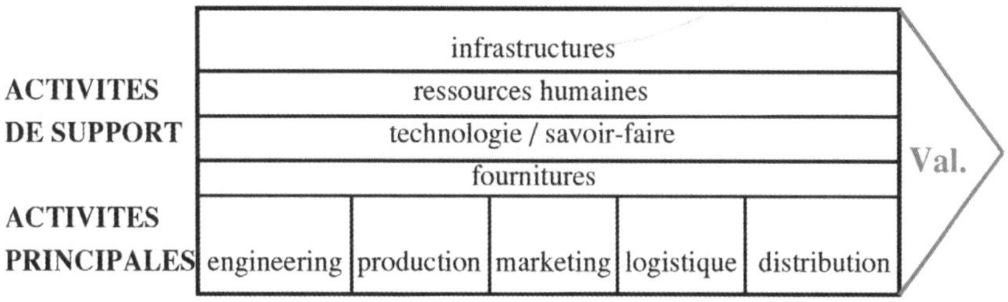

Une chaîne de valeur distingue deux types d'activités : celles qui sont dites ***de support*** et celles qui sont dites ***principales***. Les activités de support sont celles qui soutiennent l'activité de l'entreprise. On y intègre généralement, comme cela apparaît dans l'exemple, les infrastructures de la firme, la technologie ou les ressources humaines : en effet, on ne renouvelle pas son personnel tous les lundis, on ne se diversifie pas chaque mois, et l'on ne déménage pas non plus systématiquement au cours des vacances. Bref, ces activités représentent les garde-fous de l'enseigne, les constantes qui assurent la pérennité de l'activité. En parallèle de ce support, les activités principales sont justement celles qui mutent au gré des marchés : ainsi, lors de nouveaux lancements et selon la réaction du marché, les unités de production seront aménagées, le marketing modifiera les mix, la logistique optimisera ses destinations et, bien entendu, la publicité vantera les mérites de la nouvelle gamme.

L'objectif de la chaîne de valeur est de réussir à déterminer laquelle de ces composantes domine la création de valeur dans les yeux du consommateur lorsque celui-ci est confronté à l'offre du produit final. Par exemple, si le produit est éminemment technologique, la valeur sera pour grande partie issue de la qualité des matériaux et du savoir-faire des ingénieurs. En revanche, si le produit est un phénomène de mode, ce sont alors le marketing et la publicité qui seront garants du succès du produit.

Cette chaîne de valeur est d'une utilité fondamentale pour plusieurs raisons. Tout d'abord, elle est un outil souple. Ainsi, dans le cas d'une entreprise de conseil, les ressources humaines figurent à la fois dans les activités de soutien et dans les activités principales, la production devenant une rubrique inutile. Ensuite, elle permet de conduire un diagnostic interne pertinent à travers l'identification de chacune des composantes de l'organisation. Enfin, elle permet d'identifier l'élément qui est principalement à la source de la création de valeur au sein du produit commercialisé, valeur telle qu'elle est perçue par le consommateur ciblé. Cette identification permet de mieux appréhender les stratégies de gestion des portefeuilles de marques car si l'une d'entre elles vient modifier de façon négative la valeur qu'a l'enseigne dans l'esprit du consommateur, il devient alors justifié de s'en séparer pour éviter que cet épiphénomène vienne égratigner ou gangrener l'image corporate de la marque-mère.

Il est pourtant possible d'éviter de faire appel à ces outils, traditionnellement utilisés pour réaliser les diagnostics qui mènent aux décisions de conservation ou de cessation d'une activité. En effet, si l'annonceur a l'intelligence de constamment surveiller son image et l'évolution de celle-ci au sein de ses environnements comme le fait le stratège pour les performances de ses produits et de ceux de ses concurrents, il peut être en mesure de prendre la bonne décision, et ce, avant que les indicateurs socioculturels ne viennent annoncer la nécessité de mener la marque à l'échafaud. Cette approche a été notamment mise en exergue par Stopford et Baden-Füller.

2 • LES ÉTAPES DE LA TRANSACTION : *STOPFORD & BADEN-FÜLLER*

Autre outil éminemment stratégique donc en matière d'assassinat de marque, la matrice de Stopford & Baden-Füller. La discipline ne verra certainement pas d'inconvénient à ce que l'on propose une extension de l'utilisation de ce modèle à la définition de l'avenir de marque.

Les auteurs croisent le degré potentiel de complexité d'une activité avec la capacité stratégique et organisationnelle qui devrait théoriquement lui correspondre :

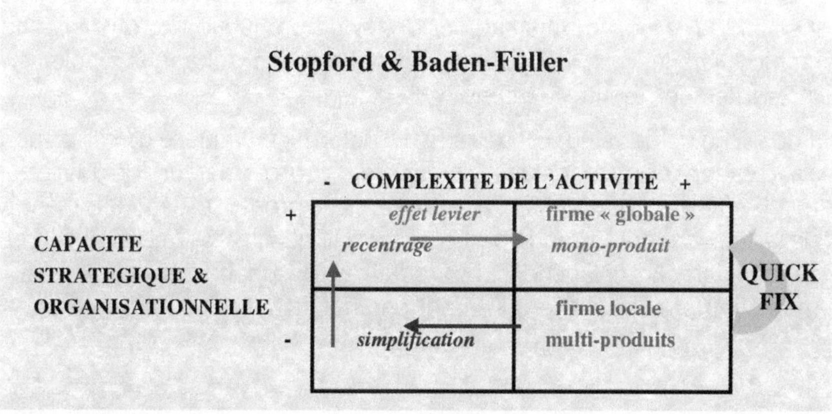

Une organisation *complexe* devient une organisation *compliquée* dès lors que sa capacité de vison, d'anticipation et de compréhension est réduite. Nombreuses sont les entreprises dont les perspectives de gestion et de développement se construisent au gré des marchés, des menaces et des opportunités, pour finalement aboutir à des options extrêmement éloignées de leurs activités et du savoir-faire d'origine. L'une des situations les plus problématiques dans laquelle une enseigne pourrait se trouver serait de devoir gérer un portefeuille lourd et complexe (nombreux produits, positionnements différents) sans autre perspective de développement qu'une distribution locale. Un « idéal » pouvant être la situation inverse, c'est-à-dire vendre un produit unique à une infinité de personnes. Les auteurs préconisent un chemin permettant de retrouver une capacité stratégique et organisationnelle optimale tout en conservant un degré de complexité performant et créateur de valeur. Ce chemin se compose d'une étape de simplification, au cours de laquelle la firme va opérer une sélection de ses produits et de ses marchés, puis de recentrage vers son métier d'origine, en d'autres termes, ses vraies compétences, ou bien, l'un n'excluant pas l'autre, vers des marchés d'avenir (nouvelles technologies, nouveaux modes de consommation), pour finalement, par effet de levier, atteindre un jardin d'Eden où pourrait s'épanouir une seule et unique référence pour laquelle la demande serait universelle.

À ce jour, **Coca-Cola** semble être la seule entreprise en mesure de remplir ce rôle bien que ses marchés la forcent à faire quelques adaptations de goût typiquement locales. Dernier aspect du modèle, si la firme décide de « brûler les étapes » en passant directement d'un état « multilocal » à un statut « monoglobal », cela porte le nom de *quick fix*, nous l'avions vu dans le chapitre 7 avec l'exemple de **Chupa Chups**.

Suivre un tel cheminement est donc avant tout psychologique. L'annonceur, comme le stratège dans les domaines qui lui sont propres, doit garder à l'esprit que son capital-marque n'a aucun statut d'éternité. Il est alors primordial d'opérer un diagnostic permanent de recentrage. Car si la firme se rend compte que sa marque n'est plus en cohérence avec les codes de communication contemporains, c'est qu'elle n'est plus d'aucune utilité, en tout cas sous ce format. Ceci implique soit une refonte totale du produit, justifiant ainsi la création d'une nouvelle marque, soit la refonte des codes couleurs et du logo de la marque afin de la rajeunir pour qu'elle soit adaptée aux exigences sémiologiques du moment. **Aéroports de Paris**, **Europ assistance**, **EDF**, **La Poste**, **Europe 1**, **Lagardère**, le **Crédit Lyonnais**, la **SNCF**, **Skip**, **Radio France**, la **Société Générale**, **Vediorbis**, **Clubinternet** ou encore **Bull** sont autant d'exemples d'enseignes qui ont dû composer avec les nouvelles règles esthétiques imposées par leurs environnements respectifs :

Indépendamment du concept imaginé par Stopford & Baden-Füller, il reste néanmoins des solutions plus quantitatives pour décider ou non de la disparition d'une marque. Ces fondements décisionnels sont plus radicaux car ils sont directement liés aux performances commerciales du produit. C'est alors pour nous le moment de quitter quelques instants le domaine des sciences sociales pour faire un rapide détour par celui des sciences de gestion…

3 • LE CHOIX DES ÉTATS FINANCIERS : *RENTABILITÉ, LOI DE PARETO, ATOMICITÉ*

La performance d'une marque ne peut pas se résumer à l'évaluation de son taux de pénétration, à sa capacité de création de valeur, ou à son degré de notoriété.

Un taux de pénétration important signifie que nombreux sont les consommateurs qui connaissent cette marque. Mais un taux de pénétration élevé ne certifie jamais la pérennité d'une marque.

La création de valeur est une donnée complexe, nous l'avons vu avec la chaîne de valeur ; nombreuses sont les variables qui interviennent dans la création de valeur et il est toujours complexe de vouloir essayer d'isoler celle qui sera dominante, pour autant qu'il y en ait une. À trop vouloir l'identifier, on passe souvent à côté du fait que cette valeur est le résultat d'un ensemble de circonstances synergiques à la fois présentes et passées, agrégées de manière arbitraire.

Quant au degré de notoriété de la marque, il ne souligne justement que sa notoriété. Et une marque connue n'est pas forcément une marque consommée. En outre, une marque peut-être connue car perçue comme étant le symbole du mauvais goût, de prix excessifs, ou d'une qualité de pacotille.

Nous savons que la marque est le résultat d'une alchimie complexe entre les valeurs d'un annonceur et celles d'un récepteur, le tout évoluant dans une bulle temporelle sur laquelle le propriétaire de la marque n'a aucun réel pouvoir sinon celui de la protéger juridiquement. Entretenir un mythe est une chose complexe car les meilleurs gardiens de tels idéaux sont justement ses destinataires. Ce sont les consommateurs qui construisent et entretiennent les mythes. Les annonceurs essaient simplement de leur fournir suffisamment de nourriture à la satisfaction de leurs appétits oniriques.

Tuer une marque est donc terriblement difficile et dangereux, on ne le répétera jamais assez. Et lorsque l'on doute, la meilleure solution est parfois de limiter la réflexion à la seule identification de la marque devant disparaître : le « comment » est mis de côté au profit d'un « pourquoi » totalitaire. Le recours aux performances financières de la marque est alors un moyen souvent rationnel mais pas toujours raisonnable de décider laquelle des marques qui constituent le portefeuille de la firme sera sacrifiée sur l'autel de la performance.

La première méthode consiste à ***calculer la rentabilité de la marque*** : coûts de création + coûts d'études de marchés + coûts de lancement – résultats de pénétration – résultats de performance, de satisfaction et de fidélisation = la mort ou la vie.

La deuxième méthode consiste à faire appel à la célèbre de loi de Pareto. Autrement appelée ***« loi des 80/20 »***, elle édicte le principe selon lequel 80% d'un marché peut être dominé par 20% de ses acteurs. Appliqué à la marque, ce principe stipule que si 20% des marques qui constituent un portefeuille génèrent 80% du chiffre d'affaires de la compagnie, il peut alors être justifié de se débarrasser du reliquat.

Quant à l'approche par ***l'atomicité du marché***, elle peut être perçue de deux manières distinctes. Soit à travers l'élimination massive de marques, soit justement à travers leur création... Un marché atomisé est un marché sur lequel il existe de nombreux concurrents et de nombreux substituts. De tels marchés sont le théâtre de guerres de prix farouches et d'opérations concurrentielles parfois déloyales, voyez ce dont sont capables **Coca-Cola** et **PepsiCo** aux États-Unis. Si l'on veut se faire entendre sur ce type de marché, il semble raisonnable de vouloir concentrer ses efforts de communication sur un nombre restreint de marques plutôt que de risquer que l'image de l'enseigne ne s'étiole à travers la défense de multiples représentantes. À l'inverse, créer des marques en carton, des marques à usage unique, bref, des ersatz de la marque-mère peut être une stratégie utile pour véhiculer l'image d'une atomicité qui, en réalité, n'existe pas. Par exemple, qui se soucierait de la disparition soudaine de telle lessive ou de tel adoucissant ? Le consommateur réagirait certainement en regrettant cette référence, arguant qu'il aimait bien le parfum ; puis, très vite, il se tournerait vers l'offre en présence et trouverait immédiatement un substitut à son achat passé. La perversion est telle qu'un retour de la marque ne serait pas pour autant plébiscité par le consommateur. S'étant construit un nouvel univers de perception sur la base d'avantages concurrentiels différents, le produit disparu serait rapidement relégué au musée des bons souvenirs. Après tout, une lessive ou une autre, « ça lave pareil » ! Les grands lessiviers l'ont bien compris puisqu'ils sont trois à se partager le marché à l'aide de multiples références : **Unilever**, **Procter & Gamble**, et **Henkel**.

Dans ce cas donc, la création de marques à usage unique ou limité permet de s'en débarrasser tout aussi facilement, leur rôle n'étant que « présenciel » pour ériger d'importantes barrières à l'entrée et ainsi tuer dans l'œuf les prétentions de nouveaux entrants afin qu'ils renoncent à venir rajouter une référence aux dizaines qui existent déjà.

Alors il n'existe malheureusement pas de recette miraculeuse. La disparition d'une marque est un phénomène qui a des causes multiples, qui peut se justifier d'autant de façons, mais qui est, en revanche, toujours traumatisant. On reproche souvent aux « financiers » de n'écouter que leurs ratios ; on pourrait tout aussi bien reprocher aux marketeurs de ne pas suffisamment quantifier leurs choix, ni rationaliser leurs perceptions de marques. Alors entre l'élimination systématique au moindre signe de perte de performance et la conservation inutile et dangereuse de marques historiques, il existe peut-être un terrain neutre, un juste milieu, une trêve : la modernisation de marques qui n'ont pas su vieillir.

4 • LES MARQUES « DÉCRÉPITES » À LA MODE : *STRATÉGIES VINTAGE*

Finalement, les marques ne sont que des mots. Mais des mots qui, avec le temps, font partie intégrante de notre vocabulaire. Et comme tout vocabulaire, ces mots évoluent tant sur le plan de leur prononciation que sur celui de leur signification. Prenez un exemple simple : les expressions familières du type « *T'as pas 100 balles* » ou « *c'est une blague à deux francs* » sont mortes le 1er janvier 2002, le jour où l'euro a remplacé le franc. Si les générations futures voient le film intitulé « *Pour cent briques, t'as plus rien* », elles risquent de ne pas bien comprendre : oui, on se doute bien qu'avec cent parpaings on n'a pas grand-chose, et non, avec cent millions d'euros on peut tout de même s'offrir certains petits plaisirs.

Le temps ne traite pas toujours les marques avec indulgence. Certaines d'entre elles s'en sortent pourtant plutôt bien. Rappel de valeurs anciennes pour les uns ou besoin d'identification à des groupes passés pour les autres, le sauvetage des marques « décrépites » est souvent le fait du consommateur. Plus que jamais la marque lui appartient, et donc plus que jamais celui-ci décide de la suite à donner. **Citroën** ou **VAG** n'ont, par exemple, pas le choix. Les succès mythiques de la **2CV** et de la **Coccinelle** forcent ces enseignes à produire un certain nombre de pièces détachées d'origine pour que la légende perdure. Même si c'est un marché marginal, son poids institutionnel est tel que tuer ces marques reviendrait à choquer même les moins bricoleurs d'entre nous.

Annoncer demain la disparition ferme et définitive de ces véhicules provoquerait, outre la colère des passionnés, un réflexe patriotique illustré par la phrase « *Quel dommage... !* » qui s'élèverait sans doute d'une seule voix... La meilleure preuve tient certainement dans le fait que le réseau **VAG** n'a jamais envisagé de conserver le nom de **Coccinelle** pour son nouveau modèle. On ne parle même pas de **Nouvelle Coccinelle**. La terminologie est anglo-saxonne et la même pour tous : **New Beetle**. On suggère que le modèle *complète* la gamme **Coccinelle**, mais, en aucun cas, ne la *remplace*.

Si ce n'est à travers un nom, une marque peut réapparaître à travers un style de vie. Ce fut le cas pour **Vespa** ; la marque a relancé la mode du scooter en communiquant sur un cliché d'époque :

Ce fut également le cas pour **Solex**, ou encore pour une célèbre marque de cigarettes qui a réussi à détourner les interdictions publicitaires inhérentes à ce secteur tout en effaçant l'image vieillotte qu'elle véhiculait à travers une accroche moderne suggestive et subversive : **Les ailes bleues**. Ces enseignes ont joué la carte du bien-être et de l'identification au groupe. Remettre le scooter à la mode impliquait de nouveaux designs. Le **Booster** en était la parfaite illustration. Conséquence immédiate auprès de la génération suivante, le retour aux scooters d'époque, comme un besoin de s'imaginer slalomant les cheveux au vent dans les rues florentines. Idem pour le **Solex** : ces appareils sont tellement dépassés sur le plan mécanique que l'on ne vend plus un avantage technologique. Et, d'une certaine manière, si **Solex** a réussi à quitter la guerre concurrentielle uniquement fondée sur les attributs du produit et sur leur performance, elle peut espérer l'immortalité. Si la commercialisation est fondée sur une valeur du passé et sur un patrimoine culturel, la nécessité que « l'objet » ne disparaisse jamais du décor de nos rues devient une croisade. Et rien n'assure plus l'éternité d'une marque que la décision du consommateur qu'il en soit ainsi.

La décision de tuer la marque n'a donc réellement de sens que dans des situations d'urgence : une signification ou une image qui entraîne le rejet de la part de la cible, qui déclenche un phénomène de prescription négative, et qui, par effet de halo, contamine l'ensemble du portefeuille, mettant ainsi en péril l'activité même de la firme. Hormis ces cas déterminants, la solution *vintage*, notamment à travers l'appel aux émotions passées, reste le meilleur moyen de gérer les marques qui ont oublié de mettre leurs crèmes anti-rides. On ne relance alors pas une marque mais une mode, un art de vivre qui va entraîner dans son sillage la résurrection de tous les attributs nécessaires à l'élaboration du décor de la scène de ces réminiscences.

Mais ces décisions doivent néanmoins être prises à temps pour éviter que la marque ne tombe définitivement dans l'oubli. Tel un vigile, l'annonceur ne doit donc dormir que d'un seul œil afin de pouvoir déceler tout symptôme annonciateur d'une nouvelle ère.

5 • SYMPTÔMES ANNONÇANT LA MORT D'UNE MARQUE : *CYCLES DE VIES ET POSITIONNEMENTS*

Normalement, ce sont les cycles de vie du produit qui annoncent le changement conjoncturel (cf. chapitre 7). Le ralentissement de la phase de maturité indique que celle de déclin ne devrait pas tarder à pointer le bout de son nez. Le problème c'est que le changement n'est pas toujours dicté par l'environnement, bien au contraire.

Il est plus souvent le fait d'une décision stratégique de l'un des acteurs visant à changer les règles de concurrence : des prix que l'on « casse », une offre commerciale qui change la perception de valeur, ou une révolution technologique. Il y a bien longtemps que les enseignes n'attendent plus que le marché ait faim pour le nourrir. Le meilleur moyen de lutter contre ces phénomènes connus, constants, pourtant impossibles à anticiper, c'est de les déclencher soi-même : la meilleure défense est encore l'attaque, ce n'est pas nouveau. Encore faut-il en avoir les moyens. Mais si vous n'occupez pas sur votre marché une position dominante qui vous permette d'en dicter la majorité des règles, l'ultime bastion de votre image de marque reste la préparation et la recherche de qualité. La préparation afin de ne jamais être pris au dépourvu lorsque les nouvelles règles de concurrence surgissent. Et la recherche de qualité, afin de construire une image de fiabilité qui saura faire la différence dans le futur. Finalement, à bien y réfléchir, un dernier allié pourrait peut-être vous soutenir : votre « flair ». Si comme l'enseignait Confucius, « *L'expérience est une lanterne que l'on porte accrochée à son dos et qui n'éclaire que le chemin parcouru* », autant dire qu'elle ne sert à rien, il est toutefois possible de lui trouver une vertu : votre capacité à identifier de plus en plus tôt les indicateurs du changement. Vous n'en saurez certainement pas plus. Mais savoir qu'un changement se profile, quelle qu'en soit la nature, est déjà un avantage concurrentiel susceptible d'être déterminant.

Indépendamment donc de ces cycles de vie malheureusement trop souvent illisibles, et pour en revenir à la recherche de création de qualité, de valeur, et donc de territoire de marque, l'analyse du positionnement peut se révéler riche d'enseignements en matière d'anticipation « marquicide ». Lorsque la communauté rap récupère **Lacoste**, la menace conjoncturelle est plus qu'un indicateur ; elle est insolente ! Lorsque la communauté adolescente récupère **Chevignon**, c'est la même chose. L'un et l'autre cas offrent pourtant d'alléchantes perspectives : la « tribalisation » pour l'une, assurant ainsi l'identification de toute la communauté au phénomène, donc des ventes pour chacun de ses membres, et le volume pour l'autre, la cible adolescente représentant un pouvoir d'achat absolument phénoménal car elle fonctionne sur la base de l'instinct et dépense traditionnellement de l'argent qu'elle n'a pas gagné, donc dont elle évalue mal la valeur.

Mais il n'en demeure pas moins que ces perspectives sont des échéances à court terme. Personne n'est plus infidèle à une marque qu'une *fashion victim*. La sensibilité à la mode et la motivation de recherche d'identification à un groupe d'aspiration (cf. chapitre 6) n'ont d'égal que la fragilité et la volatilité de ces comportements.

Lacoste a su gérer le tournant. **Chevignon** a eu moins de chance. **Lacoste** a communiqué avec « un peu d'air sur terre » en mettant en scène des personnes qui permettaient de créer un lien entre deux tribus particulièrement opposées : les jeunes des banlieues et les seniors conservateurs. Les jeunes comme les seniors voyaient dans la campagne un rajeunissement de la marque. Mais là où les jeunes étaient particulièrement sensibles au fait que la marque quitte enfin les sphères inaccessibles d'une tranche de la population perçue comme étant une forme de bourgeoisie conservatrice, les seniors constataient que la marque était cautionnée par les 20-30 ans de la tribu « jeunes-éduqués-BCBG », les rassurant par là-même sur la modernité de leurs choix de mode : « finalement, ces jeunes, c'était moi il y a trente ans ». En revanche, **Chevignon** n'a pas choisi de défendre sa marque ; l'enseigne a considéré l'engouement adolescent comme une manne justifiant une diversification marketing démesurée. Tous les produits utilisés de près ou de loin par les « ados » devaient être labellisés **Chevignon**. De l'image de nos pilotes héros d'avant-guerre et de leurs célèbres blousons d'aviateurs, nous avons abouti aux crayons **Chevignon**, aux gommes **Chevignon**, aux trousses **Chevignon**, aux vêtements **Chevignon** et, cerise sur le gâteau, aux cigarettes **Chevignon**. L'image senior rassurante de la marque a donc muté vers une image adolescente de laquelle ont immédiatement voulu se démarquer les acteurs du phénomène une fois le bac en poche : rien de tel que l'entrée à l'université pour renier ses goûts de la veille, les pauvres lycéens devenant du jour au lendemain de vulgaires boutonneux dans l'esprit du jeune étudiant.

Alors entre chiens et loups, on aboutit finalement toujours à la même conclusion : la qualité construit la marque, le consommateur se l'approprie, et l'annonceur doit lire entre les lignes d'un livre intitulé « marché » pour subtilement orienter son image vers les perspectives qui lui sont dictées par la conjoncture. La marque doit être roseau, pas chêne. Elle doit être un drapeau fier de ses couleurs et de ses valeurs mais un drapeau qui accepte les caprices du vent. Ainsi, lorsque des menaces ou des opportunités se profilent, l'annonceur doit savoir s'en protéger ; il ne doit ni paniquer, ni s'enflammer. Reste que le meilleur moyen de se protéger de ces « menteurs », comme le disait Kipling[5] au sujet du Triomphe et de la Défaite, le meilleur moyen de lutter avec ces chimères, c'est sans doute de… les utiliser.

6 • CONNAÎTRE « LE BON MOMENT » : *RUPTURES, MENACES, OPPORTUNITÉS*

L'intérêt de la stratégie réside principalement dans le fait de pouvoir retourner les situations à son avantage. En fait, s'il y a un domaine dans lequel on ne parle ni de bonnes, ni de mauvaises nouvelles, c'est bien celui de la stratégie. Par exemple, lorsque la demande n'existe pas, nous pourrions percevoir cela comme un indicateur défavorable. Le stratège, lui, dira, au contraire, que c'est très bon signe puisqu'il y a tout à faire. À l'opposé, lorsque nous serions tentés de nous réjouir de l'existence d'une demande latente, le stratège serait certainement plus méfiant sous prétexte que s'il y a demande latente, cela implique que le consommateur a déjà une idée de ce qu'il veut, une situation qui augmente le risque de lui faire une offre qui ne soit pas en adéquation avec ses espérances. La stratégie ne traite donc pas de bonnes ou de mauvaises nouvelles ; elle ne traite peut-être même pas d'opportunités et de menaces, un cadre conceptuel dans lequel nous aimons classifier les événements pour nous convaincre que nous les maîtrisons. Elle traite de phénomènes humains et sociaux, elle gère des idées, des modes, elle ose, elle propose, bref, elle évolue au sein d'un environnement auquel elle essaye toujours de s'adapter, non sans parfois tenter de le modifier.

L'approche publicitaire est très similaire. La société impose des codes auxquels l'annonceur répond par d'autres codes qui, à leur tour, modifient l'environnement des acteurs de cette société. Le marketing essaye de classifier les phénomènes et l'annonceur ne déroge pas à la règle. C'est pour cela que l'on parle souvent de menace ou d'opportunité là où il n'y a que des phénomènes. L'important n'est pas de savoir mettre le bon phénomène dans la bonne case ; ce qui compte avant tout, c'est d'être en mesure de lire objectivement ces codes environnementaux afin d'être en mesure d'y répondre avec la plus grande pertinence. L'ouverture d'un marché, une opportunité, peut vous forcer à communiquer sur un ton qui est incompatible avec les valeurs de vos marques.

---

5. R. Kipling, « Si… ».

L'attaque d'un concurrent, une menace, peut vous permettre de mettre en exergue votre compétence et la qualité de vos produits comme jamais auparavant. L'opportunité qui devient menace, la menace qui devient opportunité, la rupture avec ses codes passés, autant de situations qui, loin d'être inextricables, prouvent, au contraire, qu'un marché bouge, change, mute, évolue, grandit, ou vieillit. C'est parce que nous n'avons aucune certitude que le jeu est intéressant. L'annonceur ne doit donc pas croire qu'il subit son environnement. Ce sont les gouttes d'eau qui font les océans. La voix de chaque électeur compte au cours d'une élection, même si l'on pense souvent individuellement que notre toute petite voix ne pourrait pas changer la face du monde politique.

L'environnement publicitaire fonctionne sur le même schéma. Chaque message a un impact, aussi mince soit-il. Et ses conséquences ultérieures sont parfois dignes de l'effet papillon. Classifier des phénomènes en opportunités ou en menaces, c'est risquer de limiter les perspectives de réponse. Rappelez-vous l'erreur qu'a faite **Coca-Cola** de vouloir lancer le **New Coke** ; elle s'est finalement révélée être une opportunité d'une envergure encore jamais atteinte. Combien d'entreprises ont cru décrocher le jackpot pour finalement retomber sur Terre ruinées ? Combien d'autres n'ont jamais osé envisager le succès alors qu'il était finalement au rendez-vous ?

Alors, simplement, osez. Osez surfer sur la vague des tendances, osez rompre avec une image parfois lourde à porter, osez prendre un chemin différent de celui que vous aviez prévu si le vent vous y pousse. Être rigoureux ne veut pas dire être borné ou réducteur. La rigueur n'empêche ni la flexibilité, ni la réactivité. Il ne s'agit pas de renoncer à ses valeurs ou à ses codes. Il s'agit de considérer le consommateur comme un être vivant, et la société comme une étoile qui, de loin, brille de façon homogène, mais qui, de plus près, crée, comme toute étoile, de formidables richesses comme de gigantesques explosions.

Des marques que l'on croyait finies ont su réagir en utilisant des vagues inattendues. Rompre avec ses anciens codes ne signifie pas renier ses valeurs ; il est possible de rompre avec seulement *certains* de ses anciens codes sans que cela ne trahisse une violente rupture avec ce que la marque avait instauré dans le paysage du consommateur. Lorsque **BMW** a relancé la **Mini Cooper**, la marque a su conserver le côté attendrissant du véhicule tout en le modernisant. La rupture ne fut que partielle et le succès au rendez-vous.

Lorsque **Petit Bateau** s'est refait une santé, ce fut consécutivement à la décision de modifier le positionnement de la marque. En général, on n'augmente jamais les prix, c'est plutôt l'inverse. Un prix qui baisse signifie, pour le consommateur, que la qualité devient enfin accessible ; mais un prix qui monte n'augure pas d'une meilleure qualité. Il monte, un point c'est tout. La qualité des produits **Petit Bateau** a permis à la marque de communiquer sur le thème de ce qu'il y a de meilleur pour nos enfants. Et nous savons tous à quel point nous voulons ce qu'il y a de meilleur pour eux, même si le « nouveau petit haut sympa que j'ai trouvé pour Rémi » ne lui ira plus dans trois mois. En complément à tout ceci, le fait d'axer la campagne sur le bien-être familial, l'humour et la séduction, notamment à travers le superbe message : « Petit Bateau, des vêtements pour faire des choses dedans », a totalement séduit la cible adulte qui a naturellement vu dans l'enseigne l'excuse de porter les mêmes choses.

Il devenait enfin possible d'inverser la tendance selon laquelle les enfants volent toujours leurs vêtements aux parents ! Le tout en étant totalement à la mode puisque la définition même de la mode tient dans le fait de rompre avec ce qui est traditionnel. Et la marque de faire donc d'une pierre deux coups : toucher uniformément la cible adulte et enfant, et gagner en image de marque à travers un positionnement flatteur.

Quant à **Kenzo**, sa diversification vers le linge de maison n'a jamais entaché l'image de qualité de la marque. En outre, **Kenzo** est l'une des rares marques à s'offrir le luxe de cibler à la fois les femmes et les hommes sans la moindre dissonance quant à la perception de son identité de la part de l'une ou l'autre cible.

Autre exemple, **Adidas**. Lorsque la marque a décidé de moderniser son logo, elle a clairement affiché son souhait de rompre avec une image qui, d'après elle, commençait à mal vieillir :

L'arrivée du nouveau logo permettait à la marque de venir concurrencer **Nike** sur son domaine de prédilection : la technologie au service du sport. Le nouveau logo, clairement plus carré que l'ancien, permettait de communiquer sur cet aspect des produits **Adidas**. Car là où les formes rondes, féminines, en appellent plutôt à l'affectif, les formes carrées, masculines, inspirent plutôt la performance, la technologie et la qualité, nous l'avons vu. Alors est-ce parce que Jonathan Davis, leader du groupe **Korn** dont nous avons déjà parlé, a choisi la marque pour ses prestations scéniques ou bien parce que le consommateur a soudain manifesté son intérêt pour les valeurs vintage de la marque croyant que les trois pétales allaient disparaître ? Nous n'avons pas la réponse. Mais le fait est que, maintenant, les deux logos cohabitent. Et la marque gère parfaitement ses jumeaux : le logo vintage lui permet de vendre des produits sportswears à des consommateurs qui privilégient la mode, et le logo moderne lui permet de s'adresser aux sportifs en quête de performance. Aucune incompatibilité ne transparaît, et, surtout, aucune des deux cibles n'est gênée de son éventuelle association à l'autre.

Le « bon moment » pour le changement, que ce soit en matière de disparition de marque, de rupture avec d'anciens codes ou de modernisation de logo n'existe donc pas réellement. Le « bon moment » c'est « *votre* bon moment » ; c'est lorsque vous le décidez, lorsque vous le ressentez, même s'il arrive que l'actualité ne vous laisse pas le choix : le meilleur exemple nous est fourni par la marque **Banania**. Nous connaissons tous le célèbre sourire du personnage qui est représenté depuis toujours sur ses emballages.

Mais en ces temps où le monde est une poudrière, où la liberté de faire ou de ne pas faire, de dire ou de ne pas dire fait l'objet d'interminables débats onusiens, à l'heure où la communication, qu'elle soit publicitaire, artistique ou politique doit faire montre de la plus grande prudence quant aux codes qu'elle choisit pour véhiculer ses idées, il faut bien avouer qu'une publicité mettant en scène un personnage de couleur et, de surcroît associé au slogan « y'a bon », a plus de chances de nous prouver que la colonisation du peuple noir est toujours d'actualité que de nous vendre les mérites d'un produit familial. Même s'il ne s'agit que de chocolat en poudre... « *On peut rire de tout, mais pas avec n'importe qui* » disait le grand Pierre Desproges. **Banania** est donc intelligemment en train de retirer cet ensemble de codes car la probabilité qu'ils soient mal perçus est suffisamment importante pour que le produit soit boycotté.

Finalement, qu'elles soient utiles, nécessaires ou obligatoires, la disparition et la transformation de la marque sont des maux souvent sains. Car elles permettent d'atteindre une plus grande cohérence au sein du mix et d'affiner le ciblage, elles renforcent le positionnement, et elles permettent surtout à l'entreprise d'évoluer au même rythme que celui auquel évolue la société, c'est-à-dire en restant relativement homogène avec son environnement.

L'important n'est donc pas de vouloir à tout prix éviter d'éliminer ou de transformer une marque. Ce qui compte avant tout, que ce soit justifié ou inéluctable, c'est de le faire dignement.

7 • MORTS DOUCES OU VIOLENTES, LES CHEMINS DE LA DIGNITÉ : *GLOBALISATION, DÉLOCALISATION, OBLIGATION*

Nous venons de le voir avec l'exemple de **Banania**, parfois, il y a urgence. Mais ce cas reste quand même heureusement marginal. Quelle qu'en soit la raison, s'il doit y avoir transformation ou élimination de la marque, l'annonceur doit toujours garder à l'esprit qu'à toute décision présente, correspondent des décisions passées et des conséquences futures. Si une firme doit « tuer une marque », elle ne doit absolument pas véhiculer une image défaitiste. Elle peut et doit contrôler le halo de perceptions qui vont entourer sa décision, perceptions émanant de son environnement interne (employés[6]) comme de son environnement externe (clients, prescripteurs, sous-traitants, et concurrents).

Hormis pour ce qui concerne les ONG, dont les actions sont principalement humanitaires, une firme doit acquérir et conserver sa crédibilité. Les ONG sont des organisations qui agissent essentiellement en milieux d'urgences. Pas question pour elles de tergiverser quant à l'avantage concurrentiel qu'elles développeront. Elles ont bien plus important à faire. La nature même de leurs activités représente le meilleur des

---

6. Le **Crédit Mutuel** a une stratégie de communication totalement atypique dans ses objectifs : le but n'est pas de toucher le maximum de prospects. Il s'agit en fait de renforcer la « foi » que les salariés ont en leur marque afin d'accentuer leur performance lors des opérations commerciales. Nous sommes ici en présence d'un phénomène rarissime : le cas d'une communication *externe* à cible *interne* ; « si mon entreprise est active, et si je croise moi-même fréquemment son logo et ses messages promotionnels, j'en conclus alors qu'elle travaille pour progresser, donc pour mon avenir en son sein. Rassuré, je m'investis alors plus dans mon travail... » CQFD (voir également §3 du chapitre 9).

avantages concurrentiels et, de ce fait, récolte sans la moindre difficulté le soutien et les dons du public.

L'entreprise « à but lucratif » n'est évidemment pas dans le même cas de figure. Même si la communication corporate tente d'humaniser les firmes, celles-ci n'en demeurent pas moins les actrices d'un film dans lequel tous les coups sont permis et au scénario que personne n'a le pouvoir de lire avant le début de la représentation. Par conséquent, l'entreprise qui retire une marque de son portefeuille, donc du marché, donc de l'univers des consommateurs, doit soit se justifier, soit le faire dans la plus grande discrétion afin que personne puisse voir dans cette décision une marque de faiblesse, d'incompétence ou d'échec.

Le faire discrètement, c'est très compliqué. C'est d'autant plus compliqué si la marque est notoire, évidemment. Voilà pourquoi la justification est souvent incontournable.

La mondialisation des marchés est une première excellente excuse : vouloir réduire les coûts est une entreprise légitime pour toute organisation. La solution de la globalisation est donc justifiée. Utiliser le même mix, et ce, quel que soit le marché, implique d'avoir une marque unique. Si d'aventure une firme crée une marque à durée limitée parce que sa terminologie globale est déjà déposée dans le pays nouvellement pénétré (nous l'avons vu dans le chapitre 6 avec les cas de **Persil** et de **Le Chat**), ou bien une marque qui sera conservée parce que la traduction de l'originale est localement source d'ennuis (cf. chapitre 7), elle peut facilement justifier son choix de remplacer une marque par une autre, même si ses motivations réelles sont de nature différente : la véritable origine des décisions stratégiques regarde personne.

Autre source de justifications, les délocalisations. Lorsque **Rover**, **Tati**, **Moulinex**, **Seb** ou **Michelin** décident de se délocaliser, les stratégies mises en œuvre sont souvent accompagnées par la création de nouvelles marques et la disparition de références plus anciennes. Une délocalisation implique un changement de lieu, souvent hors des frontières nationales. En outre, elle est souvent consécutive à une fusion ou à la création d'un partenariat, ce qui implique de fonder une marque commune ou, tout au moins, un rapprochement d'enseignes. Le problème vient essentiellement du fait que les suppressions d'emplois qui accompagnent souvent ce type de décisions véhiculent une image obsessionnelle de quête de performance. Pour autant, quiconque aime boire du **Coca-Cola** continuera certainement de le faire même en sachant que la marque fut proche du régime nazi pendant la Seconde Guerre mondiale[7].

Enfin, sans doute le cas le plus simple à gérer, l'obligation légale. Tuer la marque est alors plus que légitime puisque c'est imposé. Le rôle de l'annonceur est alors de s'assurer que le consommateur ne comprend pas la nouvelle campagne comme une annonce de cannibalisation. Le produit ne change pas, seul son nom est modifié. Lorsque, pour les raisons que nous avions évoquées plus haut dans ce chapitre, **Danone** transforme sa marque **Bio** en **Activia**, la firme prend trois importantes décisions :

---

7. In W. Reymond, *op. cit.*

– la première est de conserver le code visuel du produit : couleurs, formes, ton, c'est « nouveau mais comme avant ». La distorsion perceptuelle susceptible de se manifester dans l'esprit du consommateur entre l'ancien et le nouveau conditionnement est ainsi limitée ;

– la deuxième est de continuer d'insister sur la seule information commune à tous les produits distribués par l'enseigne : la marque-mère **Danone**. **Danone** est l'une des marques préférées des Français, sa caution est très importante à leurs yeux et les annonceurs ont parfaitement su utiliser le phénomène : si c'est décidé par **Danone** et que le produit reste du **Danone**, alors c'est une bonne décision et le produit restera de qualité même si, contrairement à ce que le message publicitaire affirme, une légère modification du produit devait accompagner la modification du logo ;

– quant à la troisième décision, elle concerne la publicité télévisée. Tout d'abord, les messages sont très fréquemment diffusés afin que les consommateurs soient tous informés, et ce, le plus rapidement possible. Dans ce cas, le « matraquage » est justifié. Ensuite, ils présentent toujours les deux logos, ce qui permet à la marque d'entamer sa campagne en créant un continuum visuel entre les deux conditionnements. En outre, cela permet à **Danone** d'expliquer la raison pour laquelle il y a mutation du nom **Bio** en **Activia**, déclinant ainsi toute responsabilité pour la gêne occasionnée dans les ménages. Enfin, après voir communiqué sur l'information « changement de nom », l'entreprise communique sur le second aspect fondamental, l'information « le produit reste le même », information qu'elle renforce[8] d'ailleurs en utilisant le même slogan que pour les campagnes de **Bio** : « Ce qu'il fait à l'intérieur se voir à l'extérieur ». La mise en scène d'un jeune homme un peu perdu et guidé par une jeune femme qui l'informe que le changement de nom n'a aucun impact sur le produit lui-même permet à **Danone** d'insister sur cet aspect afin de finir de rassurer sa cible[9].

Finalement, se débarrasser d'une marque n'est pas si complexe ni si dangereux qu'il n'y paraît. Lorsque la firme est très connue, elle utilise le capital de sa marque-mère ; quand elle l'est moins, elle camoufle son choix derrière le lancement d'une nouvelle référence. Comme le suggère la Reine Blanche du Pays des Merveilles, le seul risque inhérent au changement de marque est peut-être de ne pas le prendre : « *Il m'est arrivé, avant d'avoir pris le petit-déjeuner, de croire jusqu'à six choses impossibles*[10]. »

« Tuer » une marque est donc beaucoup plus fréquent qu'on ne le pense. Comme les étoiles, les marques naissent et meurent chaque jour par milliers, phénomène que l'on identifie plus facilement si l'on se penche sur quelques unes des références qui sont spécifiques ou propres à un secteur en particulier.

BIBLIOGRAPHIE

CARROLL (L.), *De l'autre côté du miroir*, Paris, GF Flammarion, 1979.

MERRILEES (B.) 2005, « Radical Brand Evolution : A Case-Based Framework, » *Journal of Advertising Research*, June 2005 : 201-210.

8. B.F. Skinner, *op. cit.*, cf. chapitre 5.
9. Publicité diffusée au cours du mois de février 2006.
10. L. Carroll, *De l'autre côté du miroir*, Paris, GF Flammarion, 1979.

CHAPITRE 9

La marque dans son secteur : anti-conformisme ou référence ?

1 • LA *CYBER*M@RQUE

La marque Internet, ou « cybermarque », est une nouvelle venue dans le monde de la publicité car le consommateur accepte un peu plus chaque jour de voire la « toile » comme un fournisseur de produits et non plus seulement comme un simple fournisseur d'informations.

Le phénomène a débuté aux États-Unis en 1995. Il est plus récent en France, d'où la timidité de bon nombre de nos concitoyens pour lesquels la diffusion d'un numéro de carte de crédit par le biais d'Internet est encore un frein majeur à l'utilisation de l'outil. À ce jour, il existe environ trente millions de sites web, et ceux d'entre eux qui sont à objectif marchand déposent chaque jour vingt mille noms[1].

Il est très important de distinguer une *marque Internet* d'une *marque traditionnelle* également présente sur le web afin de toucher de nouveaux consommateurs ou d'opérer une diversification. Cette importante nuance peut avoir des conséquences très importantes.

Prenons un exemple : **amazon** et **Barnes & Noble**. Les deux enseignes proposent presque le même service, elles utilisent approximativement la même technologie, et leur cible est identique. Mais les similitudes s'arrêtent là ; car, en effet, dès que l'on en vient à comparer les résultats, on constate qu'**amazon** détient trois fois plus de parts de marché[2] que son concurrent[3].

Ceci s'explique par le fait qu'**amazon** est une véritable *e-brand*. L'enseigne a donc une stratégie spécialement adaptée au commerce électronique : son nom a fait l'objet de recherches dans cette optique, sa présence et son référencement sont définis par rapport aux exigences des internautes, et sa crédibilité sur ce medium est totale puisque la marque a commencé de cette manière.

1. La totalité du **Harper & Collins** est déposée !
2. **amazon** ne vend que des produits culturels.
3. 18 % pour **amazon** contre 6 % pour **Barnes & Noble**, résultats 2005 sur les seules ventes en ligne.

Le problème d'une entreprise qui souhaite être présente sur Internet, c'est son image précédente. La vente en ligne impose une organisation et une crédibilité. L'organisation s'acquiert rapidement à l'aide d'un webmaster compétent. La crédibilité, c'est une autre paire de manches : en effet, une enseigne traditionnelle qui décide d'être référencée sur Internet donne l'image d'une entreprise qui poursuit la technologie et qui, tant bien que mal, essaye d'être au goût du jour, de suivre les tendances. À l'inverse, une marque qui débute sur Internet pour ensuite, le cas échéant, décider de se « matérialiser » dans un emplacement physique, que ce soit une boutique spécialisée ou une GSS, conserverait avec elle une image d'entreprise technologique, une image de précurseur, bref, une image de pionnier, d'avant-garde, de modernité, donc par effet de halo, de compétence et de qualité. En outre, le consommateur peut réagir de façon négative à l'apparition d'une enseigne traditionnelle sur Internet : il peut prétexter que c'est une technologie et un mode de distribution que l'entreprise ne maîtrise certainement pas. À l'opposé, il peut avoir la réaction inverse à la vue d'une enseigne se matérialisant : quiconque maîtrise la technologie de la vente à distance maîtrise certainement celle de la vente en direct (ce qui n'est pas spécialement vrai) ; en outre, le consommateur peut arguer que le produit est enfin disponible dans des conditions ne nécessitant pas la transmission informatique de son numéro de carte bancaire.

Et bien c'est ce problème d'image « précédente » dont nous venons de parler qui explique certainement la différence de parts de marché entre **amazon** et **Barnes & Noble**. Cette dernière est une marque traditionnelle ; on a simplement essayé de la transformer en e-brand, mais cela ne suffit pas à créer une crédibilité et une légitimité. En outre, **Barnes & Noble** commercialisant principalement des livres, le premier public de l'enseigne a observé son fournisseur s'orienter vers le commerce électronique, un domaine dans lequel l'amour du livre n'est pas du tout le même : il manque l'odeur et le toucher... Trahison ! Cet argument est de taille car c'est l'arme absolue de tous les amoureux de la littérature : tous vous diront qu'en matière de livres, le « cyber » ne remplacera jamais le « réel » car nous avons trop besoin de ressentir le plaisir de tourner les pages nous-mêmes. Lors d'un achat en ligne, le choix du livre se fait sans l'aide de ces deux sens. Et pour le véritable esthète, c'est un frein majeur.

Barnes & Noble a donc souffert d'une double conjoncture négative : son secteur (il en aurait peut-être été différemment avec des produits vendus pour leur design ou leur technologie, par exemple), et sa présence dans des circuits de distribution traditionnels *avant* d'envisager la vente en ligne.

Internet est en train de devenir une adresse. Le lieu où l'on se rencontre, où l'on échange sans honte et sans crainte, que ce soit en faisant du troc sur **eBay**, en faisant des rencontres sur **msn messenger**, **meetic** ou **ulteem**, ou encore à l'aide de **blogues**. On peut aujourd'hui tout aussi bien se donner rendez-vous à la **fnac** ou sur **fnac.com**. Le phénomène prend une ampleur qui est à l'image des possibilités du système : mondiale. La cybermarque a donc un très bel avenir devant elle, et déjà, les premières identités et les premières catégories de marques apparaissent.

À ce jour, on recense trois formats de cybermarques : les **formats secondaires**, les **formats arbitraires**, et les **formats descriptifs** :

– les formats ***secondaires*** tiennent leur nom de la réunion de terminologies primaires qui aboutissent à des onomatopées : **kelkoo** ou **wanadoo** sont les résultats phonétiques de « quel coût » et « wanna do », traduction anglaise de « (je) veux faire » ;

– les formats ***arbitraires*** sont des noms trouvés de manière totalement intuitive, un peu à l'instar des stars de la musique : **yahoo!** et **amazon** en sont de bons exemples ;

– quant aux formats ***descriptifs***, comme leur nom l'indique, ils permettent à l'internaute d'identifier immédiatement le segment sur lequel la marque évolue : **mp3.com** ou **buyacar.com** ne laissent aucun doute quant à la nature des produits qu'ils proposent (dans cet exemple, téléchargement de musique et vente de voitures).

Le commerce électronique étant à ses balbutiements, il est normal que la publicité s'intéresse de très près au potentiel de ce nouveau-né. On ne sait pas ce qu'il deviendra, mais on s'organise pour que toutes les chances soient mises de son côté. Par conséquent, de la même manière qu'il existe des règles fondamentales en matière de publicité traditionnelle (cf. chapitre 2), on rencontre leur corollaire en matière de publicité pour marchés électroniques. Ces règles sont au nombre de trois :

– tout d'abord, votre cybermarque ne doit pas comporter plus de **63** signes ;

– ensuite, ces signes ne doivent pas être espacés : **x y z . c o m** ;

– enfin, vous devez éviter de faire figurer des symboles du type ❤✌☪✡✞💣☠✞✠ ✈ ***$€# %**, même si, évidemment, une exception confirme la règle puisque **yahoo!** comporte un point d'exclamation.

Outre ces règles typologiques de base, d'autres aspects visuels viennent limiter les options qui s'offrent à vous lors de la création d'une cybermarque :

– déposez plusieurs façons d'écrire votre nom : imaginez qu'un consommateur pourrait douter quant à l'orthographe la plus pertinente. Ainsi, **C+** a eu la prudence de déposer **C+**, **Canal +**, **Canal Plus**, **Canalplus**, **Canal-plus**, etc., **multimania** a anticipé les fautes de frappe et autres détournements en déposant **multimania.com**, **mutimania.com** (il manque le « l »), **multimaniac.com**, **multimanipulation.com**, etc. ;

– optimisez la ***net-radiance*** de votre marque, une combinaison de quatre éléments : la **notoriété**, la **popularité**, la **présence**, et la **fréquence des visites**. Déterminer la ***notoriété*** de votre cybermarque consiste à savoir si celle-ci est fréquemment citée sur le net, et ce, indépendamment de son site de référence et ailleurs que sur celui-ci. Sa ***popularité*** sera fonction du nombre de liens que les créateurs d'autres sites choisiront de faire converger vers le vôtre. Votre ***présence*** dépendra du nombre de pages – parmi celles qui constituent votre site – qui seront enregistrées par les moteurs de recherche (**Google**, par exemple). Enfin, la ***fréquence des visites*** sera comptabilisée à travers des statistiques sur le nombre d'internautes qui se sont connectés à votre site ;

– essayez de limiter les coûts : être bien placé sur un moteur de recherche implique qu'il existe un nombre important de mots-clés pour lesquels la direction vers votre site est suggérée en priorité. Cela porte le nom de *cross-reference* que l'on peut traduire par « croisement de données ». Avant que l'Internet ne se développe, les stratégies des entreprises concernant leur référencement étaient simples : elles essayaient toutes d'avoir une marque commençant par la lettre « A » afin de figurer en première place dans les listes imprimées des pages jaunes. Sur le fond, la démarche n'a pas vraiment changé. En revanche, les coûts ont été multipliés à cause du nombre de marques créées, de la facilité de construire des sites de vente en ligne, et surtout, à cause de la tendance qui consiste à déposer un maximum de noms afin de pouvoir les revendre lorsqu'une entreprise souhaite les utiliser. Pour tenter d'endiguer ces dépenses, faites appel à des professionnels ; ils sauront optimiser les choix de référencement. À ce titre, entamez vos démarches au moins deux mois avant de lancer votre activité électronique ;

– respectez les douze étapes qui permettent de correctement diagnostiquer et créer votre cybermarque : (1) sélection des moteurs de recherche sur lesquels vous souhaitez être référencé(e), (2) choix des langues, (3) choix d'une phonétique de marque globale, (4) diagnostic des concurrents, (5) définition des mots-clés et de leurs combinaisons possibles, (6) choix des contenus des différentes pages de votre site, (7) optimisation de ces contenus afin de faciliter la navigation sur votre site, (8) choix des pages nécessitant un éventuel codage, (9) soumission des pages au moteur de recherche, (10) test en quatrième semaine, (11) test en huitième semaine, et (12) mise à jour constante.

Pour conclure avec la cybermarque, n'oubliez pas de respecter sa typologie. Il existe cinq typologies possibles de marques électroniques et leurs rôles sont bien distincts les uns des autres :

– ***les génériques*** : du type **.com**, **.org**, ou **.net**, ces typologies sont les plus souvent rencontrées. Le format « .org » est traditionnellement utilisé pour des organisations à but non lucratif (ONG), « .net » identifie des sites qui appartiennent à un réseau, et « .com », à l'origine utilisé pour le commerce électronique, est maintenant un format principalement utilisé pour des domaines à caractère international[4] ;

– ***les réservées*** : comme leur nom l'indique, ces typologies ne peuvent pas être choisies à des fins commerciales car elles concernent souvent des sites gouvernementaux. C'est le cas des **.gov**, **.edu**, ou **.mil**. ;

– ***les limitées*** : la limite annoncée est géographique ; ainsi, selon que l'on se rendra sur des sites espagnols, anglais, français ou libanais, les adresses se termineront par **.es**, **.uk**, **.fr**, ou **.lb**. ;

– ***les libres*** : ici, aucune obligation particulière ; la typologie indique souvent le medium utilisé : **.wma** ou **.wmv** pour un fichier à lire en utilisant Windows Multimedia, **.mpg** ou **.mpeg** pour une référence au logiciel Quicktime, etc. ;

– enfin, ***les nouvelles extensions*** : créées pour satisfaire l'arrivée de nouveaux formats informatiques ou bien le développement de certains secteurs, elles permettent

4. Pour plus d'informations sur les formats électroniques : http://www.telisweb.com/ressources-outils/extensions-noms-domaines/gtld.php, et http://commentcamarche.net/web/webdomain.php3

de regrouper les sites par types d'activités. C'est le cas des sites d'informations européennes, des sites de voyages ou encore des sites de conseils et de placements financiers : **.eu**, **.travel**, **.finan**.

Sachez enfin qu'il existe des microsites accueillis par un « site-père » pour une durée déterminée. Par exemple, lorsque la marque automobile **Saab** lance son nouveau modèle en 2005, la **9.3**, le site **saab.fr** est complété par un microsite créé pour l'occasion et dont la typologie ne laisse aucun doute à l'internaute quant au contenu de ses pages : **saab9.3sport-hatch.fr**.

2 • LA MARQUE DE *LUXE*

La marque des produits de luxe est certainement celle qui mérite le plus le titre d'ambassadrice. Elle véhicule très rarement une information technique, elle informe occasionnellement d'une nouveauté, bref elle a pour vocation de remplir le rôle de représentation d'une marque, mais à un degré supérieur. La marque de luxe entretient une légende, un mystère. Elle rassure par sa seule présence, même si l'information qu'elle communique est parfois confuse. Cela fait partie de son charme : chacun ressent quelque chose de différent à la vue d'une marque de luxe, que ce soit un groupe dissociatif, un rêve inaccessible, un gage de qualité, ou la plus belle des motivations pour appartenir à un groupe d'aspiration (cf. chapitre 6). L'information de la publicité émise par une marque de luxe est parfois confuse car elle tente, la plupart du temps, de communiquer simultanément sur son positionnement, sur la nature des consommateurs auxquels elle s'adresse, et sur ses compétences techniques (savoir-faire pour les unes, technologie pour les autres). Prenez le cas des montres **Cartier** ou **Patek Philippe**. Les publicités que l'on trouve dans les magazines de luxe vantent tantôt les mérites esthétiques de ces objets, tantôt leurs performances technologiques. Peu importe donc que le consommateur dépense des sommes astronomiques pour pouvoir porter une montre comme un bijou ou bien avoir le privilège d'arborer un outil capable de donner l'heure exacte malgré l'influence lunaire, terrestre ou atmosphérique, cas des montres dites de « complication » ; l'essentiel, c'est que la marque véhicule un mythe qui, paradoxalement, est constamment renouvelé et entretenu. La marque de luxe offre un halo de justifications qui permettent à tout type de consommateur de se satisfaire de ses choix. Ces justifications cohabitent parfaitement, et personne ne remet en cause le positionnement choisi, même s'il pousse parfois à une perception tronquée. Car un même vêtement constitué d'un « patchwork » de couleurs susceptibles de faire sourire sera certainement considéré comme carnavalesque sur l'étal d'un marché alors que l'on criera au génie en lui rajoutant la griffe **Kenzo**.

La première chose qu'il est important de ne pas oublier lorsque l'on communique en matière de luxe, c'est que ***tout nouveau produit entraîne dans son sillage une image qui lui est indélébile***. On ne peut jamais atteindre ce degré de perception si, à l'origine, le produit et le savoir-faire qui ont construit la marque n'étaient pas d'une qualité constante et irréprochable, nous l'avons vu.

La deuxième leçon concerne également la communication qui vise à vanter les mérites de produits technologiques : ***montrez toujours le produit fini*** ; ni ébauche, ni plan, encore moins un dessin. Le consommateur a besoin de se représenter le produit concrètement ; il a besoin de comparer une réalité avec son imaginaire. Par conséquent, le produit doit non seulement être présenté dans cette réalité, mais en plus, il doit l'être de façon à ce que la cible puisse facilement l'intégrer dans sa vie quotidienne. En d'autres termes, n'oubliez pas de le représenter dans un environnement cohérent et permettant au public d'en percevoir notamment les dimensions. Ainsi, une bague a bien plus d'impact si elle est présentée au doigt d'une femme que si elle est associée au bracelet et au collier de la même collection dans un écrin, nous en avons déjà parlé. Lorsque **Sony** a communiqué sur le « plus petit caméscope du marché », l'enseigne a présenté son produit posé dans une main, nous avions cité cet exemple dans le chapitre 4. Si nous ne pouvions imaginer le degré de miniaturisation atteint par **Sony** sans un élément permettant la comparaison, nous n'avions, en revanche, aucun mal à nous imaginer la taille d'une main. D'où la légitimité de développer une USP « de taille ».

Enfin, troisième contrainte importante, il est préférable de ***ne pas associer de slogan à une publicité pour une marque de luxe*** car cela véhicule une image trop « populaire ». **Intermarché** défend « *les mousquetaires* », pour **Darty**, il s'agit du « *contrat de confiance* », **Kiabi** soutient « *la mode à petits prix* », etc. Êtes-vous en mesure de citer les slogans de **Cartier**, d'**Aston Martin**, de **Prada**, de **Patek Philippe** ou de **Maui Jim** ?

3 • LA MARQUE *BANCAIRE*

La marque bancaire est une marque complexe car elle vend de l'intangible : un service. En outre, elle souffre des caprices des marchés financiers, ce qui veut dire que l'on ne peut jamais parier sur la performance et le devenir des « produits » vendus puisque cette performance traîne sa jumelle prénommée « insécurité ». La perception du consommateur en matière de placements financiers est à la fois d'une constante intransigeance et d'une redoutable subjectivité : lorsque la côte d'un titre grimpe ce n'est jamais assez, en revanche, lorsqu'elle baisse, c'est toujours trop ; exactement le contraire d'avec les prix ! La marque bancaire est donc une marque difficile à valoriser. Elle sert plus à identifier un ensemble de produits et de services qu'à réellement créer une valeur ajoutée. Car si le consommateur négocie de plus en plus souvent avec son banquier, il lui est tout de même fidèle. Malheureusement pas pour cause de marque ou d'image, mais pour deux raisons très concrètes :

– la première concerne ***la relation humaine***. Si le client trouve un réel partenaire en la personne de son conseiller, il se passe le même phénomène que dans le milieu des assurances : l'enseigne compte peu en comparaison de l'être humain ;

– quant à la seconde, elle concerne ***la complexité de changer de banque*** ; en effet, solder tous ses comptes pour aller chez le concurrent implique de créer des liens avec un nouvel interlocuteur et d'entreprendre de fastidieuses démarches pour informer tous les organismes de prélèvements et de paiements que l'on change de coordonnées bancaires.

La publicité bancaire doit donc essayer d'axer ses efforts dans deux domaines :

– le premier concerne le ***ciblage de jeunes clients***. Comme nous venons de le voir, la fidélité d'un consommateur est ici naturelle ; le premier compte ouvert dans une vie a de grandes chances de perdurer. La marque doit donc communiquer en utilisant des codes qui parlent à la génération « pré-active » ;

– le second concerne les ***erreurs***. Encore une fois, la performance bancaire est toujours perçue par le consommateur comme étant « la moindre des choses », alors que l'échec trouve systématiquement un écho retentissant. Les fautes commises par une banque la poursuivent souvent bien plus longtemps que dans n'importe quel autre secteur car non seulement celles-ci sont traditionnellement très médiatisées, mais en plus, elles concernent tout le monde : quel que soit notre statut, nos habitudes de consommation ou nos goûts, nous avons tous une banque. La gestion de ces fautes, voire de ces « crises », doit donc être au centre des préoccupations de l'annonceur.

Alors, en cas de faux-pas, choisissez plutôt de communiquer sur vos performances plutôt que de demander des excuses comme le fait le **Crédit Lyonnais**. Depuis l'affaire Tapie, la banque ne cesse de communiquer dans cette optique : « *Nous vous devons des comptes* » juste après la médiatisation de l'affaire, et, depuis le passage au format **LCL**[5], « *Alors, heureux... ?* ». La marque ne sait plus quoi faire pour essayer d'attirer des clients. Elle n'a pourtant rien à envier au **Crédit Agricole** qui a omis un détail phonétique palpitant en créant « Le compte-service ». En effet, amusez-vous à prononcer cela à voix haute et vous entendrez « le con de service ». Du fait que les salariés des organismes bancaires se spécialisent souvent dans certains domaines, nous avions, au sein de chaque établissement, une personne responsable de la gestion de ces comptes. Et plutôt que de demander « où se trouve Jacques ? », les salariés utilisent souvent le produit géré par Jacques comme un substitut à son identité. Les clients pouvaient donc régulièrement entendre des phrases banales du type « où est le conseiller pro ? », « où est le change ? », ou encore « où est l'accueil ? », et d'autres, nettement plus croustillantes du type « où est le compte-service (donc le con de service) ? ».

Vous pouvez également adopter un comportement du type de celui du **Crédit Mutuel**. Dans ce cas, votre communication externe aurait pour objectif de rassurer vos salariés, nous l'avons vu (cf. §7, chapitre 8, note de bas de page).

Enfin, si vous souhaitez opérer une diversification, n'hésitez pas à créer une nouvelle identité visuelle, ce que **La Poste** vient de faire avec la création de **La Banque Postale**[6]. Ceci contribue à clairement distinguer les différentes activités de votre enseigne. Par exemple, un rappel du code couleur ou de la terminologie d'origine permet de conserver l'image de la marque-mère, et la création d'une marque indépendante permet de certifier la compétence et l'expertise de la nouvelle activité.

---

5. 29 août 2005.
6. 1er janvier 2006.

4 • LE *LABEL*

Peu de choses à dire sur le label, sinon qu'il est une marque qui a pour seul but de certifier une origine ou d'assurer une traçabilité. Il sert également à certifier un processus de fabrication ou bien un niveau de qualité. Sa limite est double : il doit démontrer la légitimité et le niveau d'expertise des personnes qui attestent de la qualité, et il doit être compréhensible de la part du consommateur.

Par conséquent, si vous faites appel à ce type de certification pour ensuite communiquer sur votre transparence et votre niveau de qualité, n'hésitez pas à expliquer dans quelle mesure le test qui a été réalisé est fiable, crédible, et gage d'une qualité qui ne peut pas être remise en cause. Dire qu'un processus respecte les normes « **iso 9000** » ou qu'un véhicule a obtenu cinq étoiles au test « **EuroNCAP** » ne signifie rien si l'on ne connaît pas le détail de leurs exigences. Communiquez donc sur votre succès sans omettre que toute information a toujours une antithèse qu'il est facile de détourner : « *30 % des accidents de la route sont la cause de gens qui boivent de l'alcool ; par conséquent, 70 % de ces accidents sont la cause de gens qui boivent de l'eau !* » Jean Carmet.

5 • LA MARQUE *INTERNATIONALE*

La marque internationale tient sa complexité du fait de devoir être quasi globale. Cette globalité dans la perception permet de limiter les risques d'interprétation, de traduction et de positionnement, nous en avons déjà longuement parlé, notamment dans les chapitres 6 et 7. Mais plus l'annonceur globalisera sa marque, plus il en diminuera l'impact suggestif. La globalisation d'une marque a toujours pour avantage d'être passe-partout et pour inconvénient de la dépersonnaliser. Cela va de pair.

Il n'existe pas de solution parfaite à cette situation. L'adaptation locale d'une marque entraîne des coûts qui sont compensés par un meilleur ciblage et de plus grandes opportunités de succès. En revanche, sa globalisation limite considérablement les coûts, mais diminue son impact du fait de l'absence de pertinence face à certaines cultures. Même la marque dite « générique » ne résout pas le problème. Tout d'abord parce que l'on ne fabrique pas une marque générique. C'est le consommateur et le temps qui décident de faire passer telle ou telle marque à la postérité. Ensuite, parce que la marque générique peut, elle aussi, rencontrer des problèmes de perception, de traduction ou d'interprétation. Enfin, parce que la marque générique n'est justement plus une marque ; elle est un nom commun, un substantif, la simple description d'un produit. Elle devient apatride, banale, impersonnelle. Son immortalité lui est accordée en échange de sa perte d'identité, comme une âme vendue au Diable. Elle ne véhicule plus les valeurs de l'entreprise qui l'a créée, à tel point que certains ne savent même pas que la marque générique a pu être, un jour, une marque, telle que nous concevons ce concept. C'est pour cela que l'on est aujourd'hui capable de dire que nous avons acheté des **Kleenex Lotus**.

La marque se construit donc avec le temps, c'est un fait acquis. Et les opportunités de développement ne peuvent jamais être connues à l'avance. Par conséquent, la vraie solution réside encore dans le fait d'avoir ou non une vision stratégique : que votre entreprise ait une vocation seulement nationale ou ambitieusement internationale, une longue ligne de vie ou un destin tragique, prévoyez de créer une marque globale. La construction des valeurs de votre entreprise se fera avec le temps et, même globale, la marque en véhiculera nécessairement une grande partie. Quand la météo n'est pas sûre, prévoyez tous les temps...

6 • LA MARQUE *INDUSTRIELLE*

On rencontre principalement ce format de marque en B to B (cf. chapitre 5). La marque industrielle tire bien plus sa valeur et sa représentation de lobbies que d'effets marketing. Elle compte beaucoup moins que le savoir-faire de la firme. C'est la raison pour laquelle la marque industrielle fait rarement l'objet de recherches phonétiques, visuelles ou sémiologiques. Elle est traditionnellement simple, souvent matérialisée par le nom du créateur de l'entreprise ou par celui des associés d'un projet. Le monde de l'industrie fonctionne souvent par le biais d'appels d'offres ; le marketing n'a alors pas une fonction aussi prégnante que dans les secteurs des produits de grande consommation, de la mode, ou de l'équipement des ménages. Ce qui compte avant tout ici, c'est la qualité de l'offre, la qualité de la négociation, la création de partenariats, et l'échange de valeur.

Le monde de l'industrie accorde plus d'importance aux processus, aux procédés et à la création de solutions sur-mesure qu'au « prêt-à-porter ». C'est un monde dans lequel la marque n'a pas ce rôle de déclencheur de désir ou d'achat que l'on rencontre traditionnellement en marketing. La publicité industrielle est donc extrêmement rare car elle n'apparaît que dans des media spécialisés ; les effets d'annonce sont inutiles car la cible est naturellement réceptive. La démarche de création de marque industrielle est l'une des rares à fonctionner sans réel respect des normes marketing auxquelles le consommateur est habituellement sensible : elle privilégie distinctement le contenu qui est prioritaire sur « l'emballage ».

7 • LA MARQUE *AUTOMOBILE*

Le secteur automobile a ceci de particulier qu'il est toujours constitué de marques-mères et de marques-filles. En ce sens, c'est un secteur qui est proche de celui de certains produits de grande consommation, pensez notamment au cas d'**Unilever** ou de **Procter & Gamble**. Néanmoins, la comparaison s'arrête là car si **Unilever** n'est jamais utilisée pour communiquer, mais simplement pour informer à travers le cartouche qui figure au dos de ses emballages, la marque-mère automobile est toujours représentée sur les véhicules, et plutôt deux fois qu'une puisque l'on retrouve à la fois le logo et le nom de la marque sur l'objet, la marque-fille distinguant les modèles entre eux.

Plus que nulle part ailleurs, la notion de halo est donc prépondérante dans le secteur automobile. Au sein d'une firme automobile, la marque qui distingue un modèle d'un autre n'a rien de plus qu'un rôle d'identification. Elle n'est qu'une référence, un code barre, une information permettant de distinguer une cylindrée d'une autre, une berline d'un coupé.

Le poids de l'effet de halo est à double tranchant. Prenons l'exemple de **BMW**. Lorsque la firme bavaroise a décidé d'attaquer le marché des petites cylindrées, l'effet de halo a été très positif car la marque a conservé son image de qualité et de puissance. Le luxe devenait accessible sans sacrifier trop de qualités quant aux performances du véhicule. En revanche, le positionnement de **BMW** traduisait clairement une stratégie d'écrémage, une différenciation qui, comme toute différenciation de cet acabit, permettait à la clientèle de la marque de se distinguer en utilisant un véhicule peu commun. Du jour où la marque devenait accessible à « la masse », cette différenciation perdait de sa superbe, et ce, en dépit du fait que les marques-filles étaient bien différentes d'une cible à l'autre. L'effet de halo limitait la perception du consommateur originel à la vision d'une marque devenue globalement accessible alors qu'en réalité, seule une partie de sa gamme était concernée.

Il est totalement justifié qu'une firme automobile se diversifie de la sorte : cela crée des emplois et le consommateur accède à un nouveau bien-être ; l'entreprise augmente ainsi ses parts de marché et sa notoriété effective (c'est-à-dire la part de consommateurs qui deviennent prescripteurs expérimentés et non de simples relais d'informations glanées çà et là dans des magazines spécialisés). Mais la menace de l'effet de halo ne doit pas être négligée.

La solution est donc d'utiliser la publicité pour ce qu'elle est : le meilleur moyen que l'on ait trouvé à ce jour pour informer le consommateur de la distinction entre plusieurs références. Utilisez, par exemple, un message écrit sur le ton du « *pourquoi pas vous ?* » dans le cadre de votre diversification marketing (plus grande pénétration du marché), et développez une promesse du type « *réservé à une élite* » pour la partie de la gamme qui a écrit les lettres de noblesse de la marque.

8 • LA MARQUE *AGRO-ALIMENTAIRE*

On assiste, depuis quelques temps déjà, à une véritable mutation dans le secteur de la publicité pour les produits agro-alimentaires. En effet, entre les menaces épidémiques, les problèmes de « mal-bouffe », et le développement timide du commerce équitable, la communication publicitaire est passée d'un message *plaisir* à un message *santé*, un terrain propice à de multiples diversifications stratégiques, donc à de virulentes batailles idéologiques. Les GMS complètent leur offre avec des produits habituellement distribués en magasins spécialisés, empiétant ainsi sur des domaines protégés ; et leurs détenteurs ne comptent pas se laisser faire.

La meilleure illustration du phénomène est certainement la joute verbale qui a opposé **E. Leclerc** avec l'ordre des pharmaciens. **E. Leclerc** avait déclenché les hostilités avec le message suivant : « *Nous vendons des préservatifs et des tests de grossesse ; vous n'aurez plus besoin de parler de votre sexualité à votre pharmacien* ». Une attaque en règle ! La réaction des pharmaciens ne se fit pas attendre bien longtemps. À l'aide d'une photo présentant, côte à côte, un caddie et une poussette, ils assénèrent : « *À chacun son métier* ». Fin de discussion.

Le cas de la marque agro-alimentaire est donc l'un des rares pour lesquels le slogan peut avoir plus d'importance que la marque en elle-même. En effet, à cause de cette actualité qui le panique chaque jour un peu plus, le consommateur privilégie la sécurité sur la notoriété. Bien entendu, l'effet de halo est encore une fois important. Un consommateur qui est fidèle à **Danone** ne mettra pas en cause la capacité de la marque à le protéger d'une prophylaxie grandissante (cf. chapitre 3).

Néanmoins, d'une manière générale, ce consommateur sera plus sensible à la promesse énoncée par le slogan qu'il ne l'était auparavant car il aura besoin d'informations lui assurant une traçabilité de ses achats. La pyramide de Maslow recouvre ici toute sa pertinence : en cas de risque alimentaire, plus question de lésiner sur la qualité des produits ; le prix de leur origine justifie le renoncement à d'autres plaisirs tout à coup bien moins séduisants et prioritaires.

Par conséquent, la marque alimentaire passe au second plan ; après le slogan. Ce dernier doit donc être clairement explicite afin que le consommateur n'ait aucun doute quant à la promesse du message : « *30 % de sucre en moins par rapport aux autres marques de céréales* », « *favorise la digestion et le transit intestinal* », « *votre partenaire minceur* », « *la recette de ma grand-mère* », « *sans édulcorants, ni conservateurs* », ou encore « *élevés en plein air* ».

9 • SPÉCULATEURS DE MARQUES : *STRATÉGIES ET ANTICIPATIONS*

Plus que jamais, la marque est un objet de convoitise, le symbole d'une identité que l'on aime, que l'on n'aime pas ou plus, la représentation d'un idéal ou d'une splendeur passée. À ce titre, elle fait l'objet de stratégies, notamment en ce qui concerne son format sémiologique, nous en avons longuement parlé. Mais elle fait également l'objet de stratégies spéculatives qui exigent de plus en plus de capacité d'anticipation de la part des annonceurs.

Prenons un exemple. Lors du passage au troisième millénaire, une Britannique a eu l'idée géniale de déposer le sigle **Y2K** : « Y » pour « Year » (année), et « 2K » pour « 2 kilos », comprenez donc « 2000 ». Elle a également déposé les termes de « **millénium** » et « **millennium** ». Ainsi, tout produit fabriqué ou conditionné à la gloire de l'an deux mille impliquait de verser des royalties à cette jeune femme. Une manne !

Du coup, le dépôt de marque est devenu un sport international donnant lieu aux paris les plus fous dans les domaines les plus divers. Lorsque la communauté catholique a perdu son Pape en 2005, les spéculateurs de marques se sont empressés de déposer un maximum de prénoms associés de chiffres et de nombres. Ils avaient donc évidemment prévu de déposer **Benoît I, II, III, IV,... XVI** (!), **XVII**, **XVIII**, etc. Joseph Alois Ratzinger a-t-il négocié sa « marque » ?

La publicité répond à de multiples exigences. Elle est capricieuse, mais on peut le lui pardonner car, en plus d'être efficace, elle fait maintenant partie de notre patrimoine culturel. Nous nous plaignons souvent de sa présence inopinée et parfois envahissante, mais si elle devait disparaître, elle nous manquerait. Elle adopte le consommateur en le guidant, tout comme le consommateur l'adopte en la sollicitant. On ne peut pas l'ignorer ; on ne le veut d'ailleurs pas. Elle nous rassure, nous informe, et surtout, elle nous garantit que le monde change, que la technologie avance, et que notre bien-être continue d'être une préoccupation sociétale. On ne lui en veut même pas de nous manipuler un peu, ni de faire preuve d'une subjectivité atavique. L'intimité est souvent synonyme de tendresse, parfois de passion, mais toujours de partage et d'échange. Recevoir la publicité chez soi, allumer sa télévision ou lire des magazines, c'est créer une relation intime avec un objet insaisissable. La publicité et le consommateur sont un vieux couple ; ils communiquent beaucoup, ils se rassurent souvent, ils se déchirent parfois, mais ils ne peuvent certainement pas concevoir de vivre l'un sans l'autre.

La publicité est donc une discipline sentimentale, certainement la plus sentimentale des sciences de gestion. On l'aime et on la déteste à la fois. Sans doute parce que nous en avons vraiment besoin ; sinon, qu'adviendrait-il de nos références ? Elle ne nous agacerait pas autant si nous pouvions nous en détacher. Ce qui n'a aucun intérêt n'entraîne aucune émotion. Et nous savons tous que la part d'instinct est prépondérante quand les sentiments sont de la partie.

Alors après avoir essayé, à travers cet ouvrage, d'organiser, de structurer, et « d'emprisonner » la publicité dans une foule de concepts qui ne demandent pourtant qu'à être libres, nous lui devons bien de la laisser s'exprimer à travers une mosaïque d'exemples, de situations et d'images qui lui permettront de nous montrer, encore une fois, l'étendue de ses talents, et qui nous permettront à nous, lecteurs, spectateurs, annonceurs ou consommateurs, de peut-être pouvoir mieux la connaître pour finalement mieux l'apprécier.

BIBLIOGRAPHIE

ALLÉRÈS (D.), MELLERIO (O.), *Luxe... Stratégies, Marketing*, 4e édition, Paris : Economica, 2005.

MANIAK (R.), BAUMANN (C.), Fouchard (M.), Molliex (V.) et Soyer (R.), *Marketing industriel*, Paris, Armand Colin, 2005.

PIQUET (S.), *Sponsoring, union des annonceurs*, Paris, Vuibert, Gestion, 1990.

SICARD (M.C.), *Luxe, mensonges & marketing, mais que font les marques de luxe ?*, 2e édition, Paris, Village Mondial, 2006.

TOURNOIS (N. et G.), *La banque : Organisation, produits, services*, Paris, Delmas, 1997.

VARIOT (J.F.), *La marque post publicitaire, Internet, acte II*, Paris, Village Mondial, 2002.

YVON (B.), *Le marketing agro-alimentaire*, Paris, Éditions ESKA, Collection Marketing, 1996.

PARTIE 3

Perspectives

CHAPITRE 10

Recommandations finales

1 • LA DIMENSION DE MARQUE : *MORPHOLOGIE, SÉMANTIQUE, PRAGMATISME*

La publicité est dynamique. Elle est un véhicule, la marque son moteur, et les consommateurs tantôt les passagers, tantôt les pilotes. Et comme tout être « vivant », elle change, sa morphologie évolue, et son rôle se modifie au gré des expériences : internationalisation, rencontres éthérées, gestion de comportements improbables, exploitation de la gloire et du succès, action face à l'échec, l'apprentissage de la marque est constant, que ce soit du point de vue du consommateur, qui doit apprendre la culture de la marque, ou de celui de l'annonceur, qui doit, quant à lui, apprendre la culture de sa cible.

Le schéma suivant résume bien cet état de fait :

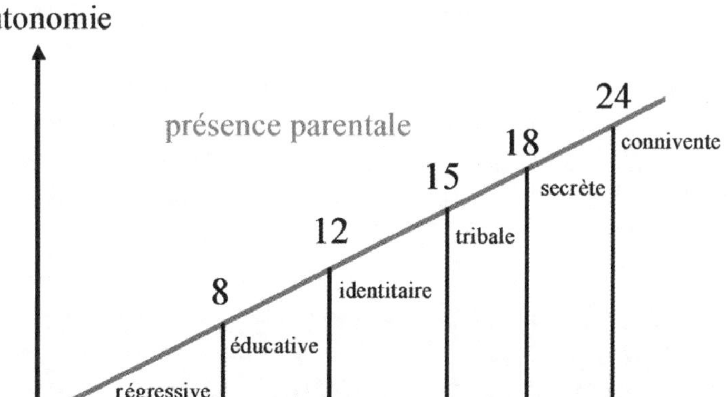

De la même manière que l'enfant qui grandit se construit un univers au gré de ses rencontres, de ses expériences, de ses rêves et de ses désillusions, le moteur de la publicité gagne en autonomie *au fur et à mesure* du voyage (nous y sommes presque, réponse au mystère « *fur* » dans quelques pages maintenant !).

Avant l'âge de huit ans, le « futur consommateur », pour autant que l'on puisse utiliser cette terminologie, écoute le conseil de ses parents. Les garçons imitent le père, les filles la mère, et le rôle du marketing est pour le moins absent. Les annonceurs « utilisent » les enfants pour atteindre les parents, mais ils ne sont que des vecteurs, en aucun cas des acheteurs que l'on cherche à conditionner pour en faire des prescripteurs, même si, en revanche, il est déjà possible de les fidéliser.

Avec le temps, l'influence parentale va diminuer de façon proportionnellement inverse à celle de la publicité et donc de la marque. Dès l'âge de huit ans, la marque est éducative : elle ne se substitue pas à l'éducation parentale ; elle « éduque » le futur consommateur aux codes utilisés par le langage marketing. Éducation qu'elle continuera de dispenser pour permettre à l'adolescent œdipien d'exister une fois entré dans l'âge des dizaines (cf. chapitre 3), au jeune adulte de rejoindre le groupe d'aspiration qu'il aura choisi (cf. chapitre 6), à l'homme actif et à la femme féconde de se créer un univers, et à l'adulte installé de pouvoir échanger avec les membres d'univers parallèles perçus comme étant compatibles.

La publicité crée donc très tôt une relation d'intimité ; en outre, elle nous accompagne à chaque étape importante de notre développement moral, social et intellectuel, ce qui explique cette passion dont nous parlions dans le chapitre précédent, cette tolérance vis-à-vis d'une « mère » qui nous agace parfois mais que nous aimons pourtant profondément.

Que l'on soit « publiphile », « publivore », ou « publiphobe », la publicité nous éduque ; elle est présente partout. Où que vous soyez alors que vous tenez cet ouvrage entre vos mains, levez les yeux et faites-en l'expérience : il y a obligatoirement un logo qui traîne quelque part... (Même si vous êtes au sommet de l'Everest ; levez les yeux, **PepsiCo** a mis un satellite en orbite à son effigie).

La publicité modifie nos perceptions car elle anime notre environnement, elle embellit la réalité et elle souligne des distorsions inattendues ; elle est une bulle dans laquelle la mode est à l'œillère. Elle nous est si intime que nous lui donnons un surnom : qui encore de nos jours parle de « publicité » ? La « publicité » est devenue la « pub ». Doit-on pour autant la « consommer » avec modération ? Cette question est-elle seulement légitime ? Nous pouvons commencer à en douter sérieusement...

2 • LA « PUB », UNE SOURCE D'IVRESSE À CONSOMMER AVEC MODÉRATION ? : *LANGAGE, TEMPS, FONCTION, COMMUNICATION, STYLE, ENVIRONNEMENT JURIDIQUE, MUTATION DE LOGO, TOUT PROTÉGER, MÉGALOMANIE*

« Trop » consommer est-ce « mal » consommer ? Non, bien sûr. La publicité, comme toute création humaine, ne se dose pas en quantité mais en qualité. Et puis la tentation est si forte... Oscar Wilde était certainement dans le vrai lorsqu'il disait que le meilleur moyen de résister à la tentation était d'y céder. Consommer c'est choisir, et choisir, c'est être libre. Celui qui est le plus à même de commettre une erreur n'est donc pas le consommateur, mais bien l'annonceur.

Alors voyons en vrac une ultime synthèse, un florilège des principaux faux-pas à éviter pour que nous puissions tranquillement consommer...

– *Le temps* :

Ne suivez pas les « *naming tendencies* », en d'autres termes, les modes liées à des noms ou à des phonétiques : **Volkswagen JettA**, **Skoda OctaviA**, **Opel CorsA**, et cæter**A**... Cela permettra à vos produits de rester intemporels, de ne jamais être associés aux « années X ». À moins que vous ne vous appeliez **Porsche** et que vous ayez créé une légende appelée **CarrerA**...

– *La fonction* :

Conservez des appellations « génériques » aptes à devenir des marques-mères ; cela vous permettra de jongler avec plusieurs diversifications et extensions de gammes sans perdre votre identité, votre capital-marque, ou l'effet de halo de vos campagnes passées (cf. « Le style » à venir).

– *La communication* :

Choisissez correctement vos supports : sites Internet, bus, cinéma, tailles d'échantillons, conditionnements, tout compte puisque le consommateur n'a le temps que d'avoir une vision globale de votre offre, le support du message comme le message lui-même.

– *Le style* :

Démarquez-vous toujours de vos concurrents : par exemple, pour distinguer ses marques-filles, **Peugeot** a choisi une association de trois chiffres (**104**, **205**, **306**, **607**), **Audi** une lettre identique associée un chiffre différent (**A1**, **A2**, **A3**, **A8**), et **BMW** une lettre et un chiffre différents (**Z8**, **X3**, **M5**). Mais ne tombez pas dans les excès que Toscani a utilisés pour **Benetton** ; la fin ne justifie pas toujours les moyens et le fait d'être remarqué ne doit pas être le seul objectif du message publicitaire. Ne vous démarquez pas au point de choquer, à part peut-être si la cible est adolescente, ce que les campagnes **PlayStation** démontrent avec une imagination redoutable pour le produit **PS2**[1] (cf. « La mutation de logo inattendue » à venir) :

1. Les consoles de jeux se concurrencent de plus en plus sur le degré de violence des jeux, dont certains sont interdits aux moins de 18 ans ! Les messages publicitaires sont donc en cohérence avec l'univers de produit : « Sonic » défie sa cible (« **Sega**, c'est plus fort que toi »), et **X Box** joue la subversion : « Life is short, play more » (la vie est courte, jouez plus).

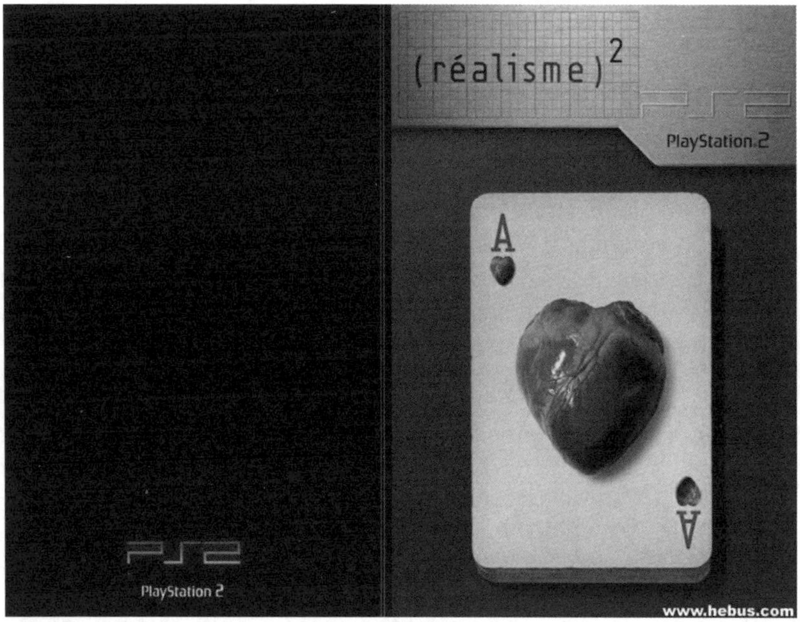

PlayStation 2
(réalisme)²
PlayStation 2
A
A
www.hebus.com

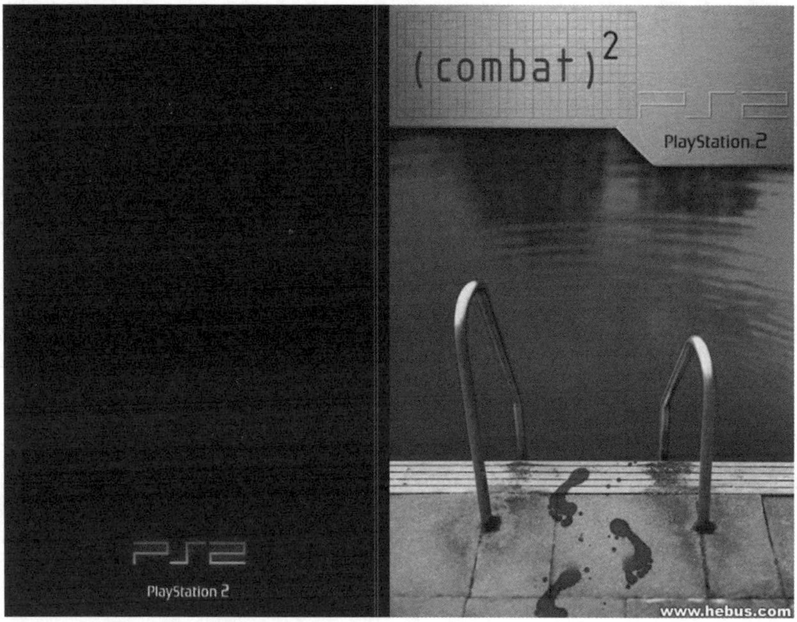

PlayStation 2
(combat)²
PlayStation 2
www.hebus.com

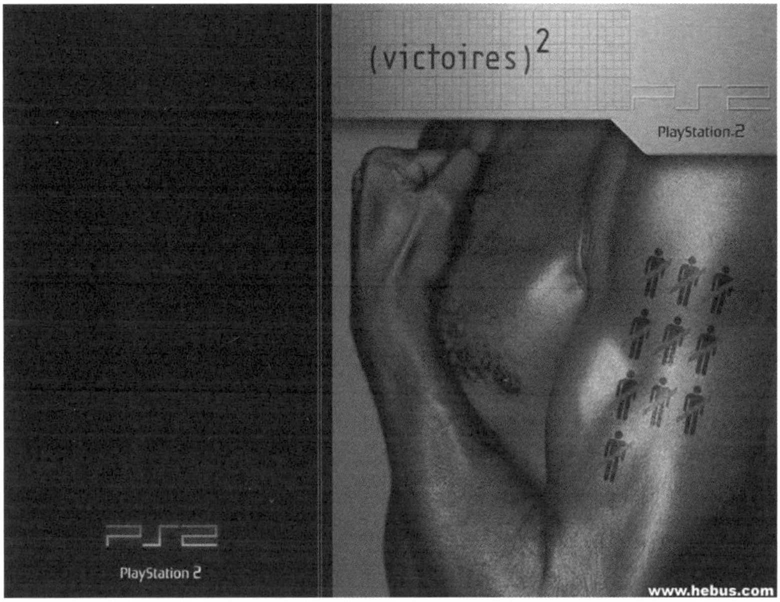

– *Le droit* :

Respectez la loi, on ne le répétera jamais assez. C'est facile à faire et cela évite des ennuis éternels. N'oubliez pas qu'une fois la peine purgée, certaines traces restent indélébiles. Vérifiez que les marques que vous souhaitez exploiter ne soient pas déjà déposées. En outre, pour être protégé juridiquement, votre marque doit être arbitraire : « Yaourt » ne peut pas être une marque de yaourt alors que « pomme » peut tout à fait être une marque d'ordinateurs ! En d'autres termes, vous ne pouvez pas courir le risque que le consommateur prenne un produit pour un autre.

– *La mutation de logo inattendue* :

Si le consommateur préfère utiliser un code différent que celui que vous avez choisi pour identifier votre produit, cautionnez son choix. Lorsque **Sony** a lancé la **PlayStation**, le logo était le suivant :

Il fut ensuite « modernisé » pour le format suivant :

Mais entre-temps, le consommateur avait adhéré à un code bien plus basique ; rappelez-vous que les signes publicitaires sont si nombreux dans l'environnement quotidien d'une personne que plus le signe sera primaire, plus il aura de chances d'atteindre sa cible. Dans le cas du produit **PlayStation**, le consommateur a donc naturellement substitué les quatre signes qui figurent sur les manettes de jeu au logo original : le triangle, le cercle, le carré et la croix, ▲ ● ■ ✖. **Sony** a entendu le message et a donc immédiatement répondu à l'aide de publicités qui ont renforcé le sentiment de « tribalisation » des consommateurs et leur adhésion intime à la marque. La firme japonaise n'a d'ailleurs pas hésité à renforcer l'agressivité de ses messages, allant même jusqu'à utiliser la plus célèbre des icônes religieuses, le Christ[2], le tout comme un exutoire virtuel à une violence latente, mais malheureusement bien réelle chez les adolescents. Voyez les exemples suivants :

2. Dans cette image, observez les mains et les pieds : les quatre symboles matérialisent les stigmates du personnage.

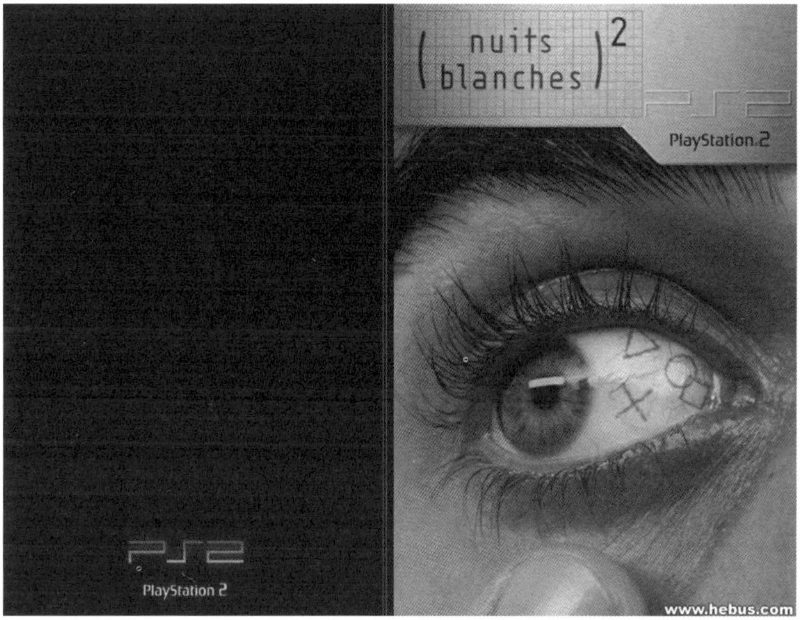
(nuits blanches)2
PlayStation 2
PlayStation 2
www.hebus.com

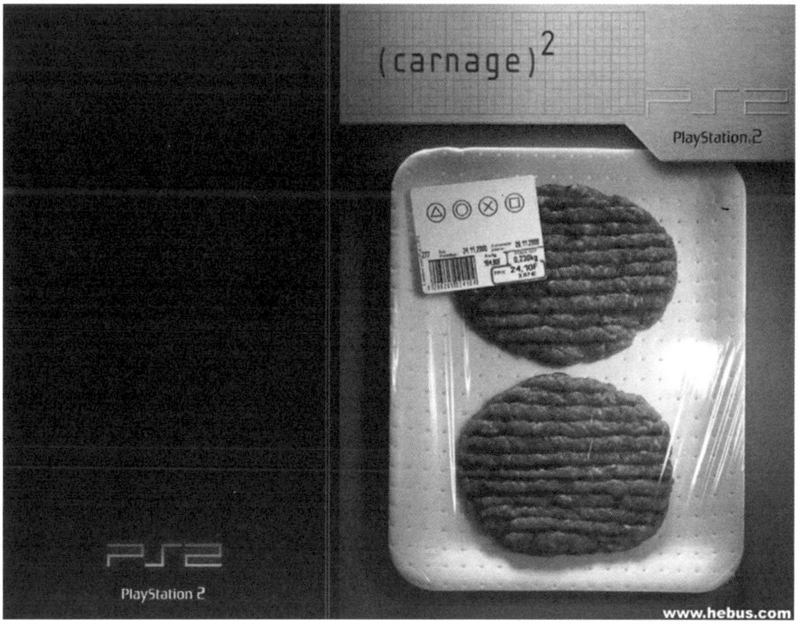
(carnage)2
PlayStation 2
PlayStation 2
www.hebus.com

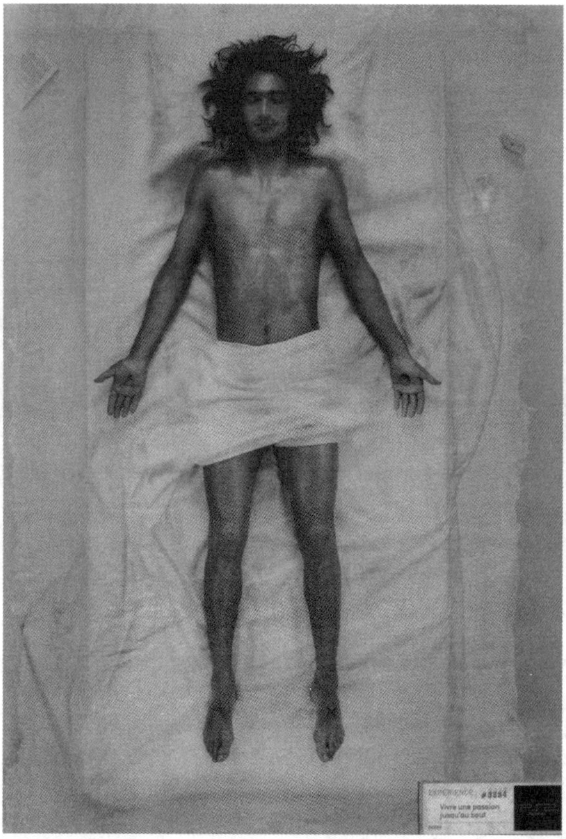

La marque s'est récemment « calmée », jouant toujours sur la subversion mais en privilégiant maintenant le codage issu des quatre « signes » à la symbolique de leurs supports, notamment pour attaquer le marché des filles[3] :

3. « C'est le tour des filles », avec des slogans du type : « 90% des hommes dont la femme joue à la PS2 passent plus de temps avec leurs enfants » et « 99% des blondes qui jouent à la PS2 ont un QI anormalement élevé ».

– *La mégalomanie* :

Ne voyez pas trop grand ; lorsque l'on assiste à la guerre qui divise **Coca-Cola** et **PepsiCo**, ou que l'on est le spectateur des ambitions de **Pizza Hut**, on se demande si les marques investissent autant d'argent pour satisfaire leurs consommateurs ou bien pour servir les caprices orgueilleux de dirigeants qui ont perdu le sens des réalités[4].

4. Publicités installées sur les montagnes tibétaines, sur des supports mis en orbite autour de la Terre, ou encore sur des lanceurs spatiaux, nous l'avons vu.

– ***La protection de « vent »*** :

Ne protégez pas n'importe quoi ; un jour ou l'autre, vous pourriez être l'objet de railleries, à l'instar de la **Metro Goldwyn Mayer** et **Harley Davidson** : qui ont déposé rugissement de lions et bruit de moteurs (cf. chapitre 6). Quant à savoir comment, mystère...

– ***La mutation de logo attendue*** :

Si le marché exige la modernisation des formes et des couleurs de votre identité visuelle, notamment par le biais du comportement de vos concurrents, ne restez pas en reste (cf. chapitre 8). Être suiveur d'une telle stratégie est toujours moins grave que de rester sur le quai avec un logo immuable : l'annonceur doit savoir prouver qu'en faisant évoluer son identité visuelle, il fait également évoluer ses produits, sa technologie, et donc l'attention qu'il porte à sa cible.

– ***Le teasing*** :

Enfin, si votre marché est particulièrement atomisé, n'hésitez pas à investir d'importants moyens pour vous faire entendre. Le *teasing* est de loin la meilleure technique à utiliser sur de tels marchés (cf. chapitre 8) car elle aiguise la curiosité de la cible qui guette la solution à l'énigme, ce qui entraîne sa totale attention une fois le message final émis :

Lorsque le marché des renseignements téléphoniques français s'est ouvert à la concurrence, signant ainsi la fin du célèbre « 12 », le challenge était de taille : il s'agissait non seulement de se faire remarquer *et* mémoriser parmi une offre très importante, mais en plus, il fallait remporter ce défi avec des supports chiffrés puisque nous parlons de numéros de téléphone. Autant essayer de rendre une limace appétissante.

Par exemple, le **118 008** a communiqué en s'adressant directement au consommateur : « *votre nouveau numéro* » ; et d'insister à l'aide d'un second message au style plus qu'abrupt : « *si vous n'en retenez qu'un, retenez celui-là* ». Mauvaise pioche ; le grand vainqueur est le **118 218** avec la célèbre campagne du **Toutouyoutour** : six films qui se sont succédés à un rythme effréné, sans que le spectateur soit en mesure de deviner le message qui serait révélé au cours du dernier. Tous les ingrédients furent réunis : l'utilisation d'une musique aussi connue qu'entêtante, la mise en scène de deux personnages qui créaient ainsi une récurrence visuelle permettant de lier tous les messages entre eux, et l'annonce du rendez-vous suivant à la fin de chaque film[5] :

Après quatre mois d'activité, le numéro revendique 5,2 millions d'appels traités et un taux de notoriété spontanée supérieur à 50 %.

3 • CONCLUSION

« *La suprême sottise est de conclure* » d'après Gustave Flaubert. Tant pis ; soyons sots…

La publicité inquiète. Elle inquiète parce qu'elle concerne tout le monde, parce qu'elle touche chacun de nous, et parce qu'elle fait appel à tant de variables contextuelles et conjoncturelles que nous savons que nous ne la contrôlerons finalement jamais totalement.

Rappelez-vous le chapitre 2 : « la publicité délivre un message qui est *théoriquement* contrôlé par l'annonceur… ». Dans une certaine mesure, le message est contrôlé par l'annonceur, c'est vrai. C'est après que le message lui échappe. L'annonceur sait ce qu'il dit ; il ne sait jamais vraiment comment ce sera perçu et ce que le consommateur en fera. Le medium qui transmet le message en transmet aussi la propriété. D'où l'importance d'avoir une image de marque solide et fiable. Le problème c'est qu'il y a tant de publicités aujourd'hui, que la marque est surexposée ; elle supporte un énorme poids institutionnel sur ses épaules, la responsabilité d'une confirmation si le message est accepté, et celle d'une caution s'il ne l'est pas. La marque est surexposée, exagé-

5. Après avoir entamé la « tournée » dans une cave, les personnages annonçaient une étape dans un village, puis dans une petite ville, dans une grande ville, sur une plage au bord de la mer (délicieux pléonasme), pour finir « à la capitale » !

rément exploitée, comme un bon génie ; elle est le backup virtuel de toutes les tentatives de séduction et de conviction des annonceurs. Et comme toute chose à laquelle on demande trop, la marque s'épuise. Elle perd de son charisme, elle s'étiole à l'image des acteurs des campagnes 2005 et 2006 de **Bouygues Telecom**.

Du coup, après avoir été sacralisée et mystifiée, elle cristallise aujourd'hui bien trop souvent les accusations de déculturation qui fleurissent dans la presse[6]. Pire, elle cristallise la perversion : « la publicité nous force la main, elle nous oblige à vivre au-dessus de nos moyens » disent les uns ; « non, tout ça, c'est la faute de l'euro » répondent les autres... En tout cas, une chose est sûre, elle ne laisse personne indifférent. Les affichages annoncent « vu à la télé », les consommateurs confirment « j'ai vu la pub », bref, la « pub » a bon dos pour être le bouc émissaire d'une génération de consommateurs qui ne sont surtout plus capables de distinguer ce dont ils ont besoin de ce dont ils ont envie : le rationnel explique le premier, la publicité excuse le second...

La mondialisation développe les échanges, Internet fait disparaître les frontières, bref, le consommateur se rend compte qu'il existe beaucoup de ses semblables sur cette Terre. Sa seule existence n'est donc plus suffisante à sa singularisation. Si les marques ne viennent pas l'aider à se positionner, il risque d'échouer dans sa quête de besoin identitaire. Car elles l'aident à communiquer sur le groupe auquel il appartient, que ce soit naturellement ou artificiellement. Pourquoi les artistes ne se contentent-ils pas de se distinguer sur la seule base de leur art ? Pourquoi les militaires mettent-ils autant d'énergie à effacer les identités en habillant leurs troupes de la même manière et en les faisant marcher au pas ? Les premiers pour fédérer l'adhésion à un message. Les seconds pour annihiler toute réflexion de manière à avoir la certitude que les ordres ne seront jamais transgressés.

Alors on lit ça et là que « la pub rend con ». Je ne suis pas de cet avis. La publicité est un message que nous ne sommes forcés ni de recevoir, ni de cautionner. À mon sens, elle provoquerait plutôt le phénomène inverse : une réflexion sur notre appartenance aux groupes, une analyse de notre pouvoir d'achat, une introspection sur notre positionnement individuel au sein de la société et sur les valeurs que nous héritons de notre éducation et que nous transmettons. Mais les guerres commerciales font rage. Les MDD augmentent leur qualité et la conjoncture économique et sociale n'est pas rassurante. Résultat de tout ceci, la perception d'un pouvoir d'achat qui baisse, une amélioration de la qualité de produits bon marché, donc une conclusion rédhibitoire : une marque c'est forcément cher ; en outre, je peux maintenant trouver des substituts dont les distorsions économiques ne sont plus aussi éloignées des distorsions de qualité qui existaient il y a dix ans. Les MDD nivellent par le haut alors le consommateur n'investit plus en marques pour se positionner. Il investit en voyages pour s'enfuir et en immobilier pour se rassurer. Il fuit ce qu'il perçoit comme des manipulations marketing, il apprend, il devient acteur de sa condition pour essayer de contrôler ses choix plutôt que de les subir.

---

6. CB News, n° 785, 5-11 avril 2004, *Pub in love*, pp. 12-14.

Coluche riait de la capacité du nouvel **Omo** de laver « plus blanc que blanc ». Encore un visionnaire. Le consommateur n'a manifestement plus envie de rire de ces promesses ; il n'a plus envie de les croire. Et surtout, il n'a plus envie que la publicité suppose qu'il puisse les croire. Le consommateur n'est plus prêt à payer plus cher pour une marque ; il n'est même plus prêt à payer plus cher pour un avantage concurrentiel tant les technologies se banalisent. Quelle que soit l'invention, le réflexe est maintenant toujours le même : attendons, les prix finiront bien par baisser... Les marques doivent donc faire face à un problème existentiel : elles ne savent plus comment se distinguer pour séduire le consommateur. Et comme on le remarque très justement avec **TNS Sofres**, se démarquer est tout de même la vocation première d'une marque[7].

La marque n'apparaît donc plus comme source de solutions mais comme liberticide[8]. Elle est pourtant l'acteur d'une collaboration réussie entre deux groupes d'humains : l'un qui propose, l'autre qui dispose. Mais non, rien n'y fait. Elle est un tatouage dont le consommateur ne veut plus. Connaissez-vous pourtant l'explication psychanalytique du tatouage ? C'est un message. Plus exactement, c'est le message qui énonce que notre corps nous appartient dorénavant en totalité. Marquer son corps, c'est transformer la « version » que nous avons reçue à la naissance. D'une certaine façon, et contrairement aux idées reçues, le tatouage est une forme d'affirmation d'autonomie et d'indépendance, donc de liberté. Ce qui confirme que la marque est bien un tatouage puisque nous connaissons maintenant son étymologie (cf. chapitre 3).

Encore une fois, la marque est donc de plus en plus fréquemment perçue comme liberticide alors que ce devrait être le contraire. La publicité a peut-être raté un épisode du développement social ou une étape sociétale pour aujourd'hui connaître un tel paradoxe. Elle a peut-être abusé de promesses tronquées. En guise de représailles, le consommateur préfère alors peut-être renoncer à une partie de son identité afin de ne plus subir de manipulation marketing. Être convaincu de rationaliser ses choix est peut-être justement l'ultime moyen de ne plus céder à aucune autre forme de conviction. Céder, oui, mais en toute connaissance de cause.

Certains secteurs semblent encore préservés : ceux pour lesquels l'imago et la psyché font le principal, comme celui du parfum par exemple. Mais jusqu'à quand ?

Alors faites de la publicité ou n'en faites pas, l'important n'est pas là. Ce qui compte avant tout, c'est la qualité du produit ou du service que vous commercialiserez. Et puis, prenez du recul. Même si les budgets sont colossaux, peut-être même surtout s'ils le sont, faites comme **Tefal**, laissez-vous un peu aller...

---

7. Le Jury des Grandes Marques, *op. cit.*
8. O. Toscani, *La pub est une charogne qui nous sourit*, Paris, Hoëbeke, 1995.

(une surface qui ne colle pas, garantie trois ans)*

...ou bien, faites comme Richard Branson, PDG de **Virgin** et premier concurrent de la **fnac**, soyez téméraire ; si vous visez l'excellence, vous pourrez presque tout vous permettre :

Quant à la « pub », n'oubliez jamais que la cohérence d'un message se construit principalement avec une copy strategy ; et que toute copy strategy comporte une promesse. Lorsque vous vous engagerez auprès des consommateurs, essayez de toujours les tenir.

D'ailleurs, à propos de promesses…

« – *"Alors, mon coucher de soleil ?"*, rappela le petit prince qui jamais n'oubliait une question une fois qu'il l'avait posée[9]. »

Chose promise au chapitre 6, chose due au chapitre 10. « *fur* », nom masculin, est un vieux mot qui signifiait « *taux, proportion* ». Dans la Mayenne, on utilise d'ailleurs encore l'expression « *le fur de la contribution foncière* », c'est-à-dire la proportion entre l'impôt et le revenu imposable. Utilisé en corrélation avec « *mesure* » dont il double le sens, il est resté dans la locution adverbiale « *au fur et à mesure* », comprenez « *à proportion* ». Des grammairiens ont donc logiquement voulu supprimer « *au fur et* » et « *à fur et* » de ces locutions, prétextant que « *mesure* » suffisait. C'est un pléonasme, certes, mais un pléonasme consacré par l'usage. L'expression conserve donc ce vieux

9. A. de Saint-Exupéry, *Le petit prince*, Paris, Gallimard, 1999.

mot de « *fur* », effacé partout ailleurs. On remarque néanmoins que c'est un pléonasme relativement récent : au XVIe siècle, on ne dit que « *au fur* », sans y adjoindre « *mesure* », terme qui aura été ajouté quand, le sens de « *fur* » s'étant obscurci, on a décidé de le compléter par l'addition d'un mot usuel et compris de tous.

Voilà. Avec accent, et sans « .fr » !

BIBLIOGRAPHIE

CB News, n° 785, 5-11 avril 2004, *Pub in love*, pp. 12-14, & n° 869, 6-13 mars 2006.

Dictionnaire de l'Académie Française, 8e édition.

SAINT-EXUPÉRY (A. de), *Le petit prince*, Paris, Gallimard, 1999.

SÉGUÉLA (J.), *Tous ego (Havas, moi et les autres)*, Paris, J.C. Gawsewitch, 2005.

TOSCANI (O.), *La pub est une charogne qui nous sourit*, Paris, Hoëbeke, 1995.

Bibliographie

Allérès (D.) et Mellerio (O.), *Luxe... Stratégies, Marketing*, 4e édition, Paris, Economica, 2005.

Anzieu (D.) et Martin (J.Y.), *La dynamique des groupes restreints*, Paris, PUF Le psychologue, 1re édition mai 1968, 10e édition corrigée mars 1994.

Aronson (E.), *The Social Animal*, San Francisco, Freeman, 1972.

Baker (M.), *On the Logics of Students' Argumentation Dialogues*, in J. Caelen, D. Vanderveken et D. Vernant, *Logic and Dialogue*, Netherlans, Dordrecht, Kluwer, 2004.

Bauby (J.D.), *Le scaphandre et le papillon*, Paris, Robert Laffont, 1997.

Bergson (H.), *Matière et mémoire : Essai sur la relation du corps à l'esprit*, Paris, PUF, 2004.

Berkeley (G.), *Principles of Human Knowledge / Three Dialogues Between Hylas and Philonous*, New York, Penguin Classics, 1988.

Brunel (F.), Tietje (B.C.), & Greenwald (A.G.) 2004, « Is the Implicit Association Test a Valid and Valuable Measure of Implicit Consumer Social Cognition ? », *Journal of Consumer Psychology*, 14(4) : 385-404.

Caples (J.), *Tested Advertising Methods*, Fifth Edition, New York, Prentice Hall, Business Classics, 1998.

Carroll (L.), *De l'autre côté du miroir*, Paris, GF Flammarion, 1979.

CB News, n° 785, 5-11 avril 2004, Pub in love, pp. 12-14, & n° 869, 6-13 mars 2006, *Toutouyoutour*, Coca-Cola, divers articles.

Cyrulnik (B.), *Le murmure des fantômes*, Paris, Odile Jacob, 2003.

Détrie (J.P.), *Strategor : Politique générale de l'entreprise*, Paris, Dunod, 2005.

Dictionnaire de l'Académie Française, 8e édition.

Guillaume (P.), *La psychologie de la forme*, Paris, Champs Flammarion, 1979.

Hebb (D.O.), *Psychophysiologie du comportement*, Paris, PUF, 1958, traduction française de *The Organization of Behavior* (1949).

Helfer (J.P.), Kalika (M.) et Orsoni (J.), *Management : stratégie et organisation*, Paris, Vuibert (5e édition), 2004.

Herzberg (F.), *Work and the Nature of Man*, Paris, Entreprise moderne d'édition, 1966.

James (W.), *Le courant de la conscience*, in *Précis de Psychologie*, Paris, Félix Alcan, 1915.

Jung (C.G.), *Problèmes de l'âme moderne*, Paris, Buchet/Chastel, 1927.

Kakuzo (O.), *Le livre du thé*, Paris, Dervy, collection L'Être et l'Esprit, 1999.

Klein (N.) et Saint-Germain (M.), *No logo : La tyrannie des marques*, Paris, J'ai lu, 2004.

Kumar (A.) & Krishnan (S.) 2004, « Memory Interference » *in* « Advertising : A Replication and Extension », *Journal of Consumer Research*, 30 : 602-611.

Le Jury des Grandes Marques, *Le Livre des Grandes Marques*, Vol. I & II, Londres, Superbrands, 2003 (I) et 2005 (II).

LEE (A.Y.) & LABROO (A.A.) 2004, « The Effect of Conceptual and Perceptual Fluency on Brand Evaluation », *Journal of Marketing Research*, XLI : 151-165.

LEIBNIZ (G.W.), « Les petites perceptions », in *Nouveaux essais sur l'entendement humain*, II, chapitre 1, 1703-1704, Paris, Garnier 1966.

MALAVAL (PH.) et BÉNAROYA (C.), *Marketing Business to Business, du marketing industriel au marketing d'affaires*, 3e édition, NJ (USA), 2005.

MANIAK (R.), BAUMANN (C.), FOUCHARD (M.), MOLLIEX (V.) et SOYER (R.), *Marketing industriel*, Paris, Armand Colin, 2005.

MARMUSE (C.), *Politique Générale*, Paris, Economica, Gestion, (2e édition), 1996.

MERRILEES (B.) 2005, « Radical Brand Evolution : A Case-Based Framework », *Journal of Advertising Research*, June 2005 : 201-210.

MUEHLING (D.D.) & SPROTT (D.E.) 2004, « The Power of Reflection », *Journal of Advertising*, 33(3) : 25-35.

PASCAL (B.), *Pensées*, Paris, éditions Jean de Bonnot, 1982.

PAVLOV (I.P.), *Réflexes conditionnels et inhibitions*, Paris, Gonthier, Médiations n°5, 1963, et *Typologie et pathologie de l'activité nerveuse supérieure*, Paris, PUF, 1955.

PENDERGRAST (M.), *For God, Country and Coca-Cola*, Londres, Weidenfeld & Nicolson, 1993, et Basic Books, 2000.

PIAGET (J.), Inhelder (B.), *La psychologie de l'enfant*, Que sais-je ? n° 369, Paris, PUF, 1968.

PIÉRON (H.), *Vocabulaire de la psychologie*, Paris, PUF, 2003.

PIETERS (R.) & WEDEL (M.) 2004, « Attention Capture and Transfer in Advertising : Brand, Pictorial, and Text-Size Effects », *Journal of Marketing*, 68 : 36-50.

PIQUET (S.), *Sponsoring, union des annonceurs*, Paris, Vuibert, Gestion, 1990.

PORTER (M.E.), *L'avantage concurrentiel des nations*, Paris, InterEditions, 1993.

REUCHLIN (M.), *Psychologie*, Paris, PUF Fondamental, 10e édition, Octobre 1993.

REYMOND (W.), *Coca-Cola, l'enquête interdite*, Paris, Flammarion, 2006.

RICKS (D.A.), *Blunders In International Business*, 4th Edition, Oxford : Blackwell Publishing, 2006.

SAINT-EXUPÉRY (A. de), *Le petit prince*, Paris, Gallimard, 1999.

SCHOPENHAUER (A.), *Le monde comme volonté et comme représentation*, traduction A. Burdeau, Paris, PUF, 1992.

SÉGUÉLA (J.), *Tous ego (Havas, moi et les autres)*, Paris, J.C. Gawsewitch, 2005.

SÉMÉRIA (Y.), *Philoscope*, 1996.

SICARD (M.C.), *Luxe, mensonges & marketing, mais que font les marques de luxe ?*, 2e édition, Paris, Village Mondial, 2006.

SKINNER (B.F.), *Verbal Behavior*, New York, Appleton, 1957, & *How to Teach Animals*, Scientific American, n° 6, 185, 1951.

TEYSSIER (J.P.), *Frapper sans heurter*, Paris, Armand Colin, 2004.

TISSERON (S.), *Psychanalyse de l'image; de l'imago aux images virtuelles*, Paris, Dunod, 1995.

TOSCANI (O.), *La pub est une charogne qui nous sourit*, Paris, Hoëbeke, 1995, & *Les campagnes Benetton*, Paris, Éditions de La Martinière, 2002.

TOURNOIS (N. et G.), *La banque : Organisation, produits, services*, Paris, Delmas, 1997.

VARIOT (J.F.), *La marque post publicitaire, Internet, acte II*, Paris, Village Mondial, 2002.

VERNETTE (E.) et GIANNELLONI (J.L.), *Études de marché*, Paris, Vuibert, Gestion, 2001.

WATZLAWICK (P.), BEAVIN (J.H.) et JACKSON (D.D.), *Une logique de la communication*, Palo Alto, Points Essais, 1966.

WIENER (N.) et GUTHRIE (G.), « Subliminal Perception or Perception of Partial Cue with Pictorial Stimuli », in *Journal of Personality and Social Psychology*, New York, 1966.

YVON (B.), *Le marketing agro-alimentaire*, Paris, Éditions ESKA, Collection Marketing, 1996.

Index

Composition et mise en pages : Laser Graphie
Achevé d'imprimer sur les presses de
l'Imprimerie Moderne de Bayeux
Dépôt légal : 20975 – Septembre 2006
N° éditeur : 2529

Imprimé en France

-> codes couleurs

-> logo

-> questionnaire

Apple

Lara

Mango

Orangina

... cola

Pepsi cola

Croissance, énergie, climat

À mon ami Pierre disparu trop tôt.

PLANÈTE enjeu

Croissance, énergie, climat

Dépasser la quadrature du cercle

Philippe **Charlez**

Préface de Jean-Louis **Borloo**

deboeck SUPÉRIEUR

Pour toute information sur notre fonds et les nouveautés dans votre domaine de spécialisation, consultez notre site web : **www.deboecksuperieur.com**

Rue du Bosquet, 7 – B-1348 Louvain-la-Neuve

Illustration de couverture :
Copyright@Total 2017

Dépôt légal :
Bibliothèque nationale, Paris : octobre 2017 ISSN 2032-7048
Bibliothèque royale de Belgique, Bruxelles : 2017/13647/164 ISBN 978-2-8073-0775-9

Préface

Face à la crise de civilisation que nous vivons, il est impératif de prendre des mesures exceptionnelles pour éviter de transmettre à nos enfants les déficits, tous genres confondus, que nous avons accumulés depuis plusieurs décennies.

Dans un monde toujours plus complexe, il est indispensable de se donner la liberté d'imaginer en s'affranchissant de la pensée unique et des idées reçues. Dans ce XXIe siècle où le numérique et l'énergie sont parmi les principaux défis, la compréhension du passé récent est l'une des clés pour développer de nouvelles pratiques intégrant des conceptions plus pertinentes de l'Europe et de la mondialisation.

L'accès à l'énergie et plus particulièrement l'accès à l'électricité sont les préalables au développement. Et pourtant des régions entières en restent aujourd'hui privées. Ainsi, plus de la moitié des Africains (soit 650 millions de personnes) vivaient en 2016 sans accès à l'électricité. Et ce chiffre pourrait croître de manière significative. D'ici 2050, la population africaine devrait s'accroître d'un milliard d'habitants. Un quart des effectifs de la planète seront alors africains. Cette population qui sera la plus jeune du monde représente à la fois un atout, mais aussi un défi redoutable : il faudra la nourrir, la former, la loger et la soigner. En 100 ans la population africaine aura été multipliée par 10, une croissance démographique inédite dans l'histoire de l'humanité. Face à une jeunesse qui quitte ses « villages sans lumière » pour marcher vers les capitales, les grands ports, mais aussi émigrer vers l'Europe, l'électrification de l'Afrique est une urgence.

D'abord et avant tout il s'agit d'une urgence sociale. Sans énergie, pas de lumière, pas d'accès ni à l'eau, ni à la santé, ni à l'éducation, pas de bons rendements agricoles, pas d'emplois industriels ni d'emplois de service, aucune garantie de sécurité ni d'équilibre des territoires. Pour que les enfants puissent faire leurs devoirs le soir, pour que les femmes cessent d'accoucher dans le noir, pour que les médicaments puissent être conservés dans des frigos, pour que la jeunesse envisage un futur prospère sur son propre continent, il faut que l'accès à l'électricité se généralise.

Mais, il s'agit aussi d'une urgence économique. L'électrification offrirait de nouvelles perspectives aux entreprises locales et bénéficierait par ricochet aux économies développées. L'Afrique est un gisement considérable d'énergie photovoltaïque, mais aussi éolienne (sur les côtes) et hydroélectrique (en Afrique équatoriale). Avec seulement 30 % d'accès à l'énergie, la croissance économique de l'Afrique est aujourd'hui de 5 %[1]. Si cette croissance passait de 5 % à 15 % par an, celle de l'Europe s'amplifierait de 2 %. L'Afrique représente donc pour l'Europe un étonnant relais de croissance.

Enfin dans un monde ravagé par un intégrisme islamique qui étend son emprise tentaculaire vers l'Afrique du Nord et l'Afrique subsaharienne, un continent électrifié deviendrait un pôle de stabilité. À l'inverse, un accroissement de la précarité énergétique serait source de déstabilisation et contribuerait inévitablement à une extension de l'intégrisme et du terrorisme.

Mais, à travers la consommation d'énergie et en particulier celle des énergies fossiles, le développement économique est aussi un processus risqué qui génère de dangereux déchets représentant à moyen terme un danger environnemental majeur. Ainsi en est-il des gaz à effet de serre cause principale du dérèglement climatique.

La société moderne serait donc confrontée à des objectifs a priori contradictoires : satisfaire une demande croissante en énergie pour assurer le développement économique de 10 milliards de personnes (dont plus de 2 milliards d'Africains), tout en réduisant les émissions de GES pour résoudre le problème du dérèglement climatique.

Croissance, énergie et climat : la transition énergétique pourra-t-elle résoudre la quadrature du cercle ?

Expert en énergie internationalement reconnu, Philippe Charlez aborde la question sans parti pris et met son expertise à la portée de tous. Sa démarche à la fois historique et scientifique s'appuie sur des chiffres et des données incontestables. Il nous explique à l'aide de mots simples et compréhensibles comment l'énergie a contribué aux avancées et aux récessions économiques. Il nous propose des solutions originales et pragmatiques pour promouvoir plus rapidement les énergies renouvelables et réduire la consommation charbonnière. Plutôt qu'une transition mondiale, l'auteur propose de développer des solutions régionales notamment pour réduire significativement l'intensité énergétique, sachant que les principaux leviers se situent aujourd'hui dans les pays émergents et non plus dans les pays de l'OCDE.

Jean-Louis BORLOO
Président d'Énergies pour l'Afrique
Ancien Ministre d'État

1 http://www.energiespourlafrique.org/projet2.php?type=rub8ssr1&langue=fr

1

L'aliment de la croissance

> « *On ne commande à la nature qu'en obéissant à ses lois* »
> F. Bacon

Selon la légende, le Graal, ce calice mystérieux et sacré aux pouvoirs surpuissants avec lequel Jésus aurait célébré la Cène et qui aurait ensuite recueilli son sang, fut emporté en terres lointaines par Joseph d'Arimathie. Caché, puis perdu, il deviendra au Moyen Âge le centre d'une légende, faisant de lui un objet divin qui annonce « *la* fin des temps aventureux, *paix et prospérité pour le monde, la vie éternelle* ». Il n'est donc pas étonnant que toute la chevalerie du Moyen Âge se soit mise en quête de cet objet magique et fascinant, déployant des efforts surhumains pour le trouver.

La « quête du Graal » a un sens moderne : il décrit un objectif difficilement réalisable voire inatteignable qui apporterait au monde « bien-être et bonheur ».

Les concepts de bien-être et de bonheur ne sont pas absolus. Ils sont fortement impactés par la situation matrimoniale, le sexe, l'appartenance ethnique et l'âge. Mais, dans la société moderne, les notions de revenu, de croissance et de développement économique jouent un rôle essentiel sur la sensation de bien-être et de bonheur.

D'une part, la consommation est étroitement corrélée au revenu individuel moyen ou PIB/hab[1]. Incluant l'accès à l'éducation, à la retraite et aux biens de santé, il constitue en première approximation

1 (Produit Intérieur Brut).

une mesure instantanée du bien-être. D'autre part, la croissance, qui génère de l'emploi, augmente les revenus, mais aussi l'espérance de vie et projette dans l'avenir les individus qui aspirent à une meilleure situation future.

Autrement dit, le revenu présent ne détermine que très partiellement le niveau de bien-être ressenti alors que ses perspectives d'accroissement apparaissent déterminantes. Le bien-être s'inscrivant essentiellement dans l'avenir, une société « sans croissance » deviendrait une société « sans espoir » donc une société du « mal-être ».

Il n'est donc pas surprenant que la croissance à 3 % soit devenue le Graal de l'homme moderne. Elle représente le plein emploi, des recettes assurées pour l'État, la fin des déficits, la réduction rapide de la dette, une assurance maladie et des retraites en équilibre, davantage de financement pour la recherche et la culture, des investissements permettant d'améliorer la productivité de l'outil industriel et la compétitivité des entreprises. Quel homme politique peut-il proposer un autre dessein à ses administrés ?

Est-ce pour autant un objectif bien raisonnable ?

Croissance et développement : des concepts récents

Si la quête du Graal est une chimère plus que millénaire, la croissance est un concept récent qui n'a pas encore fêté ses « 200 bougies ». En reconstituant un standard moyen de consommation, l'économiste britannique Angus Maddison[2] a montré qu'entre l'Antiquité et le milieu du XVIIIe siècle, le niveau de vie de l'humanité n'avait que très peu évolué. En première approximation, jusqu'en 1500, la croissance économique est restée quasi nulle. Elle n'a pas dépassé en moyenne, 0,3 % par an entre 1 500 et 1 800.

C'est la révolution industrielle, d'abord en Grande-Bretagne (aux alentours de 1780), en France et en Allemagne (1810-1820), puis plus tardivement au Japon (1860) qui marque les débuts de l'histoire de la croissance. Le phénomène s'est ensuite progressivement étendu à l'ensemble de la planète puis fortement accéléré après la fin du dernier conflit mondial.

Au cours des 70 dernières années, on a ainsi observé deux périodes de très forte croissance. La première (4,3 % en moyenne) correspond aux « Trente Glorieuses ». Elle a été essentiellement portée par les pays de l'OCDE. La seconde débute à la fin des années 1990. Principalement portée par les pays émergents (Chine, Inde, Brésil, Moyen-Orient), elle est supérieure à 6,5 %. Avec une moyenne de 2,9 % sur les 60 dernières années, le monde a ainsi presque atteint le « Graal de la croissance ». Situation durable ou anomalie dans la mesure où cette phase récente de développement économique n'a aucun précédent historique ?

2 A. Maddison (2001), *L'économie mondiale : une perspective millénaire*, OCDE report.

Les ingrédients de la croissance

L'innovation technologique, catalyseur « endogène » de la croissance

L'Homme a domestiqué le feu dès l'aube de la préhistoire et en a rapidement imaginé des applications domestiques et métallurgiques. Mais, ce n'est qu'à la fin du XVIIIe siècle qu'il a découvert que l'énergie thermique pouvait lui fournir, sans effort et à moindre coût, ce travail (autrement dit l'énergie mécanique) qu'il avait jusqu'alors effectué lui-même avec labeur ou sous-traité à l'animal avec une inefficacité affligeante.

Il avait certes dès l'Antiquité découvert le pouvoir mécanique de l'eau et du vent. Il avait imaginé des machines sophistiquées pour moudre le blé, actionner des soufflets métallurgiques ou agrémenter la magnificence des jardins de Versailles. Mais, ces applications astucieuses n'étaient pas transposables à l'essentiel de ses tâches quotidiennes dans la mesure où l'ingrédient de base (l'eau ou le vent) restait très localisé et impossible à transporter.

Quand il déposa en 1769 son brevet de machine à vapeur capable de transformer le feu du bois ou du charbon en mouvement linéaire ou rotatif, le physicien écossais James Watt ignorait probablement que son invention allait enfin permettre à l'humanité de progresser à pas de géant. Si la machine de Watt siffla le départ de la révolution industrielle, il serait toutefois injuste de lui en octroyer l'exclusivité et d'oublier trois autres contributeurs majeurs qui viendront compléter son œuvre de façon magistrale.

En 1841, le physicien anglais Michel Faraday découvre l'induction électromagnétique, phénomène physique permettant de transformer via l'électromagnétisme du travail mécanique en électricité.

Quelques années plus tard, s'appuyant sur la théorie de Faraday, l'ingénieur belge Zénobe Gramme construit la première dynamo capable de fabriquer du courant continu à partir d'énergie mécanique. Au même moment, le chercheur polonais Nikola Tesla invente le premier moteur électrique à induction.

La boucle est bouclée : le feu peut se transformer en énergie mécanique puis en électricité et l'électricité peut à son tour générer de l'énergie mécanique voire de la chaleur. Plus besoin de la main de l'Homme ni du labeur du cheval pour produire. Le feu travaille à sa place avec une efficacité démultipliée.

Il est indispensable à ce stade de se donner quelques éléments chiffrés pour comparer les performances énergétiques insignifiantes d'un être humain par rapport à celles d'une machine[3,4].

---

3 JM Jancovici (2014), « La transition énergétique. Un choix évident », Entretiens des Arts et Métiers. https://www.youtube.com/watch?v=FTvoDwZkm2U

4 http://manicore.com/documentation/articles/conferences.html

Imaginons un homme de 90 kg se lançant dans l'ascension du mont Blanc. En une journée d'effort intense, ses jambes développeront au mieux 0,5 kWh. Pire, un terrassier courageux remontant 6 m^3 de terre sur une hauteur de 1 m ne restituera au bout d'une journée de 8 heures que 0,1 kWh. Autrement dit, la « machine humaine » développe au mieux une puissance moyenne de 100 Watts au niveau des jambes et de 10 Watts au niveau des bras. En termes de puissance, une modeste voiture de 100 CV[5] fournit donc la même puissance que 1 500 Égyptiens érigeant dans la souffrance la pyramide de Kheops. Ne parlons pas d'un gros avion de ligne de 100 MWatts. Il restitue l'équivalent de... 1 million de paires de jambes et 10 millions de paires de bras.

Traduite en termes économiques, la maigre énergie humaine a de quoi effrayer. Considérons un travailleur au SMIC (1 457,52 € brut par mois sur base de 35 heures par semaine[6]) délivrant en moyenne une puissance de 50 Watts 220 jours (de 8 heures) par an. En tout et pour tout, il restituera annuellement à son employeur un modeste 88 kWh pour la somme modique de 17 490 € soit environ 200 €/kWh à comparer aux 0,15 €/kWh que facture EDF. Pour ses seules tâches électriques, un ménage français qui consomme en moyenne 4 113 kWh par an utilise une cinquantaine de « SMICARDS virtuels » qu'il paye charges comprises... environ 1 €/mois. L'emploi industriel fictif n'a donc jamais été aussi élevé et aussi compétitif puisqu'en 2014, 1 800 milliards de smicards virtuels ont produit 160 PWh à un coût modique.

Mais, depuis la révolution industrielle, au lieu de confier ce travail à des humains, on l'a confié à des machines ultraperformantes. Opérant 24h sur 24, elles restituent l'énergie à un coût 1 500 fois inférieur. Aussi mal payé soit-il, un humain coûtera toujours beaucoup plus qu'un euro par mois. On comprend ainsi pourquoi l'humain n'a jamais pu construire à la force de ses bras et de ses jambes un monde de croissance et pourquoi la machine à vapeur en est le point de départ.

Que de temps gagné et de vies épargnées si ce quatuor aux inventions magiques était né 5 000 ans plus tôt. Des pyramides puis des cathédrales érigées en quelques mois avec seulement quelques centaines d'ouvriers, la découverte des Amériques dès l'Antiquité, des trains reliant Athènes à Rome, internet sous l'Empire romain ? On peut effectivement en rêver.

Aujourd'hui notre monde de croissance ne gravite qu'autour de machines à vapeur ou de dynamos un peu plus sophistiquées. Le moteur des voitures, le réacteur des avions ou les turbines à gaz des centrales électriques ne sont en fait que leurs arrière-petits-enfants.

Séduit par les résultats exceptionnels de la révolution industrielle, l'économiste autrichien Joseph Schumpeter considère au début du XXe siècle le progrès technique comme un catalyseur « endogène » de la croissance. Il permettrait d'accumuler du capital à un rythme supérieur à sa dégradation. Selon Schumpeter,

5 1 CV = 736 Watts.
6 http://www.journaldunet.com/management/remuneration/smic-mensuel-et-smic-horaire.shtml

grâce à la technologie, la croissance se maintiendrait sans limite temporelle à une valeur au moins constante et, pourquoi pas, au niveau du « Graal des 3 % ».

Est-ce pour autant bien raisonnable ?

L'énergie, « aliment exogène » de la croissance

Si le capital et le travail sont les ingrédients de base de la croissance économique et la technologie le principal catalyseur endogène, l'énergie en est l'aliment exogène[7]. Car si le feu qui les alimente venait à faire défaut, les géniales inventions de Watt, Faraday, Tesla ou Gramme ne deviendraient que de froides et immobiles pièces de musée. Il n'est donc pas étonnant que depuis le début de la révolution industrielle, les machines se soient voracement nourries d'énergies primaires. Disponibles dans la nature et directement exploitables sans transformation aucune, les énergies primaires se présentent sous différentes formes (solide, liquide ou gazeuse) dans la croûte terrestre, à la surface de la Terre et dans l'atmosphère. Les principales sources sont :

1. les énergies fossiles (charbon, pétrole et gaz naturel) ;
2. l'énergie tirée des combustibles nucléaires (uranium pour l'essentiel) ;
3. l'énergie géothermique (flux de chaleur s'échappant de l'écorce terrestre) ;
4. l'énergie tirée de la biomasse (bois et huiles végétales) ;
5. l'énergie tirée du rayonnement solaire (ou énergie photovoltaïque) ;
6. l'énergie tirée du vent (éolienne) ;
7. l'énergie hydraulique (chutes d'eau, marées, vagues, courants marins).

Jusqu'à la fin du XVIIIe siècle, le bois était le principal combustible utilisé par l'Homme. Servant principalement de matériau de construction (bâtiments, meubles), il était aussi largement usité pour cuisiner et se chauffer. Le bois aurait pu continuer son histoire énergétique et « nourrir » les machines à vapeur de la révolution industrielle. Toutefois, son utilisation massive comme combustible aurait rapidement débouché sur une pénurie et conduit à l'explosion des cours. Beaucoup plus économique et possédant un pouvoir calorifique supérieur[8], le charbon devient le principal aliment des machines à vapeur et des premières centrales électriques. Son utilisation s'accélère fortement durant la seconde moitié du XIXe siècle. Un peu partout en Europe (France, Allemagne, Belgique), l'exploitation des mines de charbon se développe et génère emploi et croissance. Au début du XXe siècle, le monde de l'énergie se partage ainsi entre 50 % de bois et 50 % de charbon.

---

7 David I. Stern (2003), *"Energy and Economic Growth"* Department of Economics, Sage 3208, Rensselaer Polytechnic Institute.

8 Le pouvoir calorifique est l'énergie thermique primaire que peut restituer une masse donnée de combustible. Il s'exprime en kWh/kg. Le pouvoir calorifique du bois est ainsi de l'ordre de 3,75 kWh/kg, celui du charbon de 5 à 7,1 kWh/kg et celui du pétrole de 11,63 kWh/kg.

Le pétrole ne commence à prendre de l'importance qu'au début du XXe siècle. Il s'installe comme énergie du futur dans le bouquet énergétique durant la Première Guerre mondiale sous l'impulsion de Winston Churchill, convaincu que la propulsion au fuel, dont le pouvoir calorifique est le double de celui du charbon, donnera un avantage décisif à la Royal Navy par rapport à la flotte allemande utilisant toujours le charbon. Au cours du second conflit mondial, le pétrole sera la clé de la victoire. Pour mener à bien une guerre moderne mécanisée, il faut beaucoup de pétrole. Trois quarts des réserves mondiales sont contrôlés par les Anglais et les Américains et le quart restant par les Soviétiques. Quand les Allemands forcent les frontières de l'URSS le 22 juin 1941, l'attaque intègre un objectif clé : le pétrole d'Azerbaïdjan. Bloquée à Stalingrad, la Wehrmacht n'atteindra jamais les bords de la mer Caspienne[9].

Pourtant, le charbon restera encore la source d'énergie primaire prépondérante jusqu'à la fin des années 1950. Il ne sera devancé par le pétrole qu'au milieu des années 1960 suite à l'explosion du nombre des voitures individuelles et du transport aérien. Mais son âge d'or ne durera finalement qu'une grosse dizaine d'années. Après les deux chocs pétroliers, le pétrole devenu trop cher abandonnera progressivement ses parts de marché dans la génération électrique et le chauffage urbain. Il se spécialisera dans les transports et l'industrie, ce qui en fait aujourd'hui à la fois son originalité et sa force.

À la fin du XVIIIe siècle, l'Anglais Murdoch et les Français Lebon et Lavoisier mettent au point un procédé permettant de fabriquer un gaz de synthèse à partir de la houille. Le « gaz de ville » s'affirmera à partir du début du XIXe siècle comme source d'éclairage public et domestique. Également utilisé pour le chauffage, il restera jusqu'au milieu des années 1960 le combustible des cuisinières à gaz. Mais, très toxique, fortement explosif et incendiaire, le gaz de ville sera à l'origine de nombreux accidents dramatiques. Au milieu des années 1950, à la suite de la découverte du champ de Groningue en Hollande et du champ de Lacq en France, le gaz naturel (principalement composé de méthane) non toxique et beaucoup plus sûr va rapidement supplanter le gaz de ville. En dehors de la cuisine et du chauffage urbain, il va surtout devenir un des combustibles de base de la génération électrique en remplacement du pétrole.

En 50 ans, notre société de croissance a ainsi quadruplé sa consommation d'énergie primaire. Elle est passée de 46 PWh[10] en 1965 à 161 PWh en 2015. Pour alimenter les machines modernes de Watt, elle a « brûlé » en 50 ans près de 5 000 PWh dont 84 % de combustibles fossiles contre seulement 16 % d'énergies non fossiles.

L'intensité énergétique : un indicateur clé

Créer de la richesse ne peut se faire sans consommer beaucoup d'énergie et plus particulièrement des énergies fossiles qui représentent aujourd'hui plus

9 http://www.connaissancedesenergies.org/interview-le-role-du-petrole-dans-la-seconde-guerre-mondiale-140606

10 Rappelons qu'un PétaWattheure est égal à mille TéraWattheure et un million de GigaWattheure.

de 80 % de la consommation mondiale. Pourtant, il faut bien moins d'énergie primaire aujourd'hui qu'il en fallait jadis pour produire la même quantité de richesses.

Cette relation se mesure à l'aide de l'intensité énergétique qui est rapport instantané entre la consommation d'énergie primaire et le produit intérieur brut. Elle s'exprime en kWh/€ (ou en MWh/k€). Plus elle est faible, plus l'économie est performante puisqu'il faut moins d'énergie pour produire une quantité de richesses équivalente.

Figure 1.1 – Évolution de l'intensité énergétique depuis le début de la révolution industrielle. Elle descendra difficilement sous 1 kWh/€

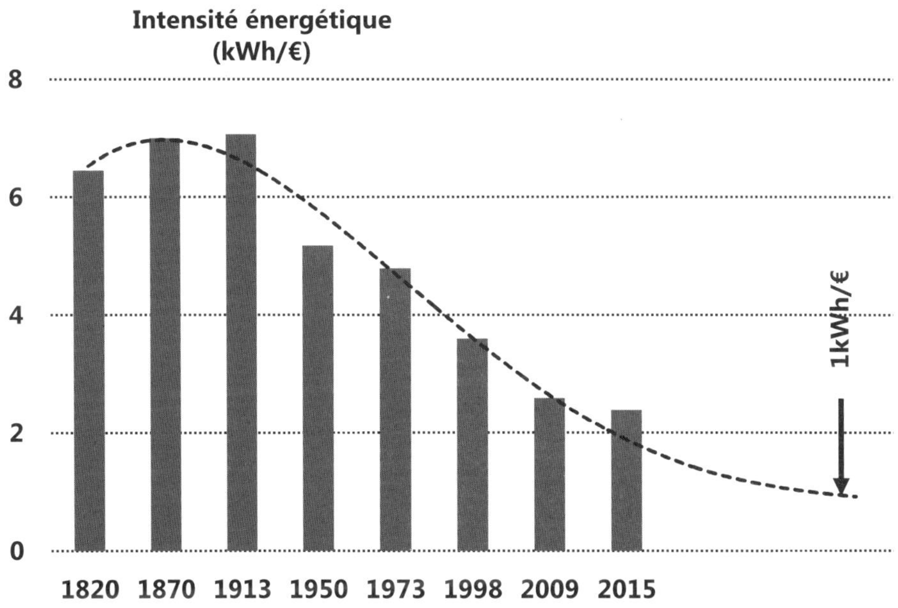

Source des données : Maddison, Banque mondiale et BP Statistical Review.

Depuis le début de la révolution industrielle, les réductions d'intensité énergétique ont été considérables (Figure 1.1). Alors qu'au milieu du XIXe siècle, il fallait plus de 7 kWh pour produire un euro de richesse, en 2015 ce chiffre était réduit à 2,4 kWh.

L'historique de l'intensité énergétique suit une courbe d'apprentissage. Elle met en évidence trois périodes économiques[11]. La première, durant laquelle l'intensité énergétique croît, correspond à la construction d'infrastructures lourdes (industrie, réseaux de transports, aménagement urbain). Survient ensuite une saturation qui se manifeste par un maximum. La période de décroissance tient

11 E. Baker, E. Bournay, B. Dessus & P. Rekacewicz (2005), « *La transition énergétique* », Le Monde Diplomatique, Janvier.

à plusieurs raisons : la consommation de matériaux de base à forte composante énergétique se stabilise, les services moins consommateurs d'énergie se développent et, grâce à la technologie, l'efficacité énergétique s'améliore. La réduction de l'intensité énergétique reflète donc à la fois une amélioration technologique, mais aussi des mutations sociétales.

Les courbes d'intensité énergétique confortent le rôle essentiel de l'innovation technologique comme moteur endogène de la croissance. Toutefois, s'il existe encore de larges marges de réduction notamment dans les pays émergents dont le modèle sociétal reste très industriel, l'intensité énergétique ne pourra à terme que converger vers un état asymptotique de l'ordre de 1 kWh/€. Il s'agit là d'une donnée essentielle de la future transition énergétique.

Le monde des énergies fossiles

Est-ce un hasard si les combustibles fossiles font appel aux trois principaux éléments de la vie : le carbone constituant de base de la matière vivante, l'hydrogène combustible du soleil sans lequel toute vie sur terre serait impossible, et enfin l'oxygène principal catalyseur du règne animal. Se « nourrissant » d'oxygène, d'hydrogène et de carbone, les énergies fossiles produisent de la chaleur à travers des réactions chimiques dites de combustion et émettent, comme résidus, respectivement de l'eau et du CO_2, ce fameux « gaz à effet de serre » principal responsable du dérèglement climatique.

Un processus de fabrication extrêmement lent

La fabrication des énergies fossiles résulte d'une recette de cuisine très longue et très sophistiquée. Elle débute par l'accumulation de débris animaux et végétaux sur le fond des océans ou de certaines étendues lacustres au rythme de quelques dixièmes de millimètre par an. Cette matière organique se mélange à une vase minérale composée de grains très fins d'argile, de sable et de calcaire. Avec le temps et le dépôt de sédiments sus-jacents, cette boue organique s'enfouit, chasse son eau, durcit et se transforme progressivement en roche. L'enfouissement s'accompagne d'une augmentation de température de l'ordre de 30 °C par kilomètre. Mais, le processus est extrêmement lent. Ainsi, faudra-t-il 10 millions d'années pour que la boue organique atteigne 1 km de profondeur et que sa température augmente de 30 °C.

C'est grâce à une « cuisson » très lente comprise entre 80 °C et 230 °C qui durera des dizaines de millions d'années supplémentaires, que la matière organique contenue dans la roche enfouie va se transformer en pétrole ou en gaz. Sous l'effet d'une température croissante, la matière organique solide se craque et se « fluidifie » en passant successivement du bitume pâteux au pétrole liquide et enfin au gaz naturel. Le résidu solide final n'est autre que de micro-amas solides de charbon disséminés dans la roche. Mais, de véritables veines de charbon ne peuvent toutefois se former qu'à partir d'une roche dont la proportion en matière organique sera largement prépondérante par rapport à sa fraction minérale, ce qui n'est pas le cas des roches pétrolifères et gazières principalement d'origine marine. Pour ce faire, de grandes quantités de débris végétaux (des arbres et des plantes de grande dimension) devront être accumulées au sein d'une couche d'eau peu profonde appelée tourbière. Un processus d'enfouissement et de cuisson très semblable à celui décrit pour le pétrole et le gaz conduit à température croissante à la formation de composés de plus en plus riche en carbone : la tourbe, le lignite, la houille et enfin l'anthracite. Mais le processus génère aussi du gaz naturel appelé « gaz de houille » mieux connu sous le nom profane de « grisou ».

Compte tenu de leur durée de fabrication, les énergies fossiles constituent un stock fini non renouvelable à l'échelle humaine. N'en déplaise à Schumpeter, l'innovation technologique ne peut donc justifier une croissance infinie dans la mesure où elle se nourrit goulûment de ressources fossiles finies. Notre modèle de croissance économique serait-il donc condamné à court terme, faute du feu des énergies fossiles ? Et ce stock, au rythme où nous l'épuisons, peut-il encore soutenir longtemps notre croissance ?

Un stock encore très bien garni

La fin des énergies fossiles, et plus particulièrement celle du pétrole et du gaz, est un mythe très populaire utilisé à la fois par les consommateurs et les producteurs pour justifier soit le développement de nouveaux gisements soit l'ajustement des prix. Dès les années 1930 alors que l'histoire du pétrole commençait à peine, certains auteurs en prédisaient déjà la fin. Au début des années 1960, le célèbre Club de Rome exprimait son pessimisme dans un document resté célèbre et intitulé « les limites de la croissance ». Alors qu'en est-il réellement ?

À l'aube de la révolution industrielle, la planète recelait 15 000 PWh de combustibles fossiles répartis en une moitié de charbon, un tiers de pétrole et 20 % de gaz. Fin 2014, si un tiers de ces ressources initiales avait été consommé, la distribution du stock restant (52 % de charbon, 29 % de pétrole, 19 % de gaz) n'avait pas varié.

Les ressources fossiles sont par ailleurs réparties de manière très hétérogène sur l'ensemble de la planète. Le Moyen-Orient recèle près de la moitié des réserves de pétrole et 43 % des réserves de gaz naturel, la Russie 29 % des réserves gazières et charbonnières ainsi que 8 % des réserves pétrolières. L'Amérique du Nord est à la fois charbonnière (27 % des réserves mondiales), pétrolière (15 % des ressources mondiales) et gazière (6 % des ressources mondiales). L'Asie est pauvre en pétrole, mais riche en charbon (32 % des réserves mondiales). Enfin, l'Afrique et surtout l'Europe font figure de parents pauvres. L'Europe ne possède que 6 % du charbon, 2 % du gaz et... 1 % du pétrole.

Les réserves mondiales de combustibles fossiles sont donc largement distribuées hors OCED dans des régions particulièrement instables (Moyen-Orient) et dans des pays dirigés par des régimes autoritaires (Pétromonarchies du Golfe, Venezuela, Fédération de Russie, Chine).

Une demande qui s'accélère, mais évolue peu en qualité

En 50 ans, la consommation d'énergie fossile a plus que triplé. Au cours de la même période, leur part dans le mix énergétique n'a que faiblement diminué passant de 89 % en 1965 à 82 % en 2016. Après le déplacement du bois vers le charbon au XIXe siècle, les *Trente Glorieuses*[12] furent les témoins d'une seconde transition du charbon vers le pétrole. Depuis le début des années 1960, la courbe de consommation d'énergie fossile comporte trois grandes périodes (Figure 1.2) :

Figure 1.2 – Évolution des parts respectives du charbon, du pétrole et du gaz dans le mix primaire depuis 1965

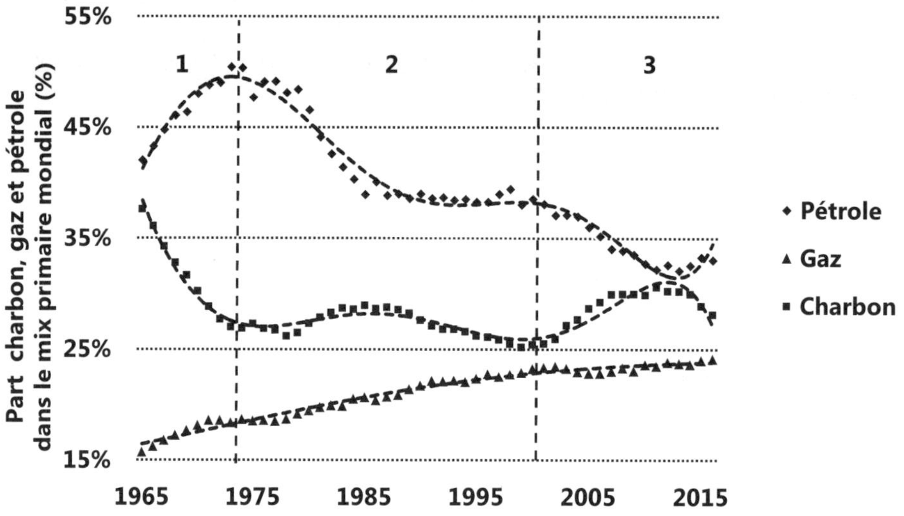

Source des données : BP Statistical Review.

1. La croissance économique inédite des pays de l'OCDE durant les Trente Glorieuses est rendue possible grâce à un pétrole quasi gratuit. En 1975, il couvre la moitié de la consommation mondiale. Dans le même temps, la part du charbon s'effondre. C'est l'apogée du plein emploi dans les pays développés.

2. Les deux chocs pétroliers marquent une rupture brutale de la consommation d'or noir. L'augmentation vertigineuse des prix amorce pour les pays de l'OCDE une période endémique de chômage et de dettes souveraines. Durant cette période, le gaz, le nucléaire et l'hydroélectrique s'imposent dans le mix électrique tandis que le pétrole devenu trop cher s'en détache progressivement.

12 Les « Trente Glorieuses » désignent la période de forte croissance économique et l'amélioration des conditions de vie qu'a connue la grande majorité des pays développés entre 1946 et 1975. L'expression a été introduite par Jean Fourastié en 1979. https://fr.wikipedia.org/wiki/Trente_Glorieuses

Entre 1974 et 2000, la France va ainsi augmenter de façon spectaculaire sa part de nucléaire. Elle représente aujourd'hui les trois quarts de sa production électrique. Le gaz naturel dont l'utilisation est restée marginale durant la première moitié du XXe siècle voit sa part de marché croître de façon continue, passant de 15 % en 1965 à 22 % en 2000.

3. Au début des années 2000, on assiste à une forte reprise de la croissance de la consommation d'énergie portée cette fois par les pays émergents dont la production électrique repose principalement sur le charbon. Alors que la part de la « gaillette » augmente, celle du pétrole continue de s'éroder tandis que celle du gaz stagne.

Figure 1.3 – Évolution de la part non-OCDE du charbon, du pétrole et du gaz

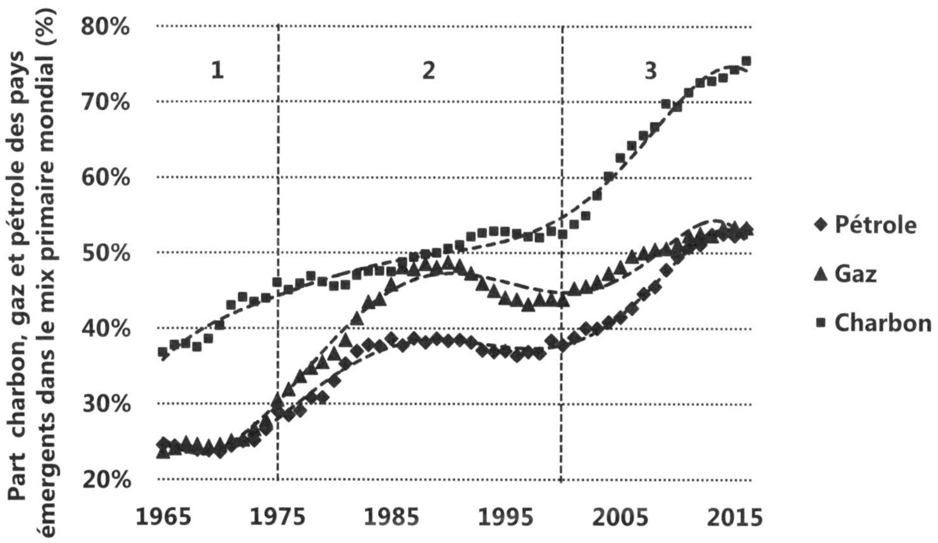

Source des données : BP Statistical Review.

Cela nous conduit en 2016 à un mix primaire composé de 31 % de pétrole, de 28 % de charbon et de 23 % de gaz. Le nucléaire et d'hydroélectrique en représentent 6 %, la biomasse (incluant le bois, encore largement utilisé dans les sociétés traditionnelles africaines) 9 % et les renouvelables (solaire et éolien pour l'essentiel) 3 %.

En 50 ans, les choses n'ont donc pas fondamentalement changé. Les combustibles fossiles continuent de dominer sans partage le monde de l'énergie et c'est « en famille » qu'ils ont pour l'instant géré les transitions.

Si la part globale des énergies fossiles ne s'est guère réduite, leur distribution géographique a par contre été bouleversée (Figure 1.3). En 1965, les pays émergents ne consommaient que 30 % des énergies fossiles. En 2016, ils comptaient pour 60 % de la consommation mondiale d'énergie et utilisaient 52 % du pétrole, 53 % du gaz et 75 % du charbon.

Vu leur niveau de consommation actuel et leurs faibles perspectives de croissance, les pays de l'OCDE ne pèsent plus significativement sur l'avenir énergétique de la planète. Les clés sont aujourd'hui dans les mains des pays émergents dont les économies fortement industrielles auront besoin d'énergie fossile pour asseoir leur croissance et leur développement. S'il se justifie sur le plan moral, l'argument souvent avancé que ce sont aux pays de l'OCDE de résoudre le problème climatique n'a aucune chance d'aboutir sur le plan pratique. Un point essentiel sur lequel nous reviendrons de façon récurrente dans la suite de l'ouvrage.

Une rupture offre/demande est-elle possible ?

Au rythme de la demande actuelle, l'épuisement des stocks identifiés de pétrole et de gaz surviendrait aux environs de 2070, des valeurs très pessimistes. En y rajoutant une partie seulement des immenses ressources de gaz et pétroles de schiste (États-Unis, Argentine, Russie Chine, Algérie) et de pétroles lourds (Canada et Venezuela), on différerait l'épuisement aux environs de 2120 (Figure 1.4).

Mais, calculer la durée de vie d'un stock sur la base de la demande actuelle ne rend pas compte d'une possible rupture offre/demande qui dans tous les cas surviendra bien avant l'épuisement des ressources. Des combustibles fossiles exploitables, mais stockés dans l'écorce terrestre ne signifient pas pour autant qu'ils puissent instantanément remplir le réservoir de votre voiture, produire de l'électricité ou vous chauffer l'hiver. Une possible rupture entre l'offre et la demande ne repose donc pas sur l'évaluation des ressources, mais sur le rythme auquel l'industrie extractive sera apte (ou pas) à les produire.

À la fin des années 1950, le géologue américain King Hubbert a proposé un modèle mathématique permettant de prévoir la production à partir des réserves ultimes[13]. Il se présente sous la forme d'une courbe « en cloche » dont la partie croissante correspond à des ressources réputées faciles, bon marché et rapides à développer, tandis que la partie décroissante correspond à des ressources difficiles, coûteuses à développer et donc beaucoup plus longues à mettre en production.

En utilisant ce modèle, on peut montrer sur la base des réserves actuelles que la courbe de production de chacun des trois combustibles fossiles présente un pic de production : 2025 pour le pétrole (Figure 1.4), 2040 pour le gaz et 2050 pour le charbon. Si l'on prend en compte les ressources en pétrole et en gaz de schistes, les pics pétrolier et gazier seraient alors différés aux environs de 2050.

---

13 http://www.hubbertpeak.com/laherrere/multihub.htm

Figure 1.4 – Prévision des dates d'épuisement et des « pics » fossiles à partir du modèle de KH Hubbert

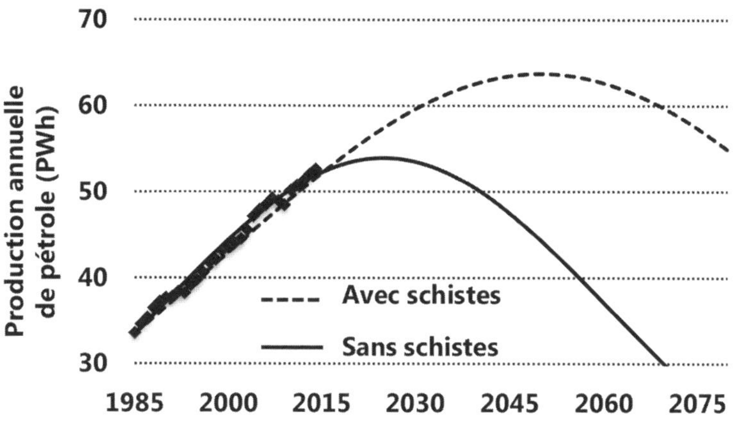

		Pic de production	Épuisement des ressources
Pétrole	Ressources 2015	2025	2071
	Ressources 2015 + schistes	2045	2120
Gaz	Ressources	2040	2068
	Ressources 2015 + schistes	2050	2121
Charbon	Ressources 2015	2050	2126

Source des données : BP Statistical Review.

Malgré une abondance apparente de ressources, les combustibles fossiles sont de plus en plus complexes à exploiter et donc à produire. Les prophéties du genre « des combustibles fossiles il y en a pour des centaines d'années » sont trompeuses, car elles confondent ressources et production des ressources. La proximité des pics (même s'il s'agit de pics assez plats) se compte en quelques dizaines d'années, guère plus.

Les effets indésirables des combustibles fossiles

Croissance, combustibles fossiles et thermodynamique

Il n'y a d'autre vérité que celle de l'Univers. L'Univers ne peut être qu'un concept philosophique puisqu'il n'est associé à aucune métrique. Il n'a pas de début, pas de fin, pas de longueur, pas de surface, pas de volume, il n'est rempli de rien, mais sa masse est infinie. Quand bien même on lui attribuerait un âge, ou une taille, il resterait un concept inextricable dans la mesure où tout élément de réponse le concernant induirait une question nouvelle.

L'Univers se serait formé il y a 14 milliards d'années suite à l'explosion instantanée d'une quantité infinie d'énergie concentrée en une masse infiniment petite. Ce fameux « Big Bang » s'explique donc bien par la coexistence de concepts non métriques : instantané, masse infiniment petite, énergie infiniment grande. L'Homme moderne n'a pourtant pas renoncé à intégrer l'Univers dans une métrique cohérente. Il invente des unités toujours plus petites (le micron, l'Angström). Quand il croit avoir trouvé l'unité de matière (l'atome qui signifie en grec « insécable »), il découvre les particules qu'il qualifie d'élémentaires. Hélas, à chaque réponse trouvée vient se greffer une nouvelle question. Il est pris dans un cycle infernal. À court d'explication, il se tourne vers le spirituel en proposant une explication déiste de l'Univers. Toute dogmatique qu'elle soit, elle est aussi édifiante quant à l'absence de métrique : Dieu est infiniment grand, infiniment bon. Ayant toujours existé il a une durée de vie illimitée. Mais, ce système immuable de vérités imposées à un monde statique n'apporte à terme aucune réponse satisfaisante. Jamais nous ne saurons ce que « Dieu a dans la tête ».

Fort heureusement, si l'Univers est non mesurable, les lois qui régissent son fonctionnement sont parfaitement transposables dans un espace métrique. D'autre part, les lois de l'Univers s'opposent au hasard. Il s'agit de concepts reproductibles pour lesquels des causes identiques génèrent les mêmes effets. A priori, ces lois semblent innombrables. Pourtant, pour qui veut regarder les choses de plus près, la physique obéit à quelques lois générales parmi lesquelles les deux principes de la thermodynamique occupent une place à part.

Et ce n'est pas un hasard si ces deux principes sont nés, à l'aube de la révolution industrielle, de réflexions menées sur le fonctionnement des machines thermiques. Ils complétèrent sur le plan théorique les inventions de Watt, Faraday, Tesla et Gramme. Parmi les principaux « apprentis sorciers » il convient de citer le génie du Français Sadi Carnot[14], de l'Allemand Rudolf Clausius et du Britannique William Thomson anobli en Lord Kelvin. Un « projet européen » avant l'heure.

Le premier principe de la thermodynamique est un principe de **conservation.** Il stipule qu'au cours d'une transformation quelconque, l'énergie échangée se conserve et ce indifféremment de la nature des énergies échangées, qu'il s'agisse de chaleur, de travail mécanique, d'énergie chimique ou d'électricité. Selon le premier principe, toutes les énergies seraient donc substituables entre elles, sans distinction ni perte. Ainsi pourrait-on brûler un litre de pétrole pour générer de l'électricité puis retransformer les kWh produits en

14 Nicolas Léonard Sadi Carnot est l'oncle de Marie François Sadi Carnot aussi appelé Sadi Carnot et qui fut président de la IIIe République de 1887 à 1894 (assassiné à Lyon par l'anarchiste Sante Geronimo Caserio).

essence. Miraculeusement, le premier principe nous offrirait à la sortie une quantité d'essence égale au pétrole brûlé. Le stock de combustibles fossiles resterait constant et son utilisation serait illimitée dans le temps. La réalité est évidemment bien différente. Le premier principe ne peut expliquer à lui seul les transformations.

Pour s'en convaincre, il suffit de réaliser l'expérience très simple qui consiste à frotter vigoureusement la couture de son pantalon avec son index. Sous l'effet du frottement, le doigt et le pantalon chauffent. On transforme donc aisément l'énergie mécanique du doigt en chaleur. La transformation inverse, à savoir récupérer la chaleur dissipée sur le pantalon pour mouvoir son doigt s'avère par contre impossible. L'opération marche dans un sens, mais pas dans l'autre. On dit qu'elle est **irréversible**.

Au premier principe de conservation, il est donc nécessaire de rajouter un second principe de **qualité** qui différencie l'énergie noble facilement substituable (l'énergie mécanique) de l'énergie dégradée (la chaleur). Irréversibilité et qualité ont été traduites mathématiquement par Rudolf Clausius grâce à une fonction d'état appelé « entropie ». D'une façon plus générale, le second principe de la thermodynamique traduit la dégradation irréversible des systèmes (on parle aussi de **dissipation**) à basse entropie vers des systèmes à haute entropie. Ainsi, en brûlant des énergies fossiles pour mouvoir une voiture, propulser un avion, chauffer un appartement ou produire de l'électricité, la réaction de combustion transforme des substances faiblement entropiques (les énergies fossiles) en substances fortement entropiques (l'eau et le CO_2).

L'économiste roumain Nicholas Georgescu-Roegen[15] fut, au début des années 1970, le premier à utiliser le second principe de la thermodynamique à des fins économiques. Selon lui, la croissance économique est un processus hautement dissipatif qui transforme de façon irréversible des ressources naturelles finies et de faible entropie en déchets à haute entropie. Sources de dégradation du biotope et d'altération de l'écosystème, ces déchets représentent à moyen terme, s'ils ne sont pas correctement traités, un risque environnemental majeur.

Une prise de conscience environnementale très progressive

En 1971, G. Eldin[16], alors secrétaire général de l'OCDE, jette un pavé dans la mare. Il considère que la croissance économique est susceptible de générer une « série de phénomènes indésirables tels que la dégradation de la biosphère ou la pollution de l'air et de l'eau ». Il décrit également avec une surprenante modernité que « les émissions de dioxyde de carbone seront pour les générations futures un

15 Georgescu-Roegen N. (1971), *The Entropy Law and the Economic Process*. Traduction du chapitre 1 en français dans *La décroissance – Entropie – Écologie – Économie*, éd. 2006, ch. I, p. 63-84.

16 G. Eldin (Options Méditerranéennes - 9 - Oct. 1971), « Prise de conscience des problèmes de l'environnement à l'échelon international », http://ressources.ciheam.org/om/pdf/r09/CI010438.pdf.

énorme défi. Ses conséquences climatiques pourraient faire basculer dans l'insécurité (habitat, alimentation, accès à l'eau) des millions de personnes et engendrer des centaines de milliards de dollars de préjudices à l'économie mondiale ».

Car, pour déplacer des voitures, propulser des avions, chauffer des appartements ou produire de l'électricité, la croissance se nourrit goulûment d'énergies fossiles. Non seulement le processus consomme de façon irréversible des ressources finies non renouvelables, mais, de surcroît, rejette dans l'atmosphère des déchets (ou CO_2) source d'altération de l'écosystème et de dérèglements climatiques. Car, si en faible proportion dans l'atmosphère, le CO_2 agit un peu comme le verre à l'intérieur d'une serre (d'où le nom de « Gaz à Effet de Serre ») et maintient la surface de la Terre à une température pour que la vie puisse s'y développer, tout excès dérègle le climat. Il est aujourd'hui reconnu que la combustion des énergies fossiles a été depuis le début de la révolution industrielle le principal contributeur à l'augmentation de CO_2 dans l'atmosphère. En 50 ans, sa concentration s'est accrue de 20 %. Mais, à teneur énergétique équivalente, toutes les énergies fossiles ne contribuent pas de la même façon. Plus un combustible fossile contient du carbone, plus il émet de CO_2. Ainsi, le pouvoir d'émission du charbon est-il 75 % supérieur à celui du gaz naturel qui apparaît de loin comme l'énergie fossile la moins émettrice (Figure 1.5).

Figure 1.5 – Émissions de dioxyde de carbone des combustibles fossiles

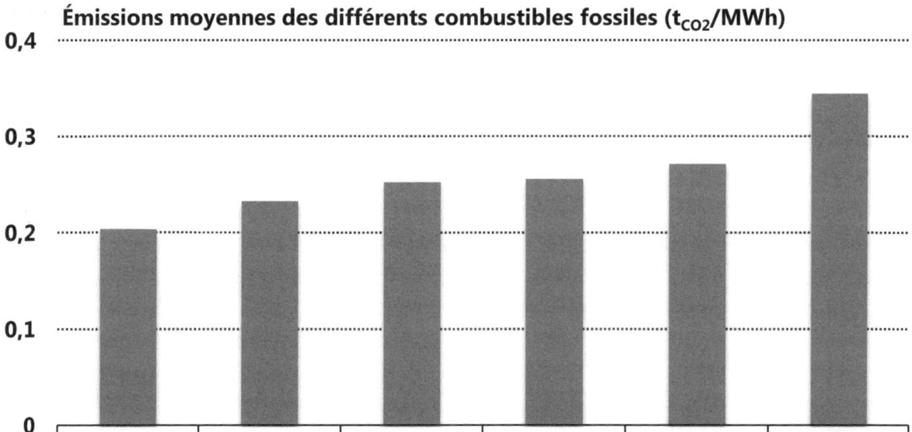

Gaz naturel	GPL	Essence	Gazole	Fioul	Charbon
0,204	0,233	0,253	0,256	0,272	0,345

L'équation de Kaya[17] est une expression mathématique qui corrèle impacts environnementaux avec facteurs démographiques, économiques et technologiques.

17 Yoichi Kaya et Keiichi Yokobori, Environment, energy, and economy : strategies for sustainability : Tokyo conference on Global Environment, Energy and Economic Development (1993), United Nations Univ. Press, Tokyo, 1997, 381 p.

Elle permet de calculer l'intensité CO_2 d'un individu[18] (tonnage annuel moyen de GES émis par un terrien) de la façon suivante :

$$\frac{t_{CO2}}{hab} = \underset{1}{\frac{t_{CO2}}{MWh}} * \underset{2}{\frac{MWh}{k€}} * \underset{3}{\frac{k€}{hab}}$$

1. est le pouvoir d'émission moyen du mix fossile. Il s'exprime en t_{CO2}/MWh et se calcule aisément en pondérant les pouvoirs d'émissions élémentaires (Figure 1.5) du charbon, du pétrole et du gaz[19] ;
2. est l'intensité énergétique qui s'exprime en MWh/k€ (ou en kWh/€) ;
3. le PIB/hab. qui s'exprime en k€ par habitant.

L'équation de Kaya permet d'analyser l'évolution de l'intensité CO_2 au cours des 50 dernières années (Figure 1.6). Croissance oblige, elle reproduit fidèlement les trois périodes décrites dans les Figure 1.2 et Figure 1.3 :

1. Une forte croissance de l'intensité en CO_2 avant le premier choc pétrolier. À l'époque l'intensité énergétique est supérieure à 4 MWh/k€ tandis que le revenu par terrien s'accroît en moyenne de 2,6 % par an. Il est exclusivement porté par les pays de l'OCDE.
2. Les deux chocs pétroliers marquent une rupture de la croissance. Entre 1974 et 2000, le revenu par terrien n'augmentera plus en moyenne que de 1,4 % par an. On assiste durant cette période à une réduction spectaculaire de l'intensité énergétique et du pouvoir d'émission moyen notamment dû au déplacement du mix électrique mondial du pétrole et du charbon vers le gaz et le nucléaire. Durant cette période, l'intensité en CO_2 par terrien stagne.
3. Au début des années 2000, la forte croissance économique tirée par les pays émergents se traduit par une très forte augmentation de l'intensité en CO_2, et ce malgré une nouvelle chute spectaculaire de l'intensité énergétique. Le mix évoluant de façon inattendue en faveur du charbon, le pouvoir d'émission moyen stagne durant cette période.

Très pédagogique dans sa formulation, l'équation de Kaya met en évidence de façon très claire les principaux leviers de réduction de l'intensité en CO_2 : une croissance raisonnable et des prix élevés encourageant d'une part la réduction de l'intensité énergétique, de l'autre un déplacement des combustibles fossiles à pouvoir d'émission élevé (pétrole, charbon) soit vers des combustibles à émission inférieure (gaz) ou à émission nulle (hydroélectrique, nucléaire, renouvelables). En revanche, la période 3 montre qu'une nouvelle

---

18 Le fait de normer les émissions globales et d'utiliser l'intensité CO_2 par habitant permet de s'affranchir de l'effet démographique.

19 $$\frac{CO_2}{MWh} = \frac{\left[\frac{CO_2}{MWh}\right]_{charbon} * MWh_{charbon} + \left[\frac{CO_2}{MWh}\right]_{pétrole} * MWh_{pétrole} + \left[\frac{CO_2}{MWh}\right]_{gaz} * MWh_{gaz}}{MWh_{total}}$$

réduction substantielle de l'intensité énergétique ne parvient pas à résister à la croissance effrénée des économies émergentes qui vivent un peu aujourd'hui leurs trente glorieuses.

Figure 1.6 – Haut gauche : intensité CO_2 et PIB/hab. Haut droite : intensité énergétique et pouvoir d'émission. Bas : paramètres 2016 pays OCDE (gauche) et pays non OCDE (droite)

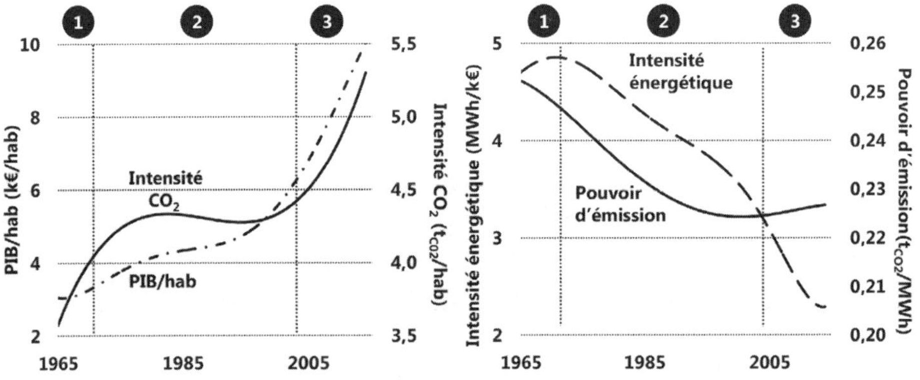

Pays OCDE			
Pétrole	Gaz	Charbon	Fossiles
47%	47%	25%	40%
Émissions CO_2		%	38%
Intensité énergétique		MWh/k€	1,5
Intensité CO_2		t_{CO2}/hab	9,8
Pouvoir d'émission		t_{CO2}/MWh	0,2
PIB/hab		k€/hab	33

Pays non OCDE			
Pétrole	Gaz	Charbon	Fossiles
53%	53%	75%	60%
Émissions CO_2		%	62%
Intensité énergétique		MWh/k€	3,5
Intensité CO_2		t_{CO2}/hab	3,45
Pouvoir d'émission		t_{CO2}/MWh	0,23
PIB/hab		k€/hab	4.2

Source des données : Banque mondiale et BP Statistical Review.

Le levier de l'intensité énergétique qui consiste à « produire autant voire davantage de richesses avec moins d'énergie » couvre bien évidemment l'ensemble des thématiques liées à l'efficacité énergétique. Les solutions sont techniques, mais aussi comportementales. Les chiffres sont particulièrement parlants. Si l'on réduisait instantanément l'intensité énergétique mondiale (2,3 MWh/k€) à celle de l'Europe (1,4 MWh/k€), on ramènerait instantanément les émissions globales de CO_2 à celles de 1970 et l'on ferait mieux que les objectifs déclinés lors de la COP21[20].

Du mix énergétique au mix électrique

Contrairement aux énergies primaires (bois, pétrole, gaz, charbon, atome, vent ou soleil) disponibles dans la nature et directement utilisables sans transformation, l'électricité est une énergie secondaire fabriquée à partir d'énergie

20 Voir chapitre 6.

primaire via un procédé de transformation. Par exemple, dans une centrale thermique on brûle du charbon pour chauffer de l'eau et produire de la vapeur. Cette dernière fait alors tourner une turbine qui elle-même entraîne l'arbre d'un alternateur qui produit en sortie de l'électricité. Cette transformation ne se fait pas sans perte. Le rapport entre la quantité d'énergie primaire injectée et la quantité d'énergie électrique secondaire récupérée s'appelle rendement du cycle électrique. Il est grosso modo égal à 39 % ce qui signifie que 61 % de l'énergie primaire injectée dans le procédé est irrémédiablement perdue dans le processus de transformation. La valeur énergétique du mix secondaire est grosso modo égale à la valeur du mix primaire moins les pertes générées lors de la génération électrique.

Principaux usages des énergies primaires

Si les activités conditionnées par l'énergie sont diverses et variées, les usages peuvent se décomposer en cinq catégories principales : les transports, le résidentiel (immeubles domestiques et professionnels), l'industrie, la transformation et la génération électrique (Figure 1.7).

Figure 1.7 – Mix[21] primaire mondial selon usage. Les « non-fossiles » incluent le nucléaire, l'hydroélectrique, la biomasse, l'éolien et solaire

Usage	Charbon	Pétrole	Gaz	Non fossiles	% mix
Transports	0%	92%	2%	6%	19%
Résidentiel	7%	16%	32%	45%	15%
Industrie*	43%	19%	31%	7%	22%
Transformation	9%	74%	17%	0%	7%
Électricité	47%	5%	22%	26%	37%

* Inclut l'énergie propre des industries énergétique et les pertes durant l'extraction et le transport

Source des données : IEA Energy Outlook.

- Les transports consomment 19 % du mix primaire global. Ils sont presque exclusivement une « affaire de pétrole » qui représente 92 % du marché. La transition dans les transports se fera donc davantage via une réduction de la consommation que par un déplacement massif vers d'autres énergies.
- Le résidentiel (chauffage, cuisine) consomme 15 % du mix primaire global. Il est largement dominé par le gaz dans les pays de l'OCDE et la biomasse (c'est-à-dire le bois !) dans les pays émergents. Par contre le charbon et le pétrole sont de moins en moins utilisés dans le résidentiel où ils ne représentent plus que le quart du marché.
- L'industrie consomme 22 % du mix primaire. La sidérurgie, le ciment, la chaux, et le verre sont des industries particulièrement énergétivores. Elles

21 Il s'agit bien de la part que prend chacune des énergies primaires dans chacun des usages et non dans le mix primaire global. Ainsi lire « le pétrole représente 92 % de part de marché dans les transports » et non « les transports utilisent 92 % du pétrole ».

couvrent leurs besoins énergétiques en utilisant massivement du charbon et du gaz qui représentent à eux seuls les trois quarts du marché. Le complément est assuré par le pétrole et la biomasse.

- La pétrochimie transforme des hydrocarbures (pétrole et gaz) en plastiques. Elle consomme 7 % du mix global. Cette partie du mix énergétique ne peut être ni déplacée ni réduite dans la mesure où il s'agit essentiellement d'une utilisation chimique et non pas énergétique des combustibles fossiles. Le pétrole occupe les trois quarts du marché.
- Parmi tous les usages, la génération électrique occupe une place à part puisqu'il s'agit de transformer de l'énergie primaire en énergie secondaire. La production électrique consomme 37 % du mix primaire global. Autrement dit, sur les 161 PWh d'énergie primaire consommés en 2014, 61 PWh ont été « injectés » à l'entrée des centrales électriques. Et pourtant, ces dernières n'ont fourni en sortie que 24 PWh d'électricité, soit un rendement moyen de 39 %[22]. D'où l'aberration d'utiliser de l'électricité fabriquée à l'aide de combustibles fossiles pour des usages qui pourraient directement utiliser ces énergies fossiles. Ainsi est-il absurde de chauffer un appartement ou de conduire une voiture qui utilise de l'électricité fabriquée à partir de charbon, de gaz ou de pétrole. Il sera trois fois plus efficace d'utiliser une voiture fonctionnant à l'essence ou au diesel et une chaudière au gaz.

On comprend à travers cet inventaire des usages les raisons du succès des énergies fossiles en général, de celle du pétrole en particulier. Contrairement aux énergies non fossiles dont l'usage se restreint à la production électrique, le charbon, le gaz et surtout le pétrole sont capables d'accompagner une multitude de biens et de services domestiques ainsi que de multiples applications industrielles.

Historique du mix électrique

En trente ans, la consommation mondiale d'électricité a été multipliée par 2,5. Comme pour la consommation d'énergie primaire, la situation s'est inversée sans surprise au début des années 2000. En 1985, les pays développés consommaient 65 % de la production mondiale d'électricité. En 2015 ils ne comptaient plus que pour 45 %. L'évolution du mix électrique depuis le début des années 1960 reproduit en filigrane les trois périodes de la Figure 1.2.

Durant les Trente Glorieuses, le pétrole entre en force dans le mix électrique aux dépens du charbon, mais, son utilisation sera de courte durée. Dès le premier choc pétrolier, sa part décline dans les pays de l'OCDE au profit du nucléaire qui va croître de façon continue.

À partir du début des années 1990, le gaz naturel effectue une percée spectaculaire passant en dix ans de 10 % à 20 %. Suite à la catastrophe de Tchernobyl, la croissance du nucléaire se ralentit.

22 Source des données : International Energy Agency.

Enfin, au début des années 2000, la croissance des pays émergents conforte le gaz et surtout le charbon tandis que la part des non-fossiles décline, la croissance des renouvelables ne parvenant pas à enrayer la chute du nucléaire surtout après la catastrophe de Fukushima. Fin 2015, 40 % de l'électricité produite dans le monde était d'origine charbonnière, 23 % d'origine gazière, 5 % d'origine pétrolière et 32 % d'origine non fossile dont 16 % d'hydroélectrique, 11 % de nucléaire et 5 % pour l'ensemble biomasse+éolien+solaire. Déplacer les énergies fossiles à la base de la production électrique vers des énergies non fossiles représente le premier grand défi de la transition énergétique.

Mix secondaire et usages finaux

La quantité d'énergie secondaire effectivement consommée en 2015 a été de 124 PWh (161 PWh d'énergie primaire moins 37 PWh dissipés dans la production d'énergie électrique). Dans le mix secondaire, l'électricité intervient cette fois comme source d'énergie et non plus comme usage (Figure 1.8). En dehors de déplacements d'énergies primaires au sein du mix électrique lui-même, ce sont vers les usages où l'électricité intervient massivement (résidentiel, industrie) qu'il faut rechercher les leviers de la transition. Ainsi le charbon, le pétrole, voire le gaz naturel qui représentent 37 % du résidentiel (essentiellement du chauffage et de l'eau chaude) pourraient être partiellement remplacés par du chauffage électrique à condition bien entendu que l'électricité soit fabriquée à partir d'énergies non fossiles. Plus complexe serait d'utiliser l'électricité à base d'énergies non fossiles en substitution du charbon, du pétrole et du gaz dans de nombreuses applications industrielles (fonte des métaux, fours de cimenterie, fabrication du verre).

Figure 1.8 – Mix secondaire selon usage

Usage	Charbon	Pétrole	Gaz naturel	Biomasse	Électricité	% mix
Transports	0%	92%	4%	3%	1%	29%
Residentiel	5%	11%	21%	31%	32%	31%
Industrie*	32%	12%	22%	7%	27%	30%
Transformation	9%	72%	12%	1%	6%	10%

* Inclut l'énergie propre des industries énergétiques ainsi que les pertes durant l'extraction et le transport.

La partie entourée de pointillés pourra être préférentiellement déplacée vers l'électricité.
Source des données : IEA Outlook 2016 et BP Statistical Review 2016.

Conclusion

En catalysant la société moderne vers des objectifs de croissance et de développement, Watt, Faraday, Tesla et Gramme ont un peu joué aux apprentis sorciers, oubliant au passage que leurs géniales inventions se nourriraient voracement du feu des hommes de la préhistoire. En tant que principal aliment de la croissance, le « parti des énergies fossiles » a permis à l'humanité de vivre depuis le début de la révolution industrielle une presque anomalie historique. Réélu en 2017 avec plus de 80 % des voix, il continue de régner sans partage sur notre société moderne. Aucune opposition crédible ne s'est montrée capable de lui contester ce pouvoir qu'il détient de façon insolente depuis plus de deux siècles. En profitant de la situation conjoncturelle issue des deux chocs pétroliers, le « parti du nucléaire » a bien tenté une percée au début des années 80. Mais, trop spécialisé dans la production d'électricité et surtout rapidement enlisé dans les « affaires » (Tchernobyl en 1985 puis Fukushima début 2011) son score stagne à peine au-dessus des 5 %. Enfin, le « parti des renouvelables » même s'il a la sympathie de tous, éprouve chaque année de grandes difficultés à rester dans la course. Pire, le patriarche charbon, que certains avaient déjà enterré, reprend chaque année des couleurs et pourrait, ironie de l'histoire, redevenir dans un avenir proche la première source d'énergie primaire.

Aucun parti organisé et crédible ne semble capable, à moyen terme, de contester le pouvoir des énergies fossiles. Tout semble aujourd'hui indiquer qu'elles resteront, au cours des prochaines décennies, la base alimentaire de notre croissance.

Et pourtant, les indicateurs environnementaux sont au rouge. Sans changement profond dans notre mix énergétique primaire, nous nous dirigeons allègrement vers une augmentation de 5 °C à l'horizon 2100 avec toutes les conséquences climatiques, économiques et sociales que cela sous-entend. Il y a donc urgence à réagir.

Durant les Trente Glorieuses, les pays de l'OCDE ont construit leur croissance sur une énergie quasi gratuite. Mais, dès le premier choc pétrolier, leur modèle économique a été mis à mal. Ils ont alors dû adapter leur politique énergétique. Les années 1980 et 1990 doivent nous servir d'exemple. C'est durant cette période que l'intensité énergétique a été fortement réduite et qu'une transition, certes beaucoup trop timide, des énergies fossiles vers les énergies non fossiles s'est amorcée. Mais, au début des années 2000, la croissance frénétique des pays émergents est venue occulter ces progrès substantiels. On a un peu, sans s'en rendre compte, réactivé le modèle des Trente Glorieuses sur la partie de la planète précédemment laissée pour compte.

Vu leur niveau de consommation actuel, leurs faibles perspectives de croissance et les progrès impressionnants déjà réalisés en termes d'intensité énergétique, les pays de l'OCDE ne détiennent plus les clés pour peser significativement sur l'avenir énergétique de la planète. Elles sont aujourd'hui clairement dans les mains des pays émergents. En 2016, ils ont consommé 60 % des combustibles fossiles, dont 75 % du charbon et 55 % du pétrole. Leur intensité énergétique est en moyenne deux à trois fois supérieure à celle des pays de l'OCDE. Dans les décennies futures, cette situation ne fera que s'accentuer. S'il se justifie sur le plan moral, l'argument souvent avancé que les pays de l'OCDE doivent au nom de leur passé résoudre le problème climatique est un non-sens.

Comment réagir face à la tendance actuelle qui nous entraîne tout droit vers des dérèglements climatiques majeurs ? Que faire face à cet infernal cercle vicieux croissance/énergies/climat ? Quels objectifs crédibles et quelles stratégies pour y arriver ? Dans un contexte irréversible de croissances démographique et économique, seule une nouvelle réduction de l'intensité énergétique et un déplacement volontaire du mix des combustibles à haut pouvoir d'émission (charbon) vers des combustibles à pouvoir plus faible (gaz), voire nul (nucléaire ou renouvelables), restent le seul levier du salut. Il n'y en a pas et il n'y en aura pas d'autres.

Approchée de façon politique et sectaire par des écologistes idéologues plaidant pour « une transition de pénurie et une société de récession »[23], la transition énergétique n'a aucune chance d'aboutir. Pas plus d'ailleurs qu'abordée de manière doctrinale par des lobbies industriels climato-sceptiques de circonstance qualifiant la réduction des GES de « jihad environnemental »[24]. Soucieux de défendre des intérêts partisans les uns et les autres n'hésitent pas à manipuler les faits. Chiffres erronés, jugements hâtifs et dénués de preuves, témoignages émotionnels, images-chocs, déclarations alarmistes et allégations mensongères sont autant de leviers qui donnent à l'opinion publique une version fausse et tronquée de la réalité. La manipulation est d'autant plus efficace qu'elle s'adresse à des profanes souvent ignorants des ordres de grandeur.

Réel défi du futur pour l'espèce humaine, la transition énergétique doit s'aborder de façon dépassionnée et rationnelle. Rien n'est impossible, mais tout n'est pas possible. Complexe, impliquant de multiples composantes technologiques, économiques et sociétales, elle mérite mieux qu'un discours dogmatique. Elle doit être traitée et ressentie comme une évolution volontaire et non comme une révolution subie.

23 http://www.lexpress.fr/tendances/voyage/l-integrisme-ecologique_496607.html
24 http://www.nytimes.com/2010/10/30/us/politics/30coal.html?_r=0

2

Le pétrole, une énergie fossile bien à part

« On ne hait bien que ce qu'on a trop aimé. »
Romain Guilleaumes

Bien avant qu'on ne découvre ses propriétés combustibles et éclairantes, le pétrole a d'abord été utilisé comme matériau de construction. Dès l'Antiquité il a servi de mortier pour construire remparts et palais ainsi que pour assurer l'étanchéité des bateaux, des citernes et des conduites d'eau. Les Égyptiens l'employaient pour la momification. On lui attribuait aussi de nombreuses vertus thérapeutiques comme le prouve la fontaine pétrolifère de Galvan dans l'Hérault qui voyait accourir les malades durant la période gallo-romaine. Bien qu'au Japon et en Chine d'anciens registres mentionnent dès le Xe siècle son utilisation pour le chauffage, c'est en tant que source d'éclairage qu'il connaîtra à la fin du XVIIIe siècle un véritable succès. Très rapidement sa facilité de transport et de stockage va lui permettre de s'imposer dans de nombreux secteurs industriels et domestiques et notamment à partir du début du XXe siècle dans les transports dont il est aujourd'hui l'incontournable aliment.

Un peu d'histoire

Du bitume de suintement au forage on-shore

« *Si tu n'as pas accès au pétrole, laisse le pétrole accéder à toi* » : c'est en ces termes que pourraient se résumer les débuts de l'exploitation pétrolière. Les hydrocarbures formés en profondeur, migrant vers la surface et suintant à travers des roches d'affleurement, furent les premiers gisements pétrolifères exploités.

Les rives de la mer Caspienne en seraient le berceau historique puisque dès le IXe siècle, du pétrole aurait été exploité dans la région de Bakou en Azerbaïdjan. Marco Polo qui visita la capitale azerbaïdjanaise en 1264 décrit « *des suintements d'où jaillit l'huile en grande abondance* ». La technique d'exploitation primitive consiste à creuser un puits autour de la source, à laisser le pétrole s'amasser à la surface de l'eau puis à le recueillir avec une cuiller. Quand le rendement du puits s'épuise, un nouveau puits voisin est creusé. En France, la première exploitation pétrolière est celle du bitume de Pechelbronn en Alsace. Dès le XVe siècle, les paysans y récoltent l'huile qui suinte à la surface en utilisant une méthode d'extraction similaire à celle des Azerbaïdjanais.

En 1734, Jean-Théophile Hoeffel, un enfant du pays qui étudie la médecine, émet l'idée que s'il y a suintement en surface c'est que les hydrocarbures se forment à plus grande profondeur puis remontent vers la surface. Il suggère donc d'aller chercher le précieux liquide par exploitation minière en creusant des galeries à flanc de colline. Malheureusement, l'extraction est dangereuse et souvent retardée par des éboulements à mesure que les puits sont approfondis. Dans bien des cas, il faut abandonner les galeries ennoyées contre lesquelles les pompes de l'époque sont impuissantes. Par ailleurs, à partir d'une certaine profondeur, le gaz fait de constantes apparitions et provoque des explosions fatales.

La demande croissante de « pétrole lampant » durant la première moitié du XIXe siècle ne peut s'accommoder de l'offre modeste et irrégulière des huiles de suintement et de l'extraction minière coûteuse, dangereuse et peu efficace. Extraire le pétrole depuis la surface en accédant directement au gisement par forage apparaît donc comme la solution d'avenir. C'est au milieu du XIXe siècle que l'histoire va s'accélérer.

Les premiers puits connus (ils cherchaient de la saumure et non du pétrole) auraient été forés en Chine vers l'an 350 et ce jusqu'à des profondeurs de 250 m. La technique par percussion consistait à lâcher un outil en métal qui s'enfonçait dans le sol par son propre poids. Les débris de roche étaient alors extraits à l'aide d'un conteneur cylindrique. Mais, cette technique démontra rapidement de nombreuses lacunes : faible vitesse de pénétration, arrêt du forage pour extraire les déblais, fortes limitations en profondeur. C'est l'invention du forage rotatif consistant à faire tourner en fond de trou un outil relié à un train de tige qui va clairement jeter les bases de l'industrie pétrolière moderne. Le remplacement de la percussion par la rotation fut complété par l'idée du Français Flauville de pomper à haut débit un fluide à l'intérieur de la tige creuse afin d'acheminer les déblais jusqu'à la surface via l'espace annulaire. Le forage « rotary » était né.

L'émergence du forage on-shore

En 1848, l'ingénieur russe F. N. Semyonov fore un puits sur la péninsule d'Apsheron près de Bakou puis en 1858 un premier puits commercial de pétrole est foré à Oil Springs dans l'Ontario. Mais la date la plus marquante reste celle du 27 août 1859 quand le « colonel Drake » réalise en Pennsylvanie un puits de 23 mètres de profondeur qui fait jaillir le précieux liquide au débit jusqu'alors inconnu de 10 barils (1 500 litres) par jour. S'ensuit une ruée vers l'or noir qui va faire la fortune de nombreux pionniers.

Le plus célèbre demeure sans conteste J. D. Rockefeller. Parti de rien, il crée en 1863 une compagnie de raffinage et de distribution : la « Standard Oil ». Le succès est étonnant, la croissance inédite. En seulement cinq ans, la Standard Oil devient l'une des plus grosses compagnies mondiales. En 1889, elle contrôle 80 % de la production pétrolière des États-Unis et 90 % de la distribution de carburant. Pour combattre cette position de monopole et protéger la concurrence, le Président Theodore Roosevelt adopte en 1910 une loi anti-trust qui conduit au démantèlement de la Standard Oil en plusieurs sociétés. Elles deviendront les grandes majors américaines (Exxon, Mobil, Gulf, Chevron, Conoco, Amoco et Texaco). L'histoire s'est un peu retournée à la fin du XXe siècle avec une reconstitution partielle de la Standard Oil après les fusions d'Exxon et de Mobil puis de Chevron et de Texaco (qui avait absorbé Gulf quelques années auparavant).

Les rives de la mer Caspienne aux alentours de Bakou, dont Marco Polo avait tant vanté les « suintements », sont le second eldorado pétrolier de l'histoire. Le pétrole y jaillira en abondance dès 1870. Pourtant, l'exploitation des gisements y fut calamiteuse, ponctuée d'incendies, de pollutions et de révoltes d'ouvriers sévèrement réprimées. C'est dans ce climat suffocant que les frères Nobel acquirent auprès du Tsar Nicolas II d'importants gisements et s'octroyèrent un monopole sur le pétrole russe. Son exportation fut aussi facilitée grâce à la construction d'une voie ferrée financée par la famille Rothschild.

En parallèle de la destinée exceptionnelle de J. D. Rockefeller, il est indispensable de parler de celle de Henry Deterding, le fondateur de la Royal Dutch Shell. En 1899, Deterding rejoint la Royal Dutch, une modeste compagnie pétrolière opérant quelques concessions pétrolières dans les Indes néerlandaises. Son ambition est de faire de cette compagnie un leader mondial du secteur. Pour réussir dans son entreprise, Deterding a besoin d'alliés. Sa stratégie se concrétise en 1907 après la fusion de sa Royal Dutch et de la compagnie de transport Shell créée à la fin du XIXe siècle par Marcus Samuel, un ancien vendeur de coquillages. Ce mariage donne naissance au groupe Royal Dutch Shell, compagnie anglo-néerlandaise qui gardera la dualité de sa direction géographique entre Londres et Rotterdam jusqu'en 2005. Quand la Première Guerre mondiale éclate, la Royal Dutch Shell est devenue le premier groupe pétrolier mondial devant la Standard Oil forcée au démantèlement.

Ce rapide panorama ne serait pas complet sans introduire deux autres personnages d'anthologie de ce début de XXᵉ siècle : William Knox d'Arcy et Calouste Gulbenkian. C'est en 1901 que William Knox d'Arcy, un aristocrate britannique qui avait fait fortune en investissant dans le domaine minier décide de prendre part à l'aventure pétrolière en achetant des concessions au Shah de Perse. L'existence de formations pétrolifères y avait été prouvée par un géologue français du nom de Morgan. Knox d'Arcy gagne aisément le soutien du Foreign Office qui souhaite mettre un frein aux visées expansionnistes russes dans la région. Il faut pourtant près de sept années d'efforts et l'investissement de sommes gigantesques pour finalement extraire le pétrole du sol iranien. Créée en 1909, l'Anglo-Persian Oil Company fut partiellement nationalisée par Winston Churchill juste avant la Première Guerre mondiale. Ce dernier avait compris que la propulsion au fuel donnerait à la Royal Navy un avantage décisif par rapport à la flotte allemande qui utilisait encore massivement le charbon. En juin 1914, il fit voter une loi à la Chambre des communes pour protéger l'Anglo-Persian contre tout prédateur en autorisant l'État britannique à investir 2,2 G£ en échange de 51 % du capital. Le gouvernement britannique restera actionnaire de l'Anglo-Persian[1] jusqu'en 1987.

Convaincu que le sous-sol du Moyen-Orient regorge de pétrole, le visionnaire Calouste Gulbenkian décide d'y investir massivement. N'ayant pas reçu le soutien de Deterding pour le projet iranien dont la concession fut octroyée à William Knox d'Arcy, il joue un rôle essentiel dans la création de l'industrie pétrolière irakienne. D'origine arménienne, Gulbenkian négocie un traité d'intérêt commun entre la Grande-Bretagne et l'Empire allemand puis crée en 1912 la Turkish Petroleum Company, une pièce maîtresse associant la Royal Dutch Shell, l'Anglo-Persian et la Deutsche Bank. Gulbenkian obtient en retour 5 % d'intérêts à vie dans le capital de la TPC. Pour cette raison on lui attribue le nom de « *Mr Five Percent* ». À la fin de la Première Guerre mondiale, le holding allemand est détricoté. Gulbenkian joue à nouveau les traits d'union, entre le Français Georges Clémenceau et le Britannique Lloyd George. L'accord signé en 1921 donne à la France 25 % du capital de la Turkish via la « *Compagnie Française des Pétroles* », ancêtre de Total. Il est aussi celui qui convainc les Anglais et les Français de laisser aux Américains une place au Moyen-Orient. Ce partage fut gravé dans le marbre à travers les célèbres accords de la « *ligne rouge* ». La Turkish Petroleum Company est rebaptisée à l'occasion IPC (Iraq Petroleum Company).

L'âge d'or des développements on-shore

Sans aucune méthode de prospection, les premiers champs sont développés *on-shore* et produits à l'aide d'une multitude de puits verticaux faiblement espacés et implantés au voisinage immédiat d'indices présents en surface.

---

1 Rebaptisée British Petroleum en 1917, après la prise de contrôle de la German Europaische Union qui utilisait la marque British Petroleum.

Sans réelles normes de sécurité ni environnementales, ce type de développement génère fréquemment des accidents majeurs et des pollutions. Ainsi, les puits développés dans la région de Bakou en Azerbaïdjan étaient tellement proches les uns des autres que l'incendie d'un puits pouvait provoquer l'embrasement de la région entière.

Heureusement, la géologie et la géophysique vont rapidement remplacer l'empirisme, insuffler un peu plus de science et rationaliser le nombre de puits forés. On découvrit notamment que le pétrole était piégé sous de grandes voûtes de l'architecture du sous-sol appelées en géologie « anticlinal ». Mais c'est surtout grâce à la sismique, véritable « échographie » permettant de réaliser des images du sous-sol, qu'est réellement née la prospection pétrolière. Sa généralisation va permettre de découvrir une quinzaine de champs géants faisant du Moyen-Orient l'eldorado pétrolier de la planète. Parmi eux le champ de Ghawar est le plus grand gisement pétrolier jamais découvert. Situé en Arabie Saoudite, à environ 100 km de Dhahran, il s'étend sur 280 km de long et 30 km de large. Mis en production en 1951, il comptait toujours en 2005 pour plus de 6 % de la production mondiale de pétrole.

Après le premier conflit mondial, les découvertes vont se multiplier : Venezuela en 1922, Irak en 1927, Koweït et Arabie Saoudite en 1938, Gabon, Nigeria et Algérie au milieu des années 1950 et Libye au début des années 1960.

Ainsi, entre 1900 et 1970, près de 2 000 PWh de pétrole furent découverts. Produit presque exclusivement par les compagnies internationales à un coût modique, sous conditions contractuelles favorables et sans règle sécuritaire ni environnementale contraignante, il a été l'aliment majeur de la croissance prodigieuse des *Trente Glorieuses* dans les pays développés.

Le virage historique

Dès la fin des années 1960, il devint évident que le pétrole facile ne pourrait plus supporter à lui seul la croissance de la demande mondiale. Premier producteur de l'époque, les États-Unis atteignent en 1970 leur pic pétrolier. À court terme, le déclin de leur production ne peut être compensé que par l'offre croissante du Moyen-Orient et notamment celle de l'Arabie Saoudite. Au début des années 1970, le royaume Wahhabite assure plus de 20 % de la production mondiale.

Mais comme souvent, l'histoire et la politique vont accélérer les choses. Le 6 octobre 1973, alors que la majorité des Israéliens célèbrent Yom Kippour, l'Égypte et la Syrie lancent une attaque militaire surprise dans l'espoir de récupérer les territoires perdus durant la Guerre des Six Jours. Bien que déstabilisés dans un premier temps, les Israéliens parviennent rapidement à rétablir la situation notamment grâce aux Américains, qui à partir du 14 octobre, établissent un pont aérien. Un « casus belli » pour les principaux producteurs du Golfe qui répliquent deux jours plus tard en augmentant unilatéralement de 70 % le prix du baril, infligent une réduction mensuelle de 5 % sur la production pétrolière et imposent un embargo sur les livraisons de pétrole à destination des pays consommateurs. L'embargo n'est levé que cinq mois plus tard, mais la sanction est là. En un an, les prix du pétrole sont multipliés par quatre, un séisme économique qui sonne le glas des Trente Glorieuses. En 1975 l'Occident signe sa première année de récession de l'après-guerre et inaugure une longue période de dette souveraine, d'inflation, de marasme économique et de difficultés sociales avec notamment une explosion endémique du chômage (Figure 2.1).

Les états les plus exposés à cette nouvelle ère qui se dessine (France, Allemagne, Japon) vont y répondre en diversifiant leurs sources d'énergie, en lançant d'ambitieux programmes nucléaires et en réalisant des efforts pour réduire massivement leur consommation d'énergie.

Figure 2.1 – Inflation, croissance et chômage en France avant et après le premier choc pétrolier

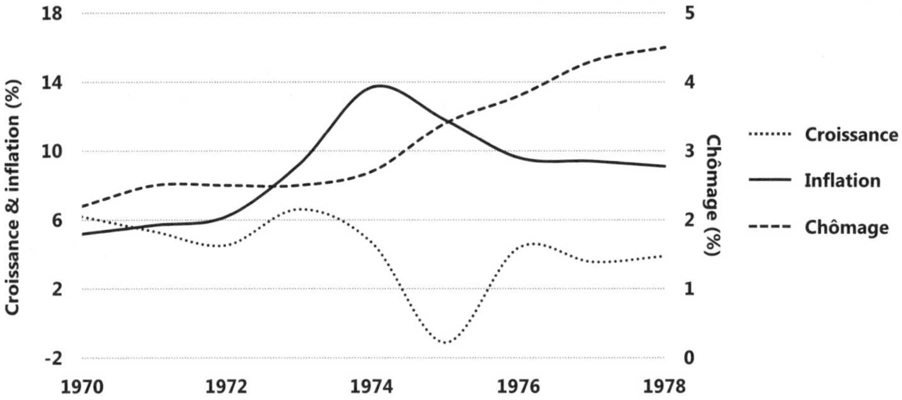

Source des données : INSEE.

Mais, pour d'autres, cette crise arrive à point nommé. Des ressources connues, mais inexploitées en mer du Nord, dans le golfe du Mexique et en Alaska n'ont jamais pu être développées compte tenu des prix trop faibles. Les diplomaties américaine et britannique associées aux compagnies pétrolières occidentales désireuses de développer ces ressources transforment le risque en opportunité. Certains[2] ont même été jusqu'à considérer que le premier choc pétrolier relevait d'une imposture savamment orchestrée en coulisse et dans le plus grand secret entre pays producteurs, majors pétroliers et diplomates occidentaux qui pour l'occasion nouèrent la plus improbable des alliances.

Toutes les conditions étaient réunies pour que commence la grande aventure de l'*off-shore*.

2 Eric Laurent (2006), *La face cachée du pétrole*, Éditions Plon.

*L'émergence de l'*off-shore *conventionnel*

Le forage de puits en mer n'est pas né de la guerre du Kippour puisque dès la seconde moitié du XIXe siècle et parallèlement aux développements *on-shore*, des puits côtiers avaient été forés et produits en mer Caspienne et en Californie à partir d'estacades en bois. Dans les années 1920, le lac de Maracaïbo au Venezuela fut également le théâtre de nombreux forages en mer. Mais, compte tenu de la faible profondeur d'eau, les techniques n'étaient finalement qu'une extension de ce qui avait alors été réalisé à terre.

Le développement de gisements *off-shore* situés dans des eaux plus profondes (quelques dizaines de mètres d'eau à plusieurs dizaines de kilomètres de la côte) demandait en premier lieu de mettre en œuvre des structures fixes ou flottantes permettant d'assurer les opérations de forage et de production. Plusieurs concepts différents furent imaginés et développés : des plateformes fixes, des plateformes autoélévatrices ou des supports semi-submersibles équipés de flotteurs immergés. Les premières plateformes en acier datent de 1944 et le premier support semi-submersible de 1963.

Mais, pour développer économiquement ces champs, il était aussi indispensable de minimiser le nombre de plateformes. De cette contrainte est né le concept de « cluster » consistant à amorcer plusieurs dizaines de forages à partir de points de surface voisins de quelques mètres, tous situés sur la même plateforme, puis de dévier leur trajectoire afin d'atteindre le gisement à distance. De nombreuses percées technologiques au cours des années 1960 et 1970 permirent au forage dévié d'atteindre sa pleine maturité au milieu des années 1980.

L'exploitation pétrolière *off-shore* s'est développée dans un premier temps dans le Golfe du Mexique et en mer du Nord. Par la suite, d'autres zones de prospection émergeront au large du Brésil et dans les eaux du golfe de Guinée (Nigeria, Cameroun, Gabon, Congo, Angola). En 25 ans, la part de *l'off-shore* a triplé pour atteindre 31 % de la production pétrolière à la fin du XXe siècle.

*De l'*off-shore *conventionnel aux « grands fonds »*

Comme *l'off-shore* conventionnel à la fin des années 1960, le développement de champs pétroliers en grande profondeur d'eau (supérieure à 400 m d'eau) fut légitimé à la fin des années 1990 par la réduction progressive du potentiel conventionnel ainsi que par la demande croissante des pays émergents. Son potentiel était connu depuis plusieurs dizaines d'années, mais l'autosuffisance de l'*on-shore* jusqu'au premier choc pétrolier puis de l'*off-shore* conventionnel en avait fait un thème d'intérêt purement scientifique. Les cours élevés du pétrole, notamment après la première guerre du Golfe, pousseront les pays pétroliers et les grandes compagnies à développer ce nouvel eldorado.

Le premier champ développé en *off-shore* profond fut celui de Girassol situé au large de l'embouchure du fleuve Congo, dans les eaux territoriales angolaises. Les découvertes et les développements vont ensuite s'enchaîner en Angola, dans le golfe de Guinée, dans le golfe du Mexique et au large des côtes brésiliennes. On estimait en 2012 que les « grands fonds » recelaient 7 % des ressources mondiales et représentaient un quart des ressources restant à découvrir. Le record de développement en grande profondeur d'eau est aujourd'hui le champ de Stones dans le golfe du Mexique (2 900 mètres d'eau[3]).

Les grands fonds sont un monde d'obscurité, de froid et de hautes pressions. Accéder aux infrastructures sous-marines nécessite d'utiliser des robots télécommandés. Soumises au froid, aux hautes pressions et aux courants, les installations doivent pouvoir fonctionner à distance de manière autonome tout en assurant une fiabilité et une disponibilité optimales durant des dizaines d'années.

Au-delà de 400 m, il n'est plus possible de poser des plateformes sur le fond de la mer. Aussi a été développé le concept de FPSO[4]. Ces supports flottants de 300 m de long sont ancrés. Ils concentrent toutes les activités de production, de stockage et d'export. Seuls quelques chantiers navals sont à même d'assembler des FPSO. Les leaders mondiaux sont principalement situés en Corée du Sud.

Des « grands fonds » aux « grands froids »

Toujours plus loin, toujours plus complexe ! À peine les grands fonds furent-ils maîtrisés que d'autres régions allaient attirer les convoitises : celles caractérisées par des conditions météorologiques extrêmes. L'exploration pétrolière et gazière restant aujourd'hui interdite dans l'Antarctique, la prospection s'est pour l'instant restreinte aux régions arctiques et subarctiques. Les « grands froids » se caractérisent par des températures hivernales exceptionnellement basses pouvant descendre dans les cas extrêmes jusque -70 °C.

En dehors des contraintes sur les Hommes et l'équipement, ces conditions climatiques extrêmes nécessitent notamment de s'accommoder de la banquise. Car, contrairement aux idées reçues, la banquise n'est pas fixe, mais dérive sur la couche d'eau sous-jacente à des vitesses significatives de plusieurs kilomètres par heure. Cette glace mobile sollicite fortement des installations classiques en acier posées sur le fond notamment lorsque des plaques se piègent entre les jambes des structures. En mer peu profonde comme dans le nord de la mer Caspienne, une technique originale d'exploitation consiste à construire des îles artificielles. Cette méthode a été appliquée sur-le-champ de Kashagan au Kazakhstan. Son développement a demandé la construction de plusieurs dizaines d'îles artificielles (Figure 2.2).

---

3 http://www.shell.com/about-us/major-projects/stones.html
4 Floating Production Storage and Offloading.

Figure 2.2 – Vue aérienne de Island D (champ de Kashagan – Kazakhstan)

Source : North Caspian Operating Company.

Le nouvel eldorado des ressources « non conventionnelles »

Les huiles lourdes sont des pétroles très visqueux situés à faible profondeur. Si leurs quantités sont gigantesques, leur manque de fluidité ne permet d'en récupérer que quelques pour cent. Les produire demande de forer de nombreux puits et de mettre en œuvre des techniques coûteuses notamment l'injection de vapeur chaude afin de les fluidifier. Leur exploitation s'est pour l'instant développée au Venezuela et dans le Nord-ouest canadien. D'autres gisements en Russie et en Chine semblent prometteurs. Toutefois, les huiles lourdes ne couvrent aujourd'hui que 1,5 % de la production mondiale. Elles n'interviendront dans le futur que comme source d'appoint.

En exploitant le pétrole piégé depuis des dizaines de millions d'années dans des roches très peu perméables aussi appelés « schiste », les États-Unis ont réduit en moins de dix ans leur dépendance pétrolière de moitié. Ils sont aussi redevenus les premiers producteurs mondiaux de pétrole. Bien que connus depuis le début du XIXe siècle dans l'État New York, les pétroles de schiste sont ensuite retombés dans l'oubli, écartés par le pétrole conventionnel beaucoup plus simple et surtout beaucoup moins coûteux à exploiter. En effet, à cause de leurs perméabilités extrêmement faibles, le pétrole piégé dans ces formations ne peut être extrait naturellement. Pour le produire, il est nécessaire de fissurer la roche en utilisant une technique controversée, mais pourtant bien maîtrisée : la fracturation hydraulique.

Mais, cette révolution est aussi le fruit de conditions socioéconomiques uniques et propres aux États-Unis : culture pétrolière centenaire, soutien sans faille des autorités, nombreux opérateurs indépendants et compagnies de services travaillant dans un marché ouvert et très compétitif, droit minier favorable aux individus et non à l'État. Pour des raisons à la fois économiques, légales et sociétales, la révolution américaine des pétroles de schiste n'est pas facilement exportable.

L'arbre qui cache la forêt

Ce bref historique nous démontre que l'époque bénie du pétrole facile et bon marché est révolue et que depuis le début des années 1970, nous ne cessons de repousser l'exploitation pétrolière vers les frontières de l'impossible. Frontières techniques, frontières économiques, mais aussi frontières environnementales. Les roches exploitées sont de plus en plus profondes et de moins en moins perméables, les pétroles de moins en moins fluides, les mers de plus en plus profondes, les températures de plus en plus basses, les gisements de plus en plus éloignés.

Pourtant, si l'on s'en tient aux ressources, le ciel est plus que dégagé : entre 1980 et 2014, elles ont été multipliées par 2,5. Et, il y en a encore sûrement beaucoup à trouver ! Cependant, ces ressources abondantes en apparences, c'est un peu l'arbre qui cache la forêt. En procédant de la sorte on mélange un peu hypocritement les réserves bon marché du Moyen-Orient avec celles des grandes profondeurs d'eau ou des huiles lourdes dont les coûts d'exploitation sont beaucoup plus élevés et les durées de développements beaucoup plus longues. L'augmentation significative des ressources ne veut donc pas dire pour autant qu'elles pourront être produites au rythme souhaité par le consommateur. Abondance de pétrole dans l'écorce terrestre n'implique pas nécessairement profusion de carburant dans le réservoir de nos véhicules[5] !

Un combustible… presque parfait

Un « concentré » d'une efficacité prodigieuse

Quand il décida de racheter 51 % de l'Anglo-Persian à l'aube de la Première Guerre mondiale, Sir Winston avait compris que le pétrole représentait un concentré énergétique exceptionnel. Concentré de par son pouvoir calorifique d'abord puisqu'une tonne de pétrole contient deux fois plus d'énergie qu'une tonne de charbon et trois fois plus qu'une tonne de bois. Mais tout cela n'est rien au regard de la faramineuse quantité d'énergie concentrée dans un seul puits de pétrole conventionnel. Occupant en moyenne un demi-hectare il produira l'équivalent énergétique de 11 500 hectares de forêt. On comprend une fois encore pourquoi la révolution industrielle s'est assez vite désintéressée du bois et s'est

5 Voir aussi chapitre 1, paragraphe 3.4.

spécialisée dans les énergies fossiles. Mais il est vrai que contrairement au pétrole, au bout des trente années, le bois se sera renouvelé.

Quant au transport de la source vers l'utilisateur, il est d'une facilité déconcertante. Pas besoin de mineurs ni de bucherons. La nature nous livre un concentré d'énergie sous pression qui remonte gratuitement des entrailles de la Terre à la surface sans aucun besoin de main-d'œuvre. Il suffira ensuite de quelques pompes grossières, de gros pétroliers puis de camions-citernes pour l'amener au consommateur depuis pratiquement n'importe quel point de la planète. Par ailleurs, on ne connaît encore ni forêt, ni mine de charbon en mer, alors que l'on peut produire le pétrole partout, même sous une couche de 2 km d'eau. Quand on n'en a pas besoin, on peut le stocker aussi longtemps qu'on le veut, soit en petite quantité dans des citernes ou en grandes quantités dans des cavités souterraines[6]. Chaque pays importateur peut ainsi constituer une réserve stratégique de pétrole qui lui donne une certaine marge de manœuvre en cas d'interruption de ses approvisionnements.

Un produit multi-usage

Non content d'être un concentré fabuleux d'une souplesse sans égal quant à son transport et à son stockage, le pétrole est aussi multi-usage. On peut l'utiliser à volonté dans les transports, comme combustible de chauffage, dans presque toutes les industries, en pétrochimie comme matière première pour la fabrication des plastiques et aussi comme combustible primaire dans la production d'énergie électrique. Le pétrole représentait en 2015 31 % de l'énergie primaire mondiale. Le pétrole règne sans partage dans les transports (92 % de l'énergie utilisée dans les transports est du pétrole) et en pétrochimie (74 %). En revanche, dans le résidentiel (16 %), l'industrie (19 %) et la production électrique (6 %), il ne représente plus qu'une énergie d'appoint[7] (Figure 2.3).

Figure 2.3 – Mix pétrolier selon usages.
Part du pétrole par usages dans le mix secondaire

Usage	Mix pétrolier (%)	Part du pétrole par usage (%)
Transports	57%	92%
Residentiel	7%	16%
Industrie*	14%	19%
Transformation	16%	74%
Électricité	6%	5%

* Inclut l'énergie propre de l'industrie énergétique et les pertes

6 Celle de Manosque en Provence qui permet de stocker l'équivalent de 100 TWh.

7 Voir aussi chapitre 1, figures 6 et 7.

Quels désagréments ?

Concentré énergétique fabuleux, exploitable à terre comme en mer, souplesse de transport et de stockage sans égal, produit multi-usage. Mais quels sont donc les désagréments du pétrole ?

Même s'il émet en moyenne 30 % de CO_2 de moins que le charbon, le pétrole représente un contributeur majeur au réchauffement climatique. Il est responsable de 37 % des émissions mondiales. Mais, pour l'opinion publique, son désagrément se situe ailleurs. Car, si un liquide se transporte et se transvase beaucoup plus facilement qu'un gaz ou un solide, quand il a la mauvaise idée de s'épancher il n'est pas simple de le récupérer avant qu'il ait pu commettre des dégâts irréversibles à l'environnement.

De par leur impact instantané et très visible sur la biodiversité et l'économie locale, les grandes marées noires (Torrey Canyon -1967 –, Amoco Cadiz -1978 –, Exxon Valdez -1989 –, Erika -1999 –, Macondo -2010) ont laissé une trace indélébile dans l'inconscient collectif. Malgré un durcissement des législations sur le transport des produits pétroliers (notamment l'obligation d'utiliser des pétroliers à double coque) et un renforcement des mesures de prévention et d'intervention, le pétrole est légitimement considéré comme une énergie potentiellement polluante.

« Le plein s'il vous plaît »

« *On ne hait bien que ce qu'on a trop aimé* » : voilà ce qui pourrait en quelques mots résumer notre rapport au pétrole depuis les Trente Glorieuses, une époque où nos parents se présentaient en moyenne une fois par semaine à la pompe pour demander machinalement « le plein s'il vous plaît »[8]. Aujourd'hui, même si le pétrole est jugé par l'opinion publique « polluant, trop cher, géré par des chefs d'État infréquentables et des compagnies qui le sont tout autant », même si officiellement on le déteste, dans notre inconscient, il reste pourtant notre préféré. Car, si elle s'est fortement ralentie dans les pays de l'OCDE, la demande pétrolière stimulée par les pays émergents continue de croître à un rythme de croisière de 1 % par an. Elle se caractérise depuis toujours par une faible élasticité du prix, le consommateur ne modifiant que marginalement ses habitudes, quel que soit le cours de l'or noir. Ceci s'explique à la fois par la dépendance technique des économies modernes envers le pétrole, l'absence de substitut crédible, surtout dans le domaine des transports, et la dépendance comportementale liée au confort incontestable que présente cette forme d'énergie. Et, malgré le mécontentement que provoque régulièrement l'augmentation de son prix, les consommateurs sont enclins à toujours payer plus cher pour en consommer davantage.

---

8 J-M Jancovici et A. Grandjean (2006), *Le plein, s'il vous plaît, la solution au problème de l'énergie*, Éditions du Seuil.

Quels déplacements et pour quels usages ?

Le pétrole restera au cours des prochaines décennies une énergie à part spécialisée dans les transports et la pétrochimie là où les énergies renouvelables (via l'électricité), le gaz et les biocarburants n'interviendront que comme force d'appoint. Mais, pour les autres usages (qui représentent aujourd'hui 27 % de la consommation pétrolière – Figure 2.3) certains déplacements massifs sont tout à fait possibles.

La génération électrique

Le pétrole n'a été activement utilisé pour la génération électrique qu'au cours des années 1960 quand les prix étaient maintenus artificiellement bas par les pays consommateurs. Mais, après le premier choc pétrolier, sa part de marché s'est effondrée. Elle ne représente plus aujourd'hui que 5 % de la consommation mondiale et 1 Gt_{CO2}/an d'émissions. Les principaux pays dont la production électrique reste pétrolière se situent comme par hasard au Moyen-Orient, là où l'or noir est peu coûteux à extraire, mais aussi au Japon où, après la catastrophe de Fukushima, de vieilles centrales au fuel ont été rouvertes à la hâte.

Premier réservoir pétrolier du globe, l'Arabie Saoudite n'a jamais, contrairement à ses voisins iranien ou qatari, développé son énorme potentiel gazier[9]. Portée par d'importants besoins en climatisation, la demande d'électricité de ses 35 millions d'habitants a fortement augmenté au cours de la dernière décennie et devrait continuer de croître. Aussi, le royaume wahhabite produit-il plus de la moitié de son électricité à partir de fuel. Ces ressources qui pourraient être exportées représentent un important manque à gagner pour un pays dont l'économie est à 85 % dépendante de ses revenus pétroliers. L'Arabie Saoudite a pour cette raison entamé une transition énergétique à marche forcée en vue de déplacer sa production électrique du pétrole vers les renouvelables et le nucléaire avec le gaz comme force d'appoint. D'ici 2032, le royaume wahhabite compte investir 170 G€ dans six centrales nucléaires ainsi que dans 41 GW de panneaux photovoltaïques. Le « non fossile » représenterait alors 70 % de la capacité électrique du royaume, dont un tiers de photovoltaïque. L'exemple saoudien montre que quand la justification économique est là, la transition peut se réaliser à marche forcée.

Le chauffage domestique

Depuis qu'il en a maîtrisé l'usage, l'Homme a utilisé le feu pour l'assister dans ses tâches domestiques : éclairage, chauffage et préparation des aliments. Le résidentiel représente aujourd'hui un tiers du mix énergétique secondaire, autant que l'industrie et les transports. Toutes les sources d'énergie, sans exception, peuvent s'utiliser pour le chauffage domestique : bois, charbon, pétrole, gaz, solaire thermique, géothermie et électricité.

9 http://www.stratener.com/Archives/Saudi%20Arabia-%20A%20Kingdom%20without%20power_.pdf

Figure 2.4 – Chauffage domestique en France par source d'énergie. Évolution de la consommation de fioul en fonction des prix

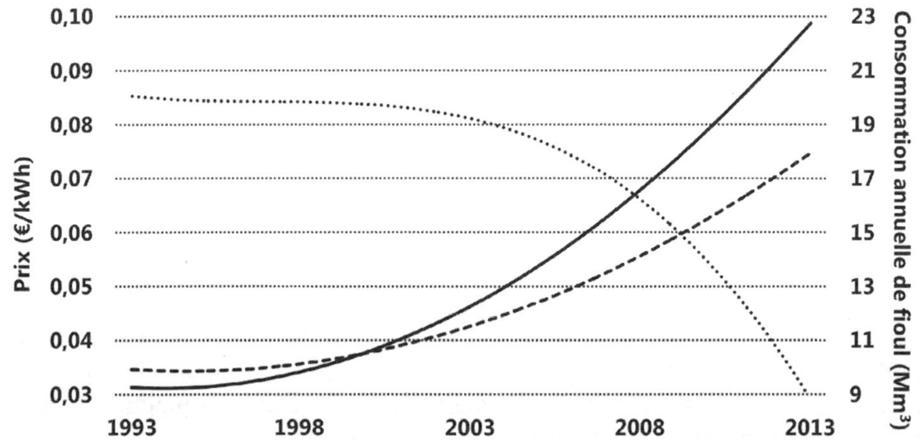

Source	%
Gaz	36%
Électricité	32%
Fioul	14%
Bois & charbon	11%
Réseau urbain	5%
GPL	2%

Source des données : INSEE.

N'étant plus usité ni pour éclairer, ni pour cuisiner, le pétrole a aujourd'hui restreint son utilisation résidentielle au chauffage domestique et à l'eau chaude. Mais, pénalisée par la flambée des prix qui ont été multipliés par trois depuis 1990[10], la consommation française de fioul domestique a sur la même période diminué de moitié (Figure 2.4). Elle s'est logiquement déplacée vers le gaz devenu moins onéreux. Néanmoins, le fuel domestique chauffe toujours en France 3,6 millions de foyers et un million de logements collectifs principalement situés en zone rurale, là où le réseau de distribution du gaz est absent. En revanche, même à 0,1 €/kWh, le fioul pourtant fortement taxé reste très avantageux par rapport à l'électricité qu'EDF vend au particulier à 0,15 €/kWh. L'électricité n'est donc pas pour l'instant suffisamment compétitive pour remplacer les énergies fossiles dans le mix résidentiel. L'effondrement des prix du pétrole depuis l'automne 2014 pourrait de façon durable mettre un frein à cette transition pourtant bien engagée. Il est donc fortement recommandé, grâce à une fiscalité favorable, d'encourager l'utilisation du gaz.

10 http://www.insee.fr/fr/themes/document.asp?reg_id=0&ref_id = ip1176&page = graph#graphique2

En dehors du gaz et de l'électricité, le solaire thermique (eau circulant dans des tubes de cuivre soudés sur une plaque noire et absorbant la chaleur des rayonnements solaires) a effectué au cours des dernières années une percée remarquée dans le résidentiel. Il compte aujourd'hui pour plus de 300 GW (dont les deux tiers en Chine) soit l'équivalent de 300 réacteurs nucléaires. Le solaire thermique représente d'ailleurs les trois quarts de la puissance solaire mondiale contre seulement 25 % pour le solaire photovoltaïque. Il s'agit donc pour l'eau chaude et le chauffage domestique d'une véritable alternative aux combustibles fossiles et à l'électricité.

L'industrie

L'industrie consomme 31 % du mix énergétique secondaire. Il se décompose en 32 % de charbon, 27 % d'électricité, 22 % de gaz naturel, 12 % de pétrole et 7 % de biomasse[11]. Mais, contrairement à la production électrique et au chauffage domestique, nombre d'industries dont les « fours énergétivores » réclament des températures supérieures à 1 000 °C ne peuvent se nourrir que d'énergies fossiles. Ainsi, les 1,6 Gt d'acier sont-elles surtout produites à base de charbon et les 3,4 Gt de ciment à partir de gaz. Les seules industries sidérurgiques et cimentières engloutissent annuellement plus 60 % des énergies fossiles utilisées aujourd'hui dans l'industrie[12] et sont responsables de 17 % des émissions mondiales de CO_2. Comme pour la production électrique et le chauffage domestique, le pétrole représente pour l'industrie une énergie d'appoint. Mais, dans l'état actuel de la technologie, il n'est souvent déplaçable que vers le charbon ou le gaz naturel. Un déplacement théorique du charbon et du pétrole vers le gaz représenterait une économie de 1,7 Gt_{CO2} par an, mais impliquerait d'augmenter de près de 40 % la production annuelle de gaz. Au rythme moyen de 2 % par an, cela prendrait au moins 15 ans. Le seul déplacement du pétrole vers le gaz ne représenterait par contre qu'un gain de 0,25 Gt_{CO2}, mais ne demanderait d'augmenter que de 12 % la production mondiale de gaz.

La transformation

Notre vie de tous les jours est rythmée par les matières plastiques. Des ordinateurs aux vêtements en passant par les téléphones portables, les bouteilles d'eau ou les isolants des câbles électriques, il n'y a pratiquement pas d'objet qui ne contienne du plastique. La nature ne nous avait certes pas attendus pour fabriquer des plastiques naturels de très haute qualité. Ainsi en est-il de l'écaille de tortue que nos ancêtres utilisèrent pour fabriquer des peignes ou des montures de lunettes. Mais, la production naturelle s'avéra rapidement insuffisante pour satisfaire les besoins d'une société de croissance. Aussi, dès le milieu du XIXe siècle les premières matières plastiques synthétiques firent-elles irruption d'abord grâce au Britannique Parkes qui, en 1855, synthétisa le celluloïd puis au Belge Baekeland

11 Voir chapitre 1, figure 1.8.

12 Une tonne d'acier demande environ 5,6 MWh et une tonne de ciment 1,26 MWh.

qui en 1907 formula un premier plastique entièrement synthétique auquel il donna son nom. La bakélite fut notamment utilisée durant la première moitié du XXe siècle pour fabriquer les postes de radio et les gros téléphones noirs de nos grands-parents.

Au cours des cinquante dernières années, la production et la consommation des matières plastiques ont explosé. Des produits chimiques aux noms barbares comme le polystyrène, le polyéthylène, le polypropylène, le polyvinyle ou le polyamide sont entrés dans la vie courante depuis les grandes mégapoles jusqu'aux villages les plus reculés. Et une nouvelle fois ce sont les énergies fossiles qui sont à la base de cette révolution technologique. Mais, cette fois, elles ne sont plus utilisées comme source d'énergie, mais comme matière première. La transformation des hydrocarbures en plastiques et dérivés consomme 10 % du mix secondaire. Le pétrole en représente 72 % contre seulement 12 % pour le gaz et 9 % pour le charbon. La quantité de CO_2 associée est égale à 3,3 Gt_{CO2} dont 2,7 Gt_{CO2} pour le seul pétrole. Pétrole ou gaz : y a-t-il d'autres choix pour fabriquer des plastiques ?

Des réactions chimiques alternatives comme la déshydratation de l'éthanol ont été expérimentées au Brésil[13,14] qui produit massivement ce biocarburant à partir de la canne à sucre. Mais, les coûts de production sont de 50 % supérieurs et ne peuvent concurrencer les hydrocarbures qu'en période de prix élevés. Par ailleurs, comme la plupart des biocarburants de première génération, le bioéthanol pose nombre de problèmes annexes sur lesquels nous reviendrons dans le paragraphe suivant.

À plus long terme, les biotechnologies pourraient aussi contribuer à la production mondiale d'éthylène, et ce, grâce à une algue bleue génétiquement modifiée. En y introduisant un gène spécial, des chercheurs américains[15] ont réussi à « court-circuiter » la photosynthèse de l'algue. Au lieu de fabriquer de la biomasse, elle convertit une partie du CO_2 absorbé en éthylène. On arriverait alors à un procédé presque miraculeux permettant de produire de l'éthylène en absorbant du CO_2. De quoi faire se retourner Georgescu[16] dans sa tombe : on générerait de la croissance en réduisant l'entropie. Mais cette technique prometteuse a évidemment un coût. Alors qu'une tonne d'éthylène produite par vapocraquage coûte en moyenne 900 € et celle à partir de bioéthanol 1 500 €, l'utilisation de cette biotechnologie ferait monter la tonne d'éthylène à plus de 3 000 €. Mais, comme on le sait, l'industrialisation des procédés fait rapidement baisser les coûts. Et si on se contentait d'écouter les clients que l'on a déjà, on n'innoverait jamais. Comme l'avait dit très justement Henry Ford à l'aube de l'ère automobile : « si j'avais suivi mes clients je n'aurais jamais inventé qu'un cheval plus rapide ».

---

13 http://www.ncbi.nlm.nih.gov/pubmed/21058319

14 (http://www.irena.org/DocumentDownloads/Publications/IRENA-ETSAP%20Tech%20Brief%20I13%20Production_of_Bio-ethylene.pdf)

15 http://www.huffingtonpost.fr/2015/08/20/plastique-sans-petrole-algue-genetique-ogm_n_8009618.html

16 Voir chapitre 1, paragraphe 4.1.

Les transports

La capacité de transport de l'être humain est aussi faible que l'énergie « statique » qu'il est capable de développer. Ainsi, un homme en bonne santé et vraiment bien entraîné peut transporter, en marchant 8 heures d'un « bon pas », une charge de 20 kg sur une distance de 25 km. Au prix du SMIC horaire, cela revient donc à payer le transport d'une tonne de marchandises au coût ahurissant de 150 €/km. La même personne toujours payée au SMIC, mais au volant d'un camion de 25 tonnes consommant 30 litres de fioul aux 100 km et parcourant la France à une vitesse moyenne de 70 km/h, transportera la même tonne de marchandises au coût modique de 0,019 €/km soit... 8 200 fois moins. Et au lieu de faire parcourir 25 km à 20 kg de marchandises, elle aura fait parcourir 560 km (20 fois plus) à 25 tonnes de marchandises (1 250 fois plus). Une société de croissance étant liée en grande partie à sa capacité à transporter des biens et des personnes sur de longues distances, on comprend une fois encore pourquoi la croissance économique est née de l'invention de la machine à vapeur qui, dans le principe, n'est que l'ancêtre du moteur des voitures et du réacteur des avions.

Jusqu'à l'aube de la révolution industrielle, l'Homme ne s'était certes pas contenté de l'énergie du seul marcheur. D'une part il apprivoisa dès l'âge de bronze la force musculaire de l'animal, bien supérieure à la sienne, et d'autre part, inventa la roue 3 500 ans av. J.-C. en basse Mésopotamie. Mais l'innovation s'arrêtera là pendant près de 5 000 ans. Hormis peut-être le design, il n'existe pratiquement aucune différence technologique entre le char utilisé par le Pharaon Ramsès II pour essayer de stopper l'exode des Hébreux vers la terre promise et les diligences parcourant le Far West américain au milieu du XIXe siècle !

Cartographie actuelle des transports

En moins de 100 ans, une révolution inimaginable s'est opérée dans le domaine des transports. En 2010, le parc mondial automobile a franchi le cap symbolique du milliard de voitures. Huit mille avions relient chaque jour les 14 000 aéroports de la planète tandis que plus de 50 000 navires de commerce sillonnent les mers. Et tout cela n'est possible que grâce au pétrole. Il représente 92 % de l'énergie primaire utilisée dans les transports et près d'un quart des émissions mondiales de CO_2. L'analyse de cette énorme quantité d'énergie consacrée annuellement aux transports nécessite de distinguer le transport de marchandises (le « fret ») du transport de personnes[17].

Le transport de marchandises (Figure 2.5) est essentiellement une activité maritime puisque 75 % du fret mondial est transporté par bateaux contre seulement 13 % par route, 9 % par train et 0,2 % par voie aérienne. Le fret mondial représente un peu plus de la moitié des émissions liées au transport avec deux

17 Near term outlook for the economy, trade and transport. ITT Transport Outlook 2015.

contributeurs majeurs : le transport maritime (2,6 Gt_{CO2}) et le transport routier (1,3 Gt_{CO2}).

Au contraire, le transport de personnes est avant tout une activité routière (65 %) et aérienne (18 %) alors que le transport ferroviaire ne représente que 11 %. Les principaux contributeurs aux émissions sont donc les voitures individuelles (2,6 Gt_{CO2}) et les avions de ligne (1,32 Gt_{CO2}).

Figure 2.5 – Répartition par moyen de transport du fret (haut) et transport des personnes (bas). Émissions associées de CO_2

Transport de marchandises (fret)

Type	%	Gt_{CO2}
Train	9%	0,29
Route	13%	1,28
Voies naviguables	3%	0,16
Mer	75%	2,56
Air	0,2%	0,14
Total	100%	4,42

Transport de personnes

Type	%	Gt_{CO2}
Train	11%	0,12
Voitures	65%	2,63
Bus et cars	6%	0,18
Air	18%	1,32
Total	100%	4,25

Source des données : OCDE stats[18].

Quels déplacements possibles pour le fret ?

Le déplacement du pétrole vers d'autres types d'énergies dans le domaine du transport de marchandises doit se concentrer sur la route et la mer qui représentent près de 90 % du fret.

Dans le domaine maritime, il existe deux alternatives crédibles au fioul. La première est la propulsion nucléaire utilisée depuis la fin des années 1950 dans le domaine militaire pour déplacer sous-marins, porte-avions et autres gros navires de guerre. Le principe est simple : les navires sont équipés d'un ou de plusieurs réacteurs nucléaires et de turbines à vapeur couplées aux hélices du navire. Rien d'autre finalement que la machinerie du Titanic sans « gueules noires ».

18 Near term outlook for the economy, trade and transport. ITT Transport Outlook 2015.

La propulsion nucléaire a de nombreux avantages : puissance considérable, très grande autonomie, pas de soute à combustible et donc espace accru pour la cargaison, pas d'émissions de CO_2. Pourtant, si elle révolutionna la marine militaire, la propulsion nucléaire ne s'est jamais réellement installée dans la marine civile. Les investissements très capitalistiques, les coûts d'exploitation (nécessité de recruter des équipages très qualifiés) et le coût des assurances (l'uranium utilisé est particulièrement enrichi) ne la rendent pas suffisamment compétitive par rapport à la propulsion classique au fioul, surtout dans un contexte de dépression des prix des hydrocarbures. La piste reste pourtant intéressante et devrait être creusée compte tenu de la part significative que prend transport maritime dans les émissions de CO_2.

La seconde possibilité est la propulsion au Gaz Naturel Liquéfié. Rappelons que le GNL occupe un volume six cents fois inférieur au gaz à pression atmosphérique, ce qui permet de charger sur les navires des quantités suffisantes pour des voyages transatlantiques. Le GNL pour l'activité maritime est un marché qui devrait fortement se développer au cours des prochaines années (Figure 2.6). À court terme, un certain nombre de paquebots de croisière fonctionnant au GNL devraient être mis en service[19].

Figure 2.6 – Le Francisco est le premier bateau fonctionnant au GNL. Il assure la liaison Buenos Aires Montevideo à une vitesse de plus de 50 nœuds[20]

Source des données : Courtesy of BUQUEBUS.

Si la distribution de proximité peut difficilement échapper au camionnage, il n'en est pas de même du transport terrestre transfrontalier pour lequel le ferroutage représente une alternative particulièrement attrayante. Pourtant, ce mode de transport est encore trop peu employé. Il consiste à combiner transport routier et transport ferroviaire en chargeant des camions complets (tracteur, remorque et... chauffeur) sur un train dont les wagons ont été

19 http://www.connaissancedesenergies.org/des-croisieres-au-gaz-naturel-liquefie-150731
20 http://www.ship-technology.com/projects/francisco-high-speed-ferry/

spécialement dimensionnés. Il allie l'aptitude du chemin de fer à effectuer des transports de façon économique sur de longues distances et la souplesse de la route à desservir l'ensemble du territoire et ce, jusque dans les contrées les plus reculées. La route est alors seulement utilisée en desserte d'extrémité sur le parcours le plus court possible. Souvent évoqué comme une « solution verte » permettant de décongestionner le système autoroutier, le ferroutage ne représente pourtant qu'une partie infime des transports terrestres en Europe. Il a principalement été mis en œuvre au cours des années 1970 pour traverser des obstacles naturels comme des chaînes de montagnes (tunnels ferroviaires du St Gothard, Simplon, Fréjus) ou des bras de mer (tunnel sous la Manche). En France, alors que le réseau autoroutier représente près de 10 000 km, il n'existe qu'une voie de ferroutage longue de 1 000 km reliant Luxembourg et Perpignan. Transportant 30 000 camions par an à un coût comparable à celui du transport routier traditionnel, elle permet d'économiser annuellement 20 000 t_{CO2}. Pourtant cet exemple reste à ce jour unique, et les autres projets français qui concernent la prolongation de la ligne Modane-Turin jusqu'à Lyon et la création d'un axe entre le sud-ouest et l'Île-de-France sont au point mort. Dommage, pour un pays où l'ensemble du réseau ferroviaire est électrifié au nucléaire. Mais, construire des autoroutes ferroviaires rentables reste un pari risqué : les investissements pour adapter les réseaux sont considérables et la rentabilité souvent discutable dans la mesure où pour une tonne de marchandise transportée, les tares cumulées du camion et du train représentent... trois tonnes. Sans parler des puissants lobbies routiers toujours prêts à bloquer les routes avec le chantage à l'emploi à la clé. Comme pour les transports maritimes, tout ceci confirme la grande difficulté de développer des alternatives au pétrole. Alors le ferroutage est-il une fausse bonne idée ?

Quels déplacements possibles pour le transport de personnes ?

Dans la mesure où il n'y a aujourd'hui aucune alternative crédible au kérosène (qui est un distillat du pétrole) utilisé pour le transport aérien, c'est dans le domaine des voitures individuelles qu'il faut rechercher des alternatives au pétrole. Il en existe trois : les biocarburants, le gaz et l'électricité.

Les biocarburants

Utiliser les huiles végétales pour déplacer des véhicules n'est pas nouveau. Avant que les industriels du XXe siècle ne « gavent » les voitures de pétrole, les pionniers de l'automobile utilisèrent les biocarburants pour tester leurs prototypes. Le moteur à explosion de Nikolaus Otto fut ainsi initialement conçu pour fonctionner à l'éthanol tandis que Rudolf Diesel, inventeur du moteur portant son nom, fit tourner le sien à l'huile d'arachide. Et la fameuse Ford T produite de 1903 à 1926 dans les usines de Détroit roulait à l'alcool.

Pourtant, dès les années 1920, face à un pétrole bon marché, les industriels se détournèrent des biocarburants. Le regain d'intérêt survint après les deux chocs pétroliers pour des raisons à la fois stratégiques (sécurité d'approvisionnement) et économiques (réduction de la facture pétrolière). Alors que la France lançait son ambitieux programme nucléaire, le Brésil et les États-Unis engagèrent un vaste plan de production d'éthanol à partir de la canne à sucre et du maïs. L'enthousiasme s'éteignit à nouveau avec le contre-choc pétrolier de 1986, et ce jusqu'à la fin du XXe siècle.

À partir des années 2000, le panorama changea. On assista conjointement à une nouvelle flambée des cours du pétrole, une surproduction agricole et une prise de conscience de l'effet de serre et de ses conséquences climatiques. Cela conduisit les gouvernements à multiplier les aides au secteur des biocarburants dont la filière bénéficia notamment de régimes fiscaux très avantageux. C'est dans ce contexte favorable que les États-Unis lancèrent en 2006 un grand programme de production d'éthanol à base de maïs.

En 2015, les biocarburants représentaient 3 % des combustibles utilisés dans les transports. En moins de 10 ans, sa part a été multipliée par 7. Les principaux producteurs sont les États-Unis (42,5 % du marché à partir de maïs), le Brésil (23,5 % à partir de canne à sucre) et l'Europe (15 % surtout à partir de blé). Très « vert » en apparence, le bilan environnemental et sociétal des biocarburants est pourtant loin d'être « rose ».

Les céréales, les plantes sucrières et les plantes oléagineuses à la base des biocarburants demandent d'abord beaucoup surface au sol. À quantité d'énergie équivalente, le pétrole de schiste demandera entre 800 et 2 000 fois moins de surface au sol que les biocarburants. Ce rapport monte à plus de 10 000 quand il s'agit de puits de pétrole conventionnels dont la production est cinq à sept fois supérieure à celle des pétroles de schiste (Figure 2.7).

Cultivés sur des terres paysannes, les biocarburants de première génération entrent de facto en concurrence avec l'agriculture alimentaire dont elle peut indirectement faire flamber les prix, les pays développés étant prêts à payer davantage pour leur bien-être que les indigènes pour leur nourriture. Comme ils sont cultivés sur d'anciennes terres forestières qu'il aura fallu défricher, leur développement réduit la capacité d'absorption du carbone de la planète. Ce qu'on retire d'un côté on le rajoute de l'autre. Ainsi, au Brésil, la culture intensive de la canne à sucre est l'une des principales causes de la déforestation amazonienne.

Par ailleurs, les céréales, les plantes sucrières et les plantes oléagineuses demandent beaucoup d'eau. Là où la fracturation hydraulique tant décriée pour sa consommation d'eau « démesurée » demande 1 m^3, la culture de la canne à sucre en demande… 750 000 fois plus[21].

En dehors du problème de l'eau et de la surface au sol, la production de biocarburants peut aussi affecter gravement la biodiversité, notamment dans les régions qui subissent de la déforestation massive, encourager le recours aux OGM, provoquer l'acidification des sols suite à l'utilisation excessive d'engrais et polluer les nappes phréatiques par percolation des pesticides.

21 http://waterfootprint.org/en/resources/interactive-tools/product-gallery/

Figure 2.7 – Comparaison de la surface au sol et de la consommation en eau de différents biocarburants

Végétal	Rendement agricole	Rendement énergétique	Rapport de surface
	m³éthanol/ ha*an	GWh/ km²*an	
Blé	2,5	1,6	14134
Maïs	3	2,0	11778
Betterave	5	3,3	7067
Canne à sucre	6	3,9	5889
Hydrocarbures conventionnelles		23000	1
Hydrocarbures non conventionnelles		3300	7

Source des données : AIE et Banque mondiale.

Les biocarburants dits de seconde génération cherchent à extraire l'amidon et le sucre non plus de la partie noble (graine, tubercule), mais de la partie non comestible de la plante (bois, feuilles, paille, tige). Si cette option a le louable dessein de dissocier cultures alimentaires et énergétiques, elle ne répond que de façon très partielle aux inquiétudes environnementales.

En conclusion, on peut donc classer les biocarburants dans la rubrique « fausses bonnes idées ». Les quantités très importantes d'hydrocarbures que recèlent les végétaux sont très jalousement protégées et leur extraction demande finalement des efforts surhumains. Ainsi, l'énergie d'extraction est-elle presque supérieure à l'énergie récupérée. Entre la ferme et la distillerie, la production d'un kWh d'éthanol à base de maïs demande entre 0,85 kWh et 0,9 kWh d'énergie primaire[22].

Le gaz naturel

À l'instar des biocarburants, l'utilisation du gaz comme source d'énergie pour les automobiles est une vieille idée. Le moteur à explosion utilisant le gaz est bien antérieur à celui utilisant l'essence ou le fioul. Dans la mesure où, dans un moteur à combustion interne, c'est un gaz et non un liquide qui doit être « allumé », on comprend aisément pourquoi les pionniers de la motorisation utilisèrent d'abord le gaz de synthèse et non le pétrole comme carburant. Mais, l'invention du carburateur par Carl Benz (il permet de vaporiser l'essence avant de l'injecter dans le cylindre) encouragea dès le début du XXe siècle les fabricants à privilégier le pétrole. Bien plus facile à transporter, à stocker et à transvaser que le gaz, il donne aux voitures une autonomie bien supérieure. L'utilisation du gaz naturel dans les moteurs revint en force à partir des années 1970 toujours pour les mêmes raisons : le prix élevé du pétrole et la

22 http://aspofrance.viabloga.com/files/article%20CRAS%20%E9thanol.pdf

recherche de carburants moins polluants que le pétrole en termes d'émissions de gaz à effet de serre.

Pour donner à un véhicule une autonomie suffisante, le gaz doit être porté à une pression égale à 200 fois la pression atmosphérique dans une bouteille comparable à celle utilisée pour la plongée sous-marine. Vingt kilogrammes de gaz comprimé donneront ainsi à une voiture particulière une autonomie de l'ordre de 500 km (Figure 2.8) et ce pour un coût kilométrique 10 % inférieur au diesel. En termes d'émissions, le gain est de l'ordre de 15 % par rapport au diesel et de 25 % par rapport à l'essence.

Figure 2.8 – Comparaison technique de différentes motorisations

Motorisation	Stockage	Consommation	Prix	Autonomie	Prix au km	CO_2
Mercedes 200 Classe B	l kg kWh	l/100km kg/100km kWh/100km	€/l €/kg €/kWh	km	€/100km	g/km
Essence	50	5,8	1,35	862	7,8	146
Diesel	50	4,5	1,15	1111	5,2	135
GNV	21	4,4	1,06	477	4,7	117
Électricité	28	20	0,15	140	3,0	0

Source des données
http://www.mercedes-benz.fr/
http://www.automobile-propre.com/

Le principal problème du GNV (Gaz Naturel pour Véhicules) reste l'approvisionnement. Le réseau de stations, qui est loin d'être aussi développé que celui pour l'essence et le diesel, reste un frein important. Aussi, pour pallier cet inconvénient, la plupart des constructeurs automobiles ont équipé leurs voitures d'une double carburation GNV/essence alternée.

L'utilisation du GNL[23] (Gaz Naturel Liquéfié) est une alternative originale permettant de pallier les principaux inconvénients du GNV. À quantité égale d'énergie, le GNL occupe deux fois moins de volume que le GNV, ce qui permet de doubler l'autonomie. Par exemple, les nouveaux modèles de poids lourds ont une autonomie qui dépasse les 1 000 km. Par ailleurs l'approvisionnement, le stockage et le transfert d'un liquide s'avèrent beaucoup plus simples que celui d'un gaz comprimé. Par contre, la température du GNL (-163 °C à la pression atmosphérique) requiert la mise en œuvre de métallurgies particulières ce qui augmente inévitablement le coût des véhicules. Mais surtout, le GNL requiert un usage continu du véhicule sous peine de retrouver après quelques jours de non-utilisation son réservoir initialement plein complètement vaporisé. Aussi, l'utilisation du GNL dans le transport routier se restreint-elle au camionnage voire aux autocars, difficilement aux voitures individuelles.

23 Voir chapitre 3 pour davantage d'explication sur le GNL.

L'électricité

La voiture électrique n'échappe pas à la règle et antidate largement le moteur à combustion interne. Le premier véhicule électrique serait un train miniature construit par l'américain T. Davenport et la première voiture électrique aurait comme concepteur un hollandais du nom de S. Stratingh. Les deux inventions dateraient de 1835[24]. Mais comme pour les biocarburants et le gaz, le pétrole va rapidement supplanter l'électricité pour des raisons à la fois pratiques et économiques. Toujours pour les mêmes raisons (prix élevé du pétrole et réduction des gaz à effet de serre) la voiture électrique a refait surface au début du XXIe siècle.

Et c'est vrai qu'utiliser de l'électricité emmagasinée dans une batterie pour déplacer une voiture est une alternative séduisante. Pas de rejets de CO_2 et un silence à... s'endormir au volant. Mais la voiture électrique a aussi des inconvénients majeurs. Son autonomie, sauf à surdimensionner les batteries, n'excède pas pour l'instant 150 km. Et la recharge d'une batterie à l'aide des bornes classiques de 3 kW aujourd'hui disponibles prend entre six et dix heures. Pas question donc, début août, de quitter Paris et d'espérer rejoindre les plages du midi de la France dans la journée.

Aussi voit-on arriver sur le marché des bornes de recharge haute puissance de 22 kW comme celles du réseau parisien « *Belib'* ». Elles permettent de recharger un véhicule en une heure. En revanche, pour recharger une voiture électrique aussi rapidement que le réservoir d'une voiture thermique diesel ou essence (soit en une minute trente), il faudrait atteindre une puissance instantanée de 4,5 MW, l'équivalent de 3 000 lave-vaisselle. Non seulement une telle puissance ne pourrait être supportée par les batteries des véhicules électriques actuels, mais, de surcroît, si de nombreux véhicules étaient rechargés en même temps, l'appel total de puissance provoquerait d'importantes perturbations sur le réseau de distribution électrique[25].

Autrement dit, la voiture électrique n'est pas aujourd'hui conçue pour des longs trajets, mais pour des parcours urbains de quelques dizaines de kilomètres par jour. Ces kilomètres autour des grandes métropoles sont souvent associés à de longs embouteillages extrêmement consommateurs d'énergie. On ne navigue plus autour des 5 l/100 km que nous vendent les constructeurs dans leurs brochures, mais autour des 15 l/100 km qui n'effrayaient en rien nos grands-parents durant les Trente Glorieuses.

Dans ce contexte, la voiture électrique prend toute sa place tant sur le plan économique que sur le plan environnemental (Figure 2.8), mais, comme pour le chauffage domestique, il ne peut s'agir que d'électricité renouvelable ou nucléaire. Enfin, la voiture électrique pose le problème de la disponibilité du

---

24 Shacket S.R (1979), "The Complete Book of Electric Vehicles" Chicago, Domus Books.

25 http://www.connaissancedesenergies.org/voitures-electriques-une-recharge-aussi-rapide-quun-plein-bientot-possible-160201

lithium. Ce métal très léger a remplacé le plomb comme ingrédient de base des batteries. Peu abondant[26] dans l'écorce terrestre, il n'y existe pas à l'état natif et doit être produit à partir de minéraux complexes.

Une technique alternative à la batterie est celle de la pile à combustible, une autre technologie oubliée découverte en 1839 par l'Allemand Schönbein. Le carburant est cette fois l'hydrogène. Sa combustion en présence d'oxygène produit un courant actionnant un moteur électrique et de l'eau chaude, mais pas de CO_2. Mais où trouver l'hydrogène ? C'est là que le bât blesse. Car, s'il est avec l'oxygène et le silicium l'un des éléments chimiques les plus présents sur terre, l'hydrogène n'existe pratiquement pas à l'état natif. Il faut donc le produire à partir de l'électrolyse de l'eau, un procédé fortement consommateur d'électricité. Enfin l'hydrogène est un gaz à la fois explosif et très inflammable. Ainsi, garde-t-on en mémoire la catastrophe de l'Hindenburg. Fierté du régime nazi, le ballon dirigeable gonflé à l'hydrogène reliait Berlin à New York. Suite à une défaillance électrique, il s'enflamma à l'atterrissage le 6 mai 1937, tuant 35 personnes. Ce fut la dernière utilisation massive de l'hydrogène dans les transports.

Conclusion

Ce panorama succinct de l'histoire du pétrole nous montre à quel point nous restons dépendants de l'or noir et combien son déplacement vers d'autres énergies ne peut que se faire dans la douleur.

Si, dans le domaine des transports, les alternatives apparaissent diverses et variées (nucléaire ou GNL pour les bateaux, électricité pour les trains, biocarburants, gaz et électricité pour les voitures, les bus et les camions), seul un nombre restreint d'options retiendra notre attention.

En particulier, nous sommes convaincus que les biocarburants liquides de première génération représentent une « fausse bonne solution » à la fois énergétiquement inefficace et dangereuse tant sur le plan environnemental que vis-à-vis de la chaîne alimentaire. Nous partageons sur ce point la mise en garde de nombreuses ONG qui tirent la sonnette d'alarme dans les régions où des cultures intensives ont été développées pour produire du bioéthanol (Brésil) ou de l'huile de palme (Indonésie). Lors de l'écobuage (qui n'a d'éco que son nom !) des palmeraies de Sumatra en septembre, Kuala Lumpur, situé pourtant à plus de 500 km, se couvre d'une épaisse fumée durant un mois et ses célèbres « Twin Towers » disparaissent dans une ambiance suffocante.

La voiture au gaz sur les longues distances et la voiture électrique pour les déplacements urbains devraient en revanche permettre de réduire la part du pétrole de quelques pour cent dans le mix transport. Mais ne nous faisons pas trop d'illusions. Au cours des vingt prochaines années, la part déplacée restera limitée. La réduction de la consommation de pétrole dans les transports passera avant tout par une réduction de l'intensité énergétique (ou l'amélioration de l'efficacité

26 L'US Geological Survey estime à environ 11 millions de tonnes les réserves mondiales de lithium.

énergétique) et non par des déplacements massifs. De même, le naphta restera le principal carburant de la pétrochimie et son déplacement vers le gaz restera limité.

En revanche, pour les autres usages (production électrique, industrie et chauffage domestique), des déplacements beaucoup plus massifs peuvent être envisagés. Vers le gaz et les renouvelables pour la production électrique, vers le gaz et l'électricité (à condition que ce soit de l'électricité renouvelable ou nucléaire) pour le chauffage domestique et vers le gaz pour l'industrie. Le pétrole se spécialisera encore un peu plus, sa part dans le mix énergétique primaire se réduira progressivement, mais, à coup sûr, il restera présent dans notre vie quotidienne durant de longues années encore.

3

Le gaz, « meilleur ami » des renouvelables

« Les amis sont des compagnons de voyage qui nous aident à avancer sur le chemin d'une vie plus heureuse. »
Pythagore

L'électricité et son frère jumeau, le magnétisme, sont des phénomènes connus depuis la nuit de temps. Dès la haute antiquité, les Égyptiens avaient identifié les propriétés électrostatiques de la laine et celles d'aimantation de la pierre de magnésie. Aux alentours de l'an 600 avant J.-C., le Grec Thalès de Milet avait démontré qu'un morceau d'ambre frotté sur la manche de sa toge pouvait soulever miraculeusement et sans aucun effort des objets légers comme une brindille de paille ou une plume d'oiseau. Mais, après ces débuts prometteurs, l'électricité va tomber dans l'oubli.

Régnant sans partage sur la société du Moyen Âge, l'Église chrétienne y impose ses dogmes dans l'obscurantisme le plus complet. L'électromagnétisme relevant d'une volonté divine, son aventure humaine est donc reportée à plus tard. On peut toutefois signaler la découverte par les Chinois de la boussole, qui nous permit à partir de la moitié du XVe siècle… de ne plus « perdre le nord ». Couplée au gouvernail, elle aida Christophe Colomb à découvrir le Nouveau Monde. Les XVIIe et XVIIIe siècles ne donnèrent lieu qu'à de timides avancées, l'électricité et le magnétisme restant jusqu'à qu'à la fin du siècle des Lumières de simples éléments de curiosité. Ce n'est qu'à partir du XIXe siècle que l'Homme commencera à en comprendre les fondements et à en imaginer les premières applications domestiques et industrielles.

Pour passer de la théorie à la pratique, il faut mettre en évidence une dualité. Tout d'abord comprendre que l'électricité est, comme le feu, une forme d'énergie qui peut remplacer la main de l'Homme et fournir du travail mécanique. Mais, contrairement au bois, au charbon, au pétrole ou au gaz, on ne trouve pas de stock d'électricité dans la nature. Il faut donc d'abord la fabriquer. Si l'électricité peut fournir du travail mécanique, pourquoi l'énergie mécanique ne serait-elle pas l'ingrédient de base pour la fabriquer ? C'est au titre de cette dualité qu'il faut revenir sur le génie de Michel Faraday. Il y trouve la réponse dans l'interaction entre l'électricité et le magnétisme. Un fil métallique mobile parcouru par un courant électrique et placé autour d'un aimant fixe se met à tourner, un disque métallique mis en rotation dans l'entrefer d'un aimant génère un courant électrique. En dix ans, Faraday avait trouvé les principes du moteur et du générateur électrique. Les alternateurs de toutes les centrales électriques modernes ne sont rien d'autre que des applications à grande échelle du principe de l'induction électromagnétique découvert par le génial Anglais. Cette double découverte va provoquer l'enthousiasme des chercheurs et des industriels. Dès le milieu du XIXe siècle, l'électricité va progressivement s'inviter à tous les niveaux de la vie quotidienne et symbolisera la modernité de la société de croissance. Les inventions les plus ingénieuses vont se succéder : le moteur électrique (Tesla, 1854), le téléphone (Bell, 1876), le phonographe (Cros, 1877), l'ampoule électrique (Edison, 1879), le fer à repasser (Seely, 1882).

Mix électrique et rendement des différents procédés

Pour générer de l'électricité, la main de Faraday doit, sans s'arrêter, faire tourner le disque à l'aide d'une manivelle. Pourquoi se fatiguer alors que la machine à vapeur de Watt pourrait l'actionner sans effort ? C'est de ce couplage que sont nées, au milieu du XIXe siècle, les premières centrales électriques. Elles utilisaient comme combustible le charbon, mais les vieilles idées et les découvertes récentes vinrent rapidement concurrencer la machine à vapeur alimentée au charbon. Ainsi, les énergies bien connues comme l'eau ou le vent, jadis utilisées dans les moulins pour moudre le grain, pourraient très bien actionner le disque. Et pourquoi ne pas utiliser ce nouveau moteur à combustion interne alimenté au gaz ? S'il est capable d'actionner les roues d'une voiture, il pourrait tout aussi bien faire tourner le rotor d'un alternateur.

Hormis le solaire photovoltaïque dont l'origine physique est fondamentalement différente, tous les procédés de production de l'électricité sont basés sur le même le principe. Une énergie primaire (gaz, vent, hydraulique) actionne directement ou indirectement (vapeur produite à partir de charbon, de fuel ou de nucléaire) un élément mécanique rotatif appelé turbine qui, à son tour, entraîne le rotor d'un alternateur. La transformation se réalise avec une efficacité plus ou moins grande qu'on appelle « rendement ». Dans la mesure où l'alternateur est commun à tous les procédés, le rendement d'un cycle électrique repose en grande partie sur l'efficacité des éléments situés en amont. Autrement dit, c'est la transformation d'énergie primaire en énergie mécanique qui va différencier les différents procédés de fabrication. Et bien évidemment, suivant le combustible utilisé, le procédé va générer une quantité plus ou moins importante de GES.

En 25 ans, l'énergie primaire dédiée à la production électrique a presque doublé. Elle représente aujourd'hui 38 % de la consommation mondiale (Figure 3.1). Elle est passée de 35 PWh en 1990 à plus de 60 PWh en 2015. Mais en sortie des centrales, elle ne restitue qu'un maigre 24 PWh soit un rendement moyen de 40 %.

Les combustibles fossiles fournissent aujourd'hui 74 % de l'énergie primaire injectée dans le mix électrique primaire et restituent 67 % de l'électricité mondiale. Ils sont responsables de 13,3 Gt_{CO2} par an soit 38 % des émissions mondiales. Les énergies fossiles ont, au cours des 25 dernières années, grignoté une part importante de marché aux non-fossiles. La part de ces derniers est passée dans le mix électrique secondaire de 40 % en 1990 à 34 % aujourd'hui. Tiré par la croissance des pays émergents, le mix électrique s'est même dégradé sur le plan environnemental passant de 0,21 Gt_{CO2}/PWh en 1990 à 0,23 Gt_{CO2}/PWh en 2014.

Figure 3.1 – Part des différentes sources d'énergie dans les mix électriques primaire et secondaire mondiaux

Type	Entrée centrale		Sortie centrale			
	PWh	%	PWh	%	Rendt (%)	Gt_{CO2}
Charbon	28,0	47%	9,7	41%	35%	9,7
Pétrole	3,2	5%	1,0	4%	32%	0,9
Gaz	13,4	22%	5,2	22%	38%	2,7
Non fossiles	15,2	25%	8,0	34%	53%	0,0
Total	59,9	100%	23,9	100%	40%	13,3

Source des données : IEA Outlook.

L'une des clés de la transition énergétique se trouve donc dans un déplacement radical du mix électrique vers les énergies non fossiles. Mais, pour des raisons aussi bien techniques que sociétales, tout ne sera pas possible.

Le charbon

Le charbon fut la première énergie primaire utilisée pour fabriquer de l'électricité. Pulvérisé, il alimente des brûleurs installés dans une chaudière tapissée de tubes dans lesquels circule de l'eau. Chauffée à haute température, l'eau se transforme en vapeur à haute pression dont la détente va actionner le rotor d'une turbine puis l'arbre d'un l'alternateur. La vapeur décomprimée est alors condensée et le cycle peut recommencer. Le rendement moyen des centrales à charbon est de 35 %. Leur puissance dépasse couramment 1 GW.

Le charbon reste de loin la principale source d'énergie primaire à la base de la production électrique. Au cours des 25 dernières années, sa part est passée de 41 % à 47 % tandis que sa part dans le mix secondaire est restée à peu près constante aux environs de 40 %.

C'est évidemment la croissance des pays émergents[1] qui est à l'origine de cette croissance de la production électrique charbonnière. Ainsi, la Chine qui produit et consomme la moitié du charbon mondial assure 73 % de sa production d'électricité grâce à la gaillette. L'électricité charbonnière est responsable de 9,7 Gt_{CO2} d'émissions annuelles dont 4 Gt_{CO2} pour la seule patrie de Confucius.

Au contraire, les États-Unis et l'Europe ont, au cours des 25 dernières années, réduit significativement la part charbonnière de leur mix électrique qui ne représente plus que 40 % aux États-Unis et 26 % en Europe.

Faible rendement des centrales thermiques et émissions gigantesques de gaz à effet de serre, le charbon est le pire des combustibles. Et pourtant un peu comme pour le pétrole dans le domaine des transports, sa facilité d'usage et son faible coût pour produire de l'électricité font un peu oublier les risques environnementaux et climatiques qu'il fait courir à la planète. Néanmoins, contrairement au pétrole, il n'est pas en permanence sous les feux de la rampe et c'est finalement très sournoisement qu'il pollue. Dans l'imaginaire collectif, il ne représente ni un instrument de géopolitique ni un moyen de pression économique. Il ne fait pas souffrir le portefeuille des consommateurs à la pompe et n'a pas, au cours des 30 dernières années, donné lieu à des catastrophes environnementales médiatisées. Il est même arrivé à faire croire qu'il n'était pratiquement plus utilisé. Pour l'opinion publique, les « coups de grisou » appartiennent au passé.

Le charbon est par ailleurs promu par des lobbies extrêmement puissants et très bien organisés jouant comme souvent d'arguments fallacieux ou de conflits d'intérêts publics comme l'indépendance énergétique ou le chantage à l'emploi. L'effondrement des cours du charbon en 2009 suite à la révolution américaine des gaz de schistes a par ailleurs rompu certains équilibres et déplacé de façon inattendue le mix électrique de certains pays européens vers le charbon. Nous y reviendrons dans la suite.

Le pétrole

La place du pétrole dans la production électrique a été largement discutée dans le chapitre 2. Il joue dans une centrale thermique à flamme le même rôle que le charbon et conduit à des rendements équivalents. Sa part de marché dans la génération électrique a dépassé les 20 % au cours des Trente Glorieuses, mais s'est effondrée après le premier choc pétrolier. Elle ne représente plus aujourd'hui que 5 % du mix électrique primaire et 4 % du mix électrique secondaire. Son usage est voué à disparaître, l'Agence internationale de l'énergie tablant sur moins de 2 % de pétrole dans le mix électrique à l'horizon 2040[2]. L'asthénie du pétrole dans le

1 https://www.iea.org/statistics/statisticssearch/report/?country=CHINA&product=electricityandheat&year=2014

2 IEA World Energy Outlook 2016.

mix électrique est méconnue et conduit très souvent à des interprétations erronées de la transition énergétique. De facto, le pétrole (contrairement au charbon, au gaz et au nucléaire) n'est pas un réel concurrent des renouvelables et, contrairement à une idée reçue, la baisse récente des cours du pétrole n'a pas eu d'impact sur les investissements dans les renouvelables.

Le gaz

Le gaz est le deuxième combustible primaire en importance dans la production électrique, mais se situe loin derrière le charbon, avec une part de marché de 22 %. Il représente 2,7 Gt_{CO2} d'émissions annuelles. Bien qu'il puisse être « brûlé » comme le charbon dans des centrales thermiques à flamme, c'est généralement dans des turbines à gaz (qui sont des machines à combustion interne semblables aux moteurs de voiture) qu'il est le plus souvent utilisé. Dans le cas d'un cycle simple, le rendement est de l'ordre de 38 %, mais le cycle combiné associant turbine à gaz et turbine à vapeur permet de porter le rendement à 60 %. Comme la cogénération pour les centrales à charbon[3], la généralisation des cycles combinés dans les centrales à gaz représente une source considérable d'économies d'énergie et de réduction des émissions. Si l'on compare Chine, États-Unis et Europe, les résultats sont inversés par rapport au charbon. En Chine, le gaz ne représente que 2 % du mix électrique alors qu'aux États-Unis et en Europe, il compte respectivement pour 27 % et 14 %[4].

Figure 3.2 – Évolution de la part des principales énergies non fossiles dans le mix électrique mondial depuis 1965

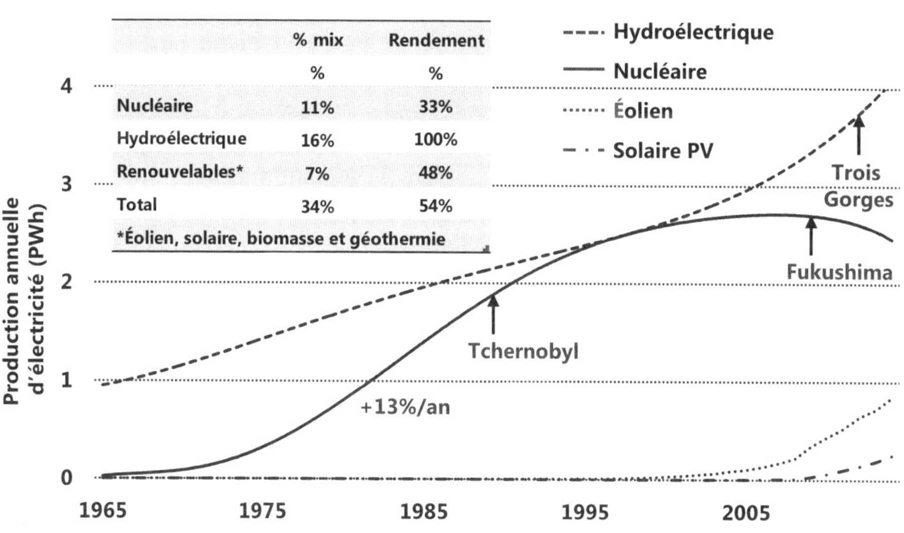

Source : BP Statistical Review.

3 Voir chapitre 4.

4 IEA Energy Outlook.

Les énergies primaires non fossiles

Les énergies non-fossiles comptent pour 34 % du mix électrique (Figure 3.2). L'hydroélectrique en représente 16 %, le nucléaire 11 %, et les renouvelables 7 % (incluant la géothermie et les biocarburants). Grâce à l'hydroélectricité qui y occupe une part prépondérante, le rendement global du mix électrique non fossile est de 54 %.

L'énergie nucléaire

L'accord signé entre l'Iran et les principales puissances mondiales en juillet 2015 après une décennie de tensions en atteste : l'énergie nucléaire a toujours été marquée par un schisme profond entre son prodigieux concentré énergétique et son immense pouvoir de destruction. Les premières applications civiles du nucléaire ne verront d'ailleurs le jour que plusieurs années après Hiroshima, apothéose d'un projet aussi ingénieux que macabre. Mais « Manhattan »[5] fut d'abord et avant tout l'aboutissement d'une période de bouillonnement scientifique faite de nombreuses découvertes.

L'aventure nucléaire commence en 1898, quand Henri Becquerel découvre de façon fortuite les rayons uraniques. Pierre et Marie Curie lui emboîtent le pas. En isolant à partir de la pechblende un nouvel élément très radioactif, le radium, ils mettent en évidence la radioactivité naturelle. En 1919, Ernest Rutherford réalise la première réaction nucléaire de l'histoire en transformant de l'azote en oxygène et en 1932, le savant britannique James Chadwick marque un pas décisif en isolant le neutron. Ce n'est qu'en 1939 que les Allemands Otto Hahn, Lise Meitner et Fritz Strassmann découvrent la fission nucléaire tandis que la même année, Frédéric Joliot-Curie, gendre de Pierre et Marie Curie, démontre que la fission peut s'auto-entretenir dans une réaction en chaîne dégageant une quantité prodigieuse d'énergie. Prodigieuse, mais surtout effrayante à l'approche de la guerre. Convaincu que la maîtrise de l'énergie atomique s'avérera décisive sur l'issue du conflit, Albert Einstein envoie au président Roosevelt une lettre[6] restée célèbre anticipant l'idée terrifiante d'une Allemagne nazie détenant l'arme atomique. Convaincu par la missive d'Einstein, Roosevelt lance le projet Manhattan. Dans le centre mythique de Los Alamos au Nouveau-Mexique, Enrico Fermi, Robert Oppenheimer et James Chadwick, pour ne citer que les plus illustres, unirent leurs forces et leur génie pour concevoir la bombe. Dès 1942, ils étaient parvenus à contrôler la fission en chaîne qu'avait imaginée Joliot Curie. Trois ans plus tard, « la bombe » était prête à anéantir Hiroshima puis Nagasaki, faisant au total 115 000 victimes. Même si elles mirent un terme définitif au second conflit mondial, les deux journées du 6 et du 9 août 1945 sont gravées parmi les plus sombres de l'histoire de l'humanité. Fort heureusement, Hiroshima et Nagasaki sont restés les seuls cas d'utilisation d'armes nucléaires.

---

5 Tel fut le nom du projet qui conduisit à la fabrication de la première bombe atomique.

6 http://icp.ge.ch/po/cliotexte/la-seconde-guerre-mondiale/bombe.atomique.html

C'est souvent des ténèbres qu'émerge la lumière. Pourquoi ne pas utiliser la fission à des fins civiles pour produire de l'énergie ? Un combustible faiblement enrichi (<5 %) par rapport au concentré de la bombe (>80 %) ne pourrait-il pas remplacer le charbon ou le fuel des centrales à flamme pour faire bouillir l'eau et produire de l'électricité ? C'est dans le contexte du projet Manhattan que le chercheur américain Alvin Weinberg propose en 1944 un dispositif à eau pressurisée destiné à produire de l'électricité. Pourtant, il faudra attendre 10 ans pour que les premiers réacteurs entrent en service à Obninsk (U.R.S.S., 1954), à Calder Hall (Grande-Bretagne, 1956) puis en 1958 aux États-Unis près de Pittsburgh. La montée en puissance est alors rapide avec la mise en service à Dresden (Illinois) d'une unité de 200 MW en 1960 puis de deux unités supplémentaires de 850 MW en 1970 et 1971.

La France n'échappe pas à cette évolution et fait passer en priorité le développement de « sa bombe ». Après avoir créé le CEA (Centre d'Études Atomiques) juste après la libération, le Général de Gaulle annonce officiellement en 1958 sa décision de construire une bombe atomique. Le premier tir a lieu dans le Sahara algérien en 1960. Le nucléaire civil attendra la fin des années 1960. De Gaulle en posera les jalons en choisissant la technologie (eau pressurisée), mais ce sont les présidents Pompidou puis Giscard d'Estaing qui, pressés par les évènements, vont « transformer l'essai ».

Suite au premier choc pétrolier, il faut à la fois réduire la dépendance énergétique de la France et sa facture énergétique. Valéry Giscard d'Estaing lance alors un programme sans précédent de construction de centrales nucléaires avec comme objectif d'atteindre, à un horizon de 10 ans, 85 % d'électricité d'origine nucléaire. Dans les faits, sa part atteindra 65 % en 1985 puis continuera de croître pour se stabiliser vers 78 % au début des années 2000.

Le premier choc pétrolier fut donc l'incontestable catalyseur du nucléaire civil (Figure 3.2). En une dizaine d'années, sa part dans le mix électrique secondaire sera multipliée par huit. Mais un évènement effroyable va venir mettre à mal cette croissance inédite. Il se passe dans une Union soviétique rendue économiquement exsangue par la guerre d'Afghanistan et la chute des prix du pétrole dont elle est dépendante à 80 %.

Le 26 avril 1986, le monde médusé assiste presque en direct à l'explosion du réacteur n°4 de la centrale nucléaire de Tchernobyl en Ukraine. Faillite technique, faillite humaine, mais aussi faillite morale de tout un système, Tchernobyl sera le théâtre d'un sacrifice humain sans précédent, notamment celui des « liquidateurs » qui œuvrèrent pour construire un sarcophage de béton. Sur les 600 000 personnes recrutées, 60 000 y laissèrent la vie. Tchernobyl est le plus grave accident nucléaire répertorié. Rien ne sera plus comme avant. La catastrophe démontra qu'une défaillance du nucléaire civil pouvait s'avérer tout aussi meurtrière que l'arme atomique.

Après Tchernobyl, la croissance du nucléaire va fortement se ralentir passant, au cours des deux décennies suivantes, de 13 % à 2 % par an. Faisant appel à des technologies sophistiquées, le nucléaire reste « un sport de riches ». Les pays de l'OCDE possèdent aujourd'hui 80 % du parc mondial civil, un chiffre équivalent à celui de 1985. La croissance des pays émergents, utilisant préférentiellement les énergies fossiles bien plus simples à manipuler, n'aura pas vraiment d'impact sur le nucléaire.

Une seconde catastrophe va venir définitivement ternir l'image du nucléaire. Le 11 mars 2011, un puissant tremblement de terre au large des côtes du Japon déclenche un tsunami dont la vague déferle vers la centrale nucléaire de Fukushima. Elle détruit le circuit de refroidissement et provoque la surchauffe de trois des réacteurs. Il en résulte plusieurs explosions. Des gaz radioactifs sont rejetés sur un périmètre de 20 km tandis que des quantités significatives de matières radioactives polluent les eaux souterraines et l'océan. Fukushima sera pour le Japon un désastre à la fois humain, économique et environnemental. Même si son origine est indirecte (la catastrophe résulte du tsunami et non d'une défaillance de la centrale), Fukushima va relancer un peu partout dans le monde un débat légitime sur la sûreté des installations nucléaires. Les réponses politiques vont, comme souvent, se faire à l'emporte-pièce et en ordre dispersé. L'Allemagne décide d'une sortie définitive du nucléaire au mépris des conséquences sur les marchés des autres énergies tandis que le Japon arrête temporairement ses réacteurs. D'autres pays, comme la France, la Finlande, la Suède, le Royaume-Uni, la Russie, la Chine, les États-Unis, la Corée du Sud, l'Inde et l'Iran confirment le maintien du nucléaire dans leur mix électrique.

Fukushima marque toutefois le début d'un déclin (Figure 3.2) puisque, pour la première fois depuis le début des années 1970, la part absolue du nucléaire va se contracter. Avec la forte croissance de la consommation de charbon dans les pays émergents, cette réduction du nucléaire explique en grande partie la baisse des énergies non fossiles dans le mix électrique entre 1990 et 2015.

Le nucléaire reprendra-t-il des couleurs au cours des prochaines décennies ou va-t-il continuer de décliner sous l'effet des puissants lobbies antinucléaires ? Ses avantages sont incontestables : l'uranium est abondant dans l'écorce terrestre, pas d'intermittences ni d'émissions de CO_2, la cogénération peut augmenter significativement son rendement. Par contre, il a aussi de très gros inconvénients : la sûreté de ses installations lorsqu'elles atteignent un certain degré de maturité, le traitement des déchets souvent véhiculés comme une « patate chaude » d'un interlocuteur à l'autre, le démantèlement des centrales puis leur abandon. Ces « externalités » seront abordées dans le chapitre 5.

L'hydroélectricité

La maîtrise de l'énergie hydraulique reste l'une des premières grandes conquêtes techniques de l'humanité. Pourtant, en dehors de quelques applications ponctuelles comme la fameuse « *machine de Marly* » qui alimenta les jardins de Versailles, jusqu'à la fin du XVIIIe siècle, son principal usage restera le moulin à eau. La première centrale hydroélectrique associant une turbine hydraulique et une dynamo à courant continu verra le jour en 1879 à St-Moritz en Suisse. L'aventure hydroélectrique est lancée et ne s'arrêtera plus. Durant les années 1920, l'expansion en France sera rapide avec la construction des premiers grands barrages.

Bien avant qu'on ne parle de nucléaire, la « houille blanche » s'est invitée au sein du mix électrique pour y occuper une place de choix. Au milieu des années 1960, l'hydroélectricité comptait pour le quart de la production mondiale d'électricité. Depuis lors, si sa part absolue a quadruplé (Figure 3.2), sa part relative s'est réduite au profit du gaz et du charbon. Elle représente aujourd'hui un peu plus de 16 % du mix électrique. Au cours des dix dernières années, c'est en Chine que les principales centrales hydroélectriques ont été mises en service. Grâce au fameux barrage « des Trois Gorges », la Chine est aujourd'hui le premier producteur mondial d'hydroélectricité avec 27 % de part de marché.

Par rapport à ses différents concurrents, l'hydroélectricité a de nombreux avantages. Le cycle qui ne demande aucune transformation thermique (pas de production de vapeur, pas de combustion de gaz) a un rendement qui approche les 100 %. Le rêve absolu : quand on parle d'hydroélectricité, on ne différencie plus... le mix primaire du mix secondaire. Sa souplesse est tout aussi remarquable dans la mesure où il suffit d'ouvrir ou de fermer une vanne pour arrêter ou redémarrer le cycle. Il peut par ailleurs fournir de l'électricité en continu sans intermittence et, bien entendu, tout cela se passe sans aucune émission de CO_2.

Mais aucune solution n'est parfaite. On reproche d'abord et avant tout à l'hydroélectricité le fait d'être associée à des barrages. Le gigantisme de leur construction représente de fortes nuisances. Au nom du bien collectif, les populations environnantes sont bien souvent déplacées sans leur octroyer des compensations suffisantes. Ce fut le cas lors de la construction du barrage des Trois Gorges. Par ailleurs la retenue d'eau n'est pas sans effet sur l'environnement : modification de la température, diminution de la quantité d'oxygène dans l'eau et réduction des apports sédimentaires sont autant de facteurs qui peuvent lourdement altérer la biodiversité.

Si le pétrole a entraîné de nombreuses marées noires et le nucléaire les désastres de Tchernobyl et de Fukushima, l'énergie hydraulique a connu deux catastrophes aujourd'hui un peu oubliées. Malpasset et Vajont firent au début des années 1960 plus de 2 500 victimes.

Le barrage « voûte » de Malpasset (mieux connu sous le nom de « barrage de Fréjus ») avait été construit sur le Reyran en amont des communes de Fréjus et de Saint-Raphaël au milieu des années 1950. Le 2 décembre 1959 à 21h13, suite à des pluies torrentielles qui avaient fragilisé les points d'ancrage du barrage dans la roche encaissante, la voûte céda soudainement, provoquant le déferlement de 50 millions de mètres cubes d'eau. La catastrophe fit 423 victimes, principalement à Fréjus, ainsi que des dégâts matériels considérables aux routes et aux voies ferrées.

L'idée de construire un barrage hydroélectrique sur le site de Vajon, dans les Dolomites italiennes, remontait à un siècle. Mais, après de longues tergiversations, les travaux n'avaient commencé qu'en 1958. Moins d'un an après le début du « bétonnage », les études géologiques avaient mis en évidence une faille incurvée dirigée vers le bassin de retenue, mais le danger avait été minimisé. Dès que le lac de retenue avait été rempli, éboulements et secousses sismiques induites s'étaient produits. Mais, aussitôt vidé, tout était rentré dans l'ordre. Malgré l'incompatibilité évidente entre le site et la géologie des lieux, la société opérant le barrage avait finalement décidé de le remplir. Les messages alarmistes des autorités locales n'y firent rien. Le 9 octobre 1963 à 22h39, un fragment de montagne de 2,5 km de long et de 600 m de large glissait dans le lac. Instantanément comblé, il déborda et provoqua deux vagues qui déferlèrent dans la vallée. Elles rayèrent de la carte la commune de Longarone et firent au passage 2 000 victimes. Une parodie de justice s'ensuivit : faute de preuves, seul l'ingénieur en chef du projet fut condamné pour homicide par imprudence[7].

Ces évènements qui conservent une grande valeur historique appartiennent toutefois au passé. Les grands barrages sont aujourd'hui des structures étroitement surveillées et les incidents y sont rarissimes. La croissance de l'hydroélectricité sera toutefois modérée au cours des prochaines décennies dans la mesure où la plupart des sites, circonscrits aux grandes chaînes de montagnes ont été exploités.

L'énergie éolienne

La force divine d'Éole, dieu grec du vent, a été utilisée depuis l'Antiquité pour déplacer des bateaux, pomper l'eau, scier le bois et moudre le grain. Mais, comme source d'électricité, elle n'a pas rencontré au cours du XXe siècle beaucoup d'enthousiasme, sa puissance énergétique s'avérant ridiculement faible face la concurrence des énergies fossiles et de l'hydroélectricité. Aussi, jusqu'au début des années 1970, l'éolien restera une source d'électricité anecdotique se contentant d'éclairer quelques fermes isolées situées dans les grandes plaines américaines et de pallier la pénurie de charbon et de pétrole durant le second conflit mondial. C'est une fois de plus la crise pétrolière de 1973 qui va en raviver l'intérêt et inciter les gouvernements des pays consommateurs à financer des projets de recherche et de développement. Des parcs éoliens commencèrent à voir le jour aux États-Unis comme en Californie où 17 000 éoliennes furent installées entre 1981 et 1990. En Europe, c'est le Danemark qui fit réellement figure de pionnier en construisant dès 1970 les premières éoliennes *off-shore* puis en mettant en service en 2002 le plus grand parc éolien au monde. Le Danemark couvre aujourd'hui 41 % de ses besoins électriques grâce à l'éolien. Il reste un exemple unique en Europe et dans le monde.

L'éolien n'a commencé à émerger dans le mix électrique que durant la seconde moitié des années 1990, soit 30 ans après le nucléaire. Depuis 2005, sa contribution a été multipliée par huit, atteignant en 2014 3 % du

7 Michel Rabinovitch (2012), « La catastrophe du barrage du Vajon (province de Pordenone, Italie) », Géologues n° 169.

mix électrique secondaire (Figure 3.2). Bien qu'assez rudimentaire sur le plan technologique, il est davantage déployé dans les pays de l'OCDE (67 %) que dans les pays émergents.

Figure 3.3 – Part de l'éolien et du solaire dans le mix électrique de plusieurs pays

	Part éolien	Part solaire
	%	%
États-Unis	4%	1%
Chine	3%	1%
Allemagne	14%	6%
Espagne	18%	5%
France	4%	1%

Source des données : BP Statistical Review.

Si les États-Unis et la Chine sont les deux premiers émetteurs de CO_2 de la planète, ils sont aussi les deux leaders mondiaux de l'éolien (Figure 3.3). À eux deux, ils couvrent près de la moitié de la production mondiale. L'énergie éolienne comptait en 2015 pour 4 % du mix électrique américain et 3 % du mix chinois. En Europe, en dehors du Danemark (50 % de sa production électrique est éolienne), ce sont l'Espagne (près de 20 % du mix électrique) et l'Allemagne (14 % du mix électrique en 2015) qui mènent la danse. Confortablement installé sous son « *édredon nucléaire* », le pays d'Ampère reste à la traîne, avec moins de 4 % d'éolien dans son mix électrique.

Pour des raisons de coût, l'éolien s'est pour l'instant essentiellement développé *on-shore*. Mais la régularité et force du vent en mer devraient permettre dans le futur à éolien *off-shore* d'émerger comme une incontournable source d'énergie renouvelable. Bien que ne représentant en 2015 que 2,8 % de la puissance mondiale éolienne installée, sa progression est fulgurante puisqu'elle est passée de 4 GW en 2011 à 12 GW en 2015[8].

Le solaire photovoltaïque

Pourquoi le soleil ne nous-a-t-il pas gratifiés d'une infime partie de l'hydrogène qu'il brûle chaque jour avec gloutonnerie ? Il en priverait à peine les autres planètes qui n'en ont nul besoin, assurerait notre subsistance énergétique et nous épargnerait l'effort de la transition. Mais, le soleil ne nous délivre l'énergie de son hydrogène qu'avec parcimonie et surtout de façon indirecte : sous forme de chaleur, mais aussi et avant tout sous forme de lumière. Car,

8 https://fr.wikipedia.org/wiki/ % C3 % 89olienne_offshore#Danemark

contrairement à toutes les autres sources de production électrique, le solaire photovoltaïque n'utilise pas un fluide en mouvement pour produire de l'électricité, mais un phénomène très particulier appelé « effet photoélectrique ». Il fut mis en évidence expérimentalement puis expliqué théoriquement grâce au génie complémentaire de trois grands savants allemands : Rudolf Hertz, Max Planck et Albert Einstein.

Rudolf Hertz découvrit expérimentalement en 1887 que de la lumière incidente sur une plaque métallique y « arrachait » des électrons et de ce fait y créait un courant électrique. Max Planck démontra de son côté que la lumière parcourait l'espace à une vitesse vertigineuse (300 000 kilomètres/seconde). Elle était transportée par des particules élémentaires (les photons) possédant une énergie proportionnelle à la fréquence de la lumière. Ainsi, les photons émis dans la gamme des infrarouges (domaine des faibles fréquences) étaient-ils beaucoup moins énergétiques que ceux émis dans la gamme des ultraviolets (domaine des hautes fréquences). Albert Einstein referma la boucle en établissant que les photons de Planck généraient le courant photoélectrique de Hertz.

Ce n'est donc pas la chaleur du soleil (prédominante dans la gamme des infrarouges), mais sa lumière qui engendre l'électricité photovoltaïque. Le solaire thermique est l'énergie des infrarouges alors que le solaire photovoltaïque est celle des ultraviolets, à l'origine des coups de soleil qui nous font tant souffrir l'été sur les plages.

L'émergence du photovoltaïque est postérieure à celle de l'éolien (Figure 3.2). Il ne décolla timidement dans le mix électrique qu'en 2007. Sa contribution atteignait en 2015 moins de 1 % de la consommation mondiale d'électricité. Sa croissance annuelle depuis 2007 est en revanche exponentielle et atteint en moyenne plusieurs dizaines de pourcents par an. Comme pour l'éolien, on retrouve un peu les mêmes acteurs (Figure 3.3) : les États-Unis, la Chine et l'Europe. En Europe les leaders sont à nouveau l'Allemagne (6 % de son mix électrique) et l'Espagne (5 %). Mais c'est l'Italie, avec 9 % de son mix électrique, qui détient la palme mondiale du solaire. Ce n'est pas surprenant dans la mesure où l'Allemagne et l'Italie sont les principaux pays européens ayant choisi de se désengager du nucléaire. Sans surprise, la France reste, comme pour l'éolien, largement à la traîne avec seulement 1 % d'électricité solaire dans son mix électrique.

Autres sources d'énergie non fossiles

Utiliser l'énergie des vagues (énergie « houlomotrice ») ou celle des marées (énergie « marémotrice ») sont d'anciennes idées. Ainsi, le premier brevet connu visant à utiliser l'énergie houlomotrice aurait été déposé en 1799 et l'un des premiers appareils construit en 1910. L'énergie hydraulique des vagues (qui résulte de l'action du vent sur la mer) peut être captée directement en surface grâce à des systèmes de flotteurs placés perpendiculairement aux vagues ou à partir de systèmes immergés ou semi-immergés (Figure 3.4).

Figure 3.4 – Différents systèmes de captage d'énergie houlomotrice

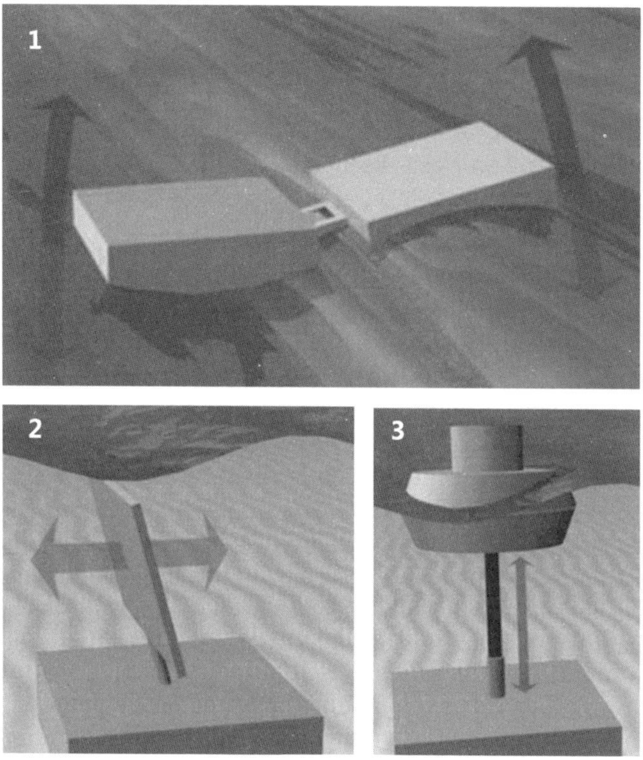

1 – Flotteurs de surface. 2 – Paroi oscillante immergée.3 – Flotteur créant un mouvement périodique vertical.
Source : http://www.connaissancedesenergies.org.

Pour pallier les limitations mécaniques de ces dispositifs complexes, des systèmes de seconde génération sont en cours de développement. Ils utilisent des polymères électro-actifs (matériaux générant de l'électricité quand ils se déforment sous l'effet des vagues) capables d'engendrer directement une onde électrique sans l'intervention d'un système mécanique[9].

Les marées résultent de la différence de vitesse de rotation entre la Terre (une rotation par 24 heures) et la Lune (une rotation tous les 28 jours). L'énergie marémotrice fut utilisée dès l'Antiquité. Les premiers « moulins à marée » dateraient de l'époque romaine. Ils se développèrent en Europe dans le courant du Moyen Âge comme sur l'embouchure de l'Adour au XIIe siècle. La première grande centrale électrique utilisant l'énergie marémotrice ne fut pourtant mise en service qu'en 1966 sur l'estuaire de la Rance[10] dans les Côtes-d'Armor. Grâce à des marées dont l'amplitude (différence entre la marée haute et la marée basse) peut atteindre 13

9 Ambroise Wattez and Rick van Kessel (2016), "Using Electro Active Polymers to Transform Wave Energy Conversion" OTC-27170-MS.

10 http://tpehydro.blogspot.fr/p/usine-de-la-rance.html

à 14 mètres (l'estuaire est proche du Mont-Saint-Michel !), l'usine marémotrice de la Rance dégage une puissance de 0,25 GW. Les turbines sont réversibles et fonctionnent à la fois en marée montante et descendante. Bien que quelques autres projets aient vu le jour au cours des années 1980 (Annapolis au Canada, Sihwa en Corée du Sud), marées et vagues restent des sources d'énergie marginales.

Qu'il s'agisse de vagues, de marées, mais aussi d'éolien *off-shore*, le milieu marin riche en sel est très corrosif. Récupérer l'énergie en mer nécessite de mettre en œuvre des technologies complexes et coûteuses notamment des alliages à base de nickel, de chrome et de manganèse.

Enfin, la géothermie consiste soit à produire de l'eau chaude piégée dans les entrailles de l'écorce terrestre souvent à des profondeurs de plusieurs milliers de mètres (on parle de géothermie haute température) soit à pomper artificiellement de l'eau froide dans le sous-sol et à la récupérer à une température supérieure (géothermie basse température). La géothermie haute température est aujourd'hui utilisée pour produire de l'électricité. Elle reste circonscrite à des contrées où le gradient géothermique (augmentation de la température avec la profondeur) est suffisamment élevé. C'est notamment le cas dans des archipels volcaniques comme l'Islande, l'Indonésie, les Philippines, la Nouvelle-Zélande et le Japon, mais aussi en Afrique de l'Est entre l'Éthiopie et le Malawi. La puissance géothermique mondiale installée est seulement de 12,5 GW (équivalent à l'éolien *off-shore*), une goutte d'eau insignifiante par rapport aux 5 000 GW de capacité électrique mondiale.

Le transport de l'électricité

La fabrication de l'électricité n'est pas la seule source de pertes entre le producteur et le consommateur. Car, si l'électricité se transporte aisément à l'aide de fils ou de câbles métalliques, ce transport ne se fait pas sans pertes.

Un courant électrique n'est rien d'autre qu'un flux d'électrons qui se déplace à grande vitesse dans un fil métallique sous l'effet d'une différence de potentiel aussi appelée « tension ». C'est la loi d'Ohm qui traduit ce transport de charges électriques (l'intensité du courant électrique est notée I et s'exprime en ampères) dans un fil métallique soumis à une différence de potentiel (notée U, elle s'exprime en volts). La loi d'Ohm est très semblable à celle qui gouverne l'écoulement d'un fluide dans une conduite soumise à une différence de hauteur hydraulique. Le débit de fluide s'écoulant dans la tuyauterie est l'analogue du courant tandis que la différence de hauteur s'apparente à la différence de potentiel. Comme dans tout mouvement, des forces de frottements vont s'opposer au déplacement des particules et produire de la chaleur qui sera irrémédiablement perdue. Cette opposition au mouvement s'appelle « résistance électrique ». On la note R et elle s'exprime en ohms. La loi d'Ohm s'exprime donc tout simplement par $I = U/R$. Si ce dégagement de chaleur (appelé « effet Joule ») est le but recherché pour un radiateur électrique, un grille-pain ou un four électrique, dans bien des applications, il représente des pertes significatives. Et c'est notamment le cas lorsqu'on transporte de l'électricité sur de longues distances. En combinant la loi d'Ohm avec celle de la puissance électrique (qui n'est autre que le produit $U*I$) on peut aisément montrer que la puissance dissipée lors du transport de l'électricité se calcule de la façon suivante :

$$P_{dissipée} = R*(P_{transportée}/U)^2$$

Pour une même puissance électrique transportée et à résistance égale, les pertes par effet Joule diminuent donc avec le carré de la tension. Autrement dit, les pertes sont divisées par quatre quand la tension double. Aussi comprend-on pourquoi il est nécessaire de transporter l'électricité dans des lignes à « haute tension ». Ainsi en France, on estime à environ 2,5 % les pertes dans le réseau de distribution électrique[11], soit environ 14 TWh sur les 553 TWh consommés en 2016. Toutefois, transporter à haute tension coûtant beaucoup plus cher que de transporter à basse tension, il faut trouver un optimum économique entre le coût des investissements et celui des pertes. Ceci explique la structure multicouche des réseaux électriques. Les puissances élevées sont transportées sur de longues distances dans des lignes à haute tension (plusieurs centaines de milliers de volts) autrefois en cuivre, désormais en aluminium. Au fur et à mesure que l'on se rapproche des utilisateurs, les puissances transportées décroissent de même que la tension des lignes. Quand elle arrive chez le consommateur elle a été abaissée aux traditionnels 220 volts.

Ces nombreux changements de tension entre la sortie de la centrale électrique et l'arrivée du courant chez le consommateur nécessitent d'utiliser un appareil électrique bien connu qui permet de passer d'une tension à l'autre : le « transformateur ». Comme l'alternateur, son principe repose sur l'induction électromagnétique de Faraday et, par principe, il ne fonctionne qu'avec du courant « alternatif »[12]. C'est le couplage de l'alternateur (qui en sortie de centrale délivre directement du courant alternatif) et du transformateur qui permet de transporter de l'électricité sur de grandes distances tout en limitant les pertes.

Mais, si 99 % de l'électricité circulant dans le monde est du courant alternatif[13], de nombreux appareils comme les téléviseurs, les magnétoscopes ou les micro-ordinateurs fonctionnent au courant continu. Ils possèdent tous des dispositifs internes permettant de transformer le courant alternatif en courant continu. Les piles, les batteries ou les accumulateurs que l'on trouve dans les voitures électriques produisent du courant continu. De même, les cellules photovoltaïques génèrent du courant continu.

Intermittences

La consommation d'électricité n'est pas constante dans le temps. Elle varie suivant la température et la luminosité, selon l'heure de la journée et la saison. Elle peut aussi varier d'une région à l'autre, impactée par des modes de

11 http://clients.rte-france.com/lang/fr/visiteurs/vie/vie_perte_RPT.jsp
12 http://www.techno-science.net/?onglet=glossaire&definition = 3147
13 http://www.hydroquebec.com/comprendre/notions-de-base/continu-alternatif.html

vie différents. Par exemple, un Espagnol dîne en moyenne deux heures plus tard qu'un Français et quatre heures plus tard qu'un Danois.

En France, la consommation journalière hivernale culmine vers 19 heures avec des pointes de puissance de 80 GW, voire de 100 GW les journées de grand froid, alors qu'en été c'est vers 12 heures que le maximum est observé, mais le pic est parfois inférieur à 60 GW. En janvier, la consommation hebdomadaire moyenne dépasse couramment les 11 TWh alors qu'au milieu du mois d'août, elle est inférieure à 7 TWh. Les records de consommation sont donc logiquement atteints lorsque les pointes journalière et saisonnière se superposent. Satisfaire les pics et éviter de surproduire pendant les périodes de faible demande réclament beaucoup de flexibilité dans le réseau électrique, ce qui dépend d'abord et avant tout de la souplesse du démarrage et de l'arrêt d'une centrale.

La palme d'or de la souplesse revient à l'hydraulique dans la mesure où il suffit d'ouvrir ou de fermer une vanne pour démarrer ou arrêter la centrale. Le gaz est lui aussi extrêmement souple : comme tout moteur à combustion interne, la turbine à gaz peut monter à sa pleine puissance en seulement quelques minutes, au plus quelques dizaines de minutes. Les centrales thermiques classiques sont déjà beaucoup moins flexibles, la montée en puissance demandant d'abord que le cycle de production vapeur soit bien établi. Ainsi une centrale à charbon demandera plusieurs heures pour atteindre sa pleine puissance et une centrale nucléaire jusqu'à deux jours.

Le solaire et l'éolien se caractérisent par un manque total de flexibilité puisque la production est irrégulière, difficilement prévisible et souvent en déphasage avec la demande. Ainsi, en hiver, au moment de la forte demande de 19 h, le soleil est déjà couché. Les décisions de démarrage ou d'arrêt ne sont plus entre les mains de l'opérateur de la centrale, mais entre celles... de Dame Nature.

Figure 3.5 – Comparaison des rapports consommation puissance en France et en Allemagne pour le nucléaire, l'éolien et le solaire

	France			Allemagne		
Type d'énergie	Production (TWh)	Puissance (GW)	Rapport (TWh/GW)	Production (TWh)	Puissance (GW)	Rapport (TWh/GW)
Nucléaire	437	62,5	7,0	91,5	12,7	7,2
Éolien	20	10,3	1,9	88	45	2,0
Solaire	7,3	6,5	1,1	38,4	40	1,0

Source des données : BP Statistical Review et RTE.

Ces intermittences apparaissent clairement quand on rapporte la production d'électricité à la puissance installée. Ainsi, comparé au nucléaire, il faudra 3,6 fois plus de puissance éolienne et sept fois plus de puissance solaire pour produire une quantité d'électricité équivalente. Les mêmes ratios se retrouvent d'ailleurs en France et en Allemagne (Figure 3.5).

La loi relative à la transition énergétique pour la croissance verte[14] publiée au Journal Officiel le 18 août 2015 vise entre autres à ramener à l'horizon 2025 la part du nucléaire de 78 % à 50 % du mix électrique. Pour déplacer ces 28 % de nucléaire vers du « tout renouvelable », il faudra mettre en œuvre près de 25 000 nouvelles éoliennes de 2 MW (le parc en compte aujourd'hui que 5 000) tout en multipliant par sept la puissance solaire. Le mix électrique français se composerait alors de 50 % de nucléaire, 22 % d'éolien, 12 % d'hydroélectrique, 10 % de solaire et de 6 % de gaz. En ne considérant que l'éolien, une sortie complète du nucléaire demanderait de mettre en œuvre (considérant 1 % de croissance annuelle de la consommation) l'équivalent de 135 000 éoliennes. Faire supporter en partie la réduction du nucléaire par le gaz permettrait d'alléger au moins à court terme l'effort renouvelable. Ainsi, faire passer la part du gaz à 15 % tout en maintenant la part du solaire à 8 % permettrait de réduire le nombre d'éoliennes supplémentaires à 15 000. Mais cela augmenterait les émissions françaises de 55 Mt_{CO2} (+17 % par rapport aux émissions 2015). Il y aura donc un inévitable choix politique entre la vitesse de réduction du nucléaire et l'approbation d'émissions supplémentaires.

Stockage de l'énergie

En raison de leur caractère intermittent, les énergies renouvelables ne peuvent répondre de façon satisfaisante à la forte variabilité de la demande sauf à stocker le surplus d'électricité produit, mais non consommé puis à le réinjecter dans le réseau en cas de pointe de consommation.

Malheureusement, contrairement aux combustibles fossiles que l'on peut brûler (ou pas) à la demande, l'électricité n'est pas stockable. Une fois produite, si elle n'est pas instantanément consommée, elle sera irrémédiablement perdue. Pour en récupérer une partie, il est nécessaire de la convertir, avec un rendement souvent médiocre, en une forme d'énergie stockable. Le mot « stockage d'électricité » souvent utilisé aujourd'hui est donc un abus de langage. Il faut parler de « stockage d'énergie » et non de « stockage d'électricité ». Il existe quatre grandes méthodes de stockage d'énergie : les batteries, la production d'hydrogène par électrolyse, la conversion en air comprimé et la conversion gravitaire.

Élément névralgique d'une voiture, la batterie fonctionne de façon réversible sur la base de l'électrolyse de l'eau et de la pile à combustible. En décharge, elle transforme de l'énergie chimique en électricité alors qu'en charge (c'est-à-dire lorsqu'on roule), l'alternateur injecte de l'électricité dans la batterie, ce qui régénère son énergie chimique. La batterie au plomb fut inventée en 1859 par le Français Gaston Planté. Si le plomb est encore très largement utilisé dans les batteries de voitures, il a été au cours des 20 dernières années largement supplanté par le lithium qui possède un rendement énergie/poids quatre à cinq fois supérieur et une durée de vie deux à quatre fois plus longue.

14 http://www.developpement-durable.gouv.fr/loi-transition-energetique-croissance-verte

Même en réduisant significativement leur poids, le potentiel des batteries reste limité dans la mesure où les puissances restituées ne dépassent pas 10 MW (le centième d'une centrale nucléaire) et le temps de décharge n'excède pas l'heure. Leur utilisation se restreint donc à des applications locales (maisons individuelles possédant leurs propres panneaux solaires, électricité décentralisée de quartier). Enfin, les batteries au lithium ne sont pas sans poser le problème de la disponibilité de ce métal rare dont les réserves mondiales sont plus que limitées.

Le « power to gas » consiste à utiliser un surplus d'électricité bon marché produite durant les heures creuses pour la convertir en hydrogène via l'électrolyse de l'eau. Cet hydrogène est alors soit utilisé directement dans des piles à combustible soit mélangé avec le méthane circulant dans le réseau. Le système est coûteux et sa viabilité économique est aujourd'hui loin d'être prouvée.

Les excédents d'électricité durant les heures creuses peuvent aussi être utilisés pour comprimer de l'air puis le stocker soit en faible quantité dans des réservoirs soit en beaucoup plus grande quantité dans des cavernes souterraines. L'air comprimé est alors récupéré à la demande durant les heures de pointe pour actionner une turbine et un alternateur.

Le principe du STEP (Station de Transfert d'Énergie par Pompage) est simple : on récupère l'eau « descendue » d'une centrale hydroélectrique dans un bassin inférieur et, durant les heures creuses, les excédents d'électricité actionnent des pompes afin de remonter l'eau vers le lac de retenue. Le STEP est de loin la solution de conversion la plus mature et la plus répandue à l'heure actuelle. Elle représente en France une puissance de plus de 4 GW. Mais, intimement liées aux capacités hydroélectriques d'une région ou d'un pays, les perspectives de développement du STEP sont limitées. Le STEP peut aussi s'envisager sur le littoral : la mer sert alors de bassin inférieur tandis qu'un réservoir supérieur est installé sur la côte. Le relief méditerranéen aura dans ce cas un avantage incontestable par rapport au plat pays atlantique.

Autres inconvénients de l'éolien et du solaire photovoltaïque

La surface au sol

L'intermittence n'est pas le seul inconvénient inhérent à l'éolien et au solaire photovoltaïque. Contrairement aux combustibles fossiles qui sont des concentrés d'énergie dans le sous-sol, les renouvelables sont des dilués d'énergie dans l'atmosphère. Il n'est donc pas surprenant que pour en capter l'essence, une importante surface au sol soit nécessaire.

Si au cours de la première moitié du XXe siècle, les champs d'hydrocarbures à terre (Azerbaïdjan, Californie, Venezuela, Texas, Moyen-Orient...) ont été développés à l'aide de nombreux puits verticaux rapprochés, au cours des

30 dernières années l'industrie pétrolière et gazière a mis en œuvre des modes de production beaucoup moins gourmands en surface. Le PAD consiste à forer plusieurs puits horizontaux (une dizaine en moyenne) à partir d'une surface limitée à deux ou trois terrains de football. Ce concept permet de réduire de façon spectaculaire la surface au sol et représente un concentré énergétique impressionnant. À partir d'une surface comprise entre un et deux hectares, on arrive ainsi à collecter le pétrole ou le gaz sur plus de dix kilomètres carrés en profondeur.

Et les résultats sont sans appel. Il faudra au solaire et à l'éolien respectivement 180 et 670 fois plus de surface au sol pour produire la même quantité d'électricité[15] (Figure 3.6).

Figure 3.6 – Comparaison de la surface au sol requise entre renouvelables et gaz

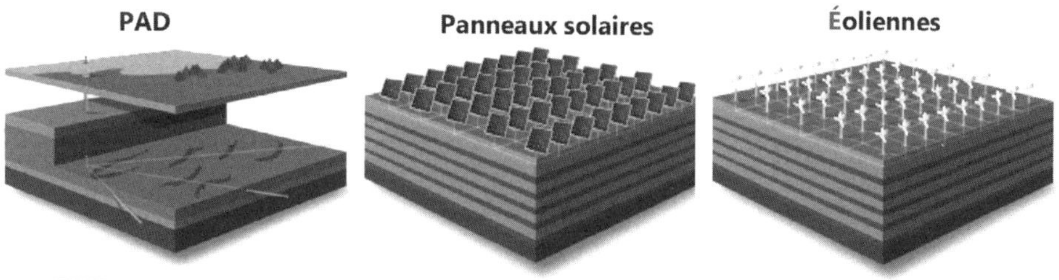

Type	Primaire (MWh/m²/an)	Rendement (%)	Secondaire (MWh/m²/an)	Rapport
Solaire	1,75	15	0,26	181
Éolien	0,25	40	0,07	671
Gaz conventionnel	78	60	47	1

Ainsi, la loi sur la transition énergétique (50 % de nucléaire, 22 % d'éolien et 10 % de solaire) réclamera 2 000 km² de surface au sol pour installer 30 000 éoliennes et 250 km² environ pour les panneaux solaires. Mais, pour remplacer la totalité du nucléaire par de l'éolien, les 135 000 éoliennes requises occuperaient 6 300 km² de surface au sol alors que l'équivalent solaire ne demanderait que 2 000 km². Si ces surfaces restent en apparence faibles par rapport aux 550 000 km² du territoire, elles représenteront inévitablement un facteur bloquant en région fortement urbanisée. D'autant que pour les éoliennes, nous avons considéré dans notre calcul un coefficient d'occupation du sol de 10 %. Autrement dit, ce sont en fait 63 000 km² (soit 11 % du territoire métropolitain) et non 6 300 km² qui seraient globalement occupés. Même si, entre les éoliennes, une grande partie de la surface

15 La surface du PAD est de 2 ha. Il produit 3 Mbbl sur 20 ans pour le conventionnel. L'efficacité du cycle gaz combiné est estimée à 60 %. On considère une énergie solaire primaire de 600 W/m2, 8 heures d'ensoleillement par jour et un rendement de 15 % pour les cellules photovoltaïques. http://zebu.uoregon.edu/disted/ph162/l4.html. Six cent vingt-sept éoliennes de 2 MW installées sur une surface de 100 000 acres (1 acre = 4047 m2), 15 heures de vent par jour, 10 % de la surface totale utilisée et 40 % d'efficacité.

pourrait être utilisée à des fins agricoles ou domestiques, cela représenterait une nuisance territoriale considérable[16].

R. Bell, professeur au Brooklyn College, déclarait récemment[17] que « dans 30 ans l'Arabie Saoudite produirait la plupart de son électricité à partir de solaire photovoltaïque » ajoutant « que si le royaume wahhabite peut se convertir aux renouvelables, pourquoi ne pourrions-nous pas en faire autant ? ». La réponse est simple : l'Arabie Saoudite a de la surface au sol à profusion (98 % d'étendues désertiques) et du soleil 365 jours par an. Ironie de l'histoire, ce sont dans les pays du Moyen-Orient et d'Afrique saharienne que se trouvent les plus grands gisements potentiels de solaire photovoltaïque. Le célèbre dicton des années 1970 qui faisait suite au premier choc pétrolier pourrait sans effort être réactualisé au bout d'un demi-siècle « on n'a pas de soleil... mais on a des idées ». Qu'il s'agisse de gaz, de pétrole ou de soleil, l'Europe n'a décidément pas été gâtée par le « dieu » énergie.

Les nuisances visuelles et sonores

En dehors de l'intermittence et de la surface au sol, les éoliennes sont aussi controversées pour leur intrusion visuelle dans le paysage, notamment dans les zones rurales sans relief où leur présence est frappante. Souvent cité comme nuisance par les riverains, le bruit peut être assez facilement réduit sous les 40 dB en plaçant les turbines à plus de 300 m des habitations les plus proches. La mise en œuvre de fermes d'éoliennes peut aussi perturber la biodiversité, notamment les oiseaux. Aussi faut-il à tout prix éviter de les installer le long de couloirs de migration. Le choix judicieux des sites est donc d'une importance capitale pour réduire les nuisances tant pour les riverains que pour la faune. Ces contraintes conjuguées au besoin de surface peuvent représenter un facteur bloquant supplémentaire. Néanmoins, bien que les pales d'une hélice tournant à 40 tours/minute peuvent être perçues par les communautés locales comme dangereuses, il n'y a que très peu d'exemples de rupture ou de fragmentation d'hélice. L'éolien est une technologie très sûre.

Le « meilleur ami » des renouvelables

Contrairement au pétrole qui fait constamment parler de lui, le gaz naturel (dont le nom scientifique est le « méthane ») n'a pas vraiment d'histoire. Il est longtemps resté une source marginale d'énergie en grande partie à cause de sa difficulté de stockage et de transport. Son développement à grande échelle ne démarra vraiment que durant les années 1950, après la découverte du gisement géant de Groningue en Hollande et celui plus modeste de Lacq dans le sud-ouest de la France. Au milieu des années 1960, le gaz naturel devint un ingrédient à part

16 Ph. A. Charlez (2017), « L'efficacité des énergies primaires dans la génération électrique. Quelques indicateurs de comparaison », revue Géologues 1, 2017

17 http://www.lesechos.fr/idees-debats/editos-analyses/021300791340-defiscalisons-les-energies-renouvelables-1164930.php?UcVqbdA0GZ4erGuV.99

entière de la vie quotidienne en remplaçant définitivement le gaz de synthèse. Depuis cette époque, la consommation mondiale a suivi une croissance quasi linéaire de l'ordre de 3 % par an. En 50 ans, elle a été multipliée par cinq et représente aujourd'hui 22 % de la consommation mondiale d'énergie primaire.

Alors que le pétrole est gouverné par un marché mondial, le gaz est régionalisé en trois grands marchés quasi indépendants : l'Amérique du Nord, l'Europe et le Sud-Est asiatique. Contrairement au pétrole qui peut circuler sans difficulté sur tous les océans de la planète, le gaz est une matière première complexe à transporter. À terre, il faut l'acheminer depuis le site de production vers les consommateurs à l'aide d'un réseau de gazoducs équipé de stations de compression. Pour traverser les océans, il est nécessaire de le liquéfier en le refroidissant à -160 °C puis de le transporter à l'aide de méthaniers. Aussi, la consommation de proximité, qu'elle soit locale, régionale ou nationale, sera toujours préférée à l'exportation. La consommation domestique de gaz naturel représentait en 2015 70 % de la production mondiale contre seulement 20 % exportée par gazoduc et 10 % sous forme de GNL (Gaz Naturel Liquéfié).

Avantages et inconvénients du gaz

Lors d'une enquête récente, on demandait aux sondés d'associer à chacun des trois combustibles fossiles un mot courant. Le résultat fut le suivant : « noir » pour le charbon, « sale » pour le pétrole et « explosif » pour le gaz. Dans l'imaginaire collectif, le gaz est donc assimilé à une substance dangereuse. Ce n'est pas surprenant dans la mesure où il est invisible, inodore et insipide et ne fait guère parler de lui, sauf sporadiquement lorsqu'il provoque l'explosion d'une canalisation ou l'incendie d'un immeuble parisien vétuste.

Comme toute autre source d'énergie le gaz, fait de temps en temps quelques victimes. En Europe, l'explosion la plus meurtrière liée à une fuite de gaz s'est déroulée à Ghislenghien, dans le sud de la Belgique, le 30 juillet 2004. Un engin de chantier qui voulait effectuer des travaux sur une conduite provoqua une déflagration suivie d'un incendie. La catastrophe tua 24 personnes et en blessa 132. Mais hormis cet évènement dramatique, les accidents liés au gaz sont rares et finalement peu meurtriers quand on les compare aux grandes catastrophes pétrolières, charbonnières et surtout nucléaires.

Combustible sûr, le gaz naturel est aussi l'énergie fossile la plus respectueuse de l'environnement. Il ne provoque pas de marée noire ou de pollutions de surface et sa combustion produit deux fois moins de CO_2 que le charbon. Les réserves sont abondantes et les taux de récupération beaucoup plus élevés que pour le pétrole.

Il est produit à terre et en mer sous faible ou grande profondeur d'eau. Des ressources inexploitées comme les hydrates de gaz (gaz piégé dans des cristaux de glace à quelques dizaines de mètres sous le fond des océans) pourront peut-être à long terme prendre le relais des réserves conventionnelles et des gaz de schistes. En cycle combiné, le rendement d'une centrale à gaz est bien supérieur à celui d'une centrale à charbon ou d'une centrale nucléaire. Moins flexible que le pétrole, il est quand même multi-usage : chauffage domestique, transformation pétrochimique, transports et bien sûr production électrique.

En dehors de sa complexité de transport, l'autre grand désavantage du gaz est sa volatilité. Depuis son extraction jusqu'à son site de consommation, une faible quantité de méthane sera relâchée dans l'atmosphère. Inhérentes au système de transport et de distribution, ces émissions dites « fugitives » représentent moins de 1 % du gaz produit[18]. Mais, en termes de GES, le méthane possède un pouvoir réchauffant 25 fois supérieur à celui du CO_2. Autrement dit, une fuite de méthane même faible va activement contribuer à l'effet de serre. Un calcul simple permet de montrer qu'au-delà de 3 % d'émissions fugitives, le gaz perdrait son avantage environnemental par rapport au charbon, un argument fréquemment utilisé par les charbonniers pour défendre leur secteur. Mesurer et maîtriser ces émissions fugitives représente donc un enjeu majeur pour les acteurs gaziers.

Quelles percées technologiques pour mieux promouvoir le gaz ?

Le gaz possède d'incontestables qualités. Mais, comme toute autre source d'énergie, il a aussi ses faiblesses. Dans un marché globalisé, sa difficulté de transport et l'hétérogénéité de ses prix[19] sont autant d'inconvénients par rapport au charbon et au nucléaire. Par ailleurs, dans un monde où les règlementations environnementales deviennent de plus en plus strictes, le problème latent des émissions fugitives est un handicap sérieux, un véritable « tendon d'Achille » qui à terme peut se transformer en facteur bloquant, surtout s'il est utilisé de façon fallacieuse par des ONG fondamentalistes ou des lobbies charbonniers sans scrupule. Le déclin historique de la consommation de gaz en Europe depuis 2010 au profit du charbon est en train d'installer de facto et de façon insidieuse le « faux ami des renouvelables » à la place du *« meilleur ami des renouvelables »*. Une situation inacceptable qui devrait pousser les responsables européens à tirer la sonnette d'alarme. Tout projet permettant d'atténuer ses handicaps ira donc dans le sens d'une meilleure promotion du gaz.

Miniaturiser le GNL

Taille trop petite ou situation trop isolée, de nombreux champs de gaz ne peuvent être développés. Pour être rentable, une usine de liquéfaction classique doit produire 4 à 5 millions de tonnes de GNL par an. Par ailleurs, produire le gaz d'un champ marginal en mer, même situé à une distance raisonnable de la côte, à partir d'un réseau spécifique de pipeline est rarement économique. Enfin, une partie significative du gaz dit « associé » au pétrole (c'est-à-dire dissous dans le pétrole) ne peut, pour les mêmes raisons, être transportée et valorisée. Aussi est-il

18 http://www.igu.org/
19 Voir chapitre 5.

encore souvent brûlé sur place. Non content de générer d'importantes quantités de GES (250 millions de tonnes de CO_2 par an), ce gaz brûlé représente un gaspillage significatif d'énergie. Le valoriser demande de pouvoir liquéfier des quantités suffisamment petites, de préférence à l'aide d'unités situées à proximité de la production. En mer, cela requiert des mini-unités flottantes dont la capacité sera comprise entre 1 et 2 millions de tonnes par an et auprès desquelles les méthaniers pourront directement venir s'approvisionner. À terre, il s'agira d'unités mobiles sur camion de capacité inférieure. Le mini et le micro GNL représentent un enjeu majeur pour le futur marché du gaz, mais sa rentabilité reste aujourd'hui à démontrer.

Méthaniser les déchets et produire du biogaz

Avant de se transformer en pétrole et en gaz sous l'effet de la température[20], la matière organique accumulée au fond des océans est progressivement enfouie dans les entrailles de la Terre. À faible profondeur, elle subit une première transformation de type fermentation biologique. Des bactéries ne nécessitant pas d'oxygène et pouvant vivre jusqu'à des températures de l'ordre de 80 °C puisent leur énergie vitale en se nourrissant d'une partie de cette matière organique enfouie et après l'avoir digérée, rejettent du gaz naturel, appelé « gaz biogénique ». Formé à faible profondeur, ce gaz biogénique peut fuir jusqu'en surface et donner naissance aux bien connus « feux follets ». C'est par un processus similaire que la digestion des animaux libère du méthane. Ainsi les ruminants sont-ils à l'origine d'une quantité importante du méthane rejetée dans l'atmosphère. Se chauffer ou produire de l'électricité au « cul des vaches » est une vieille idée. Plusieurs projets pilotes existent, notamment en Argentine qui regorge de vaches, mais qui a aussi un besoin vital de gaz.

La méthanisation des déchets[21] ne fait que reproduire la digestion naturelle. Elle consiste à collecter la matière organique provenant de l'agriculture (déjections animales, résidus de récolte), de l'industrie agroalimentaire (abattoirs, caves vinicoles, laiteries, fromageries) ainsi que de déchets d'origine domestique (tontes du gazon, ordures ménagères, boues et graisses de station d'épuration). La méthanisation s'effectue dans une cuve close et chauffée à 40 °C, température à laquelle les bactéries sont les plus actives. Une fois la digestion terminée et le gaz extrait, le résidu appelé « digestat » peut être utilisé comme fertilisant.

La production de biogaz présente le double avantage de produire de l'énergie tout en traitant les déchets organiques. Sa contribution à l'effet de serre est considérée comme négative dans la mesure où ces déchets se seraient méthanisés à l'air libre et auraient rejeté le gaz naturel dans l'atmosphère. La principale difficulté reste la disponibilité de la matière organique. L'efficacité du tri et de la collecte des déchets sont l'une des clés du succès.

---

20 Voir chapitre 1 paragraphe 3.1.

21 http://www.ademe.fr/sites/default/files/assets/documents/fiche-technique-methanisation-201502.pdf

Le biogaz est une source d'appoint extrêmement intéressante pour l'Europe où elle représente 3,5 % de sa consommation globale de gaz naturel. Comme pour l'éolien et le solaire, l'Allemagne est largement à la pointe (51 % de la production européenne) suivie de l'Italie et de la Grande-Bretagne (chacune 13 %). Édredon nucléaire oblige, la France est une fois de plus à la traîne avec seulement 3 % de la production européenne.

Maîtriser les émissions fugitives

Entre les chiffres officiels de l'IGU[22] qui considère que les émissions fugitives ne dépassent pas 1 % des volumes produits[23] et les chiffres cataclysmiques annoncés par certaines autorités académiques[24] représentant des lobbies charbonniers (ils parlent de 8 %), la marge est extrêmement large. D'autant que les mines de charbon, en activité ou abandonnées, produisent à l'air libre d'importantes quantités fugitives de gaz de charbon sans que personne n'y attache d'importance.

La maîtrise des émissions fugitives de méthane passe donc d'abord et avant tout par une estimation suffisamment précise de leur intensité. Ceci implique d'identifier des microfuites de méthane le long de l'ensemble de la chaîne de production et d'acheminement depuis le puits producteur jusqu'à l'utilisateur final. Cela inclut également les usines de liquéfaction et les centrales électriques.

Si de nombreuses techniques existent pour mesurer les émissions fugitives, leur utilisation reste pour l'instant surtout concentrée autour d'installations (puits, centres de traitement, usine de liquéfaction ou plan de dé-liquéfaction, centrale électrique). Le survol aérien de pipelines[25] à l'aide d'hélicoptère ou de drones équipés de capteurs laser est une méthode prometteuse pour identifier les potentielles fuites sur de longues distances.

Conclusion

Chaque source d'énergie a ses qualités, chaque source d'énergie a ses défauts. Le charbon et le pétrole produisent davantage de CO_2 que le gaz, mais ils sont faciles à transporter et ne génèrent pas d'émissions fugitives dans l'atmosphère. Mais, le rendement de leurs centrales est bien inférieur à celui des centrales au gaz. L'hydroélectrique possède le rendement le plus élevé, n'émet pas de CO_2, mais son utilisation est restreinte à des sites très particuliers. Le solaire et l'éolien n'émettent pas de CO_2, mais demandent pour être massivement exploités des surfaces au sol très importantes, parfois incompatibles avec des zones très urbanisées. Les énergies fossiles ne sont pas renouvelables, mais se stockent facilement, l'électricité issue

22 International Gas Union www.igu.org

23 http://www.ipcc-nggip.iges.or.jp/public/gp/bgp/2_6_Fugitive_Emissions_from_Oil_and_Natural_Gas.pdf

24 R.W. Howarth (2014), "A bridge to nowhere : methane emissions and the greenhouse gas footprint of natural gas", Energy Science & Engineering published by the Society of Chemical Industry and John Wiley & Sons Ltd.

25 http://www.mihelicopters.com.au/airborne-gas-detection/

du solaire ou de l'éolien est renouvelable, mais elle est intermittente et n'est pas stockable. L'électricité nucléaire n'est pas intermittente et n'émet pas de CO_2, mais, son utilisation pose à long terme de sérieux problèmes de sécurité et de gestion des déchets radioactifs. Les terres rares des cellules voltaïques et le lithium des batteries ne sont pas renouvelables et n'abondent pas sur terre.

On veut que l'électricité thermique et l'électricité nucléaire soient remplacées à terme par du solaire et de l'éolien, mais on refuse, au nom de la précarité énergétique, que la facture d'électricité augmente. On veut une transition verte, mais on importe massivement du charbon américain bon marché pour maintenir la compétitivité de nos entreprises. On aime l'éolien, sauf lorsqu'on l'installe près de chez soi, on hait le gaz de schiste sauf éventuellement s'il s'agit de GNL américain. On veut une transition vers les renouvelables, mais on s'endort sous sa couette nucléaire tant celle-ci est confortable.

La transition électrique parfaite n'existe pas et s'accommode très mal de décisions politiques. La loi relative à la transition énergétique pour la croissance verte vise à diviser par deux la consommation d'énergie finale et par quatre les émissions de GES à l'horizon 2050. Elle a aussi pour objectif de réduire en 2025 à 50 % la part du nucléaire dans le mix électrique et d'y intégrer 32 % de renouvelables. Ces objectifs chiffrés permettraient de recouvrer la croissance sans que le prix de l'électricité n'augmente. « Tout va pour le mieux dans le meilleur des mondes », écrivait Voltaire dans Candide. On ne peut qu'adhérer à ce catalogue d'intentions louables. Qui refuserait de combattre le chômage par la croissance verte ou de valoriser le transport propre et le bâtiment durable ? Qui s'opposerait à remplacer du « nucléaire dangereux » par « de l'éolien et du solaire inoffensifs » ?

« Les faits ne pénètrent pas dans l'univers où vivent nos croyances », convenait Proust. Le résultat est en effet rarement au rendez-vous de l'intention et pourtant la politique d'aujourd'hui est principalement construite autour d'intentions, rarement autour de résultats. Le résultat sera-t-il au rendez-vous de ce catalogue de bonnes intentions ? Nous en doutons fortement quand on se réfère au passé récent.

Au cours des 15 dernières années, la consommation d'électricité en France a diminué de 3 % et la consommation d'énergie primaire de 6 %. Sur la même période, les émissions de GES ont diminué de 23 % et la consommation de combustibles fossiles, toutes catégories confondues, de 20 %. La transition serait donc largement en cours et une accélération des tendances actuelles devrait permettre d'atteindre sans trop de difficulté les objectifs avancés. Sauf que ces baisses ne sont en rien le résultat d'une transition pertinente et choisie, mais tout simplement l'image d'une croissance atone amorcée en 2008 lors de la crise des *subprimes* et poursuivie en 2009 et 2010 par celle des dettes souveraines. Réduire de moitié la consommation d'énergie sur 35 ans (1,5 % par an en moyenne) implique donc de continuer à accepter (volontairement ou pas) une croissance atone, voire de temps à autre des périodes de récession. Ce n'est pas vraiment ce que promeut la loi sur la transition énergétique qui mise au contraire sur la croissance verte, autrement dit sur une réduction continue et significative d'une intensité énergétique qui est déjà parmi les plus faibles du monde.

Au cours des 15 dernières années, la part des énergies renouvelables (solaire + éolien) est passée de 0 % à 4 % tandis que le nucléaire stagnait dans le mix électrique. Les objectifs 2025 visent à ramener la part du nucléaire à 50 %, ce qui nécessitera de multiplier par un facteur 6 la puissance éolienne et par 7 la puissance solaire. Sauf à mener aux forceps une transition au pas de course et surtout sans concession face à l'opinion publique, aux différents lobbies syndicaux, politiques et industriels, on peut difficilement croire que ce qui n'a pas pu être réalisé au cours des quinze dernières années pourrait s'exécuter durant les huit prochaines.

En matière d'énergie, même l'alchimiste politique le plus subtil ne peut échapper à la réalité des chiffres.

4

Réduire l'intensité énergétique

> *« Exige beaucoup de toi-même et attends peu des autres.*
> *Ainsi beaucoup d'ennuis te seront épargnés. »*
> Confucius

Interrogée en 2011 sur la transition énergétique alors qu'elle était ministre de l'Environnement, Nathalie Kosciusko-Morizet avait déclaré que « la meilleure et la moins chère des énergies était celle qu'on ne consommait pas ».

Si cette phrase peut paraître aussi banale qu'évidente, on peut pourtant l'interpréter de deux façons différentes. J. D. Rockefeller disait qu'il y avait deux manières très distinctes de gagner un dollar. La première est de conserver le dollar qu'on a dans sa poche, la seconde est de prendre le risque de l'investir pour essayer d'en gagner deux, voire trois. Et cette phrase traduit bien deux visions du monde qui s'opposent.

D'une part, le pessimisme de Malthus, convaincu d'une planète en manque de ressources sur laquelle « la population augmente plus rapidement que les subsistances ». Préoccupé par les générations futures, il adopte dès la fin du XVIIIe siècle une posture pré-marxiste promouvant une société sans croissance axée sur le partage de la pénurie et de la rareté. Malthus choisit donc de conserver le dollar qu'il a dans sa poche. Une vision du monde aujourd'hui prodiguée par de nombreux écologistes. Leur idéal se résume à réduire la consommation d'énergie sans prendre en considération les conséquences sur la croissance économique qu'ils souhaitent d'ailleurs la plus atone possible.

De l'autre, l'optimisme de Schumpeter convaincu que la créativité de l'être humain n'a pas de limites et que sa capacité d'innovation lui permet d'espérer une croissance quasi infinie. Selon Schumpeter, le principe de liberté créatrice l'emporte sur le principe de précaution qui, par essence,

« encourage le statu quo ». Schumpeter accorde assez peu d'importance à la consommation d'énergie. En libéral assumé, son seul objectif est de créer de la richesse. Elle représente une fin alors que l'énergie n'est pour lui qu'un simple moyen.

Avant le premier choc pétrolier, nous vivions dans un monde où Schumpeter régnait en maître absolu. Qui se posait la question de la pénurie à une époque où la croissance économique caracolait au-dessus de 5 % et où la consommation d'énergie augmentait de 6 % par an sans aucun impact sur les prix ? Le choc pétrolier de 1973 sonna le glas de la croissance des Trente Glorieuses et permit à Malthus de prendre sa revanche. Les mots pénurie ou économies d'énergie, qui jusqu'alors faisaient sourire, devinrent subitement la préoccupation de chacun comme le résume admirablement Anne Lauvergeon[1] dans l'un de ses ouvrages : « Un soir d'octobre 1974, mon père et ma mère nous réunirent mes deux frères et moi pour un conseil de famille informel dans la cuisine. Mes enfants, commença mon père, l'air grave, le temps de l'énergie facile est terminé. Nous avons vécu, depuis 150 ans sur les bienfaits d'un charbon, d'un pétrole et d'un gaz très peu chers, même si leur extraction a coûté beaucoup de vies humaines. Mais ces ressources ne sont pas illimitées. Je me souviens de mon regard sur la petite flamme du Chaffoteau & Maury. Allait-elle s'éteindre soudainement, victime de cette menace venue d'ailleurs ? »

À la notion trop malthusienne d'économies d'énergie s'est substitué depuis une dizaine d'années le concept plus pertinent d'efficacité énergétique. Pour un service rendu identique, il vise à minimiser l'énergie consommée. Autrement dit, « faire autant, voire plus avec beaucoup moins ». Le dessein est le rendu et non plus l'économie indifférenciée. Réduire d'un facteur deux la consommation des voitures grâce aux progrès techniques (injection électronique, moteurs hybrides) ou par des changements de comportement (maintenir sa vitesse constante plutôt que de ralentir et d'accélérer, faire du covoiturage) est un exemple d'efficacité énergétique. L'attitude purement malthusienne consisterait à garder voiture et comportement des années 1970, mais à ne circuler qu'un jour sur deux.

Même si le concept d'efficacité énergétique rapproche quelque peu Malthus de Schumpeter, il ne peut pour autant les réconcilier. L'efficacité énergétique qui vise à améliorer l'efficacité de la production électrique, du chauffage domestique, des moyens de transport ou de certains procédés industriels repose principalement sur l'innovation technologique. Mais, dira Malthus, améliorer l'efficacité énergétique peut encourager à consommer davantage d'énergie (ma voiture consommant deux fois moins je double mon kilométrage !) sans que la consommation additionnelle soit pour autant productrice de richesse. Qualifier correctement le processus exige de rapporter la production de richesse à la quantité d'énergie primaire utilisée pour produire cette richesse. Cet indicateur que nous avions introduit au début du chapitre 1[2] s'appelle « l'intensité énergétique » et s'exprime en kWh/€ (ou en MWh/k€).

Le but de ce chapitre est de recenser l'ensemble des moyens techniques et comportementaux permettant de la réduire.

---

1 A. Lauvergeon et MH Jamard (2008), *La troisième révolution énergétique*, Éditions Plon.

2 Voir chapitre 1, 2.3.

Où en sommes-nous en termes d'intensité énergétique ?

Sans surprise, l'intensité énergétique varie fortement d'un pays à l'autre. Bien sûr, la situation géographique, les conditions climatiques ou certaines pratiques culturelles (rappelons-nous que l'Espagnol dîne quatre heures plus tard que le Danois !) peuvent intervenir. Mais, pour l'essentiel, elle dépend surtout du degré de maturité du modèle économique. Une économie à forte intensité énergétique correspond à un modèle industriel très énergivore dont la technologie reste souvent rudimentaire. Au contraire, une économie à faible intensité énergétique se caractérise par davantage de services et se montre beaucoup plus avancée en termes d'efficacité énergétique. Sa réduction reflète donc à la fois une amélioration de la compétitivité, mais aussi de profondes mutations sociétales.

Ainsi, pour produire la même quantité de richesse (Figure 4.1), un Russe consomme presque cinq fois plus d'énergie primaire qu'un Français ou un Allemand. C'est à peine moins pour l'Indien (quatre fois plus) et pour le Chinois (3,7 fois plus). L'intensité américaine (1,7 kWh/€) se situe sans surprise au-dessus de l'européenne, mais bien en dessous de la moyenne mondiale (2,3 kWh/€). Cette dernière sépare distinctement les pays émergents (tous supérieurs à la moyenne mondiale) des pays de l'OCDE (tous inférieurs à la moyenne mondiale). Ce résultat montre une nouvelle fois que les principaux leviers de la transition se situent dans les pays émergents. Pire, si on considère que l'intensité énergétique asymptotique se situe aux environs d'un kWh/€, la plupart des pays européens ne peuvent plus espérer de progrès significatif. Ils ont pratiquement terminé leur transition !

Figure 4.1 – Comparaison des intensités énergétiques

Pays	Intensité énergétique (kWh/€)
Russie	4,7
Inde	4,0
Chine	3,7
Monde	2,3
États Unis	1,7
France	1,1
Allemagne	1,0
Royaume Uni	0,8

Source des données : Banque mondiale et BP Statistical Review.

Si d'un coup de baguette magique, la « fée énergie » pouvait abaisser l'intensité énergétique mondiale au niveau de celle des leaders européens, sans changement de niveau de vie ni de composition du mix énergétique, la planète ramènerait ses émissions annuelles à moins de 15 Gt_{CO2}, la valeur de 1971. Le résultat est étonnant quand on le compare aux efforts requis pour déplacer une énergie vers une autre avec des résultats qui souvent s'avèrent décevants, voire parfois insignifiants. Autrement dit, notre principal problème réside **en une utilisation inefficace de l'énergie primaire**. La phrase a priori banale de NKM prend donc toute sa valeur. Oui, la meilleure et la plus économique des énergies est bien celle qu'on ne consomme pas. Tout est une question de technologie et de comportement. Merci, messieurs Malthus et Schumpeter de vos éclairages.

Améliorer le rendement de la production électrique

L'électricité est certes une commodité de génie. C'est tellement simple d'appuyer sur un interrupteur pour s'éclairer, de tourner le bouton du radiateur pour se chauffer, de laisser son café percoler le matin pendant qu'on prend confortablement une douche à bonne température. Pourtant, fabriquer de l'électricité représente un gaspillage éhonté puisque plus de 60 % de l'énergie primaire utilisée est perdue principalement sous forme de chaleur. Et cela sans parler du transport, de la distribution et de l'utilisation qui représentent des pertes additionnelles. Chacun doit donc se rendre compte que lorsqu'il consomme un kWh d'électricité, ce sont deux autres kWh d'énergie primaire qui partent en fumée. Et ne me dites pas que pour le solaire ou l'éolien, le rendement a peu d'importance puisque l'énergie primaire nous est gracieusement offerte et sans limites par Dame Nature. Le faible rendement des éoliennes et des panneaux solaires, cela signifie davantage de surface, davantage de terres rares, davantage de lithium et davantage de déchets. On ne peut que vous donner raison, Monsieur Malthus ! Rien n'est gratuit quand on gaspille sans compter.

Pour fabriquer les 25 PWh électriques consommés en 2016, il a fallu brûler plus de 60 PWh d'énergie primaire. En augmentant le rendement de la génération électrique de 38 % à 60 %, notre consommation globale d'énergie primaire aurait été réduite de 9 %.

La cogénération dans les centrales thermiques

La production d'électricité dans les centrales thermiques à flamme ou nucléaires dégage d'énormes quantités de chaleur dissipées dans l'environnement. La cogénération propose de valoriser cette source thermique inexploitée pour la destiner au chauffage urbain, à la production d'eau chaude sanitaire ainsi qu'à des procédés industriels ou agricoles (serres maraîchères ou fruitières par exemple). Le procédé ne repose que sur de simples échangeurs de chaleur.

La cogénération permet d'atteindre des rendements spectaculaires jusqu'à 90 %. À titre d'exemple, une centrale électrique de 1 GW dissipe la puissance calorifique requise pour chauffer cent mille logements récents de 100 m^2. La cogénération représente donc un levier majeur pour abaisser l'intensité énergétique, particulièrement dans les pays émergents où la production électrique se fait principalement à base de charbon.

Toutefois, elle induit aussi un certain nombre de contraintes. La chaleur se transportant avec beaucoup de pertes, la cogénération se doit d'être réalisée au plus près de l'utilisateur thermique. Il faut donc qu'il y ait localement et au même moment un besoin conjoint de chaleur et d'électricité, les deux sources d'énergie ne pouvant être modulées l'une par rapport à l'autre. Aussi, la cogénération est-elle beaucoup mieux adaptée à une usine, qui aura besoin de chaleur et d'électricité au même moment, qu'à un réseau de chauffage urbain dont les pics de demande en eau chaude ne sont pas nécessairement alignés avec la demande électrique.

En Europe, 11,7 % de l'électricité est aujourd'hui produite à partir de centrales à cogénération[3]. Les Pays-Bas et le Danemark en sont les leaders avec plus de 50 %. En Allemagne et en Italie, elle représente 12,5 % du parc. La France est une fois de plus l'un des mauvais élèves de la « classe Europe » avec seulement 2,4 % de cogénération. Ceci est d'autant plus regrettable que les centrales nucléaires thermiques dissipent énormément de chaleur. La cogénération nucléaire permettrait à la France de réduire sa consommation d'énergie de 200 TWh. Une économie annuelle de l'ordre de 15 milliards d'euros pour les usagers.

Le cycle combiné gaz vapeur

Un cycle combiné consiste à faire fonctionner en cascade une (ou plusieurs) turbine à gaz avec une (ou plusieurs) turbine à vapeur. La chaleur résiduelle des gaz d'échappement de la turbine à gaz est utilisée dans une chaudière où l'on produit de la vapeur qui est ensuite détendue dans une turbine à vapeur. La turbine à gaz et la turbine à vapeur actionnent de concert des alternateurs, ce qui permet d'atteindre un rendement de 55 % à 60 %, bien supérieur à celui des centrales à vapeur les plus avancées (moins de 40 %). Le cycle combiné présente de nombreux avantages. Il n'est notamment pas pénalisé par les contraintes de la cogénération dans la mesure où son seul et unique dessein est de produire de l'électricité avec un rendement supérieur. En France, la plupart des centrales à gaz sont à cycle combiné. Le gaz ne représente pourtant que 6 % de la puissance globale[4] et moins de 3 % de la consommation annuelle.

---

3 Source : Eurostat.
4 http://www.gasinfocus.com/focus/les-centrale-electrique-a-cycle-combine-gaz-cccg/

Améliorer le rendement des cellules photovoltaïques

Dans sa grande générosité, le dieu Râ nous gratifie chaque année de largesses énergétiques incommensurables. Son flux continu de lumière est équivalent à 24 millions de centrales nucléaires et l'énergie qu'il nous offre annuellement à 625 fois notre consommation d'énergie primaire. Toutes les six semaines, Râ nous gratifie de l'ensemble des combustibles fossiles que la Terre a laborieusement fabriqués en plusieurs dizaines de millions d'années. La durée de vie résiduelle du soleil étant estimée entre 4 et 6 milliards d'années, à l'échelle humaine, l'énergie solaire est donc bien une ressource renouvelable.

Mais, cette profusion d'énergie n'est en fait qu'un leurre, car, quand il s'agit de la transformer en électricité à l'aide de cellules photovoltaïques, le rendement (rapport entre la puissance solaire incidente au sol et la puissance électrique générée) est désespérément faible. En moyenne, il est compris entre 10 % et 15 % et n'excède pas 20 %. Aussi, pour satisfaire les besoins énergétiques de l'ensemble de la planète, faudrait-il couvrir entre 6 et 8 millions de km^2 de panneaux solaires, soit 80 % de la surface de la Chine.

On pourrait penser qu'augmenter le rendement des cellules photovoltaïques n'a finalement que peu d'importance dans la mesure où l'offrande de Râ est aussi abondante que gratuite. Un raisonnement trompeur. En augmentant le rendement des cellules photovoltaïques, à surface au sol équivalente, on diminue proportionnellement le prix du kWh solaire. L'avenir économique du solaire passe donc par l'amélioration du rendement des cellules photovoltaïques, mais aussi par l'optimisation de son coût de fabrication.

Le rendement dépend d'abord de l'ensoleillement et sur ce point, Râ ne s'avère pas particulièrement équitable. Très généreux avec les régions tropicales désertiques, il l'est beaucoup moins avec les régions tempérées d'Europe. Ainsi, un Touareg malien reçoit-il en moyenne trois fois plus d'énergie solaire qu'un Lillois. Ces régions qui bénéficient d'un ensoleillement optimum et disposent de grandes surfaces au sol inhabitées représentent les principaux gisements d'énergie solaire de la planète.

Mais, comme toujours, la nature ne nous épargne pas. Car, si le rendement des cellules photovoltaïques augmente avec l'ensoleillement, il diminue avec la température. Aussi les températures élevées du Sahara ou du désert saoudien viennent-elles pénaliser le bon rendement créé par l'ensoleillement. Obtenir un meilleur rendement requiert alors de refroidir les cellules.

Le rendement mais aussi le coût dépendent enfin du type de procédé de fabrication. La plupart des cellules actuelles utilisent le silicium sous forme mono ou polycristalline. Le silicium monocristallin est plus onéreux, mais offre un rendement élevé alors sa forme polycristalline est moins coûteuse, mais offre un rendement inférieur. Les cellules de seconde génération qui utilisent du silicium amorphe sont beaucoup moins coûteuses, mais offrent des rendements médiocres. Augmenter le rendement des cellules photovoltaïques tout en en diminuant le coût représente donc l'un des enjeux majeurs de la transition énergétique. Tel est l'objectif des cellules de troisième génération[5] encore aujourd'hui au stade de la recherche fondamentale.

Augmenter la puissance et le rendement des éoliennes

Si Éole ne joue pas dans la même cour que Râ, il nous offre quand même chaque année l'équivalent de la consommation mondiale d'énergie primaire. La puissance mécanique du vent varie avec sa vitesse (un vent deux fois plus rapide offrira huit fois plus de puissance), mais découle aussi de la surface balayée qui dans le cas d'une éolienne dépend du diamètre de ses pales (un diamètre deux fois plus large offrira quatre fois plus de puissance). La hauteur d'une éolienne et la longueur des pales sont les paramètres principaux qui permettent de relever sa puissance. En France, la plupart des parcs éoliens utilisent des mâts de 100 mètres de haut et des pales de 45 m de long. Leur puissance nominale est de l'ordre de 2 MW. Certains modèles encore rares installés en Allemagne utilisant des pales de plus de 60 m fixées à une hauteur de 131 m[6] atteignent des puissances de 6 MW. Au cours des 10 prochaines années, on espère construire des éoliennes de 10 MW.

Comme pour les panneaux solaires, c'est une fois de plus avec un rendement médiocre compris entre 20 % et 40 % que l'énergie éolienne est convertie en électricité. Pour améliorer le rendement, les pales doivent être dessinées pour réduire le plus possible la force de « traînée » qui tend à ralentir leur rotation. Par ailleurs, une éolienne ne commence à tourner qu'à partir d'une vitesse minimale du vent. D'autre part, au-delà d'une vitesse maximale, elle tourne trop vite et doit être arrêtée sous peine de s'endommager lourdement. Entre ces deux limites, elle ne délivrera « au gré du vent » qu'une partie de sa puissance maximum.

Réduire la consommation dans les transports

Historique de la consommation dans les transports routiers

L'année 2010 aura été l'année de tous les records : le nombre d'habitants de la planète aura dépassé les 7 milliards et le nombre de voitures en circulation le milliard. La distribution des véhicules sur la planète est évidemment très hétérogène. Alors qu'aux États-Unis, on compte en moyenne 769 voitures pour 1 000 habitants et en Europe 473, seul un chinois sur 17 possède un véhicule[7].

5 http://www.ecosources.info/dossiers/Types_de_cellules_photovoltaiques
6 http://media.xpair.com/auxidev/nB33a_Eolien.pdf
7 http://www.statistiques-mondiales.com/france.htm

Dans la mesure où depuis de nombreuses années, le kilométrage moyen parcouru par véhicule n'a que très peu évolué (le temps passé dans sa voiture est relativement incompressible dans un environnement où la vitesse est limitée soit par les embouteillages soit par la règlementation), la consommation de carburant se résume donc à un antagonisme entre l'augmentation du nombre de véhicules et l'évolution de la consommation. Cette dernière est elle-même dépendante de facteurs techniques et comportementaux. Les historiques présentés sur la Figure 4.2 (cas de la France) sont à cet égard très riches d'enseignement.

Figure 4.2 – Évolution du parc automobile, de la consommation de carburant et de la consommation des véhicules en France

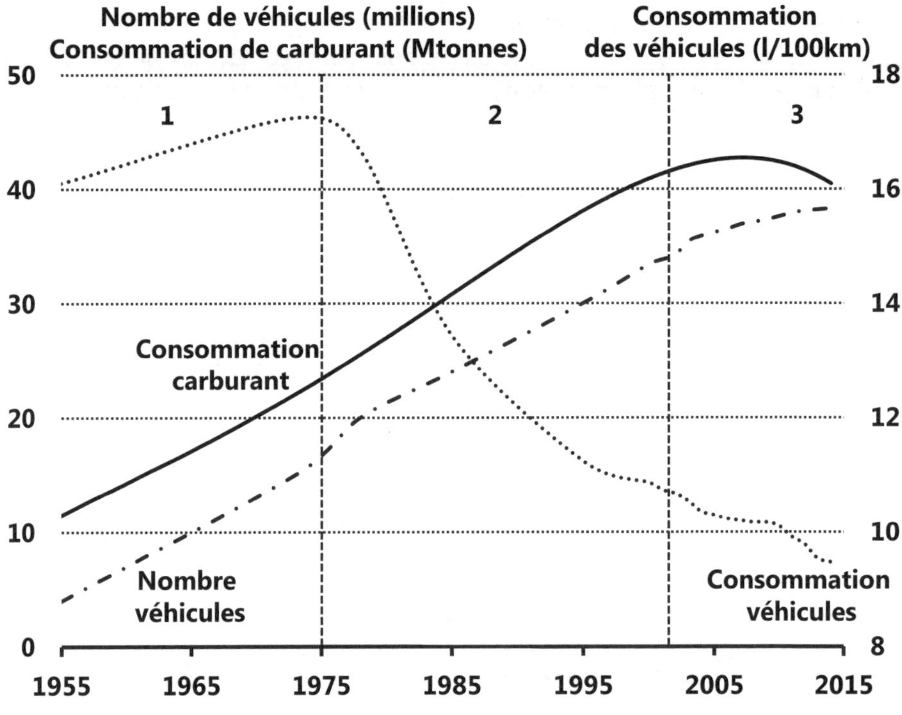

Source : http://www.insee.fr/fr/themes/tableau.asp?reg_id=0&ref_id = NATTEF13629

Durant les Trente Glorieuses, la croissance de la consommation suit fidèlement l'accroissement du parc automobile tandis que la consommation des véhicules caracole à plus de 16 litres/100 km. Personne à cette époque n'est vraiment enclin à réduire sa consommation.

Suite au premier choc pétrolier et à l'augmentation du prix des carburants, la consommation des véhicules diminue de façon spectaculaire. Cette réduction puise ses sources à la fois dans la technique, les règlementations (limitation de la vitesse) et le comportement des conducteurs. Mais, dans la mesure où le parc automobile continue de s'accroître à une cadence soutenue, la consommation globale se poursuit à un rythme à peine différent. Cette observation donne un point à Malthus puisqu'il démontre que la frénésie de consommation ne peut être compensée en totalité par l'innovation technologique chère à Schumpeter.

Mais, à partir des années 2000, la croissance économique stagne. Les efforts supplémentaires de réduction de la consommation arrivent à compenser l'accroissement du parc. C'est donc surtout à cause d'une croissance atone et non grâce à la technologie que la consommation de carburant s'est mise à stagner. Un deuxième point pour Malthus.

Réduction de la consommation : quelles innovations technologiques ?

C'est à partir du premier choc pétrolier que les constructeurs automobiles se sont intéressés à la consommation des voitures individuelles. Ils en ont d'abord fait un argument de vente puis une véritable clé commerciale avec l'apparition des systèmes de bonus/malus pour les voitures anciennes davantage consommatrices et polluantes.

Trois leviers permettent de réduire la consommation d'un véhicule automobile : réduire sa taille, diminuer les frottements et adapter le mode de conduite.

Le « downsizing »

La taille d'un véhicule tient en deux paramètres : poids et cylindrée. C'est en diminuant l'un et l'autre que les voitures on réduit leur consommation.

Pour augmenter la puissance des moteurs automobiles et permettre au véhicule d'accroître vitesse et accélération, la première idée des constructeurs fut d'amplifier la cylindrée. Mais cette course au gigantisme était à la fois synonyme de poids et de consommation supplémentaire. Pour préserver la puissance tout en réduisant la cylindrée, il faut « suralimenter » le moteur en augmentant fortement la pression d'injection du mélange air/essence dans le cylindre grâce à un compresseur. Ce dernier est entraîné par une turbine (d'où le nom de « turbocompresseur ») elle-même animée par la vitesse des gaz d'échappement. Un véritable cycle combiné au sein même d'un moteur à explosion. À la suralimentation est venue s'ajouter l'injection électronique directe. Elle permet, grâce à un calculateur intégré, d'acheminer dans la chambre de combustion la « juste quantité » de carburant. L'injection a remplacé dans les voitures modernes le carburateur qui réalisait la même fonction avec une précision bien inférieure.

Si les voitures modernes sont globalement beaucoup moins lourdes que leurs ainées (les grosses voitures des années folles dépassaient régulièrement trois tonnes), l'industrie automobile est sujette depuis plus de 20 ans à une « crise d'obésité ». Jusqu'au début des années 1990, les voitures ont été allégées grâce à la réduction de l'épaisseur des tôles et à l'utilisation de matériaux plus légers. Mais, la multiplication des équipements de confort et d'esthétique ainsi que les progrès réalisés dans le domaine de la sécurité ont stoppé nette cette tendance baissière. Ainsi, le poids moyen est-il passé de 977 kg en 1990 à 1 266 kg en 2011[8]. Quand on sait que 100 kg additionnels entraînent 0,5 l/100 km de consommation supplémentaire, l'embonpoint des voitures actuelles nous coûte chaque année 800 millions d'euros.

Comment contrer cette tendance haussière ? La méthode la plus simple est évidemment de remplacer de nombreuses pièces d'acier conventionnel soit par des aciers plus résistants (ce qui permet d'en réduire l'épaisseur), soit par des matériaux plus légers. Techniquement, il existe de nombreux matériaux de substitution (aluminium, plastique, fibre de carbone, nanomatériaux), mais leur coût et leur disponibilité sont un frein majeur à leur utilisation systématique. Par exemple, le prix de l'aluminium est deux fois supérieur à celui de l'acier et de surcroît il est beaucoup plus difficile à usiner. Sécurité égale visibilité ! Les surfaces vitrées ont augmenté de 20 % en 20 ans. Une fois encore, il existe des matériaux de substitution beaucoup plus légers que le verre, mais leur coût reste trop élevé pour qu'ils puissent intégrer des modèles de série. En dehors du matériau lui-même, un meilleur design permet souvent d'alléger un composant sans en altérer les fonctions originelles : réduction d'épaisseur, pièces davantage creusées, ajourées ou profilées. Enfin, le *downsizing* devrait permettre d'alléger le poids du moteur qui représente 10 % à 15 % du poids total d'un véhicule.

Réduire les frottements

Il suffit de passer la main par la fenêtre de sa voiture pour réaliser que l'air qui s'écoule autour d'un véhicule exerce un effort de « traînée » qui s'oppose à son mouvement. Cette force qui augmente avec le carré de la vitesse dépend aussi de l'aérodynamisme et de la surface frontale. L'ensemble est intégré dans une caractéristique du véhicule appelée SC_X. Plus il est élevé, plus la voiture consomme. Pour le réduire, les constructeurs automobiles ont profilé les carrosseries et abaissé la hauteur. Le mode d'utilisation d'une voiture peut aussi en impacter les performances aérodynamiques : rouler vitres ouvertes ou poser un vélo sur le toit peuvent ainsi, à vitesse élevée, augmenter la consommation de 1 l/100 km[9].

Intermédiaire indispensable entre voiture et chaussée, le pneumatique apporte au véhicule adhérence et stabilité. Mais ces avantages ont une contrepartie énergétique. Les pneumatiques génèrent au contact avec la route une force de frottement. Proportionnelle au poids de la voiture, elle dépend intimement de la qualité des pneumatiques et s'évalue par l'entremise d'un autre

8 http://avenirclimatique.org/wp-content/uploads/2014/11/20140412-Pourquoi-la-voiture-du-futur-ne-p%C3%A8se-que-500-kg-Nicolas-Meilhan.pdf

9 http://conduiteeconomique.com/chiffres

paramètre appelé « coefficient de résistance au roulement » et noté C_{rr}. Plus il est élevé, plus les frottements entre la route et les pneumatiques seront importants. Il en résultera une consommation supplémentaire. L'Union européenne a décidé d'imposer aux pneumatiques un étiquetage reflétant leurs performances énergétiques à l'aide d'une grille échelonnée de A (meilleures performances du marché) à G (performances médiocres). Mais, le meilleur pneumatique du monde ne pourra être réellement efficace que s'il est judicieusement utilisé et notamment correctement gonflé. Sous-gonflés, les pneumatiques sont synonymes de consommation supplémentaire et de risques accrus d'accidents de la route. Pourtant, selon une étude récente[10] portant sur plus de 38 000 véhicules, 71 % des automobilistes européens roulent avec des pneumatiques sous-gonflés ce qui représente une consommation additionnelle de 2 milliards de litres de carburant.

Figure 4.3 – Comparaison de la consommation de la BMW X3 et de la Mercedes CLA

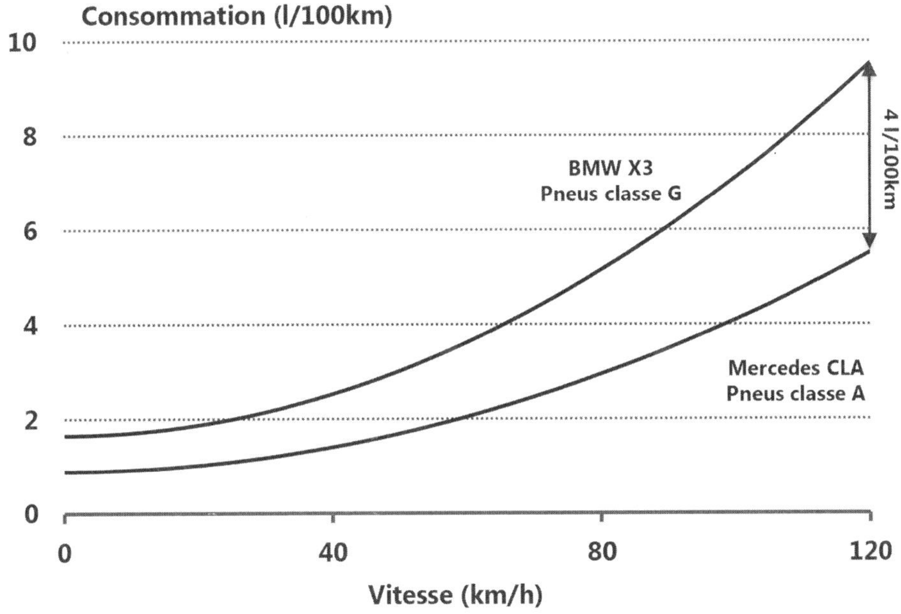

Pour mettre en évidence l'importance des frottements sur la consommation, nous avons comparé deux véhicules extrêmes du marché (Figure 4.3) : la BMW X3 équipée de pneumatiques de classe G et la Mercedes CLA équipée de pneumatiques de classe A. Si à vitesse réduite, la différence reste faible (de l'ordre de 1 litre au cent), dès que l'on augmente la vitesse, la X3 se met à surconsommer de façon très significative. À 120 km/h, elle atteint 4 l/100 km.

10 http://www.autoblogger.fr/2013/05/07/etude-bridgestone-les-conducteurs-europeens-negligent-la-maintenance-de-leurs-pneus/

Si, au cours des 20 dernières années, les gains de consommation résultant de l'amélioration de l'aérodynamisme se sont avérés significatifs, comme pour le poids, les normes environnementales et sécuritaires tendent à inverser la tendance. Les gains ont notamment été masqués par l'accroissement de la surface frontale et les obstacles à l'échappement (pot catalytique, filtre à particules) qui entraînent un accroissement de consommation. Poursuivre la réduction des consommations passe donc inévitablement par un juste équilibre entre sécurité, environnement et technologie.

Réduire la vitesse et mieux gérer l'accélération

Contrairement à une idée reçue, les réductions de vitesse à 130 km/h sur les autoroutes et à 90 km/h sur les routes ordinaires n'ont pas été instaurées pour des raisons de sécurité routière, mais pour économiser du carburant à la suite du premier choc pétrolier. L'énergie cinétique et la force de traînée d'une voiture augmentant avec le carré de la vitesse, il en est de même de la consommation. Autrement dit, quand on double sa vitesse, on multiplie par quatre sa consommation. La réduction de vitesse fut donc historiquement le levier le plus simple et le plus efficace pour limiter la consommation. Une réduction supplémentaire de la vitesse sur autoroutes et voies rapides à 100 km/h permettrait d'économiser 20 % de la facture de carburant. Une mesure simple, mais pas nécessairement très populaire !

L'énergie cinétique et la force de traînée ne doivent pas laisser croire que la consommation ne dépend que du poids et de la vitesse. Preuve à l'appui, si on se met à accélérer sans précaution « pédale au plancher », la consommation instantanée s'affole. Si l'accélération n'est jamais gratuite (un moteur qui tourne plus rapidement requiert du carburant supplémentaire), son rendement optimum se situe aux régimes intermédiaires entre 2 000 et 3 000 tours/minute. Il faut donc changer de vitesse pour rester dans cette gamme et proscrire à la fois les sous-régimes et les surrégimes, tous deux inefficaces et extrêmement gourmands en carburant. Appliquée de façon artisanale en surveillant le compte-tours et en jouant alternativement sur l'accélérateur et le levier de vitesse, l'optimisation de la conduite reste très approximative. Là où l'humain ne peut que répondre de façon médiocre, le numérique, qui permet de réguler avec grande précision a, depuis quelques années, fait une entrée fracassante dans le monde automobile.

La plupart des véhicules de série sont déjà équipés d'un régulateur de vitesse permettant de maintenir une vitesse constante. On trouve également de nombreux modèles équipés du « stop and start » : dès que la voiture s'arrête, le moteur se coupe ; il se rallume en actionnant l'embrayage pour redémarrer. Pas forcément agréable au quotidien, il permettrait d'économiser en moyenne dans les embouteillages 0,7 litre par heure. Mais, l'avenir réside incontestablement dans la boîte de vitesse intelligente qui choisira automatiquement les rapports et les régimes pour permettre au moteur de fonctionner en permanence dans sa plage de rendement maximum. Une telle innovation réduirait d'au moins 50 % la consommation des véhicules, notamment durant les trajets urbains.

Les voitures hybrides

Contrairement à la voiture électrique, la voiture hybride[11] ne déplace pas le pétrole vers l'électricité. Il s'agit d'un véhicule dont le moteur diesel ou à essence est couplé à un petit moteur électrique. Ce couplage permet de recharger le moteur électrique en alternance et donc de réduire la consommation de carburant tout en conservant une autonomie bien supérieure à celle du moteur électrique. C'est surtout en phase de décélération ou de freinage qu'une partie de l'énergie cinétique est utilisée pour recharger les batteries. Bien que ces dernières ne demandent pas à être rechargées sur le secteur comme celles des véhicules tout électriques, quelques modèles récents (on parle de « plug-in hybrid ») haut de gamme proposent cette option.

Au démarrage et jusqu'à une vitesse d'environ 50 km/h c'est le moteur électrique qui fait fonctionner le véhicule. Au contraire, à vitesse plus élevée ou en cas de forte accélération, c'est le moteur diesel qui prend le relais. La motorisation hybride permet surtout d'économiser du carburant lorsque la conduite nécessite de nombreuses accélérations et ralentissements. C'est donc en ville qu'elle s'avère de loin la plus intéressante. L'hybride se révèle aussi efficace en montagne où les accélérations et les décélérations sont également très nombreuses. Autres atouts de l'hybride, un coût d'entretien et d'assurance réduit de 20 à 40 % comparé à un diesel classique ainsi qu'une meilleure cote à la revente. Par contre, en parcours longue distance et à vitesse élevée constante la consommation peut devenir prohibitive. L'hybride perd donc beaucoup de son intérêt sur autoroute ou route nationale de plaine. Un autre inconvénient technique est la durée de vie des batteries qu'il faudra régulièrement remplacer. Par ailleurs, toujours à cause des batteries, les véhicules hybrides ont un surpoids de 10 % par rapport aux motorisations thermiques conventionnelles, ce qui accentue leurs médiocres performances énergétiques sur de longs trajets routiers et autoroutiers.

Sur un total de 10 millions de voitures hybrides vendues, le Japon en possède 4 millions, les États-Unis 3,5 millions et l'Europe environ un million. Même si les ventes ont doublé entre 2009 et 2015, la motorisation hybride ne représente aujourd'hui qu'un petit pour cent du parc mondial. Elle est absente dans les pays émergents où elle permettrait pourtant de dépolluer partiellement les mégapoles. Les prévisions de croissance tablent sur 3,5 millions d'unités/an en 2020, soit environ 3,5 % du marché.

À l'achat, la motorisation hybride est généralement 10 % à 15 % plus onéreuse qu'un véhicule diesel ou à essence (Figure 4.4). C'est donc seulement au bout d'un kilométrage « critique » que le gain cumulé en carburant amortit

11 http://tpe-automobile.e-monsite.com/medias/images/schema-voiture-hybride-moteur-electrique-thermique.jpg

le surcoût. Ainsi, au prix moyen actuel du diesel (1,35 €/l), il faudra parcourir 65 000 km pour atteindre cette limite soit 20 000 km par an... et de préférence en ville. Pas étonnant dès lors que de nombreux taxis parisiens s'y soient convertis.

Figure 4.4 – Kilométrage économique critique d'une voiture hybride en fonction du prix du carburant

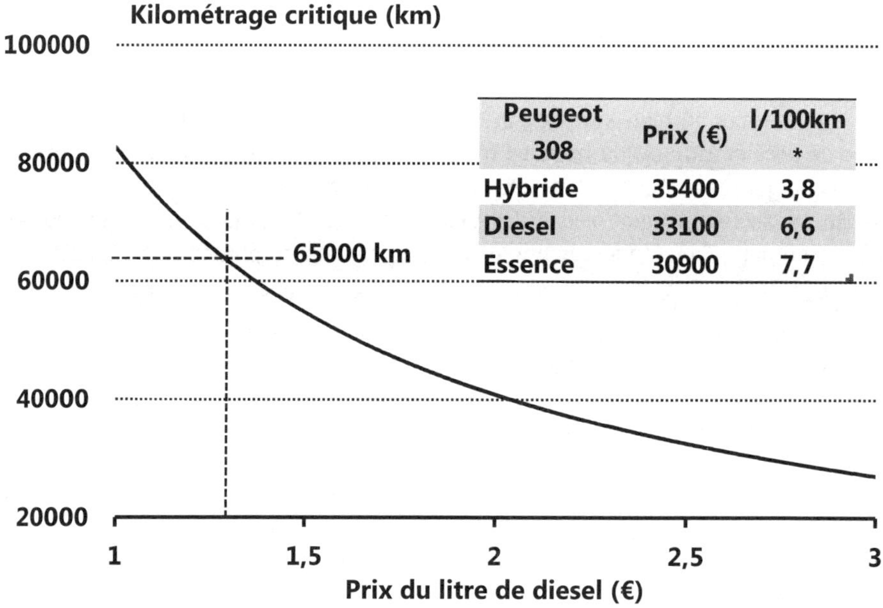

**Consommation calculée sur un parcours moitié urbain moitié grand trajet*

Le fléau énergétique des transports urbains

Depuis 2007 une majorité d'humains vit en ville. En 1900, c'était un sur dix, en 1950 trois sur dix. Et l'urbanisation devrait se poursuivre. En 2030, l'humanité comptera 60 % de citadins[12] qui se concentreront sur 1 % de la surface du globe. À l'inverse, la population rurale ira en diminuant. Selon les continents, l'urbanisation est plus ou moins avancée. Sans surprise, les pays de l'OCDE sont les plus urbanisés avec plus de 80 % de population citadine. Si l'Afrique et l'Asie, qui sont aussi les continents les plus peuplés, comptent encore une majorité de ruraux, les citadins devraient bientôt y devenir majoritaires. Cet exode vers des mégapoles n'est pas sans créer de nombreux problèmes humains, environnementaux, sanitaires et énergétiques. Car, si le moteur thermique reste performant et incontournable sur grandes distances, en ville, il représente une réelle aberration énergétique.

Pour de multiples raisons (accélérations et décélérations multiples, moteur fonctionnant hors de sa zone de rendement optimum et consommant davantage

12 http://www.sfecologie.org/regards/2012/06/13/r33-pop-mondiale-gilles-pison/

lorsqu'il est froid), les trajets urbains consomment en moyenne 8 l/100 km, soit 60 % de plus que les trajets « au long cours »[13]. En France, où 82 % de la population vit en ville, la moitié des km parcourus sont citadins. Ils engloutissent 22 % de nos importations pétrolières. On estime par ailleurs que les embouteillages des mégapoles françaises coûtent annuellement 17 milliards d'euros[14] (soit 1 950 euros par foyer). La facture se monte à 120 milliards d'euros pour l'ensemble de l'Union européenne et à 3 400 milliards d'euros pour l'ensemble de la planète[15]. Ce fléau représente un enjeu énergétique, mais aussi sociétal et sanitaire majeur. Le résoudre réduirait significativement l'intensité énergétique et les émissions de gaz à effet de serre en gommant une facture absurde.

Contrairement aux longs trajets, la motorisation électrique (voire hybride) est parfaitement adaptée à la circulation urbaine : trajets réduits ne nécessitant pas une grande autonomie, absence de bruit, recharge facile et bon marché au domicile ou au travail. Mais cela impliquerait de facto d'utiliser deux moyens de transport séparés : une voiture électrique en ville et un véhicule conventionnel pour les longs trajets. Cette solution nécessitera une implication forte des électriciens pour mettre en œuvre le nombre requis de bornes ainsi qu'une législation spécifique dissuadant l'utilisation urbaine des moteurs thermiques et encourageant celle des véhicules électriques ou hybrides.

Les avions et les bateaux

Contrairement à l'automobile qui peut être « électrifiée » sur de courtes distances, le fret maritime et le transport aérien resteront, pour de nombreuses années, attachés au pétrole. On ne peut en effet à moyen terme envisager des vols long-courriers et des trajets maritimes transcontinentaux à l'aide d'électricité renouvelable. La réduction de la consommation dans ces deux domaines repose donc pour l'essentiel sur des améliorations d'efficacité énergétique.

D'une façon générale, les avionneurs ont au cours des dernières années allégé les avions de ligne et amélioré leur aérodynamisme. En 50 ans, les réacteurs d'avion ont baissé leur consommation de 80 %. L'objectif est de passer au cours des dix prochaines années de 5 à 2,5 litres de kérosène par passager et par 100 km. Certaines innovations comme le turboréacteur à hélices rapides, un mode de motorisation hybride entre le réacteur et l'hélice ou le groupe auxiliaire de puissance qui donne à l'avion une autonomie électrique sans recourir aux réacteurs pour se déplacer de façon autonome sur les pistes génèrent des économies de carburant. Mais, comme la voiture hybride, le surpoids créé engendre en vol une consommation plus élevée.

---

13 http://www.ecoresponsabilite.ademe.fr/ValeurDeReference/index/n:263

14 http://inrix.com/press/embouteillages-une-facture-cumulee-de-plus-de-350-milliards-deuros-pour-la-france-sur-les-16-prochaines-annees/

15 http://www.planetoscope.com/automobile/837-cout-des-embouteillages-en-voiture-dans-le-monde.html

L'hybridation maritime est une idée aussi vieille que l'humanité. Les pauvres galériens égyptiens, grecs ou romains ne faisaient en effet que se substituer à l'intermittence du vent en propulsant les navires à l'aide de leurs rames et au rythme des tambours de l'Hortator. Pourquoi ne pas repenser le principe de la galère en utilisant cette fois le vent ou d'autres substituts énergétiques intermittents au pétrole ? Car la mer dans son ensemble possède un potentiel énergétique exceptionnel : vent, soleil, vagues et énergie hydrogénérée par le sillage du bateau.

Réduire la consommation énergétique de l'habitat

L'insouciance des Trente Glorieuses a une fois de plus volé en éclat en 1973. C'est à partir du premier choc pétrolier que les citoyens et les pouvoirs publics ont pris conscience que l'habitat consommait beaucoup trop d'énergie.

Figure 4.5 – Grille de performances énergétiques de l'habitat

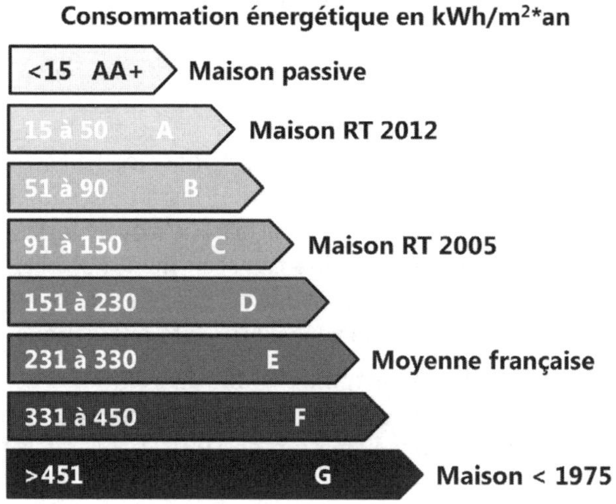

Focalisée au départ sur l'isolation renforcée des parois et le renouvellement de l'air, la règlementation a ensuite été élargie au rendement des chaudières puis à l'ensemble des équipements consommant de l'énergie comme la climatisation et l'éclairage. En 2007, le « *Grenelle de l'Environnement* » impose aux vendeurs de positionner les performances énergétiques de biens neufs comme des logements anciens dans une grille (Figure 4.5) qui s'échelonne de A (consommation inférieure à 50 kWh/an/m²) à G (consommation supérieure à 450 kWh/an/m²).

La consommation énergétique de l'habitat français s'élève aujourd'hui à 400 TWh (Figure 4.6) et est responsable de 10 % des émissions annuelles de CO_2. La facture est de l'ordre de 44 milliards d'euros, soit 4 % de la consommation globale des ménages[16]. Le chauffage compte pour 70 %, l'électricité (éclairage, électroménager, informatique) pour 15 %, l'eau chaude pour 10 % et la cuisson des aliments pour 5 %[17]. Côté source d'énergie, l'électricité en représente 35 %, le gaz 29 %, le bois 17 % et le pétrole 15 %[18].

Figure 4.6 – Le parc immobilier français

Catégorie	%	kWh/an/m^2	Nombre (millions)	Consommation (TWh)*	Coût énergie (G€)**
AB	7%	60	2,1	7,2	0,8
C	14%	120	4,3	28,7	3,2
D	31%	190	9,5	100,8	11,1
E	33%	280	10,1	158,1	17,4
F	13%	390	4,0	86,7	9,5
G	2%	500	0,6	17,1	1,9
	100%	233	30,6	399	44
	Surface moyenne de 56m^2			***Coût moyen du kWh 0,11€*	

Source : INSEE.

La moitié des résidences principales françaises ont été construites avant 1975 sans aucune norme thermique[19]. Elles affichent des performances E, F ou G avec une moyenne médiocre de 240 kWh/an/m^2.

La loi de 2014 sur la transition énergétique vise à ramener à moyen terme la moyenne nationale à 60 kWh/an/m^2 (coefficient A et B). Un tel objectif permettrait d'économiser 300 TWh, 33 milliards d'euros et 30 millions de tonnes d'émissions de CO_2. L'enjeu est donc considérable. Mais cela sous-entend un effort sans précédent de rénovation. Est-il pour autant raisonnable notamment sur le plan économique ?

L'isolation passive

L'isolation passive consiste à limiter les déperditions de chaleur d'un logement en jouant sur la résistance thermique de ses parois (sols, façades, cloisons, portes, fenêtres, toit, cheminée) qui participent d'une façon plus ou

16 http://www.insee.fr/

17 Ademe et Ceren.

18 Source : SOes enquête Phébus 2013.

19 En 2013, l'INSEE a recensé 35,5 millions de logements, dont 3 millions de résidences secondaires, et 2 millions de logements vacants. http://www.immobilier-danger.com/Panorama-du-logement-en-France-en-807.html

moins intense aux fuites thermiques. Ainsi le toit compte-t-il pour 30 % des pertes, les sols pour 15 %, les murs pour 25 %, les portes et fenêtres pour 15 % et les cheminées de renouvellement de l'air pour 15 %. L'épaisseur des parois et la nature des matériaux constitutifs sont les deux éléments clés qui gouvernent les fuites thermiques. À épaisseur constante, le cuivre (qui est un excellent conducteur) laissera la chaleur s'échapper 400 fois plus rapidement que le verre ou le béton et 2 500 fois plus rapidement que le bois. Les chalets de montagne et les saunas ne sont pas construits en bois par hasard ! Et puis certains matériaux comme le polystyrène, la paille ou la laine conduisent très mal la chaleur. On parle alors d'isolants. Mais, manquant de rigidité, ils ne peuvent participer seuls à la structure d'une maison. Aussi, les utilise-t-on comme matériaux de remplissage. Encore plus performant est l'air sec qui conduit la chaleur 15 000 fois moins bien que le cuivre. Aussi, piéger des bulles d'air dans du béton est une solution pour rendre moins conducteur un mur de façade. Il en est de même d'un double vitrage où une couche isolante d'air sec reste piégée entre deux vitres.

Il existe une myriade de matériaux pour isoler les murs extérieurs, les parois intérieures, les sols, les vitrages et les toitures. On peut par exemple substituer aux isolants solides usuels (laine de roche, laine de verre, polystyrène) un gaz rare (argon, krypton) emprisonné entre deux parois étanches. Une autre idée est de bloquer la chaleur à l'intérieur de l'habitat en couvrant les murs d'une peinture métallique qui absorbe puis agit comme un miroir en réémettant la chaleur au lieu de la laisser s'échapper vers l'extérieur. Une autre idée innovante est d'utiliser le principe de changement d'état. Lorsqu'un matériau solide se liquéfie, sa température n'augmente pas. Ainsi, en confinant dans un panneau mural une cire dont la température de fusion est de l'ordre de 22 °C, la cire fondue maintiendra la température de la maison à 22 °C durant la journée tandis que la nuit, quand la température descend sous les 22 °C, la cire en se solidifiant restituera la chaleur absorbée durant la journée en maintenant toujours à 22 °C la température intérieure de la maison.

Quelles que soient ses qualités, un isolant reste un matériau faiblement conducteur. Le seul isolant parfait ne peut donc être que le vide. Basés sur le principe du thermos, les panneaux isolants sous vide (PIV) possèdent des qualités thermiques exceptionnelles dix fois supérieures à celles des isolants classiques. Toutefois, malgré ses performances exceptionnelles, le PIV est peu répandu sur le marché en raison de son prix élevé.

L'isolation active

Oubliez-vous souvent d'éteindre les radiateurs ou la lumière de votre chambre quand vous partez travailler le matin ? Êtes-vous capable d'estimer avec précision la température extérieure, de maintenir précisément la température de votre bain en mélangeant l'eau chaude et d'eau froide ou celle de votre chambre en actionnant manuellement le robinet du radiateur ?

Si l'esprit humain est étonnamment intelligent quand il s'agit de comprendre et d'innover, il s'avère au contraire très peu performant quand il faut évaluer ou réguler. Heureusement, la technique, fruit de notre capacité créatrice, vient à notre rescousse.

Nous avons pour cette raison développé un nombre incalculable de capteurs capables de mesurer avec grande précision nos grandeurs quotidiennes : temps, poids, volume, température, pression, vitesse. D'autre part, nous avons imaginé d'ingénieux automatismes qui permettent de maintenir, sans intervention humaine, une grandeur physique à une valeur constante appelée « consigne ». Ainsi un thermostat permet-il d'actionner ou d'arrêter une chaudière ou un radiateur pour maintenir constante la température d'une pièce et le régulateur de vitesse de ne pas dépasser une vitesse critique. Nous avons ensuite inventé l'informatique qui permet de stocker et de restituer en un clin d'œil des quantités gigantesques d'information, mais aussi d'imposer automatiquement une suite complexe de consignes qui seront appliquées sans erreur selon un schéma choisi, préprogrammé et piloté. Enfin, nous nous sommes progressivement affranchis de tout support physique pour agir à distance. Des premières télévisions des années cinquante au WIFI des ordinateurs modernes, tout est aujourd'hui devenu « télé » : télécommunication, télécommande, téléachat, téléconférence, téléchargement et même... télétravail. Ce qui est mesuré, automatisé, programmé et contrôlé à distance est forcément beaucoup plus précis que ce qui ne l'est pas. Appliquer l'automatique, l'informatique et les télécommunications aux bâtiments s'appelle « domotique » ou « isolation active ». La domotique représente d'un levier majeur d'amélioration de l'efficacité énergétique dans l'habitat.

Avec la domotique tout devient possible. Vous n'oublierez plus d'ouvrir vos volets au moment où le soleil se lèvera ni de les refermer lorsqu'il se couchera. En ajoutant un détecteur de luminosité, la lumière s'éteindra lorsque les volets s'ouvrent et s'allumera lorsqu'ils se ferment. Si vous passez dans une pièce plus sombre, la lumière s'allumera automatiquement et s'éteindra après votre passage. Un système tout aussi performant s'appliquera au chauffage pour réguler à différentes températures des pièces d'usage différent selon la météo, conditionnera l'arrêt du chauffage à une fenêtre ouverte ou à la présence d'une source de chaleur gratuite comme le soleil, pilotera avec précision et ponctualité votre ballon d'eau chaude. Les appareils électroménagers à forte consommation électrique pourront être programmés aux heures creuses et la consommation de fuel, de gaz ou d'électricité sera supervisée grâce à des alertes programmables, à distance depuis votre ordinateur portable, votre tablette numérique ou votre iPhone. Pour les plus paresseux ou les moins dégourdis, la commande vocale permettra de s'affranchir de toute compréhension du système mis en œuvre. La domotique devrait permettre de réduire la consommation d'énergie d'un logement de l'ordre de 20 %, une économie substantielle. Comme toute technologie sophistiquée, elle a un coût loin d'être négligeable, compris entre 50 €/m^2 et 200 €/m^2, suivant l'importance de l'installation.

Les bâtiments à énergie positive

Même si les nouveaux bâtiments soumis à la règlementation thermique 2012 atteignent des performances énergétiques remarquables, inférieures à 50 kWh/m^2/an, ils restent consommateurs d'énergie et requièrent des sources externes. Le Bâtiment à Énergie POSitive (BEPOS) est supposé produire, sous forme d'électricité et de chaleur, davantage d'énergie qu'il n'en consomme.

Atteindre des niveaux de performances compris entre 10 et 20 kWh/m^2/an nécessite de déployer les techniques d'isolation (passive et active) et les équipements basse consommation (c'est-à-dire des LEDS) les plus avancés. Le BEPOS devra aussi répondre à un certain nombre de critères architecturaux en termes de compacité (une habitation compacte présente moins de déperditions énergétiques), d'orientation (profiter au maximum de l'ensoleillement) et d'agencement (pièces ayant besoin de chauffage placées au sud, chambres nécessitant moins de chauffage au nord). Pour rendre le bâtiment « positif », il faudra y adjoindre des moyens de production d'énergie supérieurs à ses besoins propres. Ils combineront panneaux solaires photovoltaïques et thermiques, mini-éoliennes, pompes à chaleur géothermiques, citernes de récupération d'eau de pluie, chauffe-eau solaire et éventuellement puits canadiens.

Pour les occupants, le bénéfice est double. Le bâtiment, très économe est une source de réduction des dépenses et l'énergie excédentaire peut être revendue. Bien que les BEPOS en soient encore au stade expérimental, on en dénombre en France 180[20]. Le règlement thermique 2020 devrait faire du BEPOS le standard de la construction.

Économicité de la rénovation thermique

Incitations fiscales de la part des pouvoirs publics et campagnes de communication combatives, la tentation est grande de pousser sans discernement ce pan clé de la « croissance verte ». Pour les professionnels, il représente un chiffre d'affaires de 200 G€. Pour les consommateurs, il génère des économies substantielles de leur facture énergétique. Pourtant, si la rénovation thermique est un incontestable gisement d'économies d'énergie, le retour sur investissement peut s'avérer très long, particulièrement lorsqu'il s'agit d'atteindre des performances de type A et B.

Pour nous en convaincre, comparons la Valeur Actualisée Nette de trois projets (Figure 4.7). Le premier vise à transformer un logement des années 1960 (450 kWh/an/m^2) en un logement des années 1980 (230 kWh/an/m^2). Le second vise à transformer un logement des années 1980 en un logement des années 2000 (150 kWh/an/m^2). Enfin, le troisième cherche à mettre un logement des années 2000 aux normes 2012 (50 kWh/an/m^2).

---

20 http://www.presse.ademe.fr/2012/10/des-batiments-qui-produisent-leur-propre-energie.html

Figure 4.7 – Valeur actualisée nette de différentes rénovations thermiques

Type de logement	1960	1982	2000	2015
Niveau	G	D	C	AB
Consommation (kWh/an/m²)	450	230	150	50
		G vers D	D vers C	C vers AB
Prix rénovation (€ au m²)		100	100	200

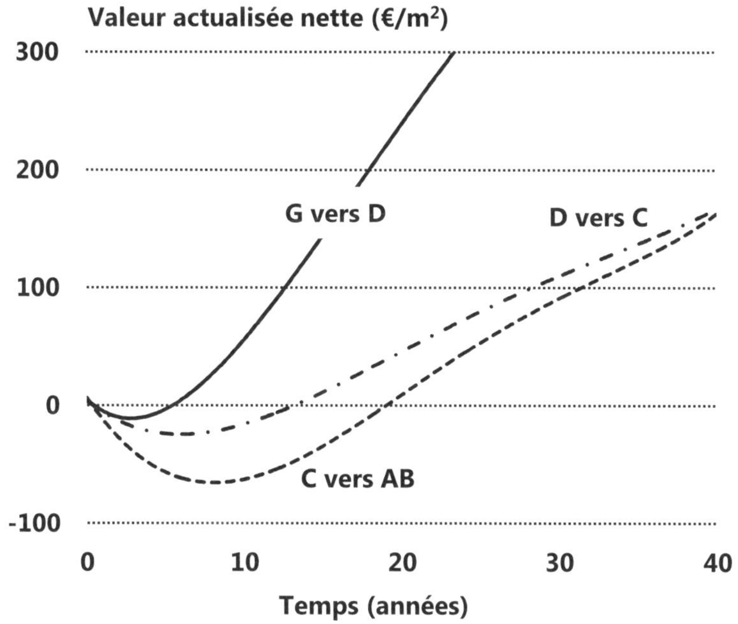

La VAN est exprimée par mètre carré rénové. Le taux d'actualisation est de 2 % et le prix du kWh de 0,1 € base 2015. Il augmente de 1 % par an.

La première rénovation, qui consiste en une isolation basique des murs et des plafonds, coûte 100 €/m². La seconde (isolation des sols et mise en place de doubles vitrages) coûte également 100 €/m². Enfin la troisième qui met en œuvre les nouvelles technologies (isolation de la toiture, cloisons sous vide, domotique) est estimée à 200 €/m². En cumulant les trois, une rénovation globale qui transformerait un logement de catégorie G en un logement de catégorie AB est donc estimée à 400 €/m². Le calcul économique considère que le kWh 2015 (0,1 €) augmentera de 1 % par an. Les investissements se font sur dix ans avec un taux d'actualisation de 2 %. L'avantage fiscal de 30 % est indifférencié suivant les projets.

La première rénovation thermique se paye en seulement huit ans puis génère, sur les 30 années suivantes, une économie substantielle de plus de 550 €/m^2 (soit 55 000 € pour un logement de 100 m^2). En revanche, les projets de rénovation 2 et 3 se payent respectivement en 14 ans et 18 ans et ne génèrent au bout de 30 ans que des économies de l'ordre de 150 €/m^2 soit quatre fois moins que le projet 1.

Subventionner toutes les rénovations thermiques sur un pied d'égalité représente donc une aberration à la fois économique et énergétique. Rien ne sert de rénover les plus beaux appartements du XVIe arrondissement de Paris avec des techniques d'avant-garde et de laisser fuir de tous côtés les appartements dégradés de banlieue. Toutes les incitations fiscales devraient être concentrées pour améliorer en priorité les performances des logements les plus dégradés. Pour seulement 15 % d'investissement global, ils représentent 36 % de l'économie d'énergie globale. On retrouve ici au niveau national le message véhiculé au niveau mondial : ce sont les plus pauvres qui détiennent les plus importants gisements d'intensité énergétique. Mais les messages que la physique nous envoie ne sont pas nécessairement compatibles avec les choix politiques.

Optimiser la consommation d'énergie dans l'industrie

L'industrie consomme près d'un quart du mix primaire mondial et, à eux seuls, l'acier le ciment, le verre et la pétrochimie en représentent 20 %. Le futur exode urbain sera très gourmand en logements et en infrastructures et provoquera un accroissement significatif de la consommation de matériaux de construction. De plus, il faudra nourrir 10 milliards d'individus. Pasteuriser le lait, préparer des conserves de légumes et réfrigérer les aliments pour les transporter en toute sécurité sera très énergétivore. L'industrie étant l'une des principales sources de croissance économique, y optimiser la consommation d'énergie représente donc un levier majeur de réduction de l'intensité énergétique.

Depuis 15 ans, l'efficacité énergétique dans l'industrie européenne s'est améliorée d'environ 15 %[21]. Ce sont surtout dans les anciens pays du Pacte de Varsovie (Bulgarie, Pologne, Tchéquie, Slovaquie) que les progrès les plus importants ont été enregistrés : 1 % par an en moyenne contre seulement la moitié en France et en Allemagne. Nous retrouvons une nouvelle fois ce « syndrome d'efficacité du pauvre » qui partant de très loin voit ses performances s'améliorer bien plus vite que celles du riche. Quant aux différentes filières, elles n'ont pas toutes progressé de la même façon. Ainsi, en 25 ans, l'industrie cimentière n'a réduit que de 16 % sa consommation d'énergie.

L'amélioration de l'intensité énergétique dans l'industrie repose sur trois piliers principaux. Le premier est organisationnel et vise à faire la chasse au

21 http://www.presse.ademe.fr/wp-content/uploads/2015/03/170315__DP-COLLOQUE-ENERGIE-INDUSTRIE.pdf

gaspillage quotidien. Il requiert un système de management incluant la cartographie continue des consommations dans l'espace et dans le temps, la mise en œuvre et le suivi de mesures compensatoires ainsi qu'un *reporting* transparent et périodique. L'amélioration organisationnelle s'avère particulièrement efficace dans des petites structures consommant moins de 5 GWh par an.

Le second est technologique. Il consiste à remplacer des équipements obsolètes par des équipements plus performants ainsi qu'à optimiser les procédés de fabrication. Par exemple des moteurs mieux adaptés, une meilleure calorifugation des conduites, des échangeurs de chaleur plus performants peuvent être source de gains considérables. En sidérurgie ou en cimenterie, récupérer la « chaleur fatale » perdue lors de la fusion ou de la cuisson peut permettre à ces industries d'autoproduire 30 % de leur électricité propre et améliorer de 15 % leur profitabilité. D'une façon plus générale, la chaleur fatale est une réelle manne d'énergie inexploitée par le monde industriel. Elle peut répondre aux besoins propres de l'entreprise elle-même, à ceux d'autres entreprises ou plus largement à ceux d'un territoire. En France, le gisement de chaleur fatale est estimé à 10 % de la consommation électrique.

Le troisième pilier repose sur l'innovation qui, au-delà des solutions éprouvées, peut apporter des gains supplémentaires en matière d'efficacité énergétique. Comme pour le second pilier, il s'agit soit d'équipements plus performants, soit d'amélioration de procédés.

En moyenne, le cumul des trois piliers devrait permettre à l'industrie française d'améliorer de 20 % son efficacité énergétique à l'horizon 2030[22].

Changer nos comportements

La technologie de M. Schumpeter ne peut pas tout. Nous avons, en tant qu'individu et par notre comportement, un rôle déterminant à jouer dans la réduction de l'intensité énergétique. Est-il possible de changer nos comportements et nos habitudes pour réduire des gaspillages inutiles résultant de notre insouciance sans pour autant remettre en cause les fondamentaux de notre bien-être journalier ? Certains antécédents historiques prouvent que nous sommes capables, quand nous le décidons, de réaliser des progrès surprenants (Figure 4.8).

En 1972, les accidents de la route furent en France une véritable hécatombe avec plus de 16 500 morts. En 2016, on en recensait 3 469. C'est 15 fois moins, quand on sait que sur la même période, le nombre total de km parcourus a été multiplié par trois. Cette courbe d'apprentissage spectaculaire est certes le résultat de nombreux progrès technologiques : routes nationales beaucoup moins dangereuses et mieux éclairées, réseau autoroutier multiplié par dix, bien meilleure tenue de route des voitures, meilleure visibilité, airbag. Mais ils sont aussi et surtout l'aboutissement de profonds changements comportementaux : respect

22 http://www.ademe.fr/sites/default/files/assets/documents/85536_vision_2030-2050_document_technique.pdf

du Code de la route et des limitations de vitesse, port de la ceinture de sécurité, amélioration de la conduite, réduction de l'alcoolémie au volant. Changements comportementaux « sous contraintes réglementaires » diront certains : contrôle technique, permis à points, auto-écoles agréées, mais aussi et surtout prise de conscience. Choisir entre « boire et conduire » ne résulte plus seulement de la peur du gendarme, c'est devenu une norme de vie et de conduite.

Figure 4.8 – Accidents de la route en France et historique de consommation de cigarettes depuis 1960

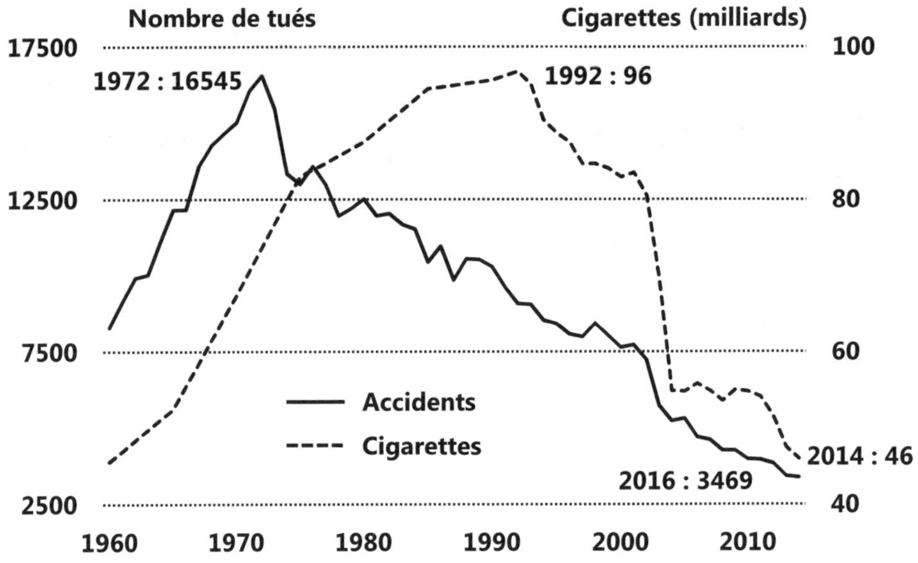

Source : http://www.securite-routiere.org/Fiches/statistiques/statfr.htm
Source : Elsevier Masson Consult.

On retrouve un historique assez similaire pour la consommation de tabac qui a été réduite par un facteur deux depuis un pic en 1992. Les progrès sont certes le fruit d'un prix au paquet de plus en plus dissuasif (7 € en 2017 contre 1,5 € en 1990). Mais, ils sont d'abord et avant tout le résultat de campagnes de sensibilisation lancées en 1976 avec la loi Veil, poursuivie en 1991 par la loi Évin puis plus récemment avec l'interdiction de fumer dans les emplacements publics. Il y a aujourd'hui une prise de conscience de l'effet néfaste du tabac qui n'existait pas il y a 30 ans.

Si nous avons été capables de changer profondément nos comportements en matière d'accidentologie et de tabagisme, pourquoi serions-nous incapables d'infléchir notre insouciance énergétique ? Suivons la journée d'un « citoyen ordinaire » qui se dit très concerné par le dérèglement climatique. D'ailleurs, il milite depuis de nombreuses années au sein d'une ONG écologiste.

Nous sommes début février et quand il se lève, il fait encore nuit. Il allume la lumière de sa chambre, celle du salon, de la cuisine puis celle de la salle de bains et s'aperçoit d'ailleurs qu'il a oublié d'éteindre la veille celle de son bureau. Il faisait froid cette nuit-là et il a logiquement ouvert tous les radiateurs de son appartement qui, durant la nuit, est devenu une véritable étuve. Pour aérer l'appartement surchauffé, il ouvre les fenêtres du salon et celles de la chambre. Avant de prendre sa douche, il s'aperçoit que l'appartement s'est refroidi plus vite que prévu et que sa salle de bains est devenue une véritable glacière. Il branche donc un radiateur électrique supplémentaire et ferme la porte pour pouvoir prendre confortablement sa douche. Quand il se savonne, de peur de se refroidir, il laisse couler l'eau chaude. Après avoir pris son petit-déjeuner, il descend chercher sa voiture au garage et laisse tourner le moteur cinq minutes avant de partir, histoire de bien la chauffer, mais aussi de lire quelques mails sur son téléphone portable. Ah oui j'oubliais... il a fermé les fenêtres, mais laissé le thermostat sur 25 °C pour être certain d'avoir bien chaud en rentrant le soir, car les huisseries sont vieilles et laissent passer l'air froid. Et puis, ce n'est pas prudent de tout éteindre : laisser allumer dissuade les voleurs, car on pense que le propriétaire est chez lui. D'ailleurs, il a motivé la copropriété de l'immeuble pour laisser les parties communes allumées en permanence. Les anciennes minuteries ont été supprimées.

Il aime les voitures et s'est récemment offert une grosse cylindrée qu'il n'utilise qu'en ville, car c'est aussi un passionné de grands voyages à l'autre bout de la planète. Pressé et nerveux, il a une conduite très agressive. Peu lui importe finalement sa consommation puisqu'il est commercial et que c'est sa société qui règle sa facture d'essence. Il est à peine 7 heures. Les rues sont encore désertes et pourtant tous les immeubles sont déjà allumés. Déjà ? Non puisque la plupart d'entre eux le sont restés toute la nuit. Quand il arrive, son bureau est trop chaud, mais impossible, comme chez lui, d'ouvrir une fenêtre pour aérer. Qu'importe, la climatisation fera l'affaire. Pas besoin de lancer la session de son ordinateur puisqu'il ne l'éteint jamais. Ça permet de gagner cinq minutes le matin et de partir cinq minutes plus tôt le soir. Ce soir, il quittera le bureau un peu plus tôt, car il prévoit d'aller faire ses courses dans une grande surface située assez loin de chez lui. Les prix y sont très attractifs et les rayons très bien garnis : saumon de Norvège, « pata negra » d'Andalousie, haricots verts du Cameroun, avocats d'Israël en promotion et un arrivage de cerises du Chili. Par contre, le stationnement est souvent problématique à cette heure de la journée et pour trouver une place près de l'entrée du magasin il faut parfois tourner un quart d'heure. Enfin, c'est toujours mieux que de se garer sans attendre à l'extrémité du parking et d'avoir à marcher cinq minutes dans le froid.

Pourtant les économies d'énergie le concernent puisque sa société vend des poêles à bois et des pompes à chaleur. Justement, l'équipe R&D vient de sortir un nouveau modèle révolutionnaire dont le rendement a été accru de 5 %, un argument de vente en béton pour les particuliers qui veulent réduire leur facture d'énergie. D'autant qu'ils peuvent bénéficier d'une réduction d'impôts de 30 %. Souvent face à un client, il ne peut s'empêcher de compléter son argumentation économique en parlant avec conviction du dérèglement climatique : « en utilisant cette pompe à chaleur, c'est aussi aux générations futures que vous pensez ».

D'ailleurs il en a fait profiter la copropriété de son immeuble. Pour réaliser le chiffre d'affaires que lui réclame sa hiérarchie, il faut qu'il se déplace beaucoup en France bien sûr et aussi à l'étranger. Il n'aime pas trop le métro ni le train. Comme il n'habite pas très loin d'Orly, il privilégie la voiture dans l'agglomération parisienne et l'avion pour tout déplacement hors de la capitale. Et ce, même pour se rendre à Londres ou à Bruxelles. Trop compliqué d'aller en métro à la Gare du Nord pour prendre le Thalys ou l'Eurostar.

Ce comportement, certes un peu caricatural dans sa globalité, est pourtant celui de beaucoup d'entre nous. Nous sommes prêts à nous engager verbalement pour essayer de résoudre le problème du dérèglement climatique, à investir des sommes conséquentes dans des technologies sophistiquées, mais nous restons plus que léthargiques quand il s'agit de corriger nos attitudes aberrantes et contradictoires. L'être humain est antinomique : il peut faire preuve d'une adaptabilité surprenante, mais aussi d'une résistance « herculéenne » au changement.

Manager le changement

Dans toute communauté humaine, les changements de comportement et de culture ont toujours été beaucoup plus difficiles à appréhender que les changements technologiques. Depuis la chute du mur de Berlin en 1989, l'ouverture des pays émergents et la mondialisation de l'économie, la peur du changement se ressent particulièrement dans l'ancien monde des pays développés. La montée du populisme aux États-Unis avec l'élection de Donald Trump et un peu partout en Europe n'est que l'expression de cette peur du changement et de cette illusion que le modèle social et économique issu de l'après-guerre serait toujours d'actualité. Et pourtant, le changement ne peut être forcé. Il a besoin d'être désiré, compris, choisi et positivement ressenti. Déverrouiller la « porte du changement » ne fonctionne que s'il génère des avantages personnels, élève le niveau individuel de satisfaction et maximise le bonheur sur le court, le moyen et le long terme. Pour réussir, le changement doit être un « jeu gagnant-gagnant ». Il repose sur quatre piliers[23].

Le premier est la confiance. Confiance notamment en des instances dirigeantes transparentes, reconnaissant leurs erreurs et leur vulnérabilité et ne favorisant en aucun cas l'image détestable de « guerriers infaillibles ». Sans socle de confiance, il est impossible pour un leader de faire adhérer au changement qu'il est censé promouvoir.

Le deuxième est la vision, c'est-à-dire le pourquoi du changement. Sans vision, le changement entraîne rapidement la confusion et la frustration. L'enthousiasme est anesthésié et l'énergie significativement réduite. Pour qu'une vision devienne collectivement cohérente, il faut trouver un socle commun entre objectifs stratégiques et aspirations de chacun qui, dans la vision du changement, doit retrouver son credo, ses espoirs et ses désirs. La vision ne doit en rien chercher à plaire à tout le monde sans pour autant ignorer les aspirations du peuple.

23 K.R. Evans (1989), *"Energy : the critical (human) resource"*, Petroleum Society of CIM. Paper 89-40-21.

Le troisième est l'implication. Elle donne à chacun un rôle, une responsabilité et des tâches précises, si possible innovantes dans le changement. Avec la vision, l'individu n'était qu'objet du changement, avec l'implication, il devient sujet du changement, de simple spectateur il devient un véritable acteur. Industriels, artisans, salariés, journalistes, enseignants, chacun a un rôle à jouer dans la transition énergétique.

Le dernier est la reconnaissance qui repose avant tout sur l'écoute et la compréhension. Même si ses attentes n'ont été que partiellement retenues, le fait d'avoir été sollicité, impliqué, écouté et compris représente pour un individu la première des récompenses. Il est illusoire au contraire de convaincre et de faire adhérer au changement ceux qui auront été oubliés sur le bord de la route. Même si le changement leur est globalement profitable, ils l'aborderont avec suspicion et perplexité.

Quels gisements pour quels objectifs ?

Comme nous l'a démontré notre « citoyen ordinaire », le gisement comportemental est gigantesque. Selon un rapport récent de l'UE[24], 19 % d'économies nous tendraient la main chaque jour.

Mais les chiffres ne sont pas toujours suffisants pour convaincre et faire adhérer. Comment les quatre piliers du changement se déclinent-ils dans ce cas particulier ? Les aspects comportementaux relèvent-ils plutôt de postures individuelles ou d'attitudes collectives ? Notre passage à l'acte s'inscrit-il dans un questionnement vis-à-vis de soi-même ou à travers le regard de l'autre ? Peut-on faire confiance aux scientifiques et aux politiques sur les questions énergétiques et climatiques ? Sont-ils eux-mêmes convaincus ? Leur analyse et leurs conclusions sont-elles objectives et détachées de toute pression politique, économique et écologique ?

Scientifiques, industriels et politiques reconnaissent aujourd'hui la corrélation entre la consommation de combustibles fossiles, les émissions de gaz à effet de serre et le réchauffement climatique. Pourtant, l'opinion publique se trouve dans une phase d'acceptation attentive. Elle croit au caractère légitime du projet, mais n'y a pas encore pleinement adhéré, considérant qu'il existe un fossé entre bonnes intentions, actes réels et transparence du discours. La quasi-absence d'objectifs chiffrés, les effets d'annonce propagandistes ou la récupération politicienne sont autant de facteurs qui peuvent transformer une fragile adhésion en une confiance obligée à minima.

Le discours prudent, calculateur et lénifiant des politiques manque souvent de vision et délivre une image brouillée des principaux leviers d'intensité énergétique. Notre citoyen ordinaire est perturbé par le manque de cohérence, la complexité des règles et les changements incessants de taxe sur les carburants, de TVA sur les matériaux de construction ou des avantages fiscaux sur l'isolation des logements. Alors qu'il se situe au cœur de l'enjeu, l'habitat n'est que rarement identifié comme

24 https://ec.europa.eu/energy/intelligent/projects/sites/iee-projects/files/projects/documents/behave_guidelines_fr.pdf

une source de réchauffement climatique, contrairement aux transports et surtout à l'industrie qui, dans l'imaginaire collectif, est stigmatisée et identifiée comme source principale de pollution. Bien plus qu'une menace environnementale, le logement est avant tout un espace intime avec lequel l'individu entretient un rapport affectif. Ce déni du risque rend alors difficile la possibilité d'y faire évoluer les comportements.

L'implication doit être regardée à la fois dans sa dimension individuelle et collective. En tant qu'individu et face à l'ampleur titanesque des défis énergétique et climatique, notre citoyen ordinaire a de prime abord un sentiment d'impuissance et d'inefficacité. Se sentant déresponsabilisé, il a alors tendance à adopter la stratégie de l'abstentionniste qui consiste à attendre et espérer que les autres changent d'abord avant d'éventuellement changer lui-même. Pourtant c'est en rendant visible son implication qu'il entraînera les autres à changer. Toutefois, une fois stimulé, l'individu ne peut pas faire abstraction de son environnement. Son implication individuelle doit se concrétiser au sein d'un groupe partageant collectivement des valeurs communes : copropriétés, ONG, partis politiques ou associations scientifiques. La participation et l'animation y deviennent plus importantes que la finalité et le résultat. Dans ce groupe d'appartenance, le pionnier solitaire auto convaincu devient souvent un élément moteur et charismatique, un peu comme notre citoyen ordinaire quand il propose à la copropriété de s'équiper d'une pompe à chaleur.

Impliqué et engagé, élu au sein d'un groupe, notre citoyen ordinaire est déjà reconnu. À la recherche d'une satisfaction autocentrée, il a, en décidant la copropriété, conforté sa position sociale et sa réputation.

En conclusion, après une prise de conscience individuelle puis une communion et un partage avec le groupe, notre citoyen ordinaire va progressivement faire du changement de comportement une nouvelle norme qui, par effet boomerang, deviendra aussi celle du groupe. Comme pour l'alcoolémie au volant et la cigarette, il se sera alors approprié le changement de son comportement énergétique.

La controverse à laquelle se sont livrés Malthus et Schumpeter par contumace trouve donc pleinement sa réponse dans la réduction de l'intensité énergétique. Nous renvoyons dos à dos la frugalité malthusienne et l'optimisme à tout vent de Schumpeter et considérons qu'un peu de sobriété malthusienne est l'indispensable complément à la technologie de Schumpeter qui peut beaucoup, mais ne peut pas tout.

Ce débat croise de façon floue le rapport bien matériel du bénéfice et du coût avec des enjeux purement psychologiques et sociétaux. Il n'est pas sans rappeler celui qui opposa Voltaire et Rousseau durant le siècle des Lumières. Disparus l'un et l'autre en 1778, à deux mois d'intervalle, les deux écrivains poursuivent leur dispute par-delà la mort, au Panthéon où leurs dépouilles se font face pour l'éternité.

Je vous laisserai deviner qui, de Malthus ou de Schumpeter, Rousseau se serait fait l'avocat.

5

Le juste prix

« La crainte qu'on a de perdre un trésor
est proportionnée au prix qu'on y attache. »
Jean-Napoléon Vernier

D'un point de vue économique, l'énergie se caractérise par une forte élasticité revenu et une faible élasticité prix.

La forte élasticité revenu résulte de la corrélation existant entre la croissance économique et la consommation d'énergie. Car, malgré la réduction de l'intensité énergétique, davantage de croissance requiert inévitablement plus d'énergie. L'inverse est vrai. Ainsi, la croissance atone dans les pays développés depuis la crise de 2008 est-elle en partie responsable de la baisse de la consommation d'énergie. La seule exception est celle des économies de trésorerie[1]. Sans augmenter leur consommation énergétique, ils réalisent de la croissance grâce à des ventes de matières premières.

La faible élasticité prix traduit la faible corrélation entre la demande et le prix : une augmentation substantielle des prix affecte peu la consommation. L'inverse n'est pas vrai : une augmentation ou une diminution de la demande génère généralement une hausse ou une baisse des prix. La faible élasticité prix est avant tout liée à la forte dépendance technique des économies face au pétrole et à l'électricité. L'inertie des équipements qui ont besoin de temps pour être reconvertis à d'éventuelles énergies alternatives explique l'évolution lente du mix énergétique. Beaucoup plus subjective, la dépendance comportementale est tout aussi décisive. Essence des voitures, gaz domestique et électricité sont synonymes de la liberté qu'offre une voiture individuelle, du bien-être que diffusent l'eau chaude et le chauffage domestique, de la facilité que

1 Voir chapitre 6, paragraphe 4.2.

crée un lave-linge ou un four à micro-ondes, de l'efficacité d'un ordinateur. Malgré le mécontentement récurrent résultant de l'augmentation des prix de l'énergie, les consommateurs sont toujours prêts à payer plus pour bénéficier de leurs avantages.

Pourtant, lorsque nous consommons des énergies fossiles, nous ne payons que l'extracteur, le transporteur et le distributeur/fournisseur. Nous oublions au passage de rétribuer la Nature qui a demandé quelques dizaines de millions d'années[2] pour fabriquer le pétrole, le gaz et le charbon. La facture dont nous nous acquittons s'avère donc trompeuse et relève d'une pratique économique plus que douteuse. Tout se passe un peu comme si une entreprise vendait au rabais le stock de pièces qu'elle a fabriqué sans penser à le renouveler. Calculer la valeur du kWh fossile sur sa durée de fabrication réelle donne le vertige. Avec ne fût-ce qu'un petit millième de pour cent de taux d'actualisation annuel sur trois millions d'années, le kWh commercialisé à 0,15 € par EDF au particulier se vendrait 1 600 milliards d'euros, le PIB actuel de l'Italie. Il convient à ce stade de revenir sur un certain nombre de définitions en différenciant notamment les coûts et les prix.

Le **coût** du kWh d'énergie primaire couvre l'ensemble des frais de production et de transport entre les lieux de production et de consommation. Les frais de production se décomposent en dépenses d'investissements (aussi appelées CAPEX pour « CAPital EXpenditures ») et dépenses de fonctionnement (aussi appelées OPEX pour « OPerational EXpenditures »). Ce coût reflète notamment la difficulté technique d'extraction. Ainsi, un baril de pétrole produit dans le désert d'Arabie Saoudite coûtera-t-il beaucoup moins cher qu'un baril de pétrole extrait sous grande profondeur d'eau dans le golfe du Mexique ou au large de l'Angola. Le coût intègre aussi la fiscalité du pays producteur qui dans certains cas peut s'avérer très lourde. Démarrer une exploitation demande généralement des investissements massifs : construire un bateau de production, une usine de liquéfaction de gaz ou une centrale nucléaire. Le coût du premier kWh produit sera donc très élevé tandis que le coût des kWh suivants va décroître de façon continue. Lorsque les investissements initiaux seront remboursés, les kWh produits ne couvriront plus que les OPEX (ils augmentent toutefois lorsque les installations vieillissent). On parle alors de coût « marginal ».

Le **prix de gros** résulte d'une négociation entre le producteur et le fournisseur (c'est-à-dire le distributeur) et est fortement influencé par la loi de l'offre et de la demande. Mais, les prix de gros peuvent aussi anticiper une situation réelle. Ainsi, des tensions géopolitiques, des catastrophes naturelles touchant directement des sites de production peuvent-ils peser sur les prix de gros qui, par nature, sont d'une grande volatilité. Ils se négocient généralement dans des bourses, comme à Rotterdam pour le pétrole. On parle alors de « marché spot ». Dans certains cas, les prix de gros peuvent aussi être régulés par un groupe de pays producteurs qui imposent des quotas (exemple de l'OPEP) ou par le biais de contrats long terme au sein desquels les prix sont fixés sur des périodes plus ou moins longues entre le producteur et le distributeur (exemple des contrats de livraison de Gaz Naturel Liquéfié).

2 Voir chapitre 1, paragraphe 3.1.

Le **prix d'équilibre technique** (« breakeven price » en anglais) est le prix de gros au-dessus duquel le producteur commence à faire des profits. Bien qu'en théorie le prix de gros se doive d'être supérieur au prix d'équilibre, la volatilité des marchés peut rapidement rendre la différence négative et pousser un producteur à exploiter à perte. Le prix de gros peut aussi être examiné au regard du budget d'un État producteur. On parle de **prix d'équilibre budgétaire**. Il s'agit du prix de gros minimum permettant à un État producteur d'équilibrer son budget.

Le **prix de détail** est le prix négocié entre le fournisseur et le consommateur final (particulier, industriel, collectivité locale). En sus du prix de gros, il inclut le coût de la distribution, la marge du distributeur ainsi que les différentes taxes prélevées par les États. Ces dernières peuvent parfois représenter jusqu'à 70 % du prix de détail.

Dans la plupart des pays de l'OCDE, les prix de détail des différentes énergies sont généralement beaucoup plus élevés pour les particuliers que pour les industriels. Cette pratique qui est censée encourager une politique de l'offre via la compétitivité des entreprises fait de facto reposer en priorité la fiscalité sur les particuliers.

Mais quel est donc le juste prix de l'énergie ?

Coûts et prix de gros

Le pétrole

L'histoire du pétrole[3] se caractérise par la complexité accrue des environnements exploités. De l'*on-shore* des années 1950 et 1960, on est passé à l'*off-shore* conventionnel des années 1970 et 1980 puis aux grandes profondeurs d'eau des années 1990, aux régions arctiques et aux sables bitumineux des années 2000 et enfin aux gaz et pétroles de schiste des années 2010. Complexité croissante signifie généralement mise en œuvre de technologies de plus en plus sophistiquées et donc de plus en plus coûteuses : cartographie du sous-sol interprétée à l'aide d'ordinateurs de plus en plus puissants, puits horizontaux de plus en plus longs, installations de surface titanesques. Développer un MWh en grande profondeur d'eau dans l'estuaire du fleuve Congo ou dans le golfe du Mexique coûtera plus de 50 € alors que le même MWh extrait du désert d'Arabie Saoudite ne coûtera que 12 €[4] ! Le prix d'équilibre technique du portefeuille mondial varie donc fortement d'un pays à l'autre (Figure 5.1). En dehors du type de ressources exploitées, la facilité d'accès, les conditions climatiques, le marché des services et des compétences, les réglementations sécuritaires et environnementales ainsi que les fiscalités locales sont autant de facteurs qui vont peser plus ou moins lourdement sur le prix d'équilibre technique. Quant au prix d'équilibre budgétaire, il dépend en grande partie de la détermination des États producteurs à financer la paix sociale ou le clientélisme populiste.

Ainsi, le coût d'équilibre technique des principales pétromonarchies du Golfe se situe autour de 15 €/MWh, la moitié de la moyenne mondiale. Hormis la

3 Voir aussi chapitre 2, paragraphe 1.
4 Pre-FID oil projects : global breakeven analysis and cost curves January 2016. Wood MacKenzie.

Russie, la plupart des autres grands pays producteurs (États-Unis, Chine, Norvège, Mexique, Brésil et Canada) possèdent tous des prix d'équilibre technique bien supérieurs. Mais, si le prix d'équilibre technique saoudien est le plus faible de l'OPEP, son prix d'équilibre budgétaire est à peine inférieur à celui de l'Iran ou de l'Algérie.

Figure 5.1 – Prix d'équilibre technique des principaux pays pétroliers en fonction de la production mondiale

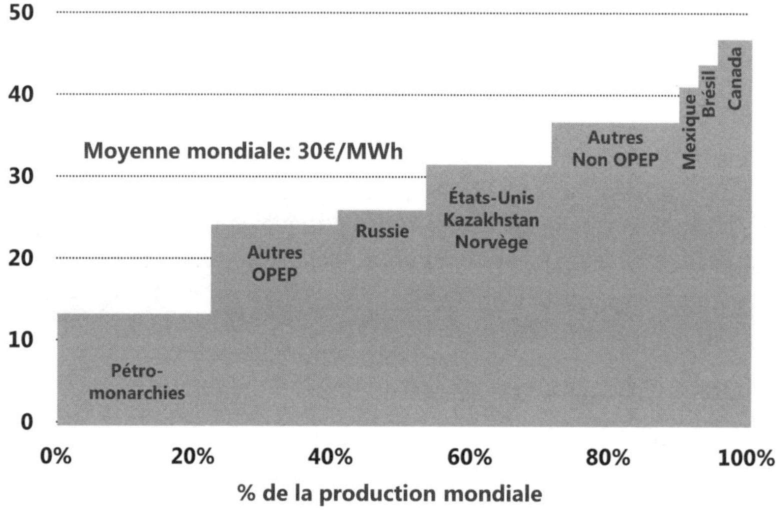

Source des données : Energy Aspects.

Bien qu'intimement lié au coût d'extraction et aux environnements géologique et climatique, le prix de gros du pétrole a longtemps échappé aux règles élémentaires de l'économie. Entre 1900 et 1973, date du premier choc pétrolier, son prix est resté pratiquement constant. Époque bénie où les pays consommateurs imposaient, via leurs groupes pétroliers, des prix bas indépendamment de la croissance de la demande. Ainsi, durant les Trente Glorieuses, la croissance de la demande atteint 6 % par an sans que les prix ne varient d'un iota (Figure 5.2a). Pas étonnant qu'avec « un aliment de base » quasi gratuit, les pays développés se soient payé une croissance inédite de 5 % par an sur le dos des pays producteurs.

Cet autoritarisme des prix bas imposés par les pays consommateurs ne fut pas du goût des pays producteurs qui, pour la plupart, venaient d'acquérir chèrement leur indépendance. Aussi, sous l'impulsion du Shah d'Iran et du Vénézuélien Juan Pablo Pérez Alfonso, les principaux pays producteurs se regroupèrent au sein d'un cartel, l'OPEP[5]. Grâce à une politique de nationalisation intensive, ils prirent progressivement le contrôle de leurs ressources.

À partir du début des années 1970, les décisions de l'OPEP auront un impact décisif sur les prix. L'Arabie Saoudite, qui à elle seule compte pour plus du tiers de la production de l'OPEP, y joue un rôle déterminant. D'une hégémonie des consommateurs,

5 Organisation des Pays Exportateurs de Pétrole.

on entre dans une période de suprématie des producteurs qui fixent les prix en régulant l'offre (Figure 5.2b). Changement de pouvoir, mais règles du jeu assez similaires. En dehors de la période très troublée des deux chocs pétroliers, les prix de l'or noir restent assez stables autour de 10 €/MWh et ce jusqu'à la fin du XXe siècle. Pourtant, on sent qu'une évolution irréversible est en marche. Il y a ainsi deux interprétations possibles à la « cabriole » du contre-choc pétrolier de 1985 quand les cours s'effondrent.

Certains[6] y ont vu une manœuvre machiavélique de R. Reagan qui aurait convaincu le roi Abdallah d'augmenter ses quotas. Cette décision aurait alors provoqué l'effondrement des cours et « achevé » l'économie soviétique exsangue après la guerre d'Afghanistan et dépendante à 80 % de ses revenus pétroliers. D'autres l'ont plus sérieusement interprété comme une opulence d'offre faisant suite notamment à un déplacement de la production électrique du pétrole vers le nucléaire et le gaz. Les pays de l'OPEP, confrontés à des objectifs politiques très différents, n'arrivent pas à se mettre d'accord pour réduire leurs quotas. Le marché est inondé et les cours s'effondrent. Ce contre-choc doit donc s'interpréter comme une première incursion de la loi de l'offre et de la demande dans un monde pétrolier qui jusqu'alors y avait échappé. Il anticipe aussi les futures difficultés de l'OPEP dont l'unité n'aura jamais été qu'une façade de circonstance.

Figure 5.2 – Corrélation entre prix de gros du pétrole et consommation depuis 1965

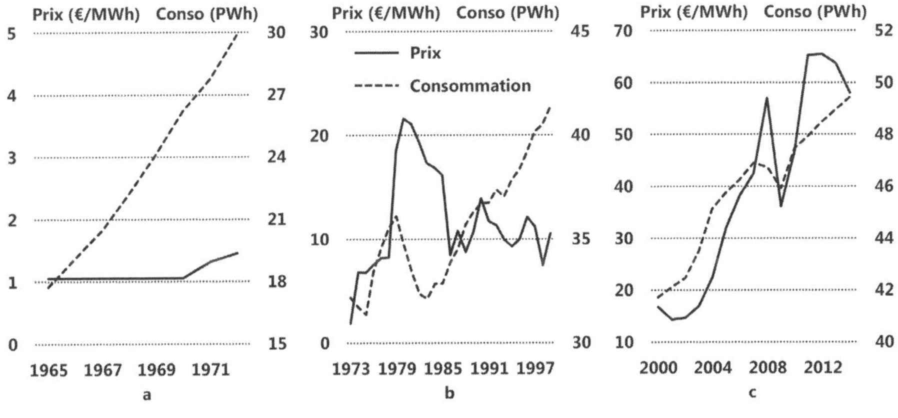

Source des données : BP Statistical Review.

C'est au début des années 2000 que les règles du jeu vont réellement changer. Les cours vont s'aligner sur l'offre et la demande et devenir de moins en moins sensibles aux évènements géopolitiques (Figure 5.2c). Ainsi vont-ils croître exponentiellement entre 2002 et 2008 suite à la demande exponentielle des pays émergents, répondre presque instantanément à la crise des *subprimes* de 2008, puis à la reprise qui s'ensuit et enfin s'effondrer fin 2014 suite à l'abondance d'offre.

6 Éric Laurent (2006), *La face cachée du pétrole*, Éditions Plon.

« Formé » dans la sphère géopolitique, le monde du pétrole a donc fait une entrée tonitruante dans la sphère privée. Deux raisons fondamentales expliquent ce changement radical.

La première tient au délitement et à la perte d'influence progressive de l'OPEP. Ses membres, dont les agendas politiques et économiques diffèrent, sont incapables de s'entendre. Certains utilisent l'augmentation des prix de gros pour satisfaire des promesses populistes irréalistes alors que d'autres couvrent des dépenses militaires à travers des conflits régionaux par procuration. Vu l'hétérogénéité de leurs prix d'équilibre technique et budgétaire la résistance des uns n'a d'égal que la faiblesse des autres.

La seconde raison est la production américaine de pétrole de schiste[7]. Le monde s'est retrouvé face à une abondance d'offre en panne de débouchés. En dehors des volumes, c'est la résilience et la souplesse de ce type d'exploitation qui en font son originalité. Contrairement aux exploitations en mer qui nécessitent d'énormes investissements sur de longues périodes, la production « on-shore » des pétroles de schiste ne réclame que des équipements légers que l'on peut arrêter ou relancer à la demande. Sournoisement, les pétroles de schiste américains se sont donc installés comme nouveau régulateur de prix.

Impuissante, l'OPEP a refusé de réduire ses quotas considérant avec justesse qu'une remontée des cours encouragerait les indépendants américains à relancer de plus belle leur production. Mais, compte tenu de leurs prix d'équilibre technique, les pétromonarchies du Golfe sont les seules à pouvoir supporter l'effondrement des cours. De plus, elles ont constitué des fonds souverains pour un total de 1 700 milliards d'euros[8], une manne financière qui, au moins à moyen terme, leur permet de « voir venir ».

En revanche, cette politique a conduit certains membres de l'organisation à la banqueroute. Dépendant du pétrole à 90 % et plombé par une inflation terrible, le Venezuela se bat aujourd'hui pour survivre. Les prix se sont envolés. L'iPhone y est ainsi devenu un produit de grand luxe qui se négociait à l'été 2015 autour de… 42 000 €[9]. Cette politique des prix bas pratiquée par l'Arabie Saoudite qui vise aussi son ennemi historique iranien est en train de tuer la plupart des économies de trésorerie de la planète. Après le Venezuela, ce sont l'Algérie, le Nigéria et l'Angola qui sont au bord de la faillite. Et la Russie dont le PIB est parfaitement corrélé au prix du baril n'est pas en reste. Cette situation est source potentielle d'instabilité[10,11] dans des pays où la paix sociale est largement subventionnée par la rente pétrolière. Elle représente une opportunité pour les islamistes très implantés au Maghreb et en Afrique subsaharienne.

---

7 Voir aussi chapitre 6, paragraphe 2.3.

8 http://www.bilan.ch/argent-finances-les-plus-de-la-redaction/la-crise-favorise-les-fonds-souverains-du-golfe

9 http://www.lefigaro.fr/secteur/high-tech/2015/06/24/32001-20150624ARTFIG00187-au-venezuela-l-iphone-6-se-vend-46000-dollars.php

10 http://www.lefigaro.fr/conjoncture/2015/12/24/20002-20151224ARTFIG00001-le-gouvernement-algerien-veut-se-separer-d-un-million-de-fonctionnaires.php

11 http://fr.africanews.com/2016/01/14/le-nigeria-face-a-la-chute-du-prix-du-petrole/

En dehors de considérations purement liées aux marchés pétroliers, le début du XXIe siècle est aussi le repère de deux autres évènements clés : la création de l'euro et le début de la mondialisation de l'économie. Ainsi, les pétromonarchies du Golfe (PMG – Figure 5.3a) qui auparavant n'avaient que très peu investi à l'extérieur rentrent de façon spectaculaire sur les marchés financiers. Par ailleurs, les pays émergents en peine croissance augmentent de façon spectaculaire leur consommation d'énergie, ce qui augmente le prix du pétrole dorénavant régulé par l'offre et la demande. Les pays producteurs (par leurs ventes de pétrole), mais aussi les pays émergents (par leur croissance) se retrouvent alors face à un afflux de dollars qu'ils réinvestissent, pour diversifier leurs investissements, massivement dans l'euro fraîchement créé.

Figure 5.3 – Évolution des investissements dans les pétromonarchies du Golfe. Taux de change € et USD avant et après 2000

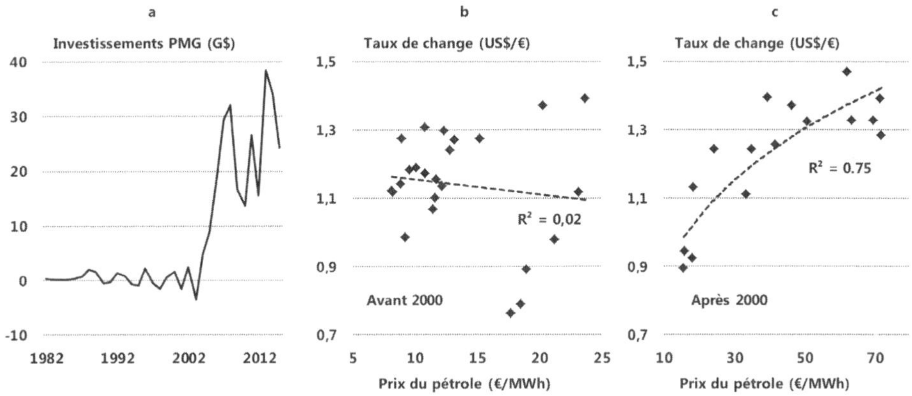

Source des données : Eurostat et BP Statistical Review.

En conséquence, le taux de change euro/dollar qui avant 2000 était totalement déconnecté des prix du pétrole (Figure 5.3b) s'y corrèle de façon très nette (Figure 5.3c). Un prix élevé du baril provoque des investissements massifs en euros et une augmentation mécanique de l'euro alors que la baisse des prix provoque l'effet opposé.

La situation actuelle de prix bas peut-elle ralentir la transition énergétique et notamment la croissance des renouvelables ? En fait, les chiffres montrent que la baisse récente des cours du pétrole n'affecte pas les projets d'énergies renouvelables à travers le monde. On observe même une forte hausse des investissements en 2015 et 2016 dans l'éolien et le solaire[12]. Ceci s'explique principalement par le fait que le pétrole, essentiellement utilisé dans les transports et la pétrochimie, ne concurrence pas les énergies renouvelables au sein de la génération électrique. Cependant, un pétrole bas peut pousser certaines professions fortement consommatrices (transporteurs routiers, marins pêcheurs) à accroître leur activité et donc

12 http://www.novethic.fr/lapres-petrole/energies-renouvelables/isr-rse/enr-pourquoi-les-prix-bas-du-brut-ne-reduisent-pas-les-investissements-143009.html

par voie de conséquence à consommer davantage. Un pétrole bon marché peut affecter négativement le comportement des consommateurs en les détournant, au moins pour un temps, d'objectifs d'efficacité devenus secondaires.

Le gaz

Contrairement au pétrole qui peut circuler sans difficulté sur tous les océans de la planète, le gaz est volatil, compressible et donc difficile à déplacer. Aussi, son transport (incluant la liquéfaction, le transport proprement dit par méthanier et la regazéification dans le cas du GNL) représente-t-il une partie très significative de son prix. Ainsi, du gaz de schiste américain produit localement aura un prix d'équilibre de l'ordre de 10 €/MWh. Liquéfié pour être transporté vers l'Europe ou le Sud-Est asiatique, il reviendra à 27 €/MWh.

Difficulté de transport oblige le gaz ne peut, contrairement au pétrole, être régenté par un marché unique. Lorsqu'il est consommé localement, ses prix sont gouvernés par la demande saisonnière. On parle alors de « marché spot » semblable à celui qui régit aujourd'hui l'or noir. Lorsqu'il est livré par gazoduc ou sous forme de GNL, son prix est régulé par des contrats à long terme (20 ans en général) entre fournisseurs et consommateurs. Les fournisseurs s'engagent à assurer la sécurité énergétique des consommateurs tandis que ces derniers s'engagent à acheter au fournisseur sur la période du contrat. Dans ces contrats, les prix sont généralement indexés sur ceux du pétrole et révisés périodiquement. La différence entre un marché spot et un marché gouverné par des contrats long terme apparaît clairement sur la Figure 5.4 a et b. Alors qu'aux États-Unis (Figure 5.4a) le marché spot évolue de façon quasi indépendante, en Europe (Figure 5.4b) les prix du gaz sont bien corrélés aux cours du pétrole dans le cadre de contrats long terme. Deux philosophies très différentes qui font du gaz une énergie à part dont les cours divergent d'une région à l'autre.

Figure 5.4 – Corrélation prix du gaz et du pétrole aux États-Unis et en Europe. Évolution des prix du gaz sur les trois grands marchés

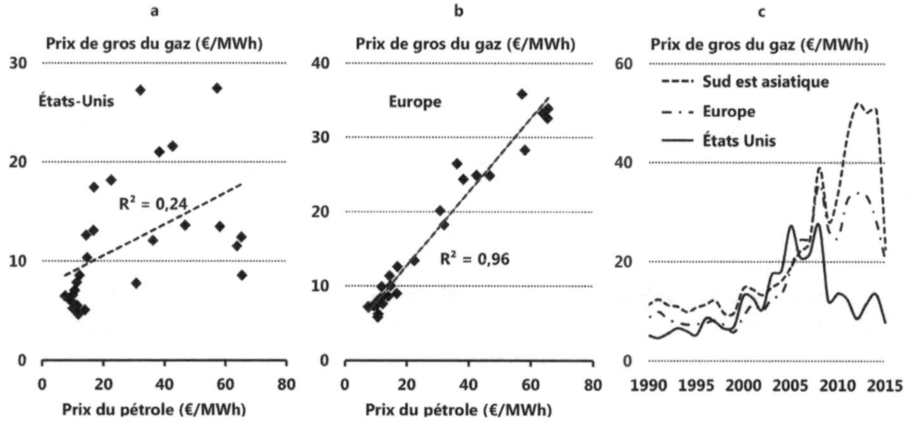

Source des données : Eurostat et BP Statistical Review 2016.

Globalement, les prix du gaz sont gouvernés par trois grands marchés : le marché américain (le « Henry Hub »), le marché européen et le marché asiatique. Le Henry Hub résulte d'un marché spot, le marché européen s'appuie sur des contrats long terme de livraison par gazoduc (Russie, Norvège et Algérie) alors que, pour des raisons géographiques évidentes, le marché asiatique est principalement alimenté par du GNL. Depuis le début des années 1990, les trois marchés étaient alignés (Figure 5.4c). Mais, à partir de 2009, des différences majeures sont apparues. Ainsi, en 2012, alors que le gaz était livré en Europe au-dessus de 30 €/MWh, le Henry Hub américain se négociait en dessous de 10 €/MWh. Quant au GNL asiatique, son prix dépassait les 50 €/MWh. Cette situation est liée d'une part à l'afflux de gaz de schiste sur le marché spot américain, aux prix élevés du pétrole entre 2009 et 2014 ainsi qu'à l'augmentation précipitée de la demande japonaise suite à l'arrêt de ses centrales nucléaires après la catastrophe de Fukushima.

D'ici 2030, des quantités significatives de GNL provenant d'Iran et des États-Unis[13] devraient doubler la capacité mondiale. Cet afflux lissera-t-il pour autant les différents marchés ? Le chemin est encore très long quand on sait que le GNL ne représente que 10 % du marché mondial du gaz.

Le charbon

La nature solide du charbon ne permet pas de l'exploiter autrement que par méthode minière souterraine ou à ciel ouvert. Une fois extrait, il doit être transporté vers son lieu de consommation par route, rail, voies fluviale ou maritime. Comme pour le gaz, le transport représente une part significative des coûts d'exploitation. Aussi, le charbon est-il surtout consommé localement (centrale électrique située sur le « carreau de la mine ») ou dans un périmètre régional limité. Ainsi, les cinq premiers consommateurs mondiaux d'énergie importent-ils 65 % de leurs besoins pétroliers pour seulement 15 % de leurs besoins gaziers et charbonniers. Aussi, comme pour le gaz, les prix du charbon ne sont pas régis par un marché mondial, mais par plusieurs marchés de gros régionaux. Comme pour le gaz, les principaux marchés sont l'américain, l'européen et l'asiatique.

La Figure 5.5 démontre pourquoi (hors États-Unis) le gaz a beaucoup de difficultés à concurrencer le charbon au sein de la génération électrique. Produire un MWh en brûlant du GNL y coûte 2,5 fois plus cher. Quant au pétrole, beaucoup trop cher, il n'est pratiquement plus utilisé au sein du mix électrique sauf dans les pétromonarchies du Golfe qui ne détiennent aucune ressource charbonnière.

13 Voir chapitre 6 paragraphe 2.3.1.

Figure 5.5 – Comparaison de différents prix d'équilibre du charbon, du gaz et du pétrole

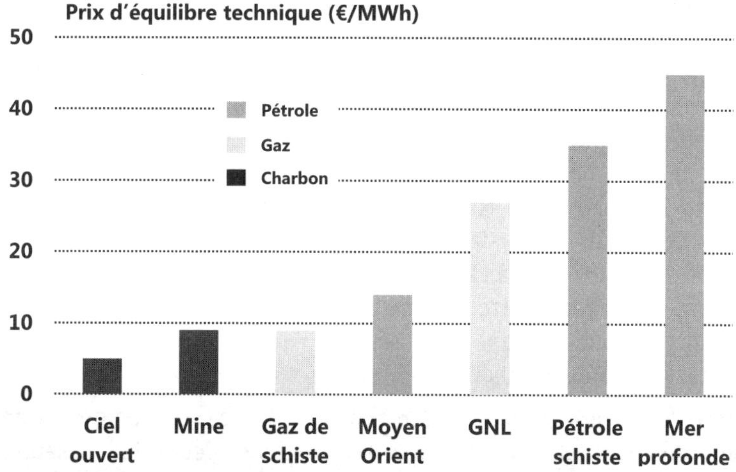

Source des données : EIA et Wood MacKenzine.

Depuis le début des années 2000, le prix du charbon a fortement augmenté sur l'ensemble des trois marchés. Il a même atteint des sommets historiques en 2008 puis en 2011. Pourtant, excepté aux États-Unis où la révolution du schiste a permis au gaz de concurrencer le charbon, en Europe et en Asie il est toujours resté beaucoup plus économique que le gaz. En 2012 et 2013, le différentiel a atteint 40 €/MWh sur les marchés asiatiques. Ceci explique pourquoi, en Asie, la production électrique reste désespérément charbonnière. Et en Europe où l'on avait observé un déplacement très significatif du charbon vers le gaz depuis le début des années 1990, la situation s'est inversée depuis 2010. Des centrales à gaz ont été fermées en Allemagne, en Grande-Bretagne et en Espagne pour faire place à des centrales thermiques alimentées avec du charbon américain bon marché[14].

Si la chute des cours du pétrole peut ralentir la transition énergétique en influençant négativement certains comportements, elle peut aussi, hors États-Unis, l'influencer positivement en encourageant indirectement le déplacement de la production électrique du charbon vers le gaz. Dans la mesure où les contrats européens et asiatiques sont indexés sur le pétrole, la chute des cours de l'or noir a mécaniquement réduit le différentiel gaz/charbon qui, en 2015, a diminué de 72 % en Europe et a été divisé par 2,5 en Asie. Un pétrole bon marché est donc un allié inattendu de la transition électrique encourageant le déplacement du charbon vers le gaz, « meilleur ami des renouvelables ».

L'électricité

L'électricité est une « énergie de synthèse » fabriquée à partir d'autres formes d'énergies primaires substituables entre elles : le charbon, le gaz, le nucléaire,

14 Voir aussi chapitre 6, figure 11.

l'éolien, le photovoltaïque, l'hydroélectrique et même... le pétrole. Chacune de ces sources primaires requiert des technologies distinctes dont les coûts d'investissement et de fonctionnement peuvent être très différents. Les CAPEX peuvent ainsi varier de quelques dizaines de millions d'euros pour un champ d'éoliennes à plusieurs milliards d'euros pour une centrale nucléaire de dernière génération. Quant aux frais de fonctionnement, ils dépendent essentiellement du prix du combustible utilisé. Ainsi, une centrale nucléaire pour laquelle le carburant est intégré dans les investissements initiaux aura un coût de fonctionnement invariable contrairement aux centrales thermiques dépendantes de la volatilité des prix de gros du charbon et du gaz. Les principales sources de production électrique[15,16,17] montrent qu'il existe un facteur 12 entre la plus économique (l'hydroélectricité, 20 €/MWh) et les plus onéreuses (solaire photovoltaïque, 250 €/MWh, éolien en mer 220 €/MWh). Parmi les énergies renouvelables, seul l'éolien terrestre (80 €/MWh) peut rivaliser par rapport aux sources thermiques traditionnelles : nucléaire (50 €/MWh), charbon (50 €/MWh) et gaz (70 €/MWh). Mais, tout cela s'entend généralement sans prendre en compte les externalités. Nous y reviendrons dans la seconde partie de ce chapitre.

Énergie de synthèse, l'électricité est aussi depuis toujours une « affaire nationale ». Depuis son avènement au XIXe siècle, le secteur s'est organisé autour de grandes compagnies nationales intégrées depuis la production jusqu'à la distribution de détail. Ainsi, la plupart des consommateurs français n'ont jamais connu qu'un seul distributeur, EDF. L'électricien unique est appelé en économie « monopole naturel ». Il s'agit généralement d'une entreprise publique dont la justification est triple : technique, sociale et stratégique.

Sur le plan technique, l'électricité ne se stocke pas et utilise des procédés nécessitant des capitaux très importants. Par ailleurs le réseau de distribution est étroitement lié à l'aménagement du territoire qui dans la plupart des États reste une fonction régalienne. Le fait de contrôler l'ensemble des sources permet à l'électricien national d'optimiser ses coûts de production en suivant « la courbe d'ordre du mérite »[18]. Il mettra d'abord en œuvre les centrales capables de produire de grandes quantités d'électricité au coût marginal le plus faible (en France il s'agit de l'hydroélectricité et du nucléaire, en Allemagne ce sera le thermique). Pour répondre aux variations de la demande qui peuvent être très importantes suivant l'heure de la journée ou la saison, d'autres technologies (charbon, éolien, gaz) plus flexibles, mais possédant un coût marginal supérieur interviendront comme appoint.

Sur le plan social, un monopole naturel est construit pour se mettre au service de l'utilité collective. Produisant sur l'ensemble du territoire, il permet des économies d'échelle. Il est conçu comme un service public altruiste et non concurrentiel pratiquant des tarifs non profitables au sein d'un secteur parfaitement régulé.

---

15 http://www.eurelectric.org/media/161808/electricityindustrytrendsandfigures2015_lr-2015-030-0064-01-e.pdf

16 https://www.lenergieenquestions.fr/les-couts-de-production-des-differentes-sources-denergie-en-france-infographie/

17 https://www.iea.org/Textbase/npsum/ElecCost2015SUM.pdf

18 S. Méritet et J. B. Vaudour (2015), *Économies de l'Énergie*, Éditions Dunod.

Enfin, dans certaines circonstances exceptionnelles comme en cas de conflit, l'électricité devient une commodité stratégique que tout État tient à conserver dans sa sphère d'influence.

Si, l'unicité du producteur/distributeur permet théoriquement d'optimiser les coûts et de proposer aux consommateurs le « juste prix », on assiste aussi souvent à des dérives. Pour des raisons diverses, l'opérateur unique fixe des prix largement supérieurs à ses coûts marginaux et s'approprie par la même occasion une « rente de monopole ». Dans des cas exceptionnels, cela peut aller jusqu'à financer certaines pratiques douteuses. Ainsi, la Cour des comptes pointe-t-elle régulièrement du doigt le comité d'entreprise d'EDF, doté d'un budget de 400 millions d'euros, pour ses gaspillages en tout genre[19]. Principalement piloté par la CGT, il a même été poursuivi en juin 2014 devant le tribunal correctionnel de Paris pour « détournement de fonds et financement d'activités ne relevant pas de son objet social »[20]. La rente de monopole encourage aussi, dans bien des cas, le « laxisme technologique » qui à terme sera source d'accroissement des coûts marginaux.

Stimulés par des gouvernements très libéraux, les États-Unis et le Royaume-Uni ont, dès le milieu des années 1980, engagé des démarches volontaristes visant à privatiser le marché de l'électricité. L'Europe leur a emboîté le pas à partir de 1996 en l'ouvrant à la concurrence sous forme d'un marché intérieur unifié. Si certains États membres ont rapidement engagé une libéralisation de leurs marchés, d'autres comme la France n'ont que très progressivement libéralisé leur marché intérieur.

Face au fournisseur historique, une myriade[21] de fournisseurs alternatifs se sont développés depuis 2007. Mais, un peu moins de dix ans après l'ouverture des marchés aux particuliers, EDF fournit toujours plus de 30 millions de clients sur les 36 millions que compte l'Hexagone. Bien que continue, la percée des fournisseurs alternatifs n'est donc que très progressive. EDF conserve également un quasi-monopole sur les moyens de production. En 2014, le géant public produisait 85 % de la consommation globale, ses concurrents producteurs (Engie 5 % via sa filiale belge Electrabel et l'Allemand EON 1 %) faisant figure de petits poucets[22]. Les résistances restent nombreuses. Ainsi, Marine Le Pen et Jean-Luc Mélenchon proposent-ils de renationaliser EDF et de combattre l'ouverture des marchés européens de l'électricité.

La création d'un marché européen concurrentiel a donné naissance à un négoce de l'électricité via une bourse (appelée EPEX) où le prix de gros du MWh est négocié en continu suivant la demande journalière et saisonnière. Il peut varier de façon très significative durant la journée, mais aussi d'un jour à l'autre, par exemple lors de périodes de grands froids.

19 Le Comité d'entreprise d'EDF perçoit 1 % du chiffre d'affaires du groupe, et non comme dans la plupart des entreprises 1 % de la masse salariale. http://www.lefigaro.fr/societes/2010/09/21/04015-20100921ARTFIG00338-le-gaspillage-du-ce-d-edf-encore-montre-du-doigt.php.

20 http://www.leparisien.fr/economie/le-financement-de-la-cgt-au-coeur-du-proces-du-comite-d-entreprise-d-edf-gdf-17-06-2014-3930593.php

21 Alterna, Poweo Direct Énergie, Enercoop, Energem, Engie, Lampiris, Planète OUI et Proxelia.

22 http://comparateur.selectra.info/infos-pratiques/producteurs-d-electricite-en-france.html

Sur le moyen terme, le marché spot reflète la stagnation de la consommation d'électricité en France (Figure 5.6). Après une croissance continue depuis le début des années 1980, la consommation annuelle s'est stabilisée depuis dix ans autour de 550 TWh. Cette stagnation a induit une baisse significative des prix de gros qui, hors variations saisonnières, sont passés de 50 €/MWh en 2010 à moins de 35 €/MWh en 2015.

Bien qu'en croissance, les échanges d'électricité entre les pays européens restent aujourd'hui très limités. Due à sa rapide sortie du nucléaire, l'Italie importe 15 % de sa production tandis que, grâce à son nucléaire, la France en exporte 12 %. L'Allemagne, l'Espagne et la Grande-Bretagne ont quant à eux une balance quasi nulle. Compte tenu de la faiblesse de ces échanges, les marchés de l'électricité de gros demeurent déconnectés avec des prix variant de près de 40 % entre l'Allemagne (32,8 €/MWh) et la Grande-Bretagne (52,2 €/MWh). Même si les choses ont positivement évolué, les prix de gros reflètent donc toujours des marchés nationaux et non régionaux. Un contre argument implacable aux théories trompeuses du FN considérant que les difficultés d'EDF sont principalement liées à la libéralisation des marchés européens de l'électricité.

Figure 5.6 – Consommation et prix de gros de l'électricité en France

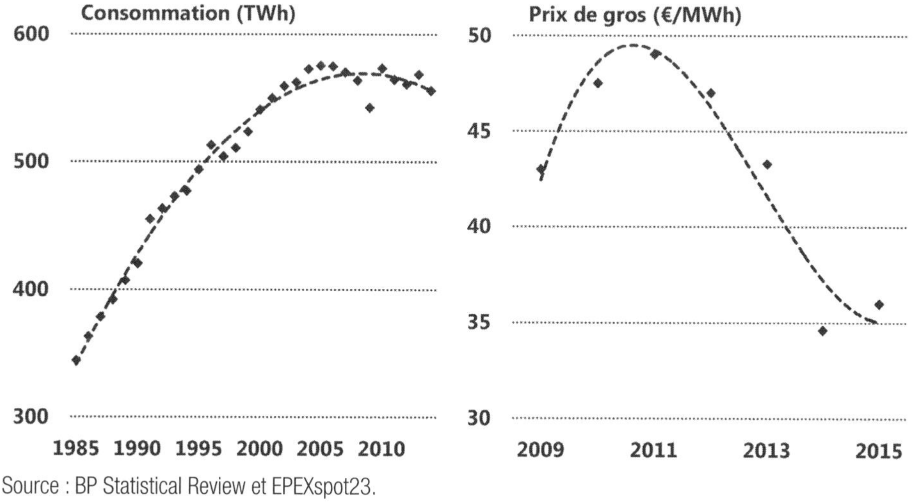

Source : BP Statistical Review et EPEXspot23.

Les promoteurs de cette libéralisation des marchés la considèrent comme irréversible et souhaitent la voir évoluer vers un modèle économique totalement concurrentiel. Au contraire, ses détracteurs considèrent qu'une privatisation complète du secteur présente des risques à la fois économiques (augmentation des prix), environnementaux (ralentissement de la mise en œuvre des renouvelables) et sécuritaires (notamment dans le cas du nucléaire). Sans aucun doute un combat d'arrière-garde pour conserver un statut public de moins en moins justifié, d'autant que les monopoles

23 http://www.cre.fr/marches/observatoire-et-indicateurs-des-marches

naturels ne sont pas seulement concurrencés sur le plan national et régional, mais aussi sur le plan local où la décentralisation est en marche[24].

Les prix de détail

Comme son nom l'indique, le marché de détail est celui qui met en relation les fournisseurs d'énergie (qui dans le cas de grandes sociétés intégrées sont aussi producteurs) et les consommateurs particuliers ou industriels. En plus du prix de gros, le prix de détail inclut raffinage (pour le pétrole), le transport fournisseur/consommateur et surtout des taxes que les États prélèvent souvent avec gloutonnerie. En France, le kWh d'énergie primaire est taxé à 0,012 €, c'est-à-dire moins que la moyenne européenne (0,014 € en Allemagne, 0,017 € en Grande-Bretagne et 0,026 € en Italie). En 2014, les taxes sur l'énergie ont rapporté à l'État français 35 milliards d'euros, c'est-à-dire la moitié de l'impôt sur le revenu. Après la TVA et l'impôt sur le revenu, il s'agit de la troisième taxe en importance pour l'État.

Si l'augmentation des prix de l'énergie ne nous incite pas toujours à diminuer notre consommation, elle nous pousse souvent à mettre en œuvre davantage de technologie. L'augmentation significative des prix faisant suite au premier choc pétrolier ne diminua pas notre consommation intrinsèque, mais poussa les constructeurs automobiles à produire des voitures moins gourmandes en carburant. Ainsi existe-t-il en Europe une relation entre la réduction de l'intensité énergétique et la fiscalité sur l'énergie[25]. Les pays où les taxes sur l'énergie sont les plus élevées sont aussi ceux possédant l'intensité énergétique la plus faible (Figure 5.7).

Figure 5.7 – Impact des taxes sur la réduction de l'intensité énergétique

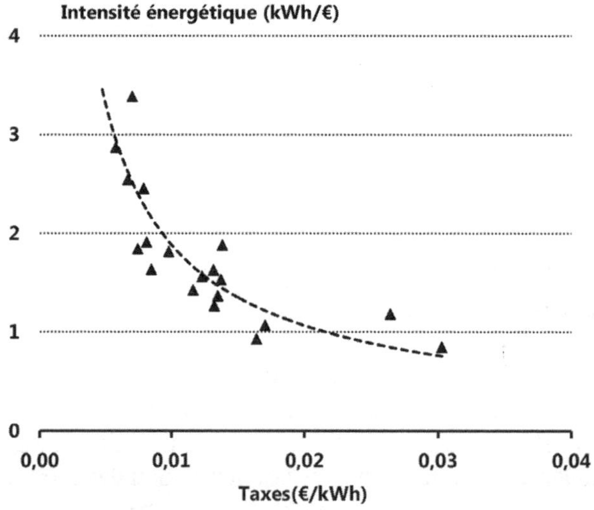

Source des données : Eurostat et BP Statistical Review 2015.

24 Voir ce chapitre, paragraphe 4.

25 http://www.parisschoolofeconomics.eu/IMG/pdf/seeidd-pse-nov2013-article-fontagne.pdf

Compétitivité oblige, la fiscalité sur l'énergie est par ailleurs bien inférieure pour les industriels que pour les particuliers.

Le pétrole

Le prix de détail d'un carburant (essence, gasoil) ou du fioul domestique est grosso modo la somme de quatre composantes : le prix de gros, la marge de raffinage, les marges de distribution et enfin les taxes.

La marge brute de raffinage est la différence entre la valeur marchande des produits raffinés, qui fluctue en fonction de la demande, et le prix d'achat du pétrole. Plus celui-ci est élevé, plus la marge de raffinage sera faible et vice versa. Un peu comme le prix de gros, elle est donc « subie » par le raffineur. Au cours des dernières années, les cours élevés du pétrole ont fortement érodé les marges de raffinage.

La taxe sur les produits pétroliers[26] est quasi indépendante du prix du gros afin que la volatilité des prix de gros n'affecte pas la recette fiscale. Elle est de l'ordre de 0,67 €/l pour le diesel.

Enfin, la marge de distribution est imposée par le fournisseur. Elle explique en grande partie l'hétérogénéité des prix sur l'ensemble du territoire. Entre une station au centre de Paris, une autre située le long d'une autoroute très fréquentée et une troisième le long d'une route secondaire de province, on observe des différences qui peuvent atteindre 0,15 €/l[27]. Largement utilisée par les grandes surfaces, la marge de distribution représente le principal outil d'appel commercial des distributeurs.

La baisse des cours du pétrole depuis l'automne 2014 a eu des répercussions significatives sur le prix de détail des carburants et a bouleversé le poids des différentes composantes. Ainsi, le prix de gros qui, début 2013, représentait la moitié du prix de détail ne comptait plus que pour 17 % début 2016. En revanche, dans le même temps, la part des taxes s'est envolée passant de 48 % du prix de détail en 2013 à 67 % début 2016. Les distributeurs ont aussi profité de l'aubaine pour rétablir leurs marges. La situation actuelle montre qu'une réduction additionnelle du prix de gros n'influencera plus de façon significative le prix de détail. Même si le cours du baril tombait à zéro, le prix du litre de gasoil ne pourrait descendre sous 0,85 €.

Quand on compare la situation française à la situation américaine, on retrouve des prix de détail HT assez similaires. Début 2016, le prix du gasoil français était même légèrement inférieur à son confrère américain dont les marges de raffinage et de distribution sont supérieures. Mais, quand on regarde les prix TTC, le gasoil américain qui n'est taxé qu'à hauteur de 0,12 €/l devient évidemment beaucoup plus compétitif que le gasoil français taxé à hauteur de 0,67 €. Contrairement à une idée reçue, ce n'est pas pourtant pas la

26 http://www.developpement-durable.gouv.fr/Remarques-methodologiques-sur-le.html
27 http://www.zagaz.com/

France qui détient la palme des taxes sur le litre de gasoil, mais la très libérale Grande-Bretagne.

Championne toutes catégories des niches fiscales, la France est aussi le leader incontesté des « niches énergétiques ». Ainsi, le fioul bénéficie d'une taxe à taux réduit quand il est utilisé pour le chauffage domestique (0,21 €/l au lieu de 0,67 €/l), pour le transport de marchandises et de personnes (réduction de 5 à 10 centimes d'€/l[28]) ainsi que pour certains véhicules non immatriculés[29] utilisés à des fins agricoles, industrielles ou commerciales. Les producteurs d'électricité, de minéraux non métalliques (ciment, verre), le transport fluvial de marchandises, la pêche commerciale et le transport aérien à vocation commerciale non touristique sont tous exonérés en totalité des taxes sur les produits pétroliers.

Aussi, la plupart des acteurs économiques et industriels non soumis à la TIPP (Taxe Intérieure sur les Produits Pétroliers) subissent-ils de plein fouet les variations des prix de gros qui se répercutent à 100 % sur leurs coûts opérationnels. La volatilité future des cours résultant de la nouvelle donne pétrolière n'est pas une bonne nouvelle pour les secteurs énergétivores, l'instabilité étant la pire des choses pour la pérennité d'une activité économique.

Le charbon

Comme le pétrole et le gaz, le charbon est soumis en France à une taxe intérieure sur la consommation : la TICC (Taxe Intérieure de Consommation sur le Charbon) et, comme le pétrole et le gaz, les producteurs de produits minéraux non métalliques ou les producteurs d'électricité[30] en sont exonérés. Mais, contrairement au gaz et surtout au pétrole, le charbon n'est utilisé ni dans les transports ni comme chauffage domestique. Aussi peut-on globalement considérer que la TICC n'est pratiquement payée par personne. En toute impunité, le combustible le moins écologique est donc totalement exonéré de taxes. Il n'est donc pas étonnant que la faiblesse des prix de gros faisant suite à la révolution américaine des gaz de schiste ait encouragé les électriciens européens à déplacer leur génération du gaz vers le charbon. Pire, en Allemagne et en Pologne, qui sont les deux principaux producteurs européens (40 % de la production électrique en Allemagne, 87 % en Pologne), une partie de la production charbonnière devenue non rentable est largement subventionnée par l'Union européenne. Entre 1990 et 2012, les mines polonaises auraient ainsi absorbé 16 milliards d'euros de subventions européennes[31]. Elle-même fille de mineur, la très conservatrice Première ministre polonaise a pourtant promis à ses électeurs de maintenir le charbon comme principale source d'énergie pour garantir la sécurité énergétique, la croissance économique, mais surtout acheter la paix sociale. Ce fut le cas en Belgique au cours des années

---

28 https://www.service-public.fr/professionnels-entreprises/vosdroits/F31222
29 http://www.douane.gouv.fr/articles/a10997-taxes-sur-les-produits-petroliers-notions-essentielles
30 http://www.douane.gouv.fr/articles/a10997-taxes-sur-les-produits-petroliers-notions-essentielles
31 http://www.ladepeche.fr/article/2015/12/02/2229682-la-pologne-et-son-economie-malades-du-charbon.html

1960 et 1970. Par manque de courage et par clientélisme électoral, des hommes politiques peu scrupuleux maintinrent en activité des mines de charbon presque vides vouées à la fermeture. La relation affective que la Belgique porte à la *« gaillette »* n'a guère changé : depuis le XIXe siècle, la taxe sur le charbon n'a jamais été actualisée. Ainsi, le gouvernement belge a récemment fait passer la TVA sur l'électricité de 6 à 21 %, tout en maintenant tranquillement la taxe sur le charbon à 12 %. Une aberration de plus qui ne gêne personne dans un pays où la dernière gaillette a été extraite il y a plus de 20 ans, mais où l'industrie lourde a augmenté sa consommation de charbon de 30 % au cours des cinq dernières années[32].

La Chine, les États-Unis et l'Australie, qui sont de très gros producteurs, défendent bec et ongles leur industrie charbonnière. Les taxes sur le charbon y sont dérisoires tant le lobby charbonnier y est puissant. Vaste continent riche en matières premières, l'Australie est un cas typique de « schizophrénie charbonnière ». Alors que les écologistes qualifient l'Australie de « bombe à carbone » (16,3 t_{CO2} par habitant et par an), l'industrie minière et les autorités considèrent que l'extraction charbonnière, qui pèse pour près de 30 G$, 150 000 emplois et 75 % de la production électrique, est vitale pour la prospérité du pays.

Principal contributeur aux émissions de GES, parfois subventionné à perte, le charbon poursuit pourtant insidieusement sa reconquête. Avec des prix de gros historiquement bas et la presque absence de taxes dans ses niches applicatives, il représente plus que jamais pour l'énergie manufacturière et la production électrique un socle idéal de compétitivité.

Le gaz

Si le pétrole est avant tout une énergie de particuliers utilisée dans les transports et le charbon une énergie d'industriels surtout dédiée à la production électrique, le gaz est utilisé aussi bien pour la production électrique, l'industrie et le chauffage domestique, et ce, autant par les particuliers que par les industriels. La répartition des différents postes sur le prix de détail est très différente de celle du pétrole. Le prix de gros du combustible compte pour environ 50 %, le transport et la distribution pour 35 % et les taxes pour 15 %[33]. Compétitivité oblige, le prix de détail du gaz diffère sensiblement suivant qu'il est consommé par un particulier ou un industriel. Dans la plupart des pays européens, l'augmentation significative des prix de gros du gaz entre 2005 et 2014 s'est surtout répercutée sur les prix de détail facturés aux particuliers. Au contraire, l'augmentation est restée très modérée pour les industriels et les électriciens qui bénéficient d'un gaz détaxé. En 2015, le prix de détail du particulier a ainsi atteint 0,07 €/kWh soit le double du prix industriel. Comme l'Allemagne (0,067 €/kWh), la France se situe au-dessus de la moyenne européenne. La Grande-Bretagne qui est le principal pays gazier européen pratique des prix un peu inférieurs. Comme pour le pétrole, les prix du gaz aux États-Unis sont

32 http://daardaar.be/rubriques/notre-pays-subventionne-encore-davantage-le-charbon-que-le-gaz/
33 http://www.fournisseurs-gaz.com/prix/tarif-reglemente

deux fois moins chers tant pour les usages domestiques (0,034 €/Kwh) qu'industriels (0,016 €/kWh)[34]. Ceci résulte notamment de prix de gros peu élevés suite à l'abondance du gaz de schiste qui contribue aujourd'hui pour plus de la moitié à la production gazière américaine.

L'électricité

Le prix de l'électricité de détail en France comporte trois contributions principales[35] : 39 % couvrent la fourniture, 29 % sont dévolus au transport et à la distribution et le complément (32 %) aux taxes. Les deux premiers postes sont entre les mains exclusives d'EDF et de ses filiales RTE/ERDF alors que le troisième est décidé par l'État, actionnaire du monopole naturel à hauteur de 83,1 %[36].

Figure 5.8 – Prix de l'électricité en France pour les particuliers et l'industrie

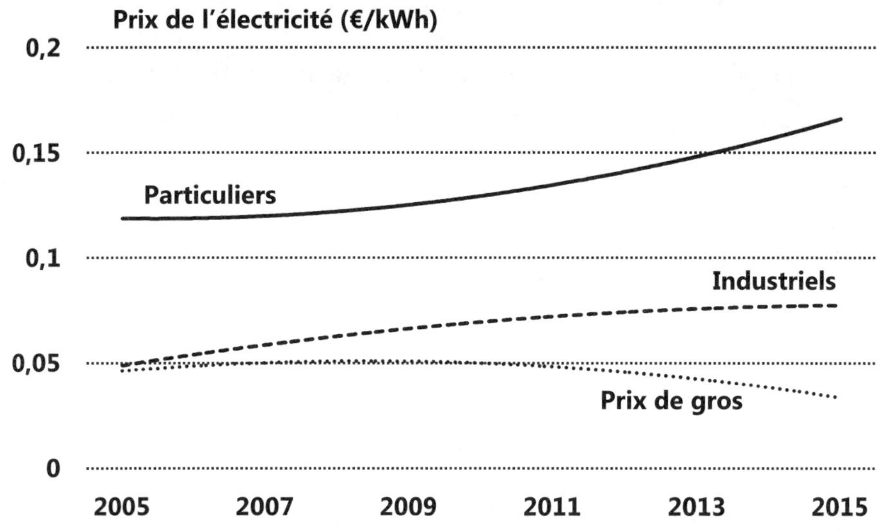

Source des données : Eurostat.

C'est par voie législative que chaque année, l'État réglemente les tarifs en prenant notamment en compte les investissements nécessaires pour rénover les centrales nucléaires et renforcer leur sécurité, moderniser le réseau de transport et de distribution pour accueillir davantage d'éoliennes et de panneaux photovoltaïques. Parmi les quatre taxes prélevées sur la facture d'électricité (TVA, CSPE[37], CTA[38]

34 https://www.eia.gov/
35 http://www.kelwatt.fr/guide/prix-electricite-France
36 https://www.edf.fr/groupe-edf/espaces-dedies/finance/informations-financieres/l-action-edf/structure-du-capital
37 Contribution au Service Public de l'Électricité.
38 Elle finance les des industries électriques et gazières.

et TCFE), la CSPE finance le développement des énergies renouvelables. Elle est passée de 4,5 €/MWh en 2009 à 16,5 €/MWh en 2015.

La libéralisation du secteur reste donc très relative puisque, quel que soit le fournisseur, les tarifs de production et d'acheminement ainsi que les taxes sont unilatéralement imposés directement ou indirectement par l'État. Même si les consommateurs peuvent choisir leur fournisseur, les différences de prix sur le marché de détail restent marginales tant le poids du monopole naturel est déterminant.

Comme pour le fioul, le charbon et le gaz, l'électricité est vendue aux industriels à un prix bien inférieur. Ainsi, en 2015, le particulier français payait son kWh 0,16 €, soit deux fois plus cher que l'industriel.

Depuis dix ans, la baisse significative des prix de gros de l'électricité (ils se sont contractés de 24 %) ne s'est pas répercutée sur les prix de détail. Le kWh payé par le particulier et l'industriel a au contraire augmenté respectivement de 34 % et de 30 % (Figure 5.8). La France est loin d'être un cas isolé. Depuis 2005, les particuliers européens payent en moyenne leur électricité 40 % plus cher tandis que les industriels ont vu leur facture s'accroître de 18 %. En comparaison, le particulier américain paye son kWh deux fois moins cher[39] que son confrère européen.

Externalités

Une externalité désigne une situation où un acteur économique « émetteur » influe indirectement sur la situation d'autres acteurs « récepteurs » sans que ces derniers aient été consultés. On distingue deux types d'externalités. Les externalités positives où le récepteur bénéficie de l'action de l'émetteur sans qu'il ait à payer, et les externalités négatives où il en subit les nuisances sans pour autant recevoir de compensations. Corriger une externalité consiste à l'internaliser. C'est typiquement le rôle joué par une assurance qui permet de couvrir un risque ou une nuisance provoquée par un émetteur vis-à-vis d'un tiers.

Circonscrites à un périmètre restreint, les externalités peuvent se traiter indépendamment des pouvoirs publics par la négociation directe entre l'émetteur et le receveur. Mais si l'externalité affecte une population réceptrice large et hétérogène, seules les autorités pourront l'internaliser. Trois grandes méthodes existent : la norme, la taxe (ou la subvention pour promouvoir une externalité positive) et enfin le marché des droits.

L'externalité CO_2

L'utilisation des énergies fossiles par l'espèce humaine est un remarquable exemple de double externalité. D'une part, la nature a manufacturé un stock de combustibles fossiles dont nous bénéficions pratiquement gratuitement

39 https://www.eia.gov/

puisque nous n'en payons pas la fabrication. D'autre part, nous émettons des GES qui détériorent le climat sans payer de compensations. L'émission de GES résultant de la combustion d'énergies fossiles représente donc bien une externalité négative mondialisée dans la mesure où émetteur et récepteur peuvent être distants de plusieurs milliers de km. Ceci rend extrêmement difficile son traitement à l'échelle nationale et même continentale. Elle demande une thérapeutique mondiale. Consciemment reconnue lors de la COP21, elle est pourtant loin d'être acquise.

Normes

Une norme désigne au sens large un ensemble de règles obligatoires édictées par les autorités publiques. La Constitution, les lois, les ordonnances, les décrets, les règlements ou arrêtés représentent autant de normes. Les normes constituent un moyen indirect pour fixer le prix du CO_2. Au cours des 20 dernières années, l'environnement et le climat ont été l'objet d'une myriade de normes : l'industrie, l'habitat, la construction automobile ou encore l'agroalimentaire sont soumis à une multitude de normes (on parle aussi de « label ») souvent très différentes d'un pays à l'autre.

Parmi les normes internationales, les plus connues figurent les règles ISO (Association Internationale de Normalisation) et notamment les ISO14000. Elles proposent un certain nombre d'exigences permettant aux entreprises de maîtriser leurs responsabilités environnementales. Parmi elles, l'ISO14064[40] définit un cadre pour quantifier et rapporter le volume de leurs émissions ainsi que des mesures compensatoires pour les réduire. En étant « certifié ISO », un industriel ou un organisme se conforme à l'ensemble des règles édictées par la norme.

Ainsi, depuis 2007 est-il désormais obligatoire de publier la performance énergétique des logements tant à la vente qu'à la location. La Réglementation Thermique de 2012 impose aux bâtiments neufs une consommation annuelle inférieure à 50 kWh/m². Et en 2020, toute nouvelle construction devra être énergétiquement passive, c'est-à-dire consommer annuellement moins de 15 kWh/m². Si la rénovation des logements anciens n'est pas obligatoire, elle est largement subventionnée. Rappelons[41] que le passage d'un logement « passoire » de classe G (450 kWh/m²/an) à un logement de classe D (230 kWh/m²/an) coûte de l'ordre de 100 €/m² de travaux. Au prix actuel de l'énergie, le flux de trésorerie d'un tel projet devient positif au bout de seulement huit ans. Augmenter le prix de l'énergie pour financer la transition énergétique ne pourra donc qu'encourager les particuliers à investir dans la rénovation thermique de leur habitat. Le retour sur investissement sera d'autant plus court.

Les voitures ne sont pas en reste puisque depuis 2009, l'Union européenne a instauré des normes contraignantes en termes d'émissions. En 2015,

40 https://www.iso.org/obp/ui/fr/#iso : std : iso : 14064 :-1 : ed-1 : v1 : fr

41 Voir chapitre 4, paragraphe 4.4.

les véhicules neufs[42] ne peuvent plus excéder 130 gCO_2/km, ce qui correspond grosso modo à une consommation de 5 l/100 km. L'objectif est de réduire cette valeur à 95 gCO_2/km (3,7 l/100 km) en 2020 et 60 gCO_2/km (2,3 l/100 km) en 2025. Compte tenu du surcoût à l'achat (3 700 € en moyenne pour un véhicule à 80 gCO_2/km) et des faibles prix actuels des carburants, il faudra huit ans à un automobiliste parcourant 20 000 km par an pour rentabiliser l'investissement. S'ils n'influent pas sur la mise en œuvre des renouvelables, les faibles prix du pétrole peuvent en revanche ralentir certaines évolutions technologiques dans le domaine des transports.

Les normes ont l'inconvénient de frapper de façon indifférenciée tous les acteurs économiques sans répartir l'effort selon les possibilités de chacun. Leur mise en œuvre se révèle souvent coûteuse. Et puis, contrairement à une taxe, une norme peut se contourner comme l'a révélé le scandale Volkswagen en septembre 2015 quand le groupe allemand avait frauduleusement arrangé les tests d'homologation de près de 11 millions de véhicules à travers le monde.

Taxe et subventions

Si l'énergie en général et les combustibles fossiles en particulier sont fortement taxés depuis toujours dans la plupart des pays du monde, les taxes ne se sont globalement jamais appuyées sur des préoccupations environnementales. Elles ont été acquittées, notamment après le premier choc pétrolier, comme un simple impôt à la consommation. Pourtant, sans parler explicitement de taxe CO_2, l'accroissement de la fiscalité sur les énergies fossiles se justifie de plus en plus comme un argumentaire financier indispensable à la transition énergétique. Pour encourager le déploiement de l'éolien et du solaire, qui sont encore loin d'être économiques, la plupart des États sont dans l'obligation de les subventionner massivement.

Pour éviter de pénaliser les entreprises, les subventions sont supportées en priorité par les particuliers via une augmentation de la taxe sur les énergies fossiles, mais aussi et surtout sur l'électricité. Il n'est donc pas surprenant que là où la transition vers les renouvelables est la plus avancée (Danemark, Allemagne), le tarif du kWh soit beaucoup plus cher pour les particuliers. Ainsi, les citoyens allemands ou danois payent-ils leur électricité deux fois plus cher que le citoyen français. Cependant, les entreprises françaises, allemandes et danoises bénéficient de tarifs quasi identiques.

Au vu des données de la Figure 5.9, une transition incluant 40 % de renouvelables doublerait la facture électrique du particulier français tandis qu'un déplacement vers 100 % de renouvelables ferait plus que la tripler. Le déplacement théorique d'une électricité 100 % charbonnière vers une production 100 % renouvelable deviendrait compétitif (c'est-à-dire non subventionné) en taxant la tonne de CO_2 à 370 € ! Les taxes appliquées en France aux particuliers sur les principaux carburants fossiles montrent que seule l'essence (376 €/

42 http://www.rac-f.org/IMG/pdf/RAC_-_Reglement_emissions_de_CO2_vehicules_particuliersVF-2.pdf

tCO_2) est aujourd'hui taxée au niveau requis alors que le gasoil (262 €/tCO_2), le GPL (119 €/tCO_2) et le fioul domestique (87 €/tCO_2) sont largement sous-taxés. Inutile de parler du charbon qui, principalement utilisé pour la production électrique, bénéficie d'une exemption presque totale de taxes. Peu utilisée, la « gaillette » est aujourd'hui taxée à hauteur de 5 €/tCO_2, soit 75 fois moins que l'essence utilisée par le particulier.

Figure 5.9 – Prix moyen de l'électricité de détail appliquée aux particuliers européens en fonction du pourcentage de solaire et d'éolien dans le mix électrique

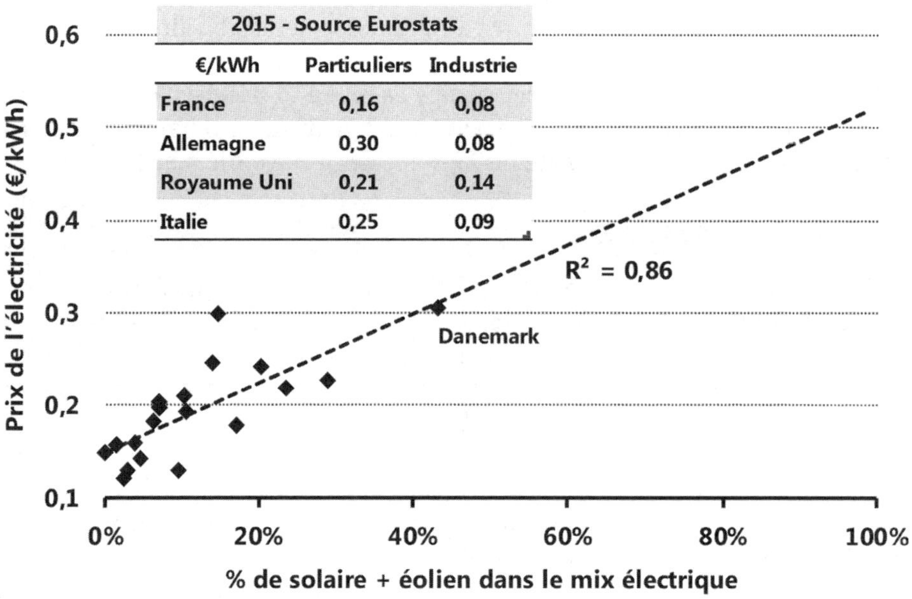

Source : EUROSTAT et BP Statistical Review.

Pour rendre davantage explicite la relation entre la taxe et les émissions, un nombre limité de pays (18 au total en 2015[43]) ont mis en place une taxe carbone explicite. Son but est de limiter les émissions de GES en faisant payer les pollueurs proportionnellement à leurs émissions. Le fruit de cette taxe serait alors utilisé pour subventionner les énergies renouvelables. Elle est actuellement très hétérogène puisque son taux varie de 0,9 €/t_{CO2} au Mexique à 118 €/t_{CO2} en Suède.

En France, une taxe carbone a été intégrée aux taxes existantes en 2014. Fixée initialement à 7 €/t_{CO2}, elle a été portée à 14,5 €/t_{CO2} en 2015 et 22 €/t_{CO2} en 2016. Elle devrait être régulièrement augmentée pour atteindre 30 €/t_{CO2} en 2017, 56 €/t_{CO2} en 2020 et 100 €/t_{CO2} en 2030[44]. Cent euros par t_{CO2} est la cible du

43 Danemark, Estonie, Finlande, France, Irlande, Islande, Lettonie, Norvège, Pologne, Portugal, Royaume-Uni, Slovénie, Suède, Suisse, Afrique du Sud, Chili, Colombie-Britannique (Canada), Japon, Mexique.

44 http://www.lefigaro.fr/impots/2015/11/25/05003-20151125ARTFIG00014-taxe-carbone-la-facture-sera-salee-pour-les-francais.php

Président Macron qui souhaite que la mesure soit étendue à l'ensemble de l'espace européen.

Imposées de façon purement politique, les taxes environnementales conduisent parfois à des effets pervers inattendus. La volonté de réduire les gaz à effet de serre est louable, sauf lorsqu'elle se heurte aux réalités des marchés de l'énergie qui, pour la plupart, sont au mieux, régionalisés, au pire, mondialisés.

Figure 5.10 – Croissance de la puissance renouvelable et réduction des GES en Allemagne depuis 2005

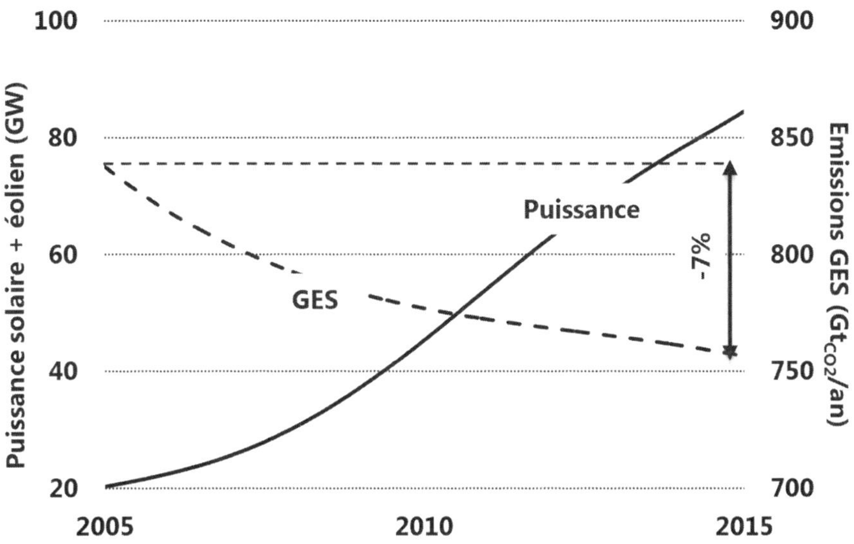

Source des données : BP Statistical Review.

Ainsi, l'Allemagne a-t-elle décidé en 2009, sous la pression de puissants lobbies écologistes, de se retirer du nucléaire et de foncer tête baissée dans les renouvelables. En apparence, les résultats sont remarquables : en 2015, l'Allemagne disposait de près de 90 GW de puissance renouvelable qui produisait 20 % de son électricité (Figure 5.10). Mais l'arbre cache la forêt. Car en dehors du nucléaire, l'Allemagne possède la production électrique la plus charbonnière d'Europe. Elle repose notamment sur une production domestique de lignite, le pire des combustibles fossiles. Aussi, malgré l'effort considérable consenti en termes de renouvelable, l'Allemagne n'a réduit que de 5 % des émissions de GES depuis 2005. De formation scientifique (c'est tellement rare en politique !) et pourtant reconnue pour son pragmatisme, on comprend mal pourquoi la Chancelière ne s'est pas retirée du thermique en utilisant le nucléaire pour asseoir sa transition vers les renouvelables. Les pressions charbonnières et le chantage à l'emploi étaient probablement trop puissants pour qu'elle prenne la décision la plus logique.

Cet exemple prouve que les renouvelables ne pourront, sur simple décision politique et à coup de taxes et de subventions, remplacer les fossiles et le nucléaire pour satisfaire les besoins électriques de la planète. Véhiculer un tel message est non seulement mensonger, mais surtout suicidaire. Il conduit à des dysfonctionnements majeurs dans le réseau électrique et à des comportements irrationnels aux conséquences aussi inattendues que dangereuses. Pour être développés en toute sérénité, les renouvelables ont besoin de s'appuyer sur un ami « fiable » et « fréquentable ». Il s'appelle le gaz.

Et il n'y a pas de secret : c'est surtout via sa facture d'électricité que le « citoyen du monde » financera la transition énergétique. Le choix politique de l'Allemagne est d'en faire supporter le coût aux particuliers pour garantir la compétitivité de ses entreprises. Une stratégie que l'Allemand, beaucoup plus docile que le Français, a positivement acceptée. Chantre des bonnes intentions, le Français est-il prêt à payer deux ou trois fois plus cher son électricité pour renoncer au nucléaire tout en garantissant la compétitivité de ses entreprises ? Le débat est ouvert.

Le marché du carbone

Le marché du carbone est une autre option qui permet de donner un prix aux GES. Une entité publique internationale (les Nations Unies), régionale (l'Union européenne) ou nationale (des États) distribue un droit à émettre gratuitement jusqu'à un certain plafond. Annuellement, les émetteurs doivent rendre compte de leurs volumes rejetés auprès de l'entité publique. Ceux qui ont émis plus qu'autorisé (les surémetteurs) doivent alors acheter les quotas qui leur manquent. Inversement, ceux qui ont émis moins que leur quantité allouée (les sous-émetteurs) peuvent revendre leurs excédents ou les conserver en vue de les utiliser l'année suivante. Les transactions peuvent se réaliser soit sur un marché organisé (une bourse du carbone), mais aussi de gré à gré entre sous-émetteurs et surémetteurs.

Un marché du carbone peut fonctionner correctement si le prix à la tonne est suffisamment incitatif pour encourager l'émetteur à optimiser sa consommation ou à utiliser des énergies non polluantes. Pour ce faire, il faut que le coût de modernisation de son outil de production soit inférieur au prix des quotas économisés. Dans le cas contraire, il cherchera plutôt à acheter des quotas supplémentaires ce qui n'est pas l'objectif recherché. Bien adapté pour contrôler les émissions de grosses unités (centrales électriques, cimenteries, aciéries), ce système ne s'applique pas aux particuliers.

Alors que la taxe carbone fixe autoritairement un prix au carbone, le marché carbone fixe un plafond aux émissions. Le prix n'est plus imposé, mais dépend avant tout des quotas autorisés. Plus ces quotas seront faibles, plus les surémetteurs devront réduire leurs émissions en mettant en œuvre des mesures compensatoires ou acheter des quotas supplémentaires, ce qui en augmentera mécaniquement le prix via l'offre et la demande.

Après avoir signé le protocole de Kyoto, l'Union européenne a mis en place en 2005 son propre marché du carbone. Douze mille installations industrielles fortement consommatrices d'énergies fossiles (centrales électriques, aciéries, raffineries, cimenteries, verreries) sont désormais astreintes à respecter un volume alloué qui baisse chaque année. Ces installations représentent à elles seules 50 % des rejets de l'Union. Mais victime des deux crises mondiales, le marché européen du carbone dysfonctionne profondément avec des cours au plus bas (Figure 5.11).

Figure 5.11 – Évolution du prix du CO2 en Europe[45]

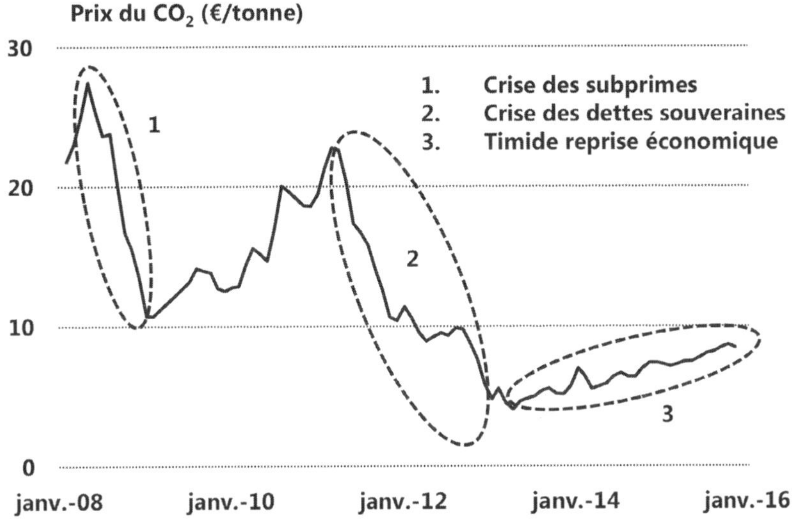

En 2005, les quotas avaient été attribués trop généreusement sur l'hypothèse d'une croissance économique continue. Mais, la chute de l'activité industrielle à partir de fin 2008 a entraîné une baisse conjoncturelle des émissions, provoqué mécaniquement un excédent de quotas et un effondrement des prix. Cette baisse s'est accentuée lors de la crise des dettes souveraines. Depuis 2012, le prix de la tonne de CO_2 n'est jamais repassé au-dessus de 10 €. Ce prix n'incite pas les industriels à investir dans les renouvelables ou dans les technologies bas-carbone. Il ne pousse pas non plus les électriciens à déplacer la production électrique du charbon vers le gaz. En considérant un coût de production de 50 €/MWh pour le charbon (0,95 t_{CO2}/MWh) et de 70€/MWh pour le cycle gaz combiné (0,365 t_{CO2}/MWh), le gaz deviendra plus compétitif que le charbon pour un prix du carbone supérieur à 35 €/t_{CO2}.

Si le marché du carbone devrait théoriquement permettre de régionaliser, voire de mondialiser le problème climatique via une institution internationale, la Banque mondiale juge pourtant la taxe carbone préférable. Plus simple à appliquer, elle est surtout plus difficile à contourner que le marché. Ainsi, en 2010 ce

45 Source des données : http://fr.investing.com/commodities/carbon-emissions-historical-data

dernier a été victime d'échanges frauduleux[46]. Entre 10 et 20 milliards d'euros auraient été détournés des marchés. Peu connu du grand public ce « casse du siècle » fut occulté par les autorités.

En outre, de nombreux écologistes critiquent la morale du principe considérant que la notion de quota revient à octroyer à ceux qui peuvent payer un « droit à polluer ». Il permet, selon ses détracteurs, aux pays riches de se dédouaner à bon compte de leurs responsabilités en achetant des droits aux pays les plus pauvres. Et, si le prix d'achat des droits à polluer (c'est-à-dire la tonne de CO_2) est attractif, les pollueurs auront tout intérêt à payer plutôt qu'à investir dans les technologies bas carbone. Les résultats désastreux du marché européen donnent effectivement à réfléchir.

Captage et stockage souterrain du CO_2

Le CCS (*Carbon Capture Storage*) consiste à capturer le CO_2 produit par de grosses installations industrielles (sidérurgie, ciment, chaux, verre, pétrochimie) puis à le renvoyer dans le sous-sol (Figure 5.12).

En matière de CCS, les Européens ont été des pionniers avec le champ de Sleipner[47] (mer du Nord norvégienne). Un programme sophistiqué de surveillance a confirmé que le CO_2 injecté était resté confiné dans la formation de stockage. Sleipner a aussi éclairé sur la capacité réelle d'un stockage. Mais au cours de la dernière décennie, les Européens sont restés relativement discrets. L'activité CCS s'est surtout déplacée vers les États-Unis et la Chine. En 2020, ces derniers représenteront à eux seuls 82 % du volume séquestré.

Figure 5.12 – Captage et séquestration du CO_2

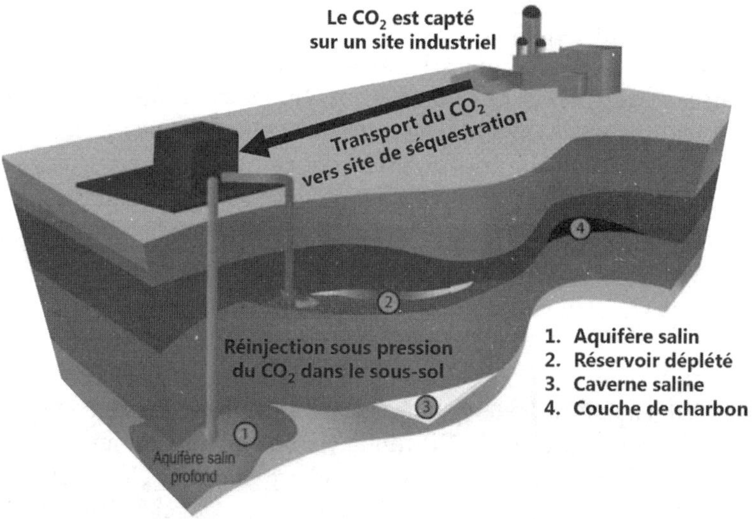

46 A. Robert (2012), *Carbone connexion*, Éditions Max Milo.

47 file :///C :/Users/J0006540/Downloads/geologues_166_stockage_CO2_sleipner.pdf

Selon l'Agence internationale de l'énergie[48], le CCS représenterait le troisième levier en importance de diminution des émissions après la réduction de l'intensité énergétique et le déplacement vers les renouvelables. Il pourrait contribuer à réduire les émissions cumulées à l'horizon 2050 de 14 %. Mais cela nécessiterait de séquestrer dans le sous-sol 80 Gt_{CO2}, à l'horizon 2050, un volume qui paraît démesuré par rapport aux timides 30 millions t_{CO2} séquestrées en 2015 et aux 106 millions t_{CO2} envisagées pour 2020[49].

Plusieurs facteurs bloquants pourraient mettre à mal ces objectifs plus qu'optimistes. Le premier est d'ordre géologique : les formations d'accueil s'avèrent bien moins nombreuses que supposé au départ. Secundo, la caractérisation et l'évaluation complète d'un site de réinjection peuvent prendre entre cinq et dix ans et se répercuter fortement sur la stratégie de captage et de transport. Enfin, même si les dernières enquêtes montrent que le CCS est perçu par l'opinion publique comme une technologie clé pour réduire les futures émissions de CO_2, de nombreuses parties prenantes restent hostiles à sa mise en œuvre. Elles reprochent notamment une expérience trop limitée et un manque flagrant de recul par rapport à une technologie qui doit s'apprécier sur le long terme. Les différents essais « pilotes » en cours ainsi que ceux qui seront lancés au cours des prochaines années joueront un rôle essentiel pour établir une perception davantage positive. Il est particulièrement important que les autorités et les responsables de projets s'engagent vis-à-vis de l'ensemble des parties prenantes pour démystifier une technologie qui peut parfois être ressentie comme une menace.

Enfin, en dehors du cadre réglementaire et des parties prenantes, le CCS ne sera pas viable économiquement avant l'horizon 2025-2030. L'objectif de 14 % à l'horizon 2050 ne semble donc pas réaliste.

Les externalités du nucléaire

La France se caractérise par un mix électrique aux trois quarts nucléaire, un prix relativement faible de l'électricité et des émissions de GES parmi les plus faibles des pays développés. Les « défenseurs de l'atome » corrèlent évidemment l'ensemble et brandissent le carton rouge à ceux qui oseraient toucher à cet « édredon » sous lequel nous sommes confortablement installés depuis plus de trente ans. Le faible prix de l'électricité reflète-t-il pour autant une réalité économique ou est-il biaisé par des externalités trompeuses ?

Si l'électricité est moins chère en France que dans la plupart des autres pays européens, c'est d'abord et avant tout parce que l'État a financé le développement du parc nucléaire sans en faire directement supporter le coût au particulier. Le prix du kWh ne reflète donc que les coûts de production et de fonctionnement et en rien les investissements initiaux ni futurs. Le tarif pratiqué par EDF ne

48 IEA Energy Technology Perspectives 2014.
49 Global CCS institute (2014), The global status of CCS.

permettra en aucun cas de financer le renouvellement d'un parc nucléaire vieillissant[50]. Mais qu'en est-il des externalités ?

Le nucléaire se caractérise par trois externalités[51] : le traitement des déchets nucléaires, le démantèlement des centrales et les conséquences potentielles d'un accident. Légalement, les principaux acteurs du nucléaire sont tenus de les internaliser. Pour ce faire, ils évaluent le plus précisément possible leur coût potentiel. Les sommes correspondantes sont provisionnées dans les comptes au titre de charges futures et immobilisées au sein d'un fonds actualisé. Les modalités de constitution et de gestion de ces provisions soulèvent de nombreux problèmes dans la mesure où ils seront soit dépensés dans un avenir très lointain (le démantèlement) soit inutilisés (on espère qu'il n'y aura jamais d'accident majeur !). Par ailleurs, la pérennité des placements financiers est loin d'être garantie et le taux d'actualisation repose sur des choix très arbitraires. Quant aux externalités d'accidents à très forte criticité, elles peuvent difficilement être internalisées, car associées à des coûts exorbitants très complexes à évaluer (directs, indirects, macroéconomiques), mais aussi à des probabilités d'occurrence extrêmement faibles[52]. Le coût probable d'un accident nucléaire[53] serait ainsi compris entre 71 G€ et 250 G€. Un tel niveau de provision augmenterait le prix de l'électricité en France de 12,5 %.

Les externalités des renouvelables

Les renouvelables ne sont pas exonérés d'externalités. Les intermittences en représentent l'essentiel. À court terme, elles ne peuvent être gérées qu'avec le support du charbon, du gaz ou du nucléaire. À plus long terme, elles pourront être traitées en introduisant de nouvelles technologies capables de transformer (souvent avec un rendement médiocre) les surplus d'électricité en énergie momentanément stockable. Le surcoût de ces infrastructures d'appoint dont la capacité dépend de la quantité de renouvelables injectés dans le réseau constitue une externalité négative qu'il faudra internaliser. L'intermittence génère donc de fortes connexions avec les externalités des fossiles et du nucléaire. Ainsi, pallier les intermittences du solaire ou de l'éolien en faisant appel au gaz ou au charbon dans un marché où les émissions de CO_2 sont fortement taxées impactera la facture du consommateur. Pourtant, les externalités finales devront être attribuées aux renouvelables et non aux fossiles.

En dehors des intermittences, la surface au sol deviendra à terme une externalité critique. Les énergies fossiles ne demandaient pour être produites que très peu de surface : quelques centaines de terrains de football pour le pétrole ou le gaz, le carreau d'une mine pour le charbon. Et, depuis qu'on s'était attaqué à l'*off-shore*, ces surfaces avaient encore été réduites. Pour produire une même

50 http://www.lemonde.fr/idees/article/2011/12/07/assez-de-mythes-le-nucleaire-est-plus-cher-que-les-energies-renouvelables_1614336_3232.html#ooEzhh2fYYLVt2tb.99

51 https://blogs.mediapart.fr/edition/sociologie-politique-des-elections/article/140312/combien-coute-le-nucleaire-l-avantage

52 http://www.sfen.org/sites/default/files/public/atoms/files/note_synthese_sfen_st8_acc_nucleaire_version_fevrier_2015.pdf

53 http://transition.wifeo.com/les-externalites-des-energies.php

quantité d'électricité, il faudra entre 200 et 700 fois plus de surface à l'éolien et au solaire[54]. Des surfaces défrichées réduisent d'autant la taille du puits mondial à carbone. Sans parler des biocarburants. Si on veut les développer massivement, ils empièteront de façon très significative sur les terres agricoles et représenteront donc une externalité négative majeure pour la chaîne alimentaire.

Contrairement aux énergies fossiles, le déploiement des renouvelables ajoute donc une contrainte majeure d'allocation des ressources surfaciques générant au passage d'importants conflits d'usage qui, sauf exception, ne sont pas pris en compte aujourd'hui. La transition énergétique pourrait à terme se transformer en une crise de disponibilité des surfaces, notamment dans des régions fortement urbanisées comme l'Europe et le Sud-Est asiatique[55].

Décentraliser la production électrique

Pris en étau entre la Chine au nord et l'Inde au sud, le Népal est surtout connu du grand public comme « le toit du monde ».

Dans la haute montagne, pas de routes, pas de lignes de chemin de fer, pas d'aéroport. Et évidemment aucun accès au réseau national d'électricité. Aussi, pour s'éclairer, cuisiner, se chauffer ou produire de l'eau chaude, les montagnards népalais ont-ils développé de nombreuses idées originales.

Ainsi, le bois que l'on trouve en abondance jusqu'à des altitudes de près de 4 000 mètres trouve de multiples applications : cuisine, chauffage et production d'eau chaude au sein de poêles très astucieux dans lesquels l'eau froide provenant des torrents est réchauffée à bonne température pour permettre de prendre la salutaire douche de fin de journée. Des installations hydroélectriques rudimentaires au fil de l'eau ou à partir de conduites forcées de fortune fournissent aux villages les plus reculés de l'électricité en abondance. On trouve également de nombreux micropanneaux solaires qui chauffent ou éclairent les bâtiments ainsi que des douches solaires thermiques. Contrairement à Katmandou ou Pokhara dépendant de l'EDF local, les montagnards ne subissent finalement que peu de coupures électriques et cette électricité est même valorisée puisqu'on vous facture un ou deux euros la recharge de votre tablette ou de votre iPhone.

« Si l'électricité ne vient pas à toi, va donc à l'électricité » aurait pu dire le Chevalier de Lagardère dans une version révisée du Bossu. Produire localement son énergie est donc non seulement techniquement simple, mais aussi économiquement salutaire. Pourtant, dans la plupart des pays développés, la production d'électricité reste centralisée et contrôlée par un monopole naturel qui, depuis le début du XXe siècle, nous fournit l'électricité sans effort. Comme le montagnard népalais, pourquoi ne pas décentraliser notre modèle afin de limiter les pertes liées au transport, valoriser les ressources naturelles des territoires (ensoleillement, rivières, forêts, potentiel géothermique ou éolien) et créer une concurrence inédite entre

54 Voir chapitre 3, paragraphe 4.1.
55 http://www.univ-paris-diderot.fr/DocumentsLabos/126H/File/TH3_gisements_EnR.pdf

le monopole naturel et le consommateur (région, localité ou bâtiment) devenu un véritable acteur énergétique. Dans ce contexte, le modèle électrique centralisé, qui avait tout son sens à l'issue du second conflit mondial, est-il menacé ?

L'émergence de la micro-génération électrique

Depuis juillet 2011, EDF rachète à un prix régulé par l'État[56] l'électricité photovoltaïque produite par des particuliers à partir de panneaux solaires installés sur leur toiture. Le contrat est signé sur base d'un prix fixe convenu sur une durée de 20 ans. Le prix est révisé chaque trimestre depuis 2011 et de façon dégressive en fonction du nombre de projets photovoltaïques déposés. Ainsi, les particuliers qui ont raccordé leur installation avant le premier juillet 2011 vendent-ils leur kWh à 0,46 € (soit trois fois le prix de détail actuel) alors que ceux qui se sont raccordés en janvier 2016 ne bénéficient plus que d'un tarif de 0,25 €/kWh.

Mais en cinq ans, le coût du photovoltaïque s'est réduit en proportion. En 2016, la fourniture, l'installation et le raccordement d'un kW de panneaux solaires coûtaient environ 3 200 €[57] sur lesquels les 11 % de TVA pouvaient être récupérés. Mais, l'efficacité de ce kW dépend de l'ensoleillement. Ainsi, pour un même investissement initial, un Marseillais produira 50 % de plus qu'un Lillois[58]. Il pourra de ce fait récupérer son investissement au bout de 10 ans contre 19 ans pour un Parisien ou un Lillois. Séduisant économiquement lors de sa mise en place en 2011 grâce à un prix d'appel très incitatif, le solaire domestique n'est plus aujourd'hui suffisamment attractif pour continuer de se développer massivement, surtout dans la partie nord du pays.

Le solaire n'est pas la seule source d'énergie pour produire de l'électricité à petite échelle. La production d'électricité thermique (fioul, gaz naturel, nucléaire, bois, charbon) s'accompagne d'une production de chaleur « fatale » qui peut être utilisée pour le chauffage ou la production d'eau chaude à condition de ne pas devoir être transportée. La micro-cogénération domestique consiste à produire électricité et eau chaude directement à l'intérieur d'un logement ou d'une entreprise. On atteint alors un rendement supérieur à 80 %. Une aubaine pour la réduction de l'intensité énergétique. En dehors du rendement élevé, la production décentralisée d'électricité réduit à zéro les pertes liées au transport et garantit l'approvisionnement en toutes circonstances, notamment lors des jours de grand froid où l'on assiste souvent à des pics de demande. La chaudière à micro-cogénération ne prend pas plus de place qu'une chaudière thermique classique et s'installe de façon similaire. Initialement, elle se faisait principalement au gaz, alternativement au fioul ou au GPL. Mais depuis 2012, des micro-générateurs à granulés de bois ont fait leur apparition et permettent de rendre énergétiquement autonomes des logements d'une surface comprise entre 120 m² et 500 m². En Europe, c'est surtout en

56 http://www.developpement-durable.gouv.fr/Quels-sont-les-tarifs-d-achats.html

57 http://www.gdfsuez-homeperformance.fr/02-produire-son-electricite/simuler-sa-production-solaire#.VuQ6yPnhAdU

58 http://re.jrc.ec.europa.eu/pvgis/apps4/pvest.php?lang=en&map = africa#

Allemagne, aux Pays-Bas et en Belgique que la micro-cogénération s'est développée. En France, les particuliers désirant se lancer dans l'aventure bénéficient d'un crédit d'impôt et d'un certificat d'économie d'énergie[59]. Mais si vous voulez valoriser votre surplus de production électrique, pas question de vous arranger avec votre voisin. Comme pour le photovoltaïque, vous êtes obligé(e) de passer un contrat avec le monopole naturel qui vous achètera vos kWh à seulement 0,09 €. Aussi faut-il dimensionner la cogénération pour couvrir son autoconsommation.

Les expériences collectives de quartiers ou de villages électriquement autonomes sont encore très rares. Il existe toutefois quelques « poissons pilotes » comme Feldheim, une petite localité de 130 habitants située au sud-ouest de Berlin. Le projet qui a débuté en 1997 avec quatre éoliennes en dénombre aujourd'hui 43 pour une production annuelle de 140 GWh. Il a été doublé d'une centrale électrique au biogaz de 4,3 GWh. Elle permet de chauffer l'ensemble du village. Alors que le prix moyen du kWh allemand s'élève à 0,28 €, les habitants de Feldheim ne le payent que 0,17 €. Quant au chauffage, il est 10 % moins cher que dans le reste du pays. En 2010, Feldheim a été désigné village bioénergétique. En France, Béganne (Morbihan) est un hameau qui possède un parc de quatre éoliennes entièrement financées par des citoyens actionnaires. Il fournit 20 GWh par an, revendus à EDF sur base d'un contrat de 15 ans au prix fixe de 0,08 €/kWh.

La micro-distribution électrique : les « smart grids »

L'impossibilité de stocker l'électricité rend singulièrement complexe l'ajustement en temps réel de l'offre (production) et de la demande (distribution) et ce particulièrement lorsque des sources d'énergie intermittentes comme le solaire ou l'éolien entrent en ligne de compte dans le mix électrique local. La décentralisation de la production électrique demande donc d'optimiser l'insertion aléatoire de la production pour la distribuer intelligemment à une communauté de consommateurs dont le nombre s'échelonne de quelques dizaines à quelques centaines, voire quelques milliers dans le cas d'un gros village.

Les « smart micro-grids » sont des réseaux électriques intelligents de petite taille. Grâce aux techniques numériques, ils permettent d'optimiser la distribution d'électricité décentralisée en agrégeant des micro-moyens locaux divers et variés : microturbines, piles à combustible, petits générateurs diesel, panneaux photovoltaïques, miniéoliennes ou hydraulique au fil de l'eau. Ils concernent des maisons individuelles, des bâtiments collectifs, des quartiers, des zones industrielles et des villages.

Consommer en majorité l'électricité produite localement a de nombreux avantages. Le coût du transport et les pertes thermiques qui y sont associées sont réduits, les charges peuvent être déplacées plus aisément en période de pointe et la proportion de renouvelables augmentée. En optimisant conjointement la production, la distribution et la consommation d'électricité, les microréseaux

59 http://www.ademe.fr/en/node/14815

représentent une source importante de réduction d'intensité énergétique et donc un moyen parmi d'autres pour lutter contre le réchauffement climatique. Il s'agit là de l'un des cinq piliers de la « troisième révolution industrielle » selon le célèbre essayiste américain Jeremy Rifkin.

Pourtant, comme la microgénération électrique, les microréseaux ne peuvent s'affranchir du réseau national. Leur raccordement s'avère en effet techniquement complexe pour de multiples raisons : hétérogénéité et intermittence des moyens de production, instabilité de la tension et de la fréquence, impossibilité de stocker l'électricité, partage et délestage des charges. Aussi, les grands monopoles naturels pourraient-ils se détacher quelque peu de la production pour se concentrer sur la collecte et la distribution intelligente. Car contrairement à la production, la distribution est liée à l'interconnexion entre territoires un peu comme les voies ferrées de la SNCF.

L'exemple de l'électrification de l'Afrique

Avec 1,1 milliard d'habitants, l'Afrique représente 15,5 % de la population mondiale. D'ici 30 ans, son effectif doublera et comptera alors pour un quart de celui de la planète. Pourtant, plus de la moitié des Africains vivent aujourd'hui sans accès aux sources modernes d'énergie. La biomasse (bois et charbon de bois) représente toujours plus de 80 % de leur consommation énergétique. Cet immense continent ne produisait en 2014 que 730 TWh d'électricité, soit 3 % de la demande planétaire. C'est à peine plus que la France qui consomme annuellement 550 TWh[60].

Figure 5.13 – Réseau électrique existant en Afrique subsaharienne. Coût estimé du kWh solaire photovoltaïque[61]

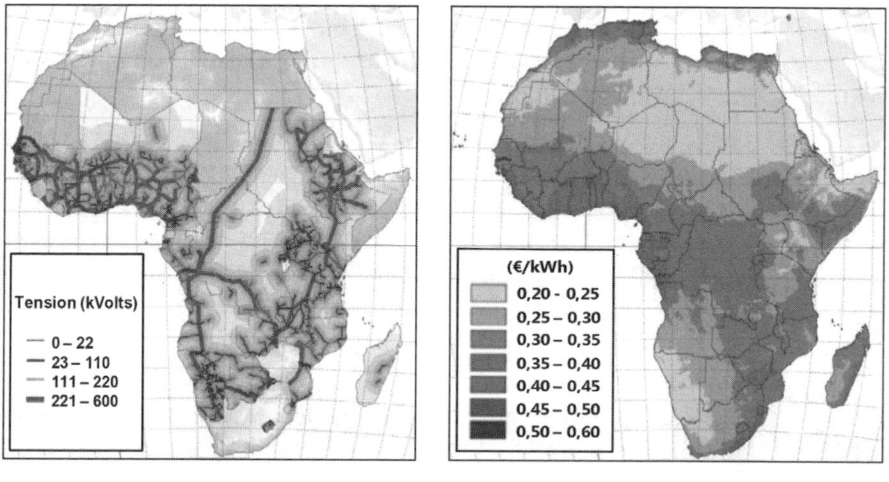

60 BP Statistical Review.

61 Szabo S., Bodis K., Huld T. and Moner-Girona M. (2011), "Energy solutions in rural Africa : mapping electrification costs of distributed solar and diesel generation versus grid extension", Environ. Res. Lett. 6 034002.

Le taux d'électrification qui est en moyenne de 42 % descend en dessous de 10 % dans les zones rurales isolées où il n'existe aucun réseau centralisé. Si l'on regarde plus précisément l'Afrique subsaharienne et l'Afrique centrale, en dehors du Golfe de Guinée et d'un arc reliant l'Éthiopie à la Namibie, le réseau de distribution est quasiment inexistant (Figure 5.13). L'accès à l'énergie via le développement d'un réseau centralisé nécessiterait des investissements colossaux pour desservir des régions souvent très peu urbanisées[62]. La majorité de l'électricité décentralisée provient aujourd'hui de groupes électrogènes au fioul, une solution coûteuse et surtout aléatoire compte tenu de l'état des réseaux routiers. Aussi, les énergies renouvelables et les microréseaux intelligents représentent-ils une solution très attrayante pour distribuer localement voire régionalement l'électricité dans des régions très riches en ressources solaires photovoltaïques (Sahara et Sahel) et hydrauliques (axe reliant le Sénégal à Madagascar). L'éolien, quant à lui, offre un potentiel plus limité concentré sur les côtes du Sahara et de la Somalie.

Le coût de production du solaire photovoltaïque décentralisé reste aujourd'hui élevé avec un prix plancher de 0,2 €/kWh alors que là où le réseau est disponible, le tarif de l'électricité centralisée est compris entre 0,12 €/kWh et 0,18 €/kWh. Mais dans des régions gigantesques comme le Sahara ou le désert de Namibie qui bénéficient d'un ensoleillement optimum, le solaire photovoltaïque décentralisé est aujourd'hui beaucoup plus économique que l'extension du réseau. Associé à des microréseaux, il pourrait au cours des dix prochaines années apporter le développement à un demi-milliard d'Africains aujourd'hui privés d'électricité.

Les responsabilités du consommateur vendeur

Situé au milieu de la campagne picarde, Montdidier est souvent cité comme l'exemple assez unique d'un village qui s'organise seul pour produire son énergie. Sous l'impulsion de son édile, cette grosse bourgade de 6 500 habitants se serait en 10 ans transformée en pionnière de la décentralisation énergétique en s'appuyant sur la régie municipale pour la partie opérationnelle et sur des subventions publiques et privées pour la partie financière.

Réhabilitation thermique des bâtiments communaux, développement d'un éclairage public basse consommation, création d'une chaufferie à bois pour alimenter les établissements publics, mise en œuvre de panneaux photovoltaïques sur les bâtiments municipaux et d'une ferme éolienne produisant la moitié des besoins électriques de ses habitants, Mondidier serait autonome en électricité d'ici 2020 et ainsi le premier « village gaulois » affranchi de l'« *Empire EDF* »[63]. Mais en pratique, la problématique énergétique s'avère plus complexe que l'écriture d'une bande dessinée et aucune potion magique, fût-ce celle d'Astérix, n'exonère du recours à l'Empire. Les raisons en sont simples.

---

62 http://energie-developpement.blogspot.com/2012/07/Afrique-electrification-energie-solaire-renouvelable-hydroelectrique-JRC.html

63 http://energie.lexpansion.com/energies-renouvelables/l-autonomie-energetique-d-un-territoire-une-illusion-dangereuse_a-33-7748.html

La première est financière. La transition énergétique de Montdidier n'est possible qu'en s'appuyant sur des subventions publiques. Mais quel retour pour le prêteur ? La municipalité ne paye pas d'impôts et ne peut assurer aucun retour fiscal en compensation des subventions obtenues. En plus des subventions, la municipalité pourrait bénéficier du système d'obligation d'achat des kWh éoliens par le monopole naturel. Un double avantage exorbitant qui serait impossible à reproduire pour l'ensemble des communes françaises qui en réclameraient l'application.

La seconde est technique. Montdidier ne peut être alimentée par la seule électricité intermittente de ses éoliennes. La commune se doit donc de maintenir sa connexion au réseau pour recevoir l'électricité manquante et, le cas échéant, transmettre l'énergie excédentaire. Mais c'est surtout en cas de panne que la commune ne pourra s'assumer seule. Lors de coupures liées par exemple à des intempéries, seul EDF possède la force de frappe pour rétablir rapidement l'électricité.

Aussi, malgré des efforts louables, Montdidier peut difficilement prétendre jouer au « village gaulois ». Il n'en a ni les moyens techniques, ni les moyens financiers. Reproduire à grande échelle l'exemple de Montdidier reviendrait un peu à accepter que les citoyens ne cotisent plus à la Sécurité Sociale mais de devoir, pour raisons humanitaires, les soigner en urgence et aux frais de la communauté s'ils ont eu la légèreté de ne pas se faire couvrir par une assurance privée. Si la décentralisation partielle de l'électricité est un bien, une décentralisation totale est un dangereux leurre. L'électricité est et restera encore pour longtemps une commodité « trans-territoire ».

Délocaliser l'externalisation

Si les externalités CO_2 sont aujourd'hui, dans la plupart des cas, appliquées de façon directe aux consommateurs d'énergie primaire et se répercutent sur les prix à la consommation, les émissions sont quant à elles exclusivement comptabilisées sur le lieu de consommation de l'énergie primaire indépendamment de son utilisation finale. Ces règles, en apparence simples et logiques, sont pourtant mises à mal par la mondialisation des échanges commerciaux, la responsabilité de l'empreinte carbone entre l'émetteur initial et le consommateur final étant largement partagée.

Prenons l'exemple d'un tee-shirt façonné à bon compte en Chine ou au Bangladesh à l'aide d'une machine à coudre fonctionnant avec de l'électricité thermique charbonnière puis transporté vers l'Europe pour y être revendu à un consommateur français. Dans un monde idéal, l'électricien chinois capterait le CO_2 émis et le réinjecterait dans le sous-sol. Le surcoût serait intégré au kWh, facturé à l'industriel local façonnant le tee-shirt qui le répercuterait sur le prix de vente final. En achetant le tee-shirt en Europe, c'est donc au final le consommateur qui supporterait le coût du CCS et de l'empreinte carbone nulle. Qui sait ! Un tee-shirt fabriqué en France avec de l'électricité renouvelable pourrait alors devenir plus compétitif que le tee-shirt chinois fabriqué avec de l'électricité thermique. Toujours dans un monde idéal, l'électricien chinois pourrait aussi acheter sur un marché mondial du carbone les quotas nécessaires pour continuer d'émettre sans capter ni réinjecter. Le surcoût du carbone acheté qui serait également répercuté sur le kWh vendu à l'industriel se retrouverait inévitablement intégré dans le prix du tee-shirt. Si dans les deux cas c'est le consommateur final qui, en tant que déclencheur de l'action, supporte le coût de l'empreinte carbone, dans le second cas, c'est bien dans le pays émetteur et non dans le pays récepteur que les émissions sont comptabilisées. Un résultat somme toute logique pour une responsabilité partagée.

Dans le monde d'aujourd'hui, le CCS n'est pas encore une pratique courante, il n'existe aucun marché mondial du carbone et les émissions charbonnières chinoises ne sont que faiblement taxées. On peut donc longuement discuter sur le plan éthique qui du producteur chinois (qui ne choisit pas un mode de production propre) ou du consommateur français (qui achète sans se soucier du mode de production) doit assumer le poids des émissions aujourd'hui entièrement supportées à la source. Face à un marché du carbone non mondialisé, la délocalisation d'une partie significative de l'industrie manufacturière des pays de l'OCDE vers les pays émergents où la main-d'œuvre est beaucoup plus économique sème le trouble quant aux responsabilités réelles des émissions.

À qui doit s'appliquer l'externalité CO_2 ? À l'industriel qui a produit l'électricité, au couturier qui utilise l'électricité pour actionner sa machine à coudre ou au consommateur final qui a déclenché le processus ? Seul un marché mondial du carbone pourrait résoudre de façon satisfaisante cette question clé et partager de façon équitable la chaîne de responsabilités.

6

Géopolitique de la transition énergétique

« Les paroles vraies ne sont pas agréables.
Les paroles agréables ne sont pas vraies. »
Lao-Tseu

Qu'elle était belle cette photo de famille des 195 chefs d'État réunis au Bourget le lundi 30 novembre 2015 lors de la cérémonie d'ouverture de la COP21. Tous apparemment solidaires autour d'une seule et même cause pour se serrer les coudes et sauver une planète en danger. Tous rêvant peut-être à ce moment-là d'un accord universel et sans concession bousculant les codes, les intérêts financiers et les petits calculs électoraux.

La 21e conférence sur le climat organisée du 30 novembre au 13 décembre 2015 s'est terminée par un « *accord cadre* » approuvé à l'unanimité. Considéré par certains comme historique, il est ressenti par d'autres comme insuffisant, voire non crédible.

Sur le plan moral, il représente une avancée majeure correspondant à une prise de conscience mondiale et collective. Les États ont une fois pour toutes reconnu haut et fort la relation de cause à effet existant entre la consommation d'énergie fossile, l'augmentation de la teneur en gaz à effet de serre dans l'atmosphère et le dérèglement climatique.

Pourtant, après l'élection surprise de Donald Trump à la présidence des États-Unis en 2017, les climatosceptiques que l'on croyait définitivement marginalisés ont rapidement refait surface. Entendrait-on à nouveau de la bouche du nouveau Président[1] la formule chère à

1 http://actu.orange.fr/societe/environnement/climat-donald-trump-s-appreterait-a-retirer-les-etats-unis-de-l-accord-de-paris-magic-CNT000000Ccins.html

G.W. Bush « *limiter les émissions n'est pas bon pour l'économie américaine !* » ? Le verrait-on renier la parole de son prédécesseur et se retirer de l'accord de Paris ? Rien n'était moins sûr quand il nomma à la tête de l'Agence américaine de protection de l'environnement le climatosceptique Scott Pruitt[2]. Le couperet est définitivement tombé en ce funeste jeudi 1er juin 2017 quand, depuis les jardins de la Maison-Blanche, Mr Trump a décidé, face à un monde stupéfait, de retirer les États-Unis des accords de Paris, accords que son prédécesseur, Barak Obama, avait pourtant signés des deux mains. Pour accélérer le processus, les États-Unis pourraient quitter la Convention-cadre de l'ONU sur les changements climatiques. Les arguments de Mr Trump ne sont guère différents que ceux que GW Bush avait utilisés dans le passé. Ils mettent en exergue un égoïsme économique américain considérant que « *les accords de Paris ne sont pas favorables aux entreprises américaines, aux travailleurs américains et aux contribuables américains* ». Autrement dit, la problématique climatique... attendra. Bien que profondément caricaturale, la position populiste du président américain ne doit pas pour autant être ignorée. Car, l'élan vertueux de la COP21 cache de nombreuses lacunes qui mettent notamment en lumière l'hétérogénéité des situations. Une hétérogénéité qui résulte de l'histoire, de la géographie et des moyens. L'accord se caractérise par une absence de chiffres et sans chiffre, les décisions en matière d'énergie et d'environnement n'ont malheureusement pas beaucoup de sens. Enfin, le vote à l'unanimité a favorisé les revendications des minorités.

Une fois encore, la « responsabilité historique » des pays riches dans le changement climatique a cristallisé l'opposition Nord/Sud. En conformité avec le fameux « syndrome de l'efficacité du pauvre », sur lequel nous avons beaucoup insisté au cours des chapitres précédents, les principales margent de progrès se situent avant tout dans les pays émergents. Ils consomment aujourd'hui 60 % de l'énergie mondiale, dont 75 % du charbon, et sont responsables de plus de 60 % des émissions. Leurs voitures et leurs logements sont obsolètes et mal entretenus. Les intensités énergétiques russe, chinoise et indienne sont quatre à cinq fois supérieures à celle de l'Europe[3] et le double de la moyenne mondiale. Pour solder leur « dette climatique » vis-à-vis des pays pauvres et les aider à accélérer leur transition, les pays riches se sont engagés à mobiliser un « fonds vert » de cent milliards de dollars par an jusqu'en 2020. Mais face aux sécheresses, aux inondations, aux cyclones ou autres montées des eaux, ces sommes sont dérisoires. Aussi, les pays émergents ont-ils réclamé davantage.

Le second volet, qui a aussi suscité de vives tensions, concerne l'objectif de température moyenne. Rappelons que l'accord de Copenhague en 2009 avait suggéré de limiter l'augmentation de température par rapport aux niveaux préindustriels à 2 °C en 2050[4]. Sous la pression de nombreux États insulaires très vulnérables à la montée des eaux, les accords de Paris visent à « maintenir la

2 http://www.lemonde.fr/ameriques/article/2016/12/08/etats-unis-un-climatosceptique-a-la-tete-de-l-agence-de-protection-de-l-environnement_5045253_3222.html#eIQuAVghMxjiIukZ.99

3 Voir figure 4.1.

4 Voir chapitre 1, paragraphe 4.2.

température moyenne mondiale bien au-dessous de 2 °C et de poursuivre l'effort pour la limiter à 1,5 °C ». Étonnamment, on ne parle plus cette fois de 2050, mais de 2100 ! Ce nouvel objectif correspondrait grosso modo... à un arrêt presque complet de l'usage des énergies fossiles (qui représente 82 % du mix primaire actuel !) à l'horizon 2030. On peut donc mesurer l'écart entre l'accord et la réalité. Pour certains, l'affichage d'une ambition très forte, bien qu'irréaliste, est un aiguillon utile. Pour d'autres, un tel objectif décrédibilise l'ensemble du processus. Sauf à observer un changement radical de cap avant 2020, les extrapolations actuelles conduisent à une augmentation moyenne de 3 °C à l'horizon 2100.

Troisièmement, on savait, compte tenu des échecs précédents et de la résistance des pays émergents, que la COP21 n'accoucherait jamais d'une taxe carbone universelle. Mais on peut résolument regretter que ce sujet, pourtant essentiel, ait été complètement escamoté. La taxe carbone représente pourtant un moyen efficace pour réduire l'intensité énergétique, changer les comportements, réguler les marchés et rendre les énergies renouvelables compétitives par rapport aux combustibles fossiles.

Enfin, si l'accord est politiquement contraignant, il ne l'est en aucun cas juridiquement dans la mesure où l'ONU qui porte le projet n'a aucun pouvoir de sanction vis-à-vis des États. À terme, chacun pourra interpréter l'accord à sa guise, selon ses intérêts et son agenda un peu comme « face à un banquier qui accorderait un prêt sans que le montant total et les annuités ne soient mentionnés dans le contrat ».

Négociateurs pour le Nigéria, Sonia Bature, Salisu Dahiru et Peter Tarfa[5] reconnaissent que « la plupart des pays dépassèrent leur propre intérêt et leur agenda politique, que les échanges furent collaboratifs, mais aussi très tendus et parfois agressifs. Si l'accord apporte des progrès substantiels, il est regrettable que certains points comme la taxe carbone n'aient pas été abordés. Nous avons aussi de profonds doutes quant à l'engagement annuel de 100 milliards de dollars promis par les pays développés qui jusqu'à présent ne se sont pas matérialisés. Enfin, l'objectif de 1,5 °C ne serait possible qu'avec un engagement politique très contraignant entrant en vigueur d'ici 2020, ce qui est tout à fait irréaliste ».

La COP21 incite à s'interroger sur les limites du volontarisme politique en matière de transition énergétique. Sans oublier la portée symbolique des engagements, le seul objectif chiffré pourrait rapidement se retourner contre ceux qui l'ont ratifié. Rappelons que les deux premiers piliers du changement[6] sont la confiance et la vision. On peut se demander si la COP21 les a vraiment pris en compte.

La transition énergétique est au carrefour de la culture, de la psychologie, de l'économie, de la géographie et de l'histoire. Elle résulte d'un cocktail complexe mêlant la plupart des sentiments humains : espoir, solidarité, imagination, peur,

5 Propos récupérés par l'auteur.
6 Voir chapitre 4, paragraphe 6.1.

intérêt et égoïsme. La plupart des pays se sont engagés dans la transition, mais y répondent chacun de façon particulière. Il est illusoire de penser qu'elle pourra se faire au sein d'un « melting pot » indifférencié. A contrario, les décisions politiques isolées en apparence audacieuses comme celle de l'Allemagne qui, sans aucune concertation avec ses voisins, a décidé de sortir du nucléaire pour se lancer à corps perdu dans les renouvelables n'ont pas plus de sens.

Ce sont probablement dans des alliances régionales pertinentes, gérant de façon coordonnée leurs destins énergétiques, que se trouve la clé de la transition. L'Europe représente sur ce point un laboratoire d'exception.

Les trois « capitaux » de la transition

« Notre avenir à tous », produit par la Commission Bruntland[7] en 1987, a été le premier document officiel expliquant à un large public les limites naturelles de la croissance économique. Il a ouvert la voie au concept de « développement durable » reposant sur la gestion simultanée de trois « capitaux » complémentaires, mais non substituables : l'environnemental, le sociétal et l'économique (Figure 6.1). La stabilité d'un tel modèle demande que la sphère économique soit contrainte par les sphères environnementale et sociétale. Un mariage de raison entre Malthus et Schumpeter !

À l'échelle planétaire, une économie stationnaire vise à limiter la croissance économique dans l'espace et le temps dans les pays qui jouissent d'un niveau de vie élevé ceci afin de laisser davantage d'espace aux pays émergents. Tel a été le rôle de la mondialisation. Ainsi, depuis 1992, le PIB/hab. du Chinois a progressé 13 fois plus rapidement que celui du Français. En 2015, le PIB/hab. de l'Hexagonal restait toutefois cinq fois supérieur à celui de son confrère chinois[8]. Contrairement à l'idée véhiculée, la mondialisation a largement réduit l'écart de richesses entre les peuples. Elle a été « heureuse » pour 75 % de la population mondiale[9].

Prévenir la surconsommation au présent laisserait d'autre part davantage de possibilités aux générations futures. Les détracteurs se basent toujours sur les arguments de progrès technologiques réduisant encore et toujours l'intensité énergétique. La croissance dématérialisée ne nécessiterait à terme que de très faibles consommations d'énergie. Mais n'est-ce pas un peu illusoire dans la mesure où l'intensité énergétique ne peut atteindre qu'une asymptote et converger à terme vers un état stationnaire. La transition énergétique s'inscrit dans ce concept et s'appuie sur trois piliers en parfaite bijection avec les trois capitaux du développement durable (Figure 6.1).

---

7 En reconnaissance au Premier ministre norvégien Gro Harlem Brundtland qui présida la commission mondiale de l'environnement et du développement.

8 Source des données : Banque mondiale.

9 http://www.lefigaro.fr/vox/politique/2017/03/16/31001-20170316ARTFIG00249-emmanuel-macron-est-le-candidat-de-la-mondialisation-heureuse.php

Le premier, qui est environnemental, est bien entendu la problématique climatique. Il demande une réduction impérative et rapide de notre consommation d'énergie en général et des énergies fossiles en particulier, principale cause des émissions anthropiques de gaz à effet de serre et du réchauffement de la planète. Comme nous l'avait montré l'équation de Kaya[10], la réduction de l'intensité énergétique et le déplacement vers des énergies propres en sont les leviers majeurs.

Le second est politique et sociétal. Il se réfère à la sécurité énergétique et plus particulièrement à l'équité énergétique. Un milliard trois cents millions d'individus n'ont pas aujourd'hui accès à l'électricité dont la moitié en Afrique[11]. C'est un droit élémentaire pour chaque consommateur de sécuriser son approvisionnement énergétique. C'est un devoir élémentaire pour un fournisseur de ne pas utiliser sa position de force à des fins politiques. C'est aussi un devoir élémentaire pour un consommateur de régler sa facture énergétique vis-à-vis de ses fournisseurs. Ce qui s'applique au jour le jour aux individus et aux entreprises devrait aussi s'appliquer aux nations du monde.

Figure 6.1 – Bijection entre les trois capitaux du développement durable et les trois capitaux de la transition énergétique

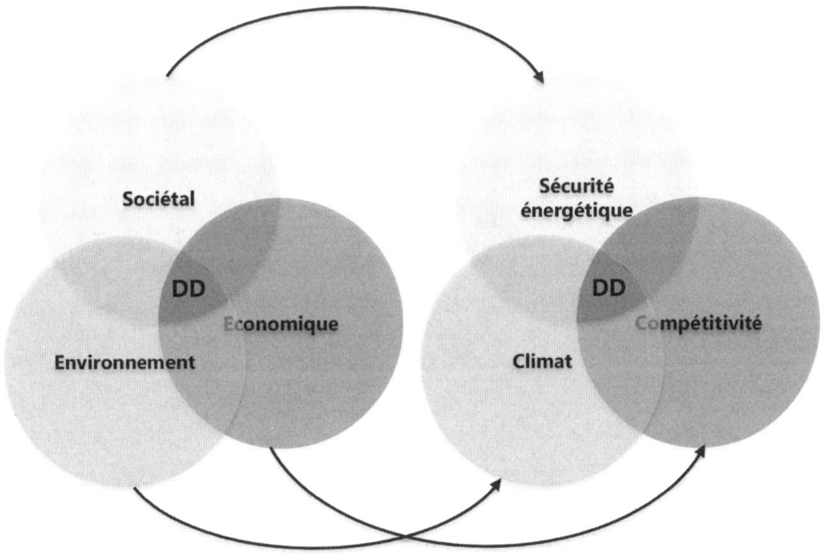

Le troisième est économique et concerne la compétitivité des entreprises qui, selon les secteurs d'activité, est largement conditionnée par les prix de l'énergie. Ces prix sont à la fois mondiaux (pétrole), régionaux (charbon, gaz) et nationaux (électricité). Le kWh vendu à un entrepreneur peut ainsi varier de un à cinq suivant qu'il est Américain, Européen ou Chinois, charbonnier, gazier, nucléaire

10 Voir chapitre 1.
11 EUROGROUP (2015), « L'énergie en Afrique à l'horizon 2050 ».

ou renouvelable. Cet éclatement de la facture énergétique conduit inévitablement à des calculs économiques qui ne seront pas nécessairement en phase avec les intérêts climatiques, politiques ou sociétaux. La régionalisation des prix écrêterait ces différences et rendrait beaucoup plus fluide le déplacement d'une énergie vers une autre.

Enfin, l'énergie correspond à « un temps long » soumis à l'inertie des contraintes politiques, techniques, budgétaires et comportementales. Ainsi, aura-t-il fallu aux pays de l'OCDE plus de vingt ans pour répondre au premier choc pétrolier et déplacer une partie modérée du mix électrique du pétrole et du charbon vers le gaz, le nucléaire et les renouvelables.

La problématique climatique

La combustion des énergies fossiles a émis en 2015 35 Gt_{CO2}. Les pays émergents ont contribué à hauteur de plus de 60 % des émissions contre seulement 31 % en 1965 et 43 % en 1985. La Chine et l'Inde représentent aujourd'hui un tiers des émissions mondiales c'est-à-dire nettement plus que les États-Unis et l'Union européenne réunis (Figure 1.6).

Figure 6.2 – Distribution mondiale des émissions de GES et intensité CO_2 dans différents pays en 2015

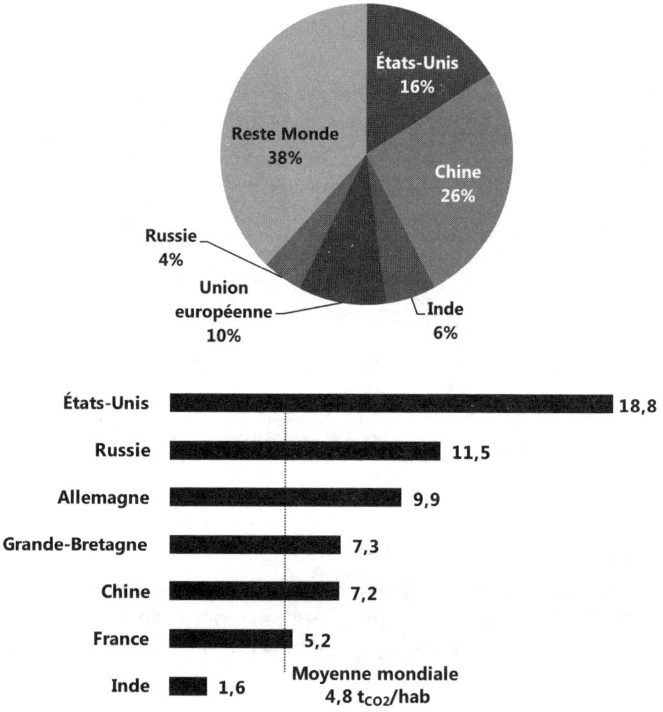

Source des données : Banque mondiale et BP Statistical Review.

Ces résultats sont toutefois faussés par l'énorme démographie des deux géants asiatiques. Quand on calcule les émissions par habitant, l'Américain est de loin le premier émetteur mondial avec près de 19 t_{CO2}/hab. et par an contre seulement 7,2 pour le Chinois et… 1,6 pour l'Indien. En Europe, l'Allemand, pourtant champion des renouvelables, émet près de 10 t_{CO2}/hab. par an, c'est-à-dire pratiquement deux fois plus que le Français bénéficiant une fois de plus de son « édredon nucléaire ».

Depuis l'ère préindustrielle, l'humanité a émis un peu plus de 2 000 Gt_{CO2} provoquant une élévation de température de 1 °C. Poursuivre la tendance actuelle (77 % de fossiles dans le mix énergétique à l'horizon 2050 et 74 % à l'horizon 2100 contre 82 % aujourd'hui) a de quoi donner des frissons. Cela conduirait à un accroissement de température approchant les 5 °C.

Pour satisfaire les propositions de Copenhague et limiter l'accroissement de température à 2 °C en 2050 et 2,5 °C à l'horizon 2100, il faudrait, par rapport à la tendance actuelle, réduire les émissions de 575 Gt_{CO2} sur la période 2015 à 2050 (Figure 6.3). Elles seraient alors ramenées à 25,5 Gt_{CO2}/an soit moins de la moitié de la valeur obtenue si la tendance actuelle se poursuivait. En 2100, les émissions annuelles atteindraient 16 Gt_{CO2}, c'est-à-dire la valeur que les « baby-boomers » émettaient juste avant le premier choc pétrolier. La Chine, les États-Unis et l'Europe portent à eux seuls la moitié de l'effort.

Figure 6.3 – Profils mondiaux d'émissions de CO_2 actuel et 2 °C en 2050. Mix requis d'énergie fossiles à l'horizon 2050

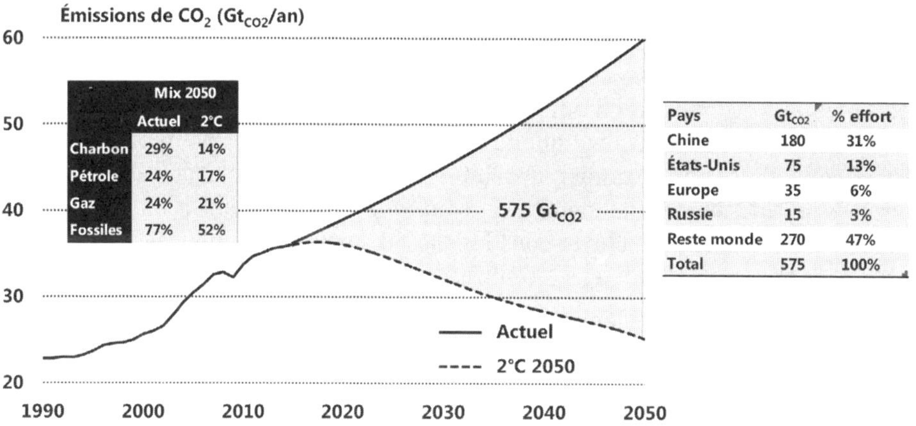

	Mix 2050	
	Actuel	2°C
Charbon	29%	14%
Pétrole	24%	17%
Gaz	24%	21%
Fossiles	77%	52%

Pays	Gt_{CO2}	% effort
Chine	180	31%
États-Unis	75	13%
Europe	35	6%
Russie	15	3%
Reste monde	270	47%
Total	575	100%

Source des données : BP Statistical Review et IEA Energy Outlook.

La cible énergétique de ce scénario impliquerait que la part des combustibles fossiles dans le mix énergétique se réduise de 30 % à l'horizon 2050. La consommation de charbon serait divisée par deux, celle de pétrole ramenée à 17 %. La contribution du gaz resterait à peu près stationnaire. À l'horizon 2100, les fossiles ne compteraient plus que pour 29 % du mix énergétique. Avec 5 % de part de marché chacun, le charbon et le pétrole auraient presque disparu du panorama.

Pourtant, le manque d'investissements, faisant notamment suite aux crises de 2008 et 2009, a engendré d'importants retards dans la mise en œuvre des politiques énergétiques. Tout ceci rend aujourd'hui le scénario de Copenhague pratiquement caduque. Que penser alors des accords de Paris qui ont ratifié 1,5 °C à l'horizon 2100 ?

Syndrome du « grand frère » et sécurité énergétique

Enclavé et sans aucune ressource minérale ni accès à la mer, l'approvisionnement énergétique du Népal est entièrement dépendant de la route du sud et de son « grand frère indien ». L'approvisionnement via la frontière chinoise qui, au nord, longe l'Himalaya représenterait un énorme défi logistique et nécessiterait la construction d'infrastructures titanesques (routes, tunnels, pipelines, stockages). En 2015, jugeant la politique du nouveau gouvernement népalais en déphasage avec leur vision, les autorités indiennes ont mis le Népal sous embargo pétrolier et gazier. Après le tremblement de terre catastrophique du 25 avril 2015 qui avait ravagé une partie du pays, ce blocus a fortement pénalisé le tourisme qui représente la première source de devises du Népal et une part significative de son PIB.

Tenter de mettre au pas un « petit frère impertinent » en utilisant le chantage énergétique est malheureusement une constante historique. Le contentieux entre le Népal et l'Inde n'est qu'un « *copier-coller* » du différend entre la Russie et l'Ukraine dont l'approvisionnement en énergie dépend entièrement de la grande Russie. Rappelons que le président Ianoukovitch mis en place par le Kremlin avait strictement appliqué la politique imposée par l'administration Poutine. Une fois Ianoukovitch chassé du pouvoir, le nouveau président élu Petro Porochenko a essayé de prendre ses distances avec Moscou et de nouer des relations plus étroites avec l'Union européenne. On connaît la suite. Sur le plan politique, V. Poutine considéra que la Crimée, principalement peuplée de Russes, devait sortir du carcan ukrainien et réintégrer l'Empire. Et, si jamais « le bruit des bottes » ne suffisait pas, la menace de couper le robinet gazier à un pays où les températures descendent l'hiver sous les -30 °C aurait été d'une efficacité redoutable pour forcer les Ukrainiens à rentrer dans le rang.

Ainsi, pour les anciens pays du Pacte de Varsovie comme la Pologne ou les pays baltes fraîchement émancipés au sein de l'Union européenne, l'indépendance énergétique vis-à-vis du « grand frère russe » est-elle une priorité.

La Pologne et la Russie ont depuis toujours entretenu des relations tumultueuses dont les blessures sont loin d'être cicatrisées. La rhétorique politique en Pologne comme en Russie se réfère en permanence au passé et se nourrit du souvenir des conflits sanglants qui, au cours de l'Histoire, ont opposé des frères ennemis[12]. Les Polonais gardent particulièrement en mémoire le funeste traité du 23 août 1939 quand Ribbentrop et Molotov décrétèrent le « quatrième partage de la Pologne ». Ils ne peuvent oublier leur asservissement à Moscou durant la Guerre

12 http://www.diploweb.com/Pologne-Russie-quelles-relations.html

froide. L'argumentation n'est d'ailleurs pas que politique. La Pologne pratique un catholicisme traditionnel hostile à l'orthodoxie russe. L'effondrement de l'Union soviétique a été vécu par les Polonais comme un véritable miracle après trois siècles de menace et de dépendance. Sans attendre, ils ont adhéré à l'OTAN et sont devenus membres de l'UE. Pour les Russes, au contraire, le démantèlement de l'URSS a été vécu comme une catastrophe. La restauration de l'Empire reste pour le Russe un fantasme et pour le Polonais une source permanente d'anxiété.

La Pologne, dont le mix énergétique se compose de 95 % de fossiles, est depuis toujours un pays charbonnier riche de ses célèbres mines de Silésie. Mais la production de charbon décline de façon continue. Elle n'est plus aujourd'hui que la moitié de celle des années 1980. Pour compenser ce déclin, mais aussi pour satisfaire sa croissance économique qui est une des plus élevées de l'Union européenne, la Pologne a augmenté ses importations de gaz et de pétrole russes qui ont doublé en 20 ans. La priorité de l'agenda polonais est de réduire cette dépendance par tous les moyens. La tentative de développer le gaz de schiste n'ayant pas pour l'instant abouti, les Polonais ont ouvert la voie au GNL grâce au terminal de Swinoujscie, récemment inauguré sur la côte baltique. Par rapport au Népal, la Pologne a en effet un avantage déterminant : l'accès à la mer.

Mais le charbon, qui produit 85 % de l'électricité polonaise, restera le fondement de sa sécurité énergétique. Car malgré le déclin de sa production, la Pologne possède encore suffisamment de minerai pour couvrir ses besoins durant plus de quarante ans.

On comprend donc l'initiative du président du Conseil européen Donald Tusk qui, en mai 2014, a proposé sur fond de crise ukrainienne de créer l'Union européenne de l'énergie. On comprend aussi pourquoi Jerzy Buzek, ancien président du Parlement européen, déclarait récemment en clôture d'un colloque que « pour l'Europe en général et la Pologne en particulier, la transition énergétique ne peut se restreindre à la seule réduction des émissions de GES. L'indépendance énergétique doit en être le premier pilier[13] ».

Mais tout à un prix : l'impact CO_2 du citoyen polonais est de l'ordre de 8 t_{CO2}/hab., au-dessus de la moyenne européenne. Un exemple parmi tant d'autres où l'Histoire et la géopolitique l'emportent largement sur les objectifs environnementaux.

La compétitivité des économies nationales

Aucune nation n'est prête à sacrifier la compétitivité de ses entreprises sur l'autel de la transition. La compétitivité d'une économie dépend de nombreux facteurs : coût du travail, du capital, droits de douane, taux de change et bien sûr coût des matières premières en général et de l'énergie en particulier. Suivant les secteurs d'activité, le poids relatif de ces différents éléments variera. Ainsi, le coût

---

13 Ph. A. Charlez (2015), « The shale gas experience in Poland », Bruxelles, 17/09/2015. Notes personnelles.

du capital impactera fortement les start-up, le coût du travail pèsera davantage dans le tertiaire alors que le prix de l'énergie jouera un rôle majeur dans l'industrie lourde. Mais dans tous les cas, l'accroissement des prix de l'énergie dégradera la compétitivité et les marges à court terme, les investissements et les dépenses de R&D à plus long terme. Un renchérissement de l'énergie peut aussi encourager un secteur à délocaliser pour rétablir ses marges. Cependant, une augmentation des prix de l'énergie incite aussi à innover[14]. Ainsi, durant les années 1970 et 1980, la hausse des prix du pétrole a-t-elle entraîné un accroissement très significatif du nombre de brevets dans le secteur de l'énergie. Sans augmentation des prix à partir de 1973, l'efficacité énergétique n'aurait jamais été réduite dans les proportions où elle l'a été.

Si elle peut aussi s'analyser sur un marché intérieur, c'est surtout au niveau des exportations que se juge la compétitivité d'une économie. Elle vise un nombre limité de grands acteurs commerçant à l'international. Ainsi, en France, 90 % des exportations sont le fait de seulement 5 % des entreprises. Généralement, il s'agit de multinationales très capitalistiques et innovantes. C'est donc sur ces gros exportateurs qu'il faut surtout analyser l'impact d'une hausse des coûts de l'énergie.

Figure 6.4 – Impact du prix du baril de pétrole sur la balance commerciale de la France

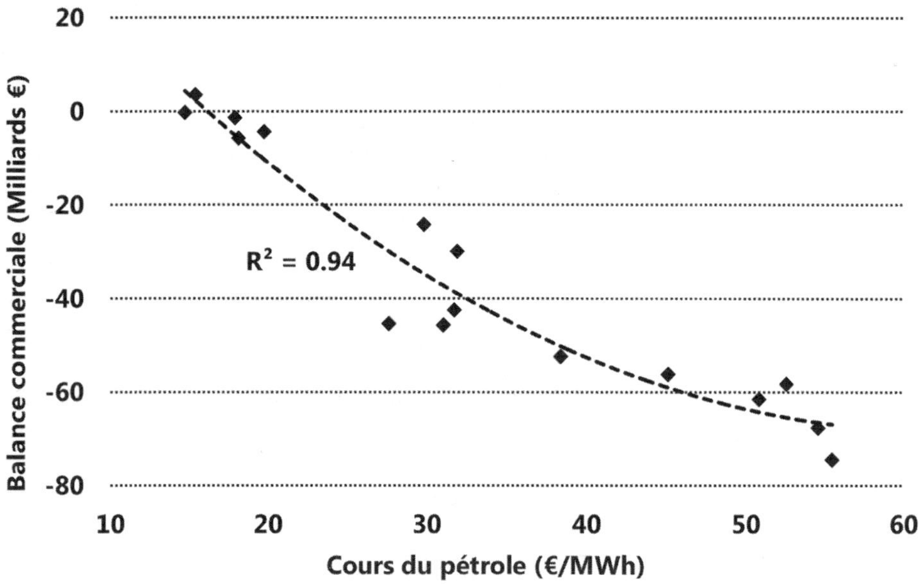

Source des données : https://www.bdm.insee.fr et BP Statistical Review.

La balance commerciale est le principal indicateur permettant d'apprécier la compétitivité de l'économie d'un pays. Au cours des dix dernières années, la

14 http://www.parisschoolofeconomics.eu/IMG/pdf/seeidd-pse-nov2013-article-fontagne.pdf

hausse vertigineuse des prix des hydrocarbures a ainsi grevé la balance commerciale de la France dont le déficit est parfaitement corrélé aux cours du pétrole (Figure 6.4).

Aussi, pour maintenir la compétitivité de leur appareil économique, la plupart des pays industrialisés défiscalisent l'électricité, le gaz, le fioul et le charbon pour les entreprises et en font supporter le surcoût aux particuliers. Ce point a été largement abordé dans le chapitre 5.

Moyen-Orient et indépendance énergétique américaine

Dans un continent aux espaces immenses où le chemin de fer et les transports en commun ne se sont que faiblement développés, l'accès à une énergie abondante et bon marché représente pour l'Américain une sorte de « droit constitutionnel ». Il n'est donc pas surprenant que le pays de l'Oncle Sam ait, depuis toujours, entretenu des relations « incestueuses » avec les hydrocarbures et plus particulièrement avec le pétrole. C'est surtout à partir des années 1970 que le problème de l'indépendance pétrolière va devenir une véritable obsession outre-Atlantique. Après avoir passé leur pic de production pétrolière au début des années 1970, les Américains entrent dans une ère de dépendance de plus en plus marquée. Entre 1965 et 2007, elle passe de 20 % à 67 %. Malgré la mise en production des champs *off-shore* dans le golfe du Mexique, l'administration américaine ne peut que constater le recul significatif de sa production domestique. Mais, pour des raisons politiques, elle refuse de limiter la demande par le biais de taxes sur les carburants, ce qui se traduit dans les faits par des importations croissantes de pétrole du Moyen-Orient.

Aussi, au cours des années 1970, le contrôle des ressources pétrolières du Moyen-Orient devient pour les États-Unis une priorité stratégique.

Un croissant toujours aussi fertile

Est-ce un hasard si le berceau de l'humanité se situe dans ce « *Croissant Fertile* » qui démarre au bord du golfe Arabo-Persique, parcourt la vallée du Tigre et de l'Euphrate, borde la Méditerranée puis s'étend le long du Nil jusqu'en Haute-Égypte ? Fertile par son sol et l'abondance de son eau, il est la genèse de l'irrigation, de l'agriculture et de l'élevage. Fertile par ses idées, il est la source des premières grandes inventions : la roue et l'écriture. Fertile par sa spiritualité, il est le creuset des grandes religions monothéistes judaïsme, christianisme et islam. Mais fertile aussi par sa violence il est, dès la haute Antiquité, la convoitise de tous les grands empires. Babyloniens, Phéniciens, Assyriens, Hébreux, Égyptiens, Perses, Romains, Grecs puis Arabes se battront inlassablement pour avoir le privilège d'y vivre, d'y commercer et d'y prier. Après 6 000 ans, rien n'a vraiment changé. Les Babyloniens sont peut-être devenus Irakiens, les Perses Iraniens, les

Assyriens Syriens et les Phéniciens Libanais, mais, inlassablement ils continuent de se quereller pour assurer leur existence économique et spirituelle. Aux « fertilités ancestrales » d'un croissant élargi à l'ensemble du monde arabe et à une partie de l'Afrique du Nord, sont venus s'ajouter durant la première moitié du XXe siècle deux complices inattendus qui allaient décupler toutes les convoitises et attiser les haines : le pétrole et le gaz.

Les accords secrets Sykes-Picot[15] signés le 16 mai 1916 entre la France et le Royaume-Uni avaient, dès avant la fin de la Grande Guerre, démantelé l'Empire ottoman et donné à la région de nouvelles frontières. Quelques années après la fin du conflit, le visionnaire arménien Calouste Gulbenkian[16] persuada le couple anglo-français d'inviter les Américains « au festin ». Les accords de la « ligne rouge » leur octroyèrent notamment une place prépondérante en Arabie Saoudite qui, dans les années suivantes, allait devenir le « paradis pétrolier » que l'on connaît aujourd'hui. Leur implication sera au départ surtout économique et commerciale. Les principales *majors* américaines vont ainsi durant les années 1930-1940 construire le géant Aramco (Arabian American Oil Company). Aramco passera progressivement sous contrôle saoudien à partir du début des années 1970 pour devenir en 1988 Saoudi Aramco, la première compagnie pétrolière mondiale à la fois par ses réserves et sa production.

Mais, c'est surtout à partir des années 1960-1970 que l'influence politique et militaire américaine va prendre de l'ampleur dans la région et supplanter celle d'un Empire britannique déclinant. Si nous restreignons notre *histoire* à la période 1945-2015, la plupart des grandes crises internationales, hors Guerre froide, s'inscrivent dans un triptyque États-Unis/Moyen-Orient/Pétrole avec en filigrane la dépendance pétrolière américaine.

Le « coup de maître » de Monsieur Bush

Depuis la création d'Israël et la mutinerie avortée du Dr Mossadegh contre l'Anglo Persian en 1952, les marques d'émancipation des nations arabes s'étaient multipliées. La nationalisation du canal de Suez en 1956 par Gamal Abdel Nasser avait certes redonné à son peuple un peu de fierté. Mais, en dehors de cet événement, les nombreux élans nationalistes s'étaient toujours appuyés sur des régimes autoritaires corrompus (Syrie, Irak, Libye, Algérie, Tunisie, Égypte) ou des monarchies ancestrales (Arabie Saoudite, Koweït, UAE, Jordanie). Bien qu'assis sur des richesses minières considérables, ils furent incapables de proposer à leurs populations un modèle de développement crédible. Aux échecs politiques et économiques est venue se rajouter l'humiliation de cuisantes défaites militaires comme la guerre des Six Jours ou la guerre du Kippour, le monde arabe se sentant à chaque fois ridiculisé par un bloc occidental globalement pro-israélien. Pourtant, le croissant fertile restera jusqu'à la fin des années 1970 sous contrôle américain rapproché. Arrêtons

15 http://fr.wikipedia.org/wiki/Accords_Sykes-Picot

16 Voir aussi chapitre 2, paragraphe 1.2.

l'horloge du temps début 1979 pour planter le décor de la tragédie qui va suivre. Elle débute en Iran.

Shah de Perse depuis 1941, Reza Pahlavi entretint tout au long de son règne des liens très étroits avec la Maison-Blanche et les chancelleries occidentales. Toutefois, au cours de la seconde moitié des années 1970, il avait manifesté un désir d'émancipation et de neutralité sur le plan politique et économique en ouvrant son espace politique à l'Union soviétique et à la Chine[17] et son espace pétrolier à de nouveaux partenaires non anglo-saxons dont l'italien ENI. Irrités par un régime impérial devenu incontrôlable, Jimmy Carter, Valéry Giscard d'Estaing, James Callaghan et Helmut Schmidt décidèrent en janvier 1979 de lâcher le Shah et de laisser libre champ à l'Iman Khomeiny. Première erreur[18]. Khomeiny instaure une République islamique nationaliste, anticapitaliste, antisioniste et anti-impérialiste largement inspirée par la charia. Il ne tarde pas à démontrer sa brutalité tant sur le plan intérieur qu'extérieur. Le 4 novembre 1979, 400 étudiants commandités par le pouvoir des mollahs prennent d'assaut l'ambassade des États-Unis à Téhéran et capturent 55 otages. Le fiasco de l'opération « Eagle Claw »[19] ridiculisera les États-Unis devant le monde entier et sonnera la mort politique de Jimmy Carter. Durant les années qui suivirent, le régime iranien entretiendra le terrorisme en Europe, prônera la destruction d'Israël, soutiendra le Hezbollah libanais et ambitionnera de se doter de l'arme nucléaire. Pour châtier ces mollahs violents et infréquentables, les chancelleries occidentales se trouvent alors un allié de circonstance aussi fantaisiste que brutal. Il s'appelle Saddam Hussein. Deuxième erreur.

Profitant du semi-chaos faisant suite à la révolution iranienne, le « raïs » attaque fin 1979 la jeune République islamique. Il reçoit dans son entreprise un soutien appuyé des États-Unis, de la France et de la Grande-Bretagne, ceux-là mêmes qui un an plus tôt avaient soutenu la déchéance du Shah. Plus d'un million de personnes vont périr durant une guerre atroce qui se terminera en 1988 sur un statu quo territorial. Un « coup d'épée dans l'eau » pour les chancelleries occidentales.

Mais le nouvel allié de circonstance devient vite l'ennemi public numéro un. Deux ans plus tard, pour essayer de relever son économie en perdition, Saddam tente de s'octroyer les immenses richesses pétrolières du Koweït. Les États-Unis et ses alliés lancent en février 1991 l'opération « Tempête du désert » qui se solde par une victoire rapide de la coalition internationale et par une débâcle de l'armée irakienne. Mis au ban des nations, souffrant d'un sévère blocus économique, le régime de Saddam Hussein reste pour autant indéboulonnable. Parallèlement, à la fin des années 1990, les États-Unis continuent

---

17 M Reza Djalili et Thierry Kellner (2006), « *L'Iran, la Chine et la crise du nucléaire* », Journal d'étude des relations internationales au Moyen-Orient, Vol. 1, No.1 (juillet 2006).

18 P.A. Charlez (2015), « L'immaturité historique des chancelleries occidentales face à la montée de l'intégrisme islamique », Revue GÉOÉCONOMIE 75, Institut Choiseul.

19 http://www.linternaute.com/histoire/categorie/evenement/115/1/a/54289/echec_cuisant_de_l_operation_eagle_claw.shtml

d'accroître de façon inquiétante leurs importations pétrolières. À tout cela vient se superposer l'attentat contre les « Twin Towers » du 11 septembre 2001. Selon l'administration Bush, Saddam détiendrait des armes de destruction massive et entretiendrait des relations de proximité avec les groupes terroristes commanditaires du 11 septembre. Devenu incontrôlable, il pourrait à tout instant prendre le contrôle du détroit d'Ormuz. Son renversement devient donc essentiel pour sauvegarder l'indépendance énergétique américaine. En mars 2003, sans aucune résolution des Nations Unies, les États-Unis lancent l'opération « Iraqi freedom » qui conduit à une nouvelle débâcle de l'armée irakienne, à la capture puis à l'exécution de son chef.

Orchestrée par l'administration Bush et son équipe de « faucons », la seconde guerre du Golfe résulte d'une des plus funestes manipulations de l'Histoire[20]. On sait aujourd'hui que Saddam Hussein ne possédait pas d'armes de destruction massive, qu'il n'entretenait aucune relation privilégiée avec le terrorisme islamique et que la motivation de l'administration Bush reposait principalement sur la sécurité énergétique américaine. Les conséquences furent une nouvelle fois catastrophiques. L'intervention induisit une guerre asymétrique impliquant factions religieuses et milices terroristes qui, en neuf ans, a fait plus de cent mille victimes[21] et provoqué l'exode[22] de deux millions d'Irakiens vers la Syrie et la Jordanie.

Deux épisodes collatéraux relèvent à nouveau de la même logique. Afin de contrer l'Union soviétique qui attaque l'Afghanistan en 1980, les Américains arment les islamistes intégristes afghans et pakistanais. À partir de 1986, les Moudjahidines reçoivent même des missiles anti-aériens capables d'abattre hélicoptères et avions de chasse. Quinze ans plus tard, ce sont ces mêmes Moudjahidines qui frappèrent à New York les « Twin Towers ». Troisième erreur.

En croyant naïvement, comme en Iran puis en Irak, à l'émergence d'une opposition démocratique pour remplacer Bachar El Assad, les chancelleries occidentales prennent parti pour l'ASL. Quatrième erreur. Désorganisée et sans réel leader, cette nébuleuse est phagocytée par les extrémistes sunnites syriens et irakiens. En 2014, ils instaurent sur les territoires qu'ils contrôlent un État salafiste. Abou Bakr al-Baghdadi se proclame Calife, successeur de Mahomet, sous le nom d'Ibrahim. L'organisation prend le nom d'État islamique ou « Daesh » et prône un impérialisme islamique totalitaire et transnational qui doit s'appliquer au reste du monde.

Les carnages du 13 novembre 2015 à Paris, du 22 mars 2016 à Bruxelles, du 14 juillet 2016 à Nice, du 22 mai 2017 à Manchester et du 19 août 2017 à Barcelone sont le fruit de la faillite généralisée d'une politique étrangère qui, depuis 50 ans, a systématiquement consisté à « éliminer un ennemi en épaulant un allié de circonstance ». Un peu comme avec l'Union soviétique, allié de circonstance durant le second conflit mondial, les États-Unis ont largement cautionné

20 A. Greespan, « The Age of Turbulences : Adventures in a new world », Éditions Paperback, 2008.
21 http://www.iraqbodycount.org/database/
22 http://www.amnesty.be/doc/agir-2099/nos-campagnes/migrants-et-refugies/l-asile-dans-le-reste-du-monde/5-1-la-note-mensuelle-sur-l/article/note-mensuelle-sur-l-actualite-en-9613

et encouragé l'élan islamique en Iran, en Afghanistan, en Irak puis en Syrie. Cette politique du pire démontre une méconnaissance endémique du terrain et de cultures ancestrales qu'il est illusoire de vouloir changer par la force. Elle révèle aussi l'écart énorme entre les bénéfices réels en termes de sécurité énergétique et son désastre financier[23], économique et humain. En 10 ans, la production pétrolière irakienne n'a que peu progressé et n'a jamais atteint le potentiel attendu.

Une indépendance énergétique retrouvée

Cours records des hydrocarbures, impact plus que décevant de la seconde guerre du Golfe et dépendance énergétique de moins en moins maîtrisée sont autant de facteurs qui ont incité les Américains à se lancer dans la conquête des gaz et des pétroles de schiste. Grâce à l'association de deux techniques d'extraction matures (forage horizontal et fracturation hydraulique) ainsi qu'à des conditions socioéconomiques favorables (soutien politique, droit minier, offre abondante de services pétroliers et gaziers dans un marché ouvert et compétitif), les Américains sont redevenus en moins de dix ans premier producteur de pétrole (devant les Saoudiens) et premier producteur de gaz (devant les Russes). Ils ont aussi saisi cette opportunité pour redevenir l'un des pays les plus compétitifs du monde. Indépendance énergétique retrouvée et nouvelle compétitivité ont bouleversé la carte mondiale de l'énergie.

Une modification profonde des flux gaziers

Premier consommateur, mais aussi premier producteur historique de gaz, les États-Unis sont restés indépendants jusqu'à la fin des années 1980. Mais, dès le début des années 1990, ils commencent à importer du gaz. En moins de 10 ans, leur dépendance gazière dépasse 15 %. Aussi, au début des années 2000, tous les observateurs s'accordent sur un accroissement de cette dépendance qui se traduirait au cours de la décennie suivante par des importations massives de GNL. Les autorités américaines décident donc de construire dans le golfe du Mexique et le long de la côte atlantique des terminaux de regazéification. Dans ce schéma, la Russie, l'Iran et le Venezuela, tous adversaires « historiques » de la nation américaine, devaient jouer un rôle accru dans le marché mondial du gaz. C'est en réalité un schéma inverse qui s'est produit.

En moins de dix ans, les États-Unis ont, contre toute attente, relancé leur production gazière de façon spectaculaire. Par rapport à 2006, ils l'ont augmentée de 50 %. La contribution des gaz de schiste compte aujourd'hui pour près de 60 % de la production gazière américaine. Mais cet afflux inattendu a inondé le marché spot américain et provoqué dès 2009 une chute spectaculaire des cours.

Les faibles prix ont alors encouragé les Américains à déplacer leur production électrique charbonnière vers le gaz, devenu beaucoup plus compétitif. Ceci

23 Selon certaines estimations, la seconde guerre du Golfe aurait coûté plus de 500 G$ à l'économie américaine.

a eu un effet très positif sur les émissions de gaz à effet de serre qui, entre 2009 et 2016, ont été réduites de 15 % (Figure 6.5). L'irruption des gaz de schiste a aussi redonné vitalité à l'économie américaine avec deux millions d'emplois créés notamment au sein des industries lourdes comme la sidérurgie, le verre, le ciment et la pétrochimie.

Figure 6.5 – Évolution de la consommation de charbon et des émissions de GES américaines

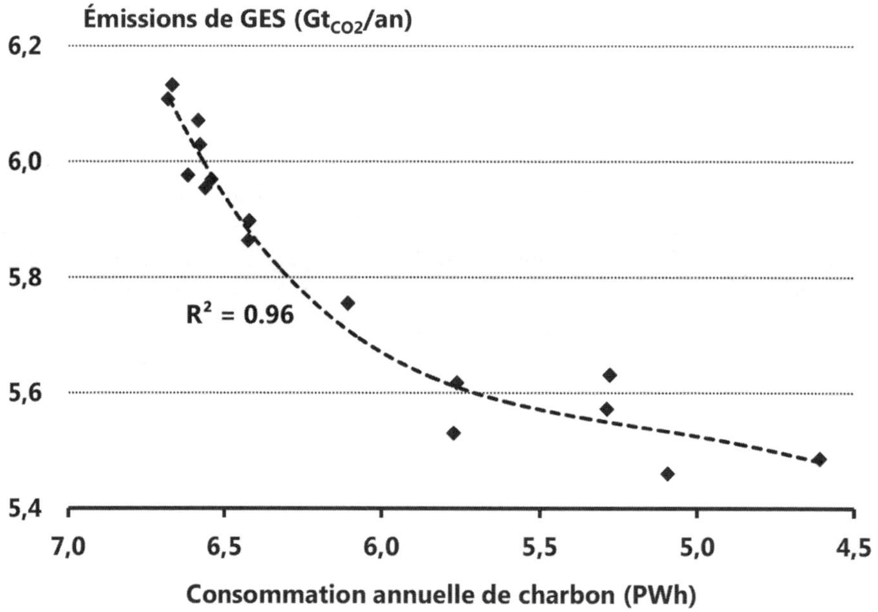

Sources des données : BP Statistical Review 2016.

Mais l'histoire ne s'arrête pas là. Un nouvel épisode est en cours de tournage.

Alors qu'en 2005, on prévoyait que les États-Unis deviendraient au cours de la prochaine décennie un importateur majeur de GNL, en 2016, ils importaient moins de 1 % du marché mondial. Ironie de l'histoire, les autorités américaines ont approuvé que les terminaux de regazéification à peine terminés soient rapidement convertis en usines de liquéfaction. Depuis mi-2016, les États-Unis sont ainsi devenus exportateurs de GNL. À l'horizon 2030, leur capacité annuelle pourrait atteindre 60 voire 100 millions de tonnes, soit le cinquième de la production mondiale livrable aussi bien sur les marchés européens qu'asiatiques.

Un changement radical du panorama pétrolier

La révolution des pétroles de schiste a suivi de deux ans celle des gaz de schistes. Sa croissance est inédite puisqu'elle représente aujourd'hui la moitié de la production américaine de liquides (pétrole+condensats de gaz). Leur contribution a, en moins de dix ans, réduit de moitié la dépendance pétrolière américaine. Elle est passée de 68 % en 2006 à moins de 35 % fin 2015 (voir Figure 6.6).

Mais la peine infligée aux gaziers n'a malheureusement pas échappé aux pétroliers. L'abondance d'offre couplée à une réduction de la croissance de la demande mondiale dans les pays émergents a provoqué une chute vertigineuse des cours du pétrole qui, entre mi-2014 et début 2016, ont été divisés par trois. Un effondrement qui a de facto entraîné une forte contraction de l'activité avec un nombre d'appareils de forage opérant sur le sol américain qui a lui été divisé par quatre. Pourtant, malgré l'analyse pessimiste de nombreux experts, la production s'est avérée très résiliente due notamment à l'immense portefeuille de puits forés (plus de cent mille depuis 2006) et aux progrès technologiques[24]. Par ailleurs, les pétroles de schiste présentent une très grande souplesse de développement. Les appareils de forage peuvent être mobilisés ou démobilisés à la demande, contrairement aux activités en mer beaucoup plus lourdes et contraignantes. Et, malgré les nombreuses faillites enregistrées en 2015, les acteurs financiers sont rapidement revenus pour soutenir l'activité fin 2016 dès que les cours du pétrole ont repris des couleurs. Résilience et souplesse font des pétroles de schiste le nouveau régulateur de prix. Divisée sur la stratégie à adopter, l'OPEP est aujourd'hui impuissante à faire remonter les cours[25]. Comme nous l'avions déjà précisé dans le chapitre 5, c'est le marché qui a aujourd'hui pris le pouvoir.

Vers quel mix énergétique ?

Les États-Unis ont au cours des dix dernières années réussi une transition énergétique remarquable. Ils ont réduit de moitié leur dépendance pétrolière, sont redevenus indépendants en gaz et exporteront sous peu du GNL vers les marchés asiatiques et européens. Ils sont aussi redevenus une terre de compétitivité et de croissance. Et, cerise sur le gâteau, ils ont, en déplaçant leur production électrique, réduit de 15 % leurs émissions de GES. Grâce au gaz bon marché, l'électricité y est la moins chère au monde, en moyenne deux fois moins chère qu'en Europe et deux fois et demie moins chère qu'au Japon[26]. Un presque sans-faute pour le pays de l'Oncle Sam qui durant la même période a mis en œuvre 40 GW de solaire et 82 GW d'éolien, soit plus du double de la capacité nucléaire française. Depuis 2014, plus de la moitié de la nouvelle production électrique américaine est renouvelable et sa part dans le mix électrique est passée de 2 % en 2005 à 7 % en 2014.

Pourtant, le mix énergétique primaire américain contient toujours 86 % de fossiles (soit 4 % de plus que la moyenne mondiale). La poursuite de la tendance actuelle conduirait en 2050 à un mix contenant 77 % d'énergies fossiles tandis que les émissions annuelles de GES atteindraient 6,7 Gt_{CO2}. Pour satisfaire l'objectif 2 °C à l'horizon 2050, ces émissions devront être réduites de 71 Gt_{CO2} sur la période 2015 à 2050 (soit 12 % de l'effort global – Figure 6.3) et le mix fossile ramené à 52 %. Le

24 Ph. Charlez and P. Delfiner (2016), « Resilience of the US shale production to the collapse of Oil & Gas prices » URTeC 2439429.

25 Voir aussi chapitre 2, paragraphe 3.

26 Shale gas and EU energy security – European Parliament Research Service – Briefing note – December 2014.

chemin de la réduction des GES ne sera donc pas pour les États-Unis un long fleuve tranquille.

En climatosceptique populiste assumé, Donald Trump souhaite privilégier le budget de la défense ainsi que les dépenses allouées à la sécurisation de la frontière mexicaine à celles dédiées à l'environnement. Ainsi a-t-il décidé d'amputer en 2017 le budget de l'Agence américaine pour l'environnement de 2,6 GUS$ et d'y supprimer 3 200 postes. Il s'est également prononcé en faveur de l'arrêt du financement par les États-Unis des programmes de l'ONU liés à la lutte contre le changement climatique. Pour le nouveau président américain, la construction du nouveau « mur de la honte »[27] semble largement l'emporter sur le futur climatique de la planète.

Quel futur pour la politique des États-Unis au Moyen-Orient ?

Partiellement « délivrés » de leur dépendance énergétique vis-à-vis du Moyen-Orient, les États-Unis devraient y perdre un peu de leur influence au profit de la Chine et de l'Inde. Mais, même si le changement de stratégie est visible, les Américains ne devraient pas pour autant y laisser libre cours aux visées russe et chinoise. Et puis, quand on sait que l'élection présidentielle américaine se joue en partie à travers les lobbies juifs, la protection d'Israël reste et restera dans l'avenir impérieux pour les autorités américaines[28]. Ironie de l'Histoire, ce sont les compagnies pétrolières chinoises et non plus les *majors* américains qui sont parties prenantes dans la plupart des nouveaux projets irakiens.

Ce désintéressement partiel du « gendarme du Moyen-Orient » pourrait-il toutefois conduire à une déstabilisation plus profonde de la région touchant notamment les pétromonarchies du Golfe ? L'Iran chiite libéré de son embargo et tout auréolé de la signature de l'accord « 5+1 »[29] peut-il venir jouer les trouble-fêtes dans un monde presque exclusivement sunnite ?

On y a presque cru en février 2011 quand le Printemps arabe est venu s'inviter à Bahreïn et que la communauté chiite est descendue dans la rue pour réclamer davantage de démocratie. Observons au passage qu'à bien des égards, ce « Printemps arabe » était un *remake* presque parfait de la révolution iranienne. Sans ingérence des chancelleries occidentales, l'Égypte et la Tunisie l'ont géré à leur rythme avec des résultats certes contrastés et fragiles. Mais, en Libye, l'intervention franco-britannique a une fois de plus conduit au chaos. Après l'Iran, l'Afghanistan, l'Irak et la Syrie, la Libye a elle aussi basculé dans le djihadisme.

En revanche, contrairement au Caire, à Tripoli et à Tunis, la tension est rapidement retombée à Manama. Car si les communautés chiite et sunnite s'opposent, personne ne souhaite altérer la prospérité de cette grande place financière. Et le

27 Ainsi fut nommé le mur de Berlin dès sa construction, https://www.herodote.net/12_aout_1961-evenement-19610812.php.

28 http://hebdo.ahram.org.eg/NewsContent/1117/10/124/15457/Election-am%C3%A9ricaine-Le-puissant-lobby-juif.aspx

29 http://www.lemonde.fr/proche-orient/article/2015/07/14/un-accord-sur-le-nucleaire-iranien-a-ete-trouve_4682310_3218.html

sentiment est identique à Doha, à Abou Dhabi, à Dubaï et à Ryad. Toutes dirigées par des sunnites, les pétromonarchies du Golfe (Arabie Saoudite, Koweït, Qatar, UAE, Oman et Bahreïn) sont depuis toujours des affaires de dynasties bédouines. Elles représentent[30] 24 % de la production mondiale de pétrole et 11 % de la production mondiale de gaz. Leurs réserves ne sont pas en reste puisqu'elles sont estimées respectivement à 30 % et 22 % des réserves conventionnelles mondiales prouvées. De quoi calmer les chiites les plus rebelles. Allumer des foyers de rébellion chiites dans les pétromonarchies du Golfe aurait offert aux Perses une occasion inespérée de nourrir leurs rêves hégémoniques.

Sous des dehors très conservateurs, voire rétrogrades, ces régimes sont en fait beaucoup plus modernes qu'ils n'y paraissent. Ils possèdent les plus belles infrastructures du monde et des systèmes de santé parmi les plus performants. Chaque année, des dizaines de milliers de jeunes sont envoyés dans les meilleurs établissements américains ou européens. Des universités et des instituts de recherche ont été créés et attirent aujourd'hui des scientifiques de renom international. Une faible densité d'autochtones, une manne financière autorisant beaucoup de générosité (même si à cause de la chute des cours elle a été revue à la baisse) ainsi qu'une très grande solidarité entre les six familles régnantes sont autant de facteurs stabilisants. À moyen terme, les pétromonarchies devront aussi rénover leur appareil politique et promouvoir une jeune génération moderniste même si l'armée américaine reste un gage de sécurité envers toute tentative de déstabilisation.

Le retour de l'Iran sur la scène énergétique internationale

La politique moyen-orientale des États-Unis ne peut pas se désintéresser de l'Iran que G. W. Bush, avait classé dans « l'axe du mal » pour son implication dans le terrorisme et son refus de respecter le traité mondial de non-prolifération des armes nucléaires. L'Iran possède respectivement 9 % et 18 % des réserves mondiales de pétrole et de gaz[31]. Cependant, cet immense potentiel a été entravé par des sanctions économiques très dures imposées depuis une dizaine d'années. En juillet 2015, la communauté internationale et l'Iran ont finalement signé un accord[32] autorisant la levée de ces sanctions. Une situation nouvelle qui devrait lui permettre de redevenir à moyen terme une super puissance pétrolière ainsi qu'un exportateur incontournable de GNL. Mais pour réussir ce retour, l'Iran devra trouver les capitaux nécessaires[33] auprès d'investisseurs internationaux. La bureaucratie, le système fiscal et la corruption sont autant de facteurs qui pourraient freiner cette montée en puissance.

S'il a lieu, ce retour ne sera pas sans impact sur les marchés pétrolier et gazier. Au sein même de l'OPEP on devrait, au cours des prochaines années, assister à une « partie de poker menteur » entre les deux géants du Moyen-Orient.

---

30 BP Statistical Review of World Energy, June 2015.

31 BP Statistical Review of World Energy, June 2015.

32 http://www.lemonde.fr/proche-orient/article/2015/04/02/nucleaire-iranien-un-accord-se-profile_4608769_3218.html

33 KK Damianova (2015), "Iran's re-emergence on global energy markets : opportunities, challenges & implications", Kings College London.

En dehors de la crise irako-syrienne et du schisme religieux qui les séparent, la République chiite et le royaume wahhabite sont en train d'engager un bras de fer économique pour conquérir les nouveaux marchés pétroliers du Sud-Est asiatique. La Chine, l'Inde, le Japon et la Corée du Sud devraient rester en priorité les principaux importateurs de pétrole iranien. Mais l'Iran souhaite aussi diversifier ses exportations pétrolières vers l'Union européenne. Le futur GNL iranien devrait également trouver acheteur sur les marchés asiatiques, mais aussi au sein de l'Union européenne qui souhaite diversifier ses sources d'approvisionnement.

La Méditerranée orientale, nouvel eldorado gazier ?

En répartissant la gigantesque manne pétrolière et gazière du Moyen-Orient, Dieu avait oublié la terre d'Israël. La conclusion désespérante à laquelle l'ex-protectorat palestinien était arrivé après des décennies d'explorations infructueuses l'avait conduit à vivre en état permanent de stress énergétique. Mais, au début des années 2000, la société américaine Noble découvrit au large des côtes israéliennes le champ de gaz de Mari-B dont la production débuta en 2004. Suivirent en 2009 et 2010 d'autres découvertes majeures dont les réserves pourraient atteindre 12 PWh[34]. Israël a ainsi déplacé une électricité 100 % charbon/pétrole importé vers le gaz domestique (43 % en 2015)[35] et diminué de 10 % ses émissions de GES. Dans cinq ans, le gaz devrait couvrir 100 % de la production électrique israélienne. L'État hébreu pourra alors exporter son gaz vers l'Europe où il viendra concurrencer le gaz russe et le GNL américain. Il n'est donc pas étonnant que la Russie, qui entretient d'excellentes relations avec l'État hébreu, souhaite intégrer les marchés israéliens[36], ce qui n'est évidemment pas du goût des dirigeants américains alliés traditionnels d'Israël. Mais les méthaniers israéliens pourraient aussi voguer vers l'immense marché asiatique par le traditionnel canal de Suez ou par le golfe d'Aqaba où la célèbre station balnéaire d'Eilat pourrait être transformée... en port méthanier. Enfin, Israël ne néglige pas les marchés régionaux. L'Arabie Saoudite qui souhaite déplacer une partie de sa production électrique du pétrole vers le gaz considère ainsi que, parmi les différents producteurs régionaux, l'État hébreu est de loin... le plus fréquentable[37].

La stratégie gazière d'Israël est concurrencée par une autre découverte d'envergure toujours en Méditerranée orientale, mais cette fois dans les eaux territoriales égyptiennes. Au large du delta du Nil, la compagnie italienne ENI a découvert fin 2015 le champ géant de Zhor. Il s'agirait de la plus grosse découverte de l'histoire en Méditerranée.

Puissances régionales oubliées du dieu énergie, Jérusalem et Le Caire pourraient-ils grâce à leur nouvelle manne gazière ramener à la raison les enfants

34 R. Lombardi (2016) « Et si le gaz israélien changeait la face au Moyen Orient ? » In « Gaz naturel, la nouvelle donne », sous la direction de F. Encel, Presses Universitaires de France.

35 http://www.iea.org/statistics/statisticssearch/report/?year=2013&country=ISRAEL&product=ElectricityandHeat

36 http://www.jfcconseilmed.fr/files/13-02-17---Lombardi-La-politique-russe-en-Mediterranee-et-au-Moyen-Orient.pdf

37 http://www.stratener.com/Archives/Saudi%20Arabia-%20A%20Kingdom%20without%20power_.pdf

terribles du Moyen-Orient et les associer à une grande « pax economica »? C'est parfois de l'inimaginable que vient la lumière!

Mais tous ces changements géopolitiques pourraient à court terme être mis à mal par l'inconstance et l'imprévisibilité du nouveau président américain. D. Trump souhaite un retour à une stratégie pro-saoudienne[38]. Va-t-il pour autant « sur un simple tweet » remettre en cause l'accord iranien dont il souhaite modifier certaines dispositions[39]. Affaire à suivre de très près.

Et la Chine se... réveilla

« Quand la Chine s'éveillera... le monde tremblera[40] », une vision avant l'heure, une résonance que l'écho de l'actualité ne cesse chaque jour d'amplifier. Fruit de nombreuses missions et d'entretiens avec des dirigeants mythiques comme Zhou Enlai ou Deng Xiaoping, Alain Peyrefitte est le premier à avoir décrypté que la Chine ne serait plus pour longtemps ce pays du tiers-monde sommeillant dans ses traditions séculaires. Elle saurait dans un exercice d'équilibrisme étonnant concilier une politique communiste avec une économie de marché.

Peyrefitte aurait en fait pu intituler son ouvrage « Quand la Chine se réveillera... ». Jusqu'au milieu du XIXe siècle, malgré le déclin latent de la très corrompue dynastie Qing, l'empire du Milieu est en effet demeuré la première puissance économique mondiale. Son PIB représentait alors le tiers du revenu mondial, l'équivalent des États-Unis durant les Trente Glorieuses. Autosuffisante et fermée au commerce international, la Chine se contenta d'exporter du thé que l'Empire britannique acheta à grands frais aux dépens de sa balance commerciale qui se déséquilibra dangereusement. C'est par le biais de l'opium[41] que les Chinois ne produisaient pas, mais consommaient en quantité croissante, que les Britanniques vont trouver la faille. Son introduction aussi massive que frauduleuse par des commerçants anglais et américains inverse la balance commerciale. À la réaction chinoise d'interdire toute importation, l'Angleterre associée à la France s'impose par la force des armes et exige de la Chine l'ouverture de son commerce international à travers des traités asymétriques. Ces derniers conduisent rapidement à sa perte de souveraineté, à sa ruine économique et à la paupérisation de sa population. Dans onze ports désormais ouverts, les Anglais, les Français, les Américains, les Allemands et les Russes développent des « concessions » internationales (les plus célèbres restent celles de Hong-Kong et de Shanghai) où des quartiers entiers « colonisés » échappent à l'autorité chinoise. Interdit depuis 1796, le commerce de l'opium peut désormais se développer librement.

---

38 http://www.lemonde.fr/economie/article/2017/05/23/l-industrie-militaire-americaine-comblee-par-le-voyage-de-donald-trump-en-arabie-saoudite_5132243_3234.html

39 https://fr.sputniknews.com/international/201611111028655952-trump-accord-nucleaire-iranien/

40 A. Peyrfefitte (1973), *Quand la Chine s'éveillera... le Monde tremblera*, Éditions Fayard.

41 http://www.monde-diplomatique.fr/2004/10/ROUX/11590

Souhaitant asseoir son influence régionale, le Japon qui, contrairement à la Chine, s'était modernisé très tôt, n'hésita pas à s'attaquer à sa voisine affaiblie. De la guerre Sino-Japonaise de 1894-1895 sortit une Chine à nouveau humiliée, obligée de payer d'importants dommages de guerre et de céder à son ennemi de vastes territoires. La crise économique et sociale qui en résulta provoqua entre 1899 et 1901 la fameuse insurrection des « boxers » que les puissances étrangères étouffèrent lors des célèbres « 55 jours de Pékin ». Définitivement décrédibilisée, la dynastie Qing s'effondra après 268 ans de règne. Mais, en proie aux factions rivales qui se disputèrent le pouvoir, la jeune République chinoise sombra dès ses premières années dans l'instabilité. Face au nationaliste Tchang Kaï-chek, le communiste Mao Tsé-toung finit par s'imposer en proclamant le 1er octobre 1949 la République Populaire de Chine. Celui que l'on surnomma alors « le Grand Timonier » imposa le collectivisme et la dictature du parti unique. Inspirateur du Grand Bond en avant (1958-1960) puis de la confuse Révolution Culturelle (1966-1969), son régime tyrannique est reconnu comme le plus sanguinaire de toute l'Histoire avec près de 40 millions de morts. En 1969 cette puissance multimillénaire décimée, sous embargo américain depuis 22 ans, a manqué tous ses rendez-vous depuis la révolution industrielle. Elle compte pour moins de 3 % de la richesse mondiale.

Le visionnaire Monsieur Deng

Sortir de cette léthargie plus que centenaire et rendre à la Chine le rang qu'elle avait tenu durant plus de vingt siècles, telle est l'ambition de Deng Xiaoping. Reprenant à la lettre les recommandations d'Alain Peyrefitte, il va réussir à concilier un modèle économique ultralibéral ouvert sur le monde avec un régime politique communiste autoritaire. Son ambition de « doubler le PIB du pays tous les dix ans » s'avèrera finalement bien timide. Entre 1978 et 2010, le PIB chinois va être multiplié par 40. En 1990, il est de 50 % inférieur à celui de la Fédération de Russie, en 2010 il lui est quatre fois supérieur. Au cours des 20 dernières années, la croissance de la Chine a été en moyenne de 8,8 % par an, de quoi faire pâlir les champions des Trente Glorieuses. Sauf accident, elle devrait retrouver son statut de première puissance économique mondiale avant 2020. Le cas chinois est unique dans l'Histoire. Jamais un « pays continent », peuplé de 1,4 milliard d'êtres humains, n'avait relevé un tel défi économique. Cette performance hors norme a évidemment un coût énergétique démesuré pour une économie restée profondément industrielle. En 2015, la Chine a consommé 22 % de l'énergie primaire et émis 27 % des émissions de GES. Son mix énergétique est parmi les plus polluants du monde avec 90 % de fossiles, dont 66 % de charbon et seulement 6 % de gaz.

Un sinistre « maître du jeu »

Présent dans le sous-sol de presque toutes les régions chinoises, d'excellente qualité et facilement exploitable à des profondeurs moyennes de 400 mètres, le charbon abonde en Chine. L'empire du Milieu produit et consomme la moitié du charbon de la planète. Il lui fournit aujourd'hui 87 % de son électricité. Il est aussi fortement utilisé dans l'industrie et pour le chauffage domestique. Les faibles coûts d'extraction assurent aux Chinois une électricité à un prix défiant toute concurrence. Non content d'émettre à lui seul près de 8 Gt_{CO2} chaque année dans l'atmosphère, le charbon chinois est responsable d'une des plus importantes pollutions de l'Histoire. Sa combustion se conjugue avec celle du bois que les Chinois continuent de brûler en grandes quantités dans des installations souvent obsolètes.

Les concentrations en dioxyde de soufre (SO_2), en particules et en oxyde d'azote (les fameux « NOx ») n'ont jamais été aussi élevées dans les grandes mégapoles chinoises. Les alertes à la pollution se succèdent avec des images angoissantes de brouillard épais et de gens couverts de masques filtrants. Et, ce véritable « air-apocalypse » touche la majorité des mégapoles chinoises. Une étude[42] publiée en juin 2013 estime que la pollution générée par les 196 centrales à charbon situées en périphérie de la capitale chinoise a provoqué en 2011 le décès de 2 000 Pékinois. Dans le nord de la Chine, là où l'utilisation du charbon est la plus concentrée, le seuil limite en particules fines est dépassé plus de 300 jours par an. Au total, la pollution de l'air en Chine aurait provoqué en 2010 un million de décès, soit près de 40 % des décès dus à la pollution dans le monde[43]. Et, malheureusement, le maître du jeu risque de ne pas s'arrêter là. D'ici 2030, la Chine doublera sa consommation électrique[44] en construisant chaque année 38 GW[45], l'équivalent de trois centrales nucléaires par mois. Et, si la « gaillette autochtone » ne suffisait pas, les Chinois ne manqueront pas de faire appel au petit frère mongol dont le gisement de Talvan Tolgoi est considéré comme la plus grande réserve charbonnière au monde. Situé à seulement 200 km de la frontière chinoise, il pourrait alimenter l'empire du Milieu pendant deux siècles[46].

Une dépendance croissante vis-à-vis du pétrole et du gaz

La stratégie chinoise montre une fois encore que l'indépendance énergétique et la compétitivité des entreprises sont deux piliers clé de la transition, et combien la vision géoéconomique à moyen terme l'emporte souvent sur la vision climatique à long terme. Les « outsiders » fossiles du charbon sont en effet pour la Chine synonyme de perte d'indépendance énergétique et de dégradation de la compétitivité de ses entreprises via une augmentation inévitable du prix de l'électricité.

42 http://www.liberation.fr/terre/2013/06/18/pekin-empoisonne-a-l-arsenic-cadmium-et-autre-nickel_911799
43 http://ecologie.blog.lemonde.fr/2014/03/26/la-carte-des-villes-chinoises-les-plus-touchees-par-la-pollution/
44 IEA Energy Outlook 2014.
45 https://www.lenergieenquestions.fr/la-chine-va-doubler-ses-capacites-de-production-electrique-dici-2030/
46 http://ecologie.blog.lemonde.fr/2012/06/28/les-immenses-ressources-minieres-de-la-mongolie-aprement-convoitees/

Figure 6.6 – Historiques comparés des dépendances pétrolières chinoise et américaine

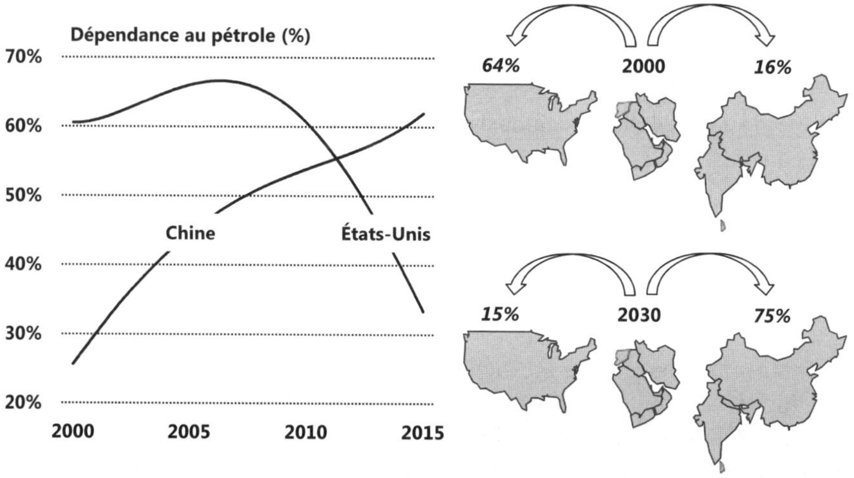

Source des données : BP Statistical Review.

Bien que cinquième producteur mondial de pétrole, la Chine a vu sa demande d'or noir tripler au cours des vingt dernières années. Exportateur jusqu'au début des années 1990, l'empire du Milieu est devenu en 2015 le premier importateur mondial. Dans le même temps, sa dépendance pétrolière a dépassé les 60 % (Figure 6.6). La croissance de la demande chinoise au cours des 15 prochaines années aura des conséquences majeures sur les flux pétroliers et les équilibres géopolitiques de la planète. La Chine deviendra sous peu le premier client des pétromonarchies du Golfe. En 2030, les importations de pétrole des États-Unis en provenance du Golfe ne représenteront plus que 15 % alors que celles de la Chine et de l'Inde (qui n'étaient que de 14 % en 2000) atteindront 75 % (Figure 6.6).

Le gaz apparaît comme le premier levier de déplacement de l'électricité charbonnière chinoise. Autosuffisante jusqu'en 2007, la Chine affiche aujourd'hui une dépendance gazière de 30 %. Aussi, ce déplacement devra-t-il s'appuyer sur une diversification de l'approvisionnement ainsi que sur le possible développement de réserves domestiques.

Les « routes du gaz » sont à la fois terrestres et maritimes. Après une décennie de négociations, le Chinois CNPC a signé en mai 2014[47] un mégacontrat avec le Russe Gazprom pour acheminer du gaz russe soit via un gazoduc qui traversera la chaîne de Altaï (entrée ouest) soit via un pipeline transitant à l'est le gaz issu de nouveaux champs à développer en Sibérie orientale[48] (Figure 6.7).

47 http://www.lemonde.fr/planete/article/2014/05/21/gaz-mega-accord-entre-la-chine-et-la-russie_4422950_3244.html

48 P.A. Charlez (2016), « Le Gaz Naturel Liquéfié américain pourra-t-il concurrencer à terme les marchés gaziers Russes ? », La revue de l'Énergie n° 633 – septembre-octobre 2016.

La Chine pourrait aussi importer du GNL en provenance d'Australie, d'Indonésie, de Malaisie et du Qatar ainsi que du GNL américain véhiculé depuis le golfe du Mexique via le canal de Panama[49].

Figure 6.7 – Les routes du gaz depuis les champs de Sibérie vers la Chine[50]

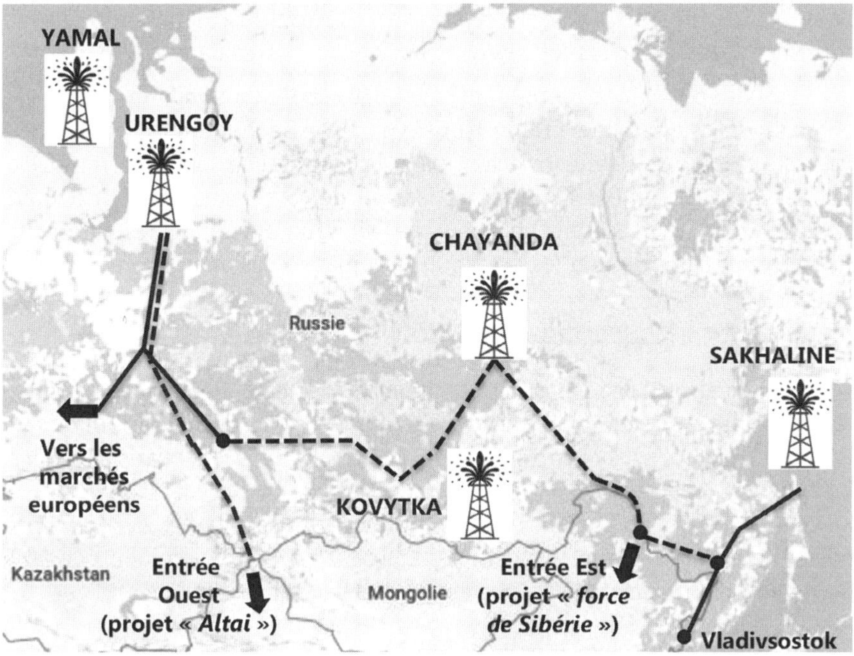

Enfin, la Chine posséderait[51] un potentiel non conventionnel comparable à celui de l'Amérique du Nord. Mais, la profondeur des ressources, la complexité géologique et la difficulté d'approvisionnement en eau (pour la fracturation hydraulique) ne permettent pas pour l'instant de développer ces ressources domestiques à un coût compétitif par rapport au gaz russe et au GNL régional[52].

Premier de classe mondial dans les renouvelables

Situé au cœur de la Chine, sur le fleuve Yang Tsé, le barrage des Trois-Gorges est le plus important complexe hydroélectrique du monde. La puissance de ses turbines est équivalente à une vingtaine de réacteurs nucléaires. Décidé en 1992 et débuté en 1994, le complexe a été mis en production par étapes entre

49 http://www.tvanouvelles.ca/2015/04/29/le-canal-du-panama-elargi-sera-operationnel-le-1er-avril-2016

50 http://www.gazprom.com/f/posts/61/907574/2014-06-26-map-sila-sib-en.jpg

51 US EIA (Energy Information Administration), *"Technically Recoverable Shale Oil & Gas Resources : an assessment of 137 Shale Formations in 41 countries outside the US"*, June 2013.

52 IHS CERA (2013), *"Exporting the Unconventional Revolution to the World Where, when, and how much ?"*, Global Energy WATCH®.

2006 et 2009. Grâce aux Trois Gorges, la Chine produit aujourd'hui plus d'un PWh annuel d'hydroélectricité. C'est quatre fois plus que les États-Unis et 17 fois plus que la France ! Mais, le projet a aussi généré de nombreuses polémiques. Sur le plan environnemental, 600 km^2 de terres agricoles et de forêts ont été inondés en amont du fleuve. En aval, le barrage a bloqué le transport sédimentaire impactant, *de* facto la faune et la flore. Et sur le plan sociétal, près de 2 millions de personnes ont été déplacées[53]. La plupart des paysans replacés au-dessus du lac de retenue se sont vu octroyer des parcelles moins fertiles que celles qu'ils possédaient auparavant.

Par ailleurs, sur la période 2005 à 2016, les Chinois ont installé 230 GW d'éolien et de solaire, une progression exponentielle fulgurante équivalente à quatre fois le parc nucléaire français. Dans le même temps, on assiste au cours des cinq dernières années à une stabilisation de la consommation de charbon (Figure 6.8). Bien que restant en queue de peloton concernant les émissions de GES, les Chinois sont de loin les champions du monde des énergies renouvelables.

Quel futur pour le mix énergétique chinois ?

La demande d'énergie primaire chinoise progresse aujourd'hui de 2 % par an. La poursuite de la politique actuelle a de quoi effrayer puisqu'elle conduirait au doublement des émissions qui atteindraient 18 Gt_{CO2} en 2050. Pour satisfaire l'objectif 2 °C 2050, il faudrait réduire les émissions chinoises de 180 Gt_{CO2} sur la période 2015 à 2050. Cent quatre-vingts Gt_{CO2}, c'est cinq ans d'émissions actuelles et 31 % de l'objectif mondial (Figure 6.8). Cela demandera de réduire la part fossile chinoise de 90 % à 62 %. Il s'agit probablement là du plus grand défi de la transition énergétique.

Figure 6.8 – Consommation charbonnière et mise en œuvre du potentiel renouvelable en Chine

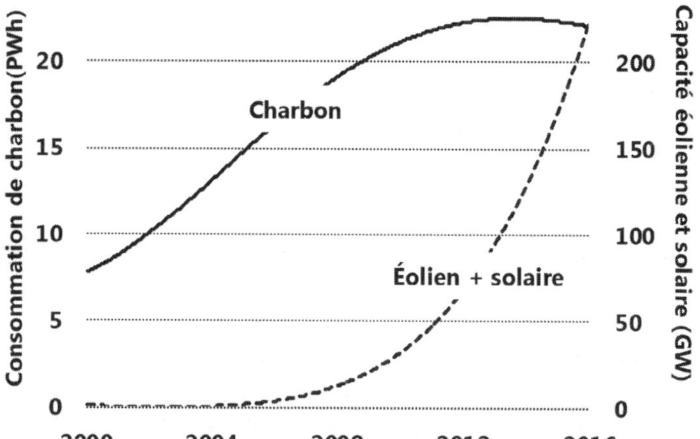

Source des données : BP Statistical Review.

53 http://www.lemonde.fr/asie-pacifique/article/2006/05/22/la-chine-acheve-le-barrage-des-trois-gorges_774495_3216.html

Une Russie victime de la « maladie hollandaise »

Si Alain Peyrefitte présageait en 1973 l'éveil de la Chine, l'historien russe Andreï Amalrik augurait dès 1970, en pleine Guerre Froide, la chute très prochaine de l'URSS[54]. Il fut relayé au milieu des années 1970 par le jeune démographe Emmanuel Todd. En s'appuyant notamment sur la hausse de la mortalité infantile, Todd prédit de façon aussi prémonitoire que scientifique l'effondrement économique et la décomposition politique et morale de l'Union soviétique. À une époque où la plupart des essayistes envisageaient plutôt un accroissement de la menace soviétique, son ouvrage n'aura qu'un faible retentissement et l'information essentielle qu'il véhiculera sera très vite oubliée. En 1991, alors que l'URSS s'était bel et bien effondrée, un échange télévisé resté célèbre opposant E. Todd à Georges Marchais, alors Secrétaire général du Parti Communiste Français, valut au démographe un juste retour de son analyse visionnaire.

La chute

La chute de l'Union soviétique résulte de la concordance de facteurs structurels endogènes et de circonstances conjoncturelles exogènes que l'on peut résumer en trois actes.

Le premier est la lente décomposition économique et morale d'un système gangrené par la corruption. Et si la « Perestroïka » de Mikhaïl Gorbatchev avait la volonté de construire une Union soviétique plus morale[55] à la quête d'un ordre social plus juste et d'un état davantage légitime, sa démarche ne semble aujourd'hui n'être rien d'autre que l'expression d'une angoisse face au déclin spirituel d'un passé stalinien construit sur la terreur et le mensonge. La plus grosse erreur de M. Gorbatchev fut de penser que « ce qui était juste serait également possible politiquement ». Mais un système construit sur la terreur et le mensonge ne se réforme pas, il s'effondre.

Le second est la déliquescence d'un empire culturel composite articulé autour de nations hétérogènes dont le ciment unitaire ne fut jamais consolidé. Dans son « empire éclaté », Hélène Carrère d'Encausse[56] décortique deux conceptions opposées de la création de l'empire soviétique. Lénine et Staline considèrent l'un et l'autre que la Fédération de Russie n'était pas viable sans le blé ukrainien, le pétrole caucasien et le coton uzbek. Mais, contrairement à Lénine qui souhaite un état fédéral cohérent garantissant l'identité de chacune de ses composantes, Staline est favorable à un état centralisé dominé par une Russie toute puissante. La disparition prématurée de Lénine en 1924 laissa le champ libre au « petit père des peuples » pour mettre en œuvre son projet centralisateur. Promoteur

54 Andreï Amalrik (1970), *L'URSS survivra-t-elle en 1984 ?*, Éditions Fayard.

55 http://www.slate.fr/story/40631/chute-union-sovietique-faux?page=0,1#toparticle

56 H. Carrère d'Encausse (1978), *L'empire Éclaté*, Éditions Flammarion.

d'un fédéralisme inégalitaire durant les années 1930, puis obligé de composer avec les différentes républiques durant le second conflit mondial, il fit émerger définitivement la supériorité de l'élite russe après 1945 en proclamant notamment la « russification culturelle »[57] des républiques soviétiques. Et, si la période post-stalinienne marqua une rupture très nette et reconnut explicitement que la fédération russe avait « abusé de sa puissance et confondu solidarité socialiste et volonté dominatrice », cet empire hétérogène fait de différences culturelles très marquées était à terme condamné à l'éclatement.

Le dernier acte résulte de trois événements conjoncturels qui vont sonner le glas d'un empire à bout de souffle.

Le premier est la guerre d'Afghanistan. Si dans un premier temps l'opération militaire est couronnée de succès, rapidement, les troupes soviétiques s'enlisent face à une rébellion « moudjahiddine » soutenue par l'ensemble du monde musulman. À partir de 1986, les combattants afghans portent des coups très durs aux Soviétiques et infligent à la puissante armée rouge une défaite cinglante souvent qualifiée de « Vietnam soviétique ». L'URSS sort épuisée moralement et financièrement de cette guerre qui ébranle de façon irréversible la crédibilité de son régime.

Le deuxième se passe le 26 avril 1986 quand le monde assiste « en direct » à l'explosion du réacteur n °4 de la centrale nucléaire de Tchernobyl. La faillite fut à la fois technique, humaine et morale. Les dirigeants soviétiques cherchèrent à dissimuler l'accident et décidèrent de mettre sous secret toute information relative à la catastrophe au mépris de la santé des populations touchées.

Le troisième est sans conteste le contre-choc pétrolier de 1986. Suite aux résultats catastrophiques de la collectivisation du système agricole à la fin des années 1920, l'URSS, qui « nourrissait de son pain la moitié de la planète », était devenu l'un des plus gros importateurs mondiaux de denrées alimentaires. Elle ne fonctionnait plus que sous perfusion pétrolière. Les prix élevés des hydrocarbures durant les années 1970 lui avaient permis de satisfaire le *deal* « pétrole contre nourriture ». Mais l'effondrement des cours à l'automne 1986 fut subi comme un séisme financier. Sa dette extérieure s'accrut, multipliant les retards de paiements. Malgré un endettement global faible, les banques occidentales cessèrent de prêter « sans garantie », ce qui conduisit rapidement à l'implosion du système. Le contre-choc pétrolier est donc bien un catalyseur conjoncturel. Il ne s'agit pas d'une cause structurelle résultant d'un complot machiavélique ordonnancé par les États-Unis et l'Arabie Saoudite[58], un mythe pourtant toujours largement répandu dans l'opinion publique russe.

Bien que son modèle économique fût largement obsolète, le bloc soviétique est pourtant resté jusqu'à sa chute un empire profondément industriel.

57 Un des signes avant-coureurs fut d'imposer à toutes les républiques soviétiques l'alphabet cyrillique dès la fin des années 1930.

58 E. Laurent (2006), *La face cachée du pétrole*, Éditions PLON.

En 1989, l'industrie contribuait pour plus de la moitié de son PIB. En 1995, ce chiffre était tombé à 37 % et en 2010 à 34 %[59]. Voulue par Boris Eltsine, cette marche forcée vers un libéralisme sauvage s'est traduite par la fermeture de nombreuses usines non rentables et a conduit à l'émergence d'une économie de rente.

Une économie de rente « subventionnée » par un sous-sol béni des dieux

Le sous-sol russe est avec celui du Moyen-Orient l'un des plus riches de la planète. Grâce aux « rives de Bakou », l'empire russe fut l'un des berceaux de l'aventure pétrolière. Toutefois, c'est surtout la plateforme Volga-Oural et surtout la Sibérie occidentale (75 % de sa production pétrolière et la majorité de sa production gazière) qui permirent à la Russie de développer son immense potentiel. Et, grâce aux pétroles de schiste du fameux « Bazhenov » ainsi qu'à de nouvelles ressources gazières situées en mer de Barents, la Russie a encore de beaux jours devant elle.

Deuxième producteur gazier après les États-Unis et troisième producteur pétrolier après les États-Unis et l'Arabie Saoudite, la Russie exporte aujourd'hui 72 % de son pétrole et 30 % de son gaz. Quant à ses ressources charbonnières, elles pointent à la sixième place mondiale. Contrairement à la Chine, la Russie n'a donc aucun problème d'indépendance énergétique. Grâce à sa rente fossile, elle devrait être l'un des pays les plus riches du monde. Et pourtant, cette manne financière ne lui a pas permis de monter, comme elle le souhaiterait, sur les plus hautes marches de l'escalier des pays développés. À ce jour, la Russie n'est toujours pas membre de l'OCDE.

Un peu comme les pétromonarchies du Golfe et la plupart des pays africains, la Russie est victime de cette fameuse « maladie hollandaise »[60]. Elle résulte des effets pervers d'une « rente » financière provenant principalement de la vente de matières premières[61]. La source des revenus (les réserves de pétrole et de gaz) étant limitée dans le temps et non renouvelable, le principal défi d'une économie de rente réside dans sa capacité à transformer suffisamment rapidement ce revenu purement financier en véritables actifs productifs. Or, aucun capital monétaire, quelle que soit sa taille, ne peut rendre un processus de développement intemporel, le temps nécessaire pour concevoir, planifier, mettre en œuvre et mener à maturité ces projets étant souvent plus long que la durée de vie des ressources naturelles. L'accumulation de capital non investi va au contraire renforcer l'inflation, créer de fortes distorsions de salaires et augmenter les inégalités sociales. La surévaluation de la monnaie locale réduit la compétitivité des entreprises en

59 Source des données : Banque mondiale.

60 La maladie hollandaise ou *Dutch Disease* fut identifiée en tant que phénomène économique en Hollande lors du développement du champ de Groningue.

61 Abdelkader Sid Ahmed (1987), « *Rente pétrolière : quelques problèmes théoriques* », Colloque ORSTOM, Paris.

faveur du secteur des services. En outre, les très capitalistiques développements pétroliers et gaziers mobilisent l'investissement au détriment des autres secteurs, créant de facto une économie non productive et non diversifiée associée à un État surdimensionné. Au lieu d'une véritable classe d'entrepreneurs émerge une « bourgeoisie pétrolière » au clientélisme politique opaque couplé à un degré élevé de corruption. Enfin, il s'y développe souvent une demande sophistiquée donnant une vision déformée de la modernité. Ainsi, les boutiques de luxe et les hôtels cinq étoiles moscovites contrastent-ils avec un outil de production complètement obsolète.

Les états rentiers dédaignent d'ailleurs les activités productives en faveur des profits spéculatifs. Reposant sur une économie de rente, la Russie voit son PIB évoluer (à la hausse ou à la baisse) au gré des cours de l'or noir (Figure 6.9).

Figure 6.9 – PIB de la Fédération de Russie en fonction du prix du pétrole

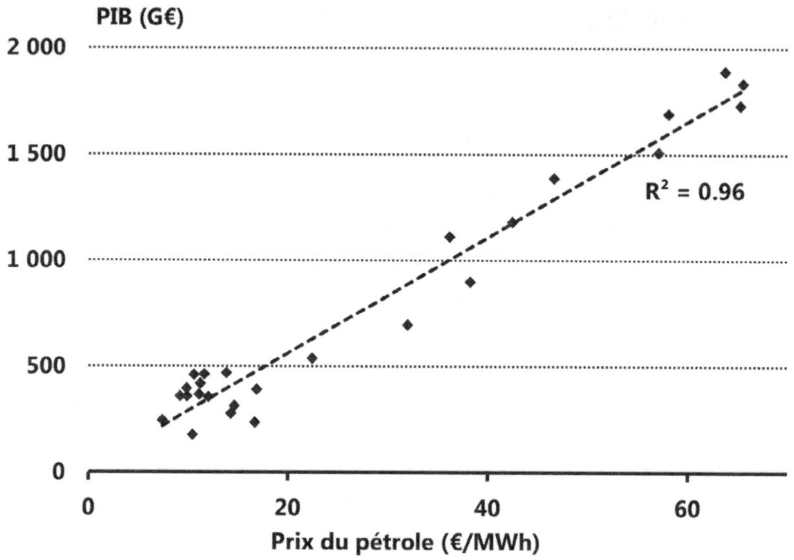

Source des données : BP Statistical Review et Banque mondiale.

La croissance résultant davantage d'un afflux de capital que d'une véritable richesse additionnelle, il n'y a pas dans ce type d'économie de corrélation forte entre l'accroissement du PIB et la consommation d'énergie.

Ainsi, au cours des 20 dernières années, alors que la Russie a multiplié son PIB par cinq, la demande intérieure de pétrole n'a augmenté que de 14 % (Figure 6.10). La réduction spectaculaire d'intensité énergétique (Figure 6.10) résulte donc d'un effet purement mécanique et ne correspond en rien, comme dans une économie classique, à des gains d'efficacité énergétique. La Russie est d'ailleurs complètement absente des renouvelables.

Figure 6.10 – Demande intérieure de pétrole Base 1 – 1996 et évolution de l'intensité énergétique en fonction du PIB de la Fédération de Russie

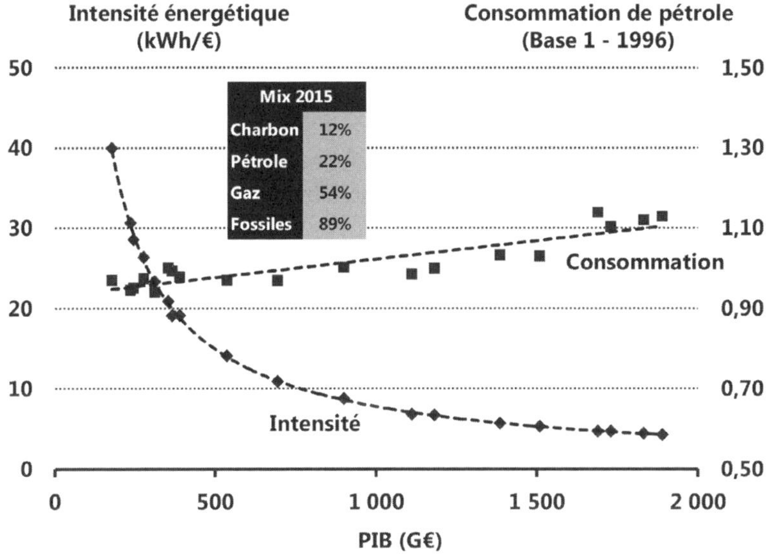

Source des données : BP Statistical Review et Banque mondiale.

Quel futur pour le mix énergétique russe ?

Le bouquet énergétique primaire russe est en apparence similaire au chinois : il contient 89 % d'énergies fossiles. Mais, contrairement au mix chinois essentiellement charbonnier, le gaz en représente plus de la moitié contre seulement 12 % pour le charbon et 22 % pour le pétrole. Le nucléaire et l'hydroélectrique viennent compléter un mix qui ne contient pas un panneau solaire ni une seule éolienne. Comme la France endormie sous son « édredon nucléaire », la Russie coule des jours heureux sous sa « couette d'hydrocarbures ». Et d'ailleurs pourquoi en changer ? Avec seulement 1,7 Gt_{CO2} d'émissions en 2014, la Russie n'est finalement qu'un modeste contributeur comparé à ses confrères chinois, américain et même européen. D'ailleurs, la Russie n'a pratiquement pas augmenté ses émissions depuis 2000. Elle les a même sensiblement réduites par rapport aux dernières années de l'Union soviétique. Mais cette évolution est avant tout liée à la désindustrialisation. Elle ne résulte en aucun cas d'une politique de réduction des émissions s'appuyant sur la mise en œuvre d'énergies renouvelables ou d'une politique d'efficacité énergétique. Les indicateurs (4,7 kWh/€ d'intensité énergétique et 11,5 t_{CO2}/hab d'intensité CO_2) classent d'ailleurs le Russe parmi les plus mauvais élèves de la planète.

Pour satisfaire l'objectif des 2 °C, la Russie ne devra réduire ses émissions globales que de 15 Gt_{CO2} à l'horizon 2050, c'est-à-dire 2,6 % de l'objectif mondial. Compte tenu de son potentiel gazier et des revenus qu'elle en tire, on est en droit d'émettre certains doutes quant à la volonté de la Russie à mettre en œuvre des énergies renouvelables pour remplacer ce gaz « béni des dieux ».

Quels débouchés pour le gaz russe ?

À court terme, l'urgence pour la Russie n'est pas la réduction des GES, mais d'enrayer la chute des cours des hydrocarbures pour renouer avec la croissance. À moyen terme, elle se doit de sécuriser sa clientèle gazière face à une concurrence de plus en plus en plus féroce. La Russie fournit aujourd'hui par gazoduc trois principaux clients (Figure 6.11). L'Union européenne en importe 64 %, l'Ukraine et la Biélorussie 21 % et la Turquie 15 %. Les principaux compétiteurs des Russes sur le marché européen sont la Norvège, l'Algérie et dans une moindre mesure le Nigéria et la Libye.

Figure 6.11 – Échanges de gaz vers l'Europe et vers le Sud-Est asiatique en 2014

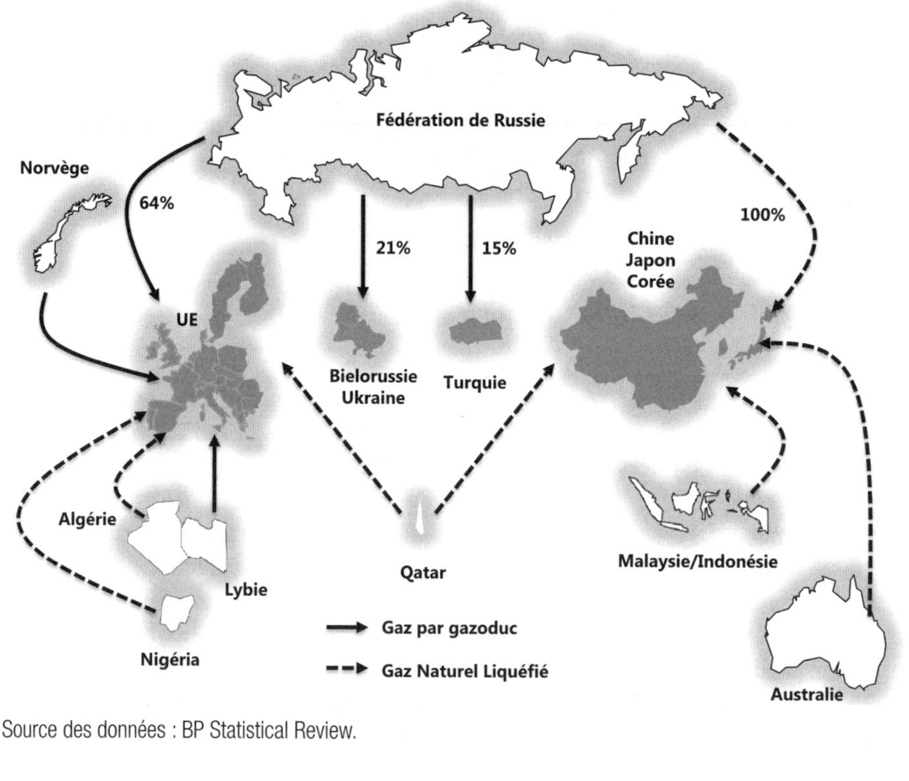

Source des données : BP Statistical Review.

Mais la menace vient aussi d'outre-Atlantique avec l'arrivée du GNL américain qui, à moyen terme, pourrait rendre vulnérable la stratégie commerciale russe.

Toutefois, faut-il différencier le court terme du long terme et le marché européen du marché asiatique. Sur les marchés européens, seul le GNL américain produit par des installations déjà construites (Figure 6.14) peut aujourd'hui être valorisé à un coût similaire au gaz russe importé par gazoduc. En revanche, celui issu d'installations non encore construites ne sera pas facilement concurrentiel par rapport au gaz russe bénéficiant d'installations existantes. En cas d'une remontée des cours du pétrole, les Russes peuvent aisément accorder à leurs clients européens des remises par rapport aux prix contractuels indexés. Cependant, du côté asiatique, les infrastructures terrestres sont pratiquement inexistantes (Figure 6.7). Les projets pour créer les accès ouest et est au réseau chinois demanderont des investissements de près de cent milliards de dollars. Cela conduira à un prix du gaz équivalent à celui du GNL américain qui, grâce à l'ouverture avancée du canal de Panama aux méthaniers, a maintenant accès aux marchés asiatiques. La guerre commerciale entre le gaz russe et le GNL américain devrait donc se passer davantage sur les marchés asiatiques que sur les marchés européens. Et l'Europe ? Assistera-t-elle à cette nouvelle guerre froide en simple spectateur ou peut-elle s'inviter au banquet comme un convive influant ?

La « désunion » européenne

Les « baby-boomers » européens ont eu une double chance : celle d'avoir grandi dans une société de croissance et de plein emploi, mais surtout d'avoir vécu dans un espace de paix. Si l'Union européenne a beaucoup de défauts, elle a au moins la vertu d'avoir préservé le Vieux Continent de tout conflit durant plus de 70 ans, une première dans l'Histoire. Car durant quinze siècles, l'Europe des nations, que certains partis populistes essayent de nous remâcher, s'est déchirée à tout vent, laissant souvent derrière elle violence, ravage et désolation.

Cette Union européenne généreuse fut imaginée par Jean Monnet, Robert Schumann, Alcide De Gasperi, Paul Henri Spaak et Konrad Adenauer. Grâce à Valery Giscard d'Estaing, Helmut Schmidt, François Mitterrand et Helmut Kohl, elle fut progressivement consolidée sur le plan économique (traité de Rome de 1957, Acte Unique Européen de 1986) puis monétaire (traité de Maastricht de 1992). Mais reposant sur des bases politiques insuffisantes (traité de Lisbonne de 2008), elle souffre aujourd'hui d'une profonde désunion. Sans pouvoir, sans moyen[62] et sans leadership, le modèle européen actuel ne représente en fait qu'une « somme d'égoïsmes nationaux[63] ». Occupant une horde de fonctionnaires inutiles pondant norme sur norme, il donne un spectacle désolant qui exaspère les citoyens.

N'importe quel entrepreneur vous dira que sans fondation stable aucune construction ne peut résister à une catastrophe naturelle. Quelle rude épreuve pour cette Union européenne aux assises encore bien fragiles que de faire face à un séisme financier auquel elle n'était nullement préparée. Quelle opportunité pour des populistes sans scrupule, de jeter de l'huile sur les braises pour faire renaître de ses cendres le vieux démon nationaliste. L'Europe est devenue le bouc émissaire tout trouvé. Une grande constante historique. Égyptiens, Grecs, Romains ou Byzantins ont tous essayé de solder leurs problèmes en en se refermant sur eux-mêmes et en cherchant des boucs émissaires. À moyen terme, ils ont tous disparu.

---

62 Le budget annuel de l'Europe est de 150 milliards d'euros, soit 1 % de son PIB. Un peu comme si on demandait à l'État français de fonctionner avec son seul budget de la culture.

63 J. Arthuis (2016), Discours personnel. Club Perspectives et Réalités – L'Île aux Moines, 27 août 2016.

La désunion énergétique de l'Europe

Pourquoi la Norvège (premier producteur européen de pétrole et de gaz) n'a-t-elle jamais adhéré à l'Union ? Pourquoi le Royaume-Uni (second producteur) qui avait refusé le Marché commun en 1951, puis adhéré du bout des lèvres à l'Union en 1973, a-t-il voté ce funeste Brexit le 21 juin 2016 ? Et le Danemark (troisième producteur), pourquoi n'a-t-il jamais accepté d'intégrer la zone euro ? Est-ce vraiment un hasard si les quelques nations pétrolières et gazières européennes (en dehors des Pays-Bas) ont toujours préféré le « one man show » à la communauté ?

La facture énergétique de l'Europe est un contributeur majeur à sa dette souveraine. La corrélation entre l'évolution de cette dette et la facture énergétique cumulée est édifiante (Figure 6.12). Alors que, depuis 1995, la dette européenne a augmenté de plus de 6000 G€, la facture pétrolière et gazière cumulée dépasse les 6500 G€. L'accroissement de la facture énergétique de l'Europe est un facteur essentiel du ralentissement de l'activité, de la réduction de l'investissement, de l'accroissement des coûts de production, de la réduction de la consommation et de la contraction de l'emploi. On estime qu'entre 2010 et 2014, les cours du baril ont amputé la croissance européenne d'au moins 1 % par an[64]. Le retour timide de la croissance en France en 2016 est donc dû en grande partie à la baisse des cours du pétrole et non à un quelconque effet des politiques gouvernementales.

Figure 6.12 – Corrélation entre dette souveraine et facture pétrolière et gazière européenne (20 pays)

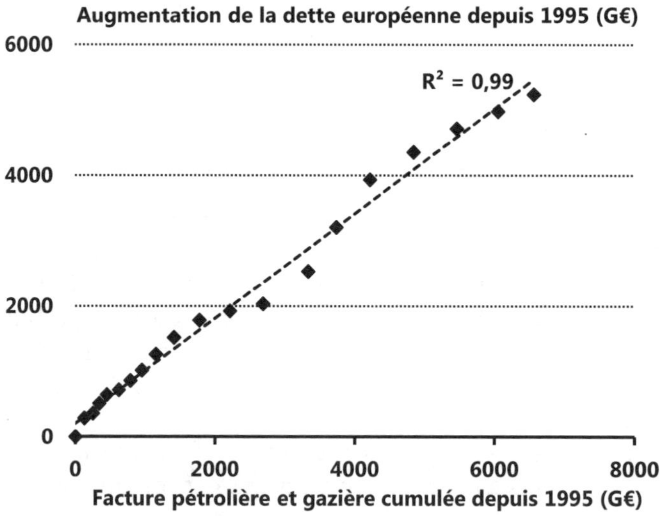

Sources des données : Eurostat et BP Statistical Review.

64 http://www.insee.fr/fr/ffc/iana/iana7/iana7.pdf

Et cette maladie n'est malheureusement pas ponctuelle puisqu'elle perdure de façon continue depuis 1974. Ainsi, entre 1993 et 2010, les importations de pétrole et de gaz ont coûté à la France 750 milliards d'euros[65] alors que sur la même période, la dette souveraine augmentait de 1 000 milliards d'euros. Ces chiffres démontrent qu'à système social constant, l'endettement de l'Europe est grosso modo la somme du coût des importations d'énergie fossiles et du remboursement de la dette. Durant les Trente Glorieuses, les pays développés avaient bâti leur croissance (et par voie de conséquence leur système social) à la faveur d'un « aliment » quasi gratuit. Le premier choc pétrolier a brisé nette cette « rente de situation » et contraint ces mêmes pays à s'endetter à grands frais pour importer de l'énergie tout en continuant à financer des systèmes sociaux dépassant largement leurs moyens réels. Davantage que la problématique climatique et la dépendance énergétique, la première problématique de l'Europe est sa compétitivité en grande partie pénalisée par le coût exorbitant de sa facture énergétique.

Si la baisse actuelle des cours donne un répit temporaire à l'économie européenne, les courbes historiques de dépendance énergétique ne poussent pas vraiment à l'optimisme. En 2014, l'Union était dépendante à 90 % de ses importations pétrolières, à 66 % de ses importations gazières et à 46 % de ses importations charbonnières. Hormis l'accalmie de la seconde moitié des années 1970 et des années 1980 faisant suite à la mise en production des champs pétroliers de mer du Nord, depuis la fin des années 1990, cette dépendance n'a jamais cessé de croître, grevant chaque année un peu plus le budget des États membres. Et malgré une volonté louable de mettre en œuvre d'autres sources d'énergie comme le nucléaire en France ou les renouvelables en Allemagne et en Italie, le mix énergétique européen reste profondément dépendant des énergies fossiles qui en 2014 représentaient 76 % du mix énergétique primaire. C'est certes mieux que nos confrères américain, chinois ou russe (qui rappelons-le frôlent tous les 90 %), mais le trajet est encore long pour réduire de façon significative cette dépendance.

Pourtant, sous prétexte d'héritages séculaires, chaque État membre continue de construire sa propre stratégie sans réelle volonté de consolider une politique énergétique commune. Entre la mise en œuvre agressive des renouvelables, la sortie du nucléaire, le renouveau du charbon et une possible entrée dans les gaz et pétroles de schiste, inquiétudes environnementales et promesses d'une énergie à bas coût rivalisent souvent jusqu'à la caricature. Pendant que l'Allemagne « charbonnière » donne des gages aux puissants lobbies écologistes en se retirant du nucléaire, mais recommence à importer massivement du charbon et que la France « nucléaire » referme définitivement le dossier « gaz de schiste » en excluant même toute phase exploratoire, la Grande-Bretagne « gazière » adopte, « la fiscalité la plus favorable au monde pour encourager sur son sol le développement des hydrocarbures non conventionnels »[66]. Limiter, ne fût-ce que partiellement, notre facture énergétique pour renouer avec une croissance durable n'est pas vraiment compatible avec des politiques énergétiques discordantes envoyant vers l'opinion publique des messages

65 Sources : Energy Funds Advisors.
66 Le Figaro, 14/08/2013, INTERNATIONAL, « Cameron prend position pour les gaz de schiste ».

contradictoires. L'Europe a besoin sur ce sujet clé d'un débat serein, responsable et surtout coordonné s'appuyant sur des données objectives.

Relancer la construction européenne passe d'abord et avant tout par l'émergence d'un socle commun articulé autour de quelques projets structurants rejoignant à la fois les préoccupations des peuples et les défis du monde futur. Ainsi, l'Europe apparaît-elle comme l'espace naturel dans lequel doit s'inscrire une transition énergétique conciliant réduction des émissions, compétitivité des entreprises et sécurité d'approvisionnement. Protection de l'euro par rapport au dollar, règles et normes communes, coordination de l'action des États membres, sécurité énergétique grâce à l'interconnexion des réseaux de gaz et d'électricité, mutualisation de la R&D sur les renouvelables, le stockage de l'énergie et la captation/stockage du carbone sont autant de thématiques structurantes capables de relancer le projet européen.

On ne peut donc que saluer l'initiative du nouveau président du Conseil européen Donald Tusk qui, en mai 2014 a proposé, sur fond de crise ukrainienne, de créer l'Union européenne de l'énergie.

Quel avenir pour le gaz en Europe ?

En 2015, l'Europe a consommé 4 PWh de gaz, soit environ 11 % de la production mondiale. Les principaux utilisateurs sont l'Allemagne, l'Italie et le Royaume-Uni et dans une moindre mesure l'Espagne et la France. Pourtant, au cours des cinq dernières années, la consommation européenne de gaz s'est contractée de 25 %. Croissance atone, baisse de la consommation d'électricité et économies d'énergie expliquent en partie cette réduction historique. Mais, c'est aussi le prix élevé du gaz mécaniquement indexé sur celui du pétrole dans le cadre de contrats long terme qui explique cette forte diminution. À énergie thermique équivalente, le cours moyen du gaz a, au cours des dernières années, été de 64 % supérieur à celui du charbon.

Aussi, n'est-il pas surprenant que le déplacement de la production électrique européenne du charbon vers le gaz (Figure 6.13) qui n'avait pas cessé depuis le début des années 1990 (de 6,5 % de gaz en 1990 à 24 % en 2008) s'est retourné depuis 2010 faisant retomber la part du gaz à 16 % alors que celle du charbon remontait à 28 %. Dans ce contexte, les Européens[67] ont vu leurs émissions stagner, voire repartir à la hausse. Ainsi, depuis 2006, malgré une augmentation vertigineuse de sa puissance renouvelable (elle dépasse aujourd'hui celle du nucléaire français), l'Allemagne n'a réduit ses émissions que d'un décevant 7 %. En cause la sortie du nucléaire remplacé par du renouvelable, mais aussi en partie par du thermique charbonnier. Ceci prouve une nouvelle fois que la logique économique, la compétitivité des entreprises, mais aussi le souci d'indépendance énergétique priment souvent sur la réduction des émissions.

67 JC Perraudin (2012), « Point sur la stratégie énergétique allemande », http://i-tese.cea.fr/_files/LettreItese17/DOSSIER/Allemagne.pdf.

Figure 6.13 – Part du gaz et du charbon dans le mix électrique européen

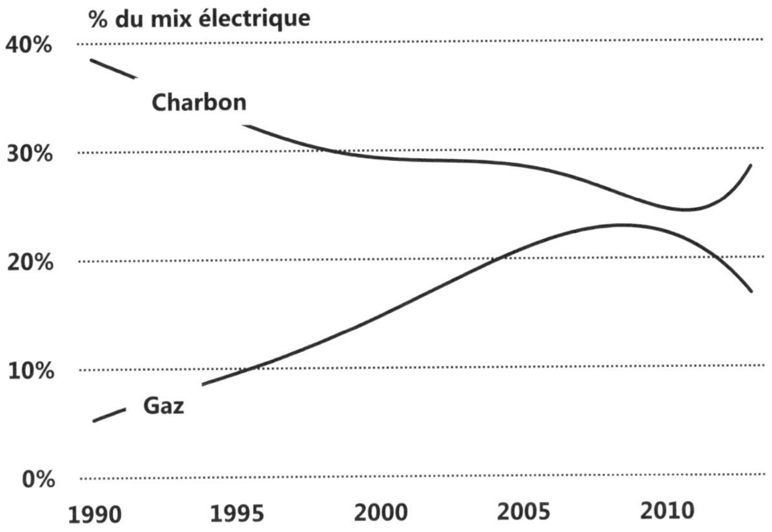

Source des données : IEA.

La production européenne de gaz qui provient aujourd'hui principalement du Royaume-Uni et de Hollande ne couvre plus qu'un tiers de nos besoins tandis que la dépendance gazière est passée au cours des quatre dernières décennies de 15 % à 66 %. Le déclin irréversible des champs britanniques de la mer du Nord et la réduction volontaire de la production du champ de Groningue suite à des secousses sismiques induites permettent d'anticiper qu'en 2035 la dépendance gazière de l'Europe dépassera les 90 %.

La trop forte dépendance de l'Europe vis-à-vis du gaz russe et les crises à répétition entre la Russie et son voisin ukrainien mettent aujourd'hui à mal la stratégie gazière européenne. Dans la mesure où une partie significative du gaz à destination de l'Europe transite par l'Ukraine, en réglant ses différends avec Kiev, Moscou peut couper partiellement l'approvisionnement européen.

La stratégie européenne vise donc à réduire autant que possible les importations de gaz russe transitant par le « Brotherhood » qui traverse l'Ukraine en utilisant préférentiellement le « Nord Stream » qui relie Saint-Pétersbourg à l'Allemagne sous la mer baltique (Figure 6.14). Depuis la mise en service du Nord Stream en 2012, le Brotherhood qui véhiculait auparavant la moitié du gaz russe, n'en transite plus que le tiers[68]. Le projet de doublement du Nord Stream récemment approuvé par l'Union européenne devrait permettre de marginaliser le Brotherhood.

68 ENTSO-G Transparency Platform.

Figure 6.14 – Principales routes gazières européennes

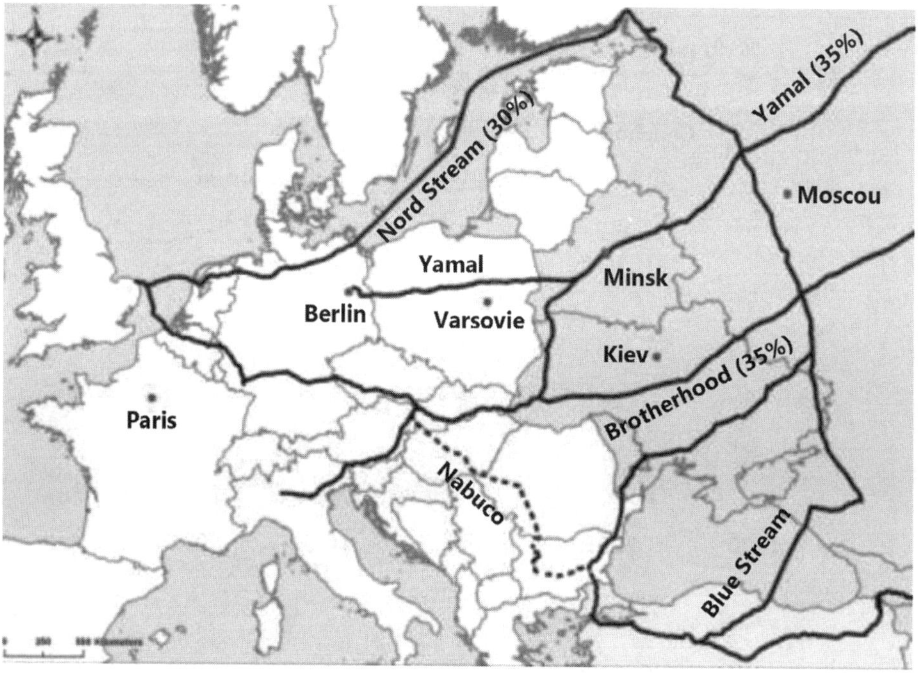

Source des données : IHS CERA.

Enfin, au-delà des tensions liées à l'Ukraine, l'Union européenne souhaite développer un nouveau modèle d'échanges reposant sur le court terme et la concurrence plutôt que sur des accords contractuels longue durée. Mais, contrairement aux échanges d'électricité qui sont intra Union, 70 % du gaz consommé dans l'Union provient de l'extérieur. L'histoire et la géopolitique pèsent donc souvent davantage que le coût d'approvisionnement sur les décisions des États membres[69].

Aussi, la future stratégie gazière européenne doit-elle se dégager partiellement de l'étau russe et diversifier ses sources en profitant de la conjoncture actuelle qui lui est favorable suite à la baisse significative du GNL. Entre 2009 et 2014, suite aux prix élevés du pétrole et à la forte demande en gaz du Japon après l'arrêt de ses centrales nucléaires, le GNL asiatique se vendait deux fois plus cher que le gaz européen et six fois plus cher que le gaz américain. Mais, après l'effondrement des prix du pétrole à partir de l'automne 2014, le GNL a emboîté le pas et se vend aujourd'hui sur le marché spot à des prix parfois inférieurs au gaz russe. Dans ce contexte, l'Europe devient donc un marché potentiel pour le GNL. D'autant que de grosses quantités de GNL en provenance des États-Unis, d'Iran et probablement d'Égypte et d'Israël pourraient inonder les marchés au cours de la prochaine décennie.

69 MC Aoun et S. Cornot-Gandolphe (2015), *L'Europe du gaz à la recherche de son age d'or*, Les Études IFRI, octobre 2015.

Enfin, l'Europe pourrait aussi tenter de réduire sa dépendance gazière via un accroissement de sa production domestique. Selon l'EIA[70], le sous-sol européen recèlerait des ressources non négligeables de gaz de schiste principalement situées en Pologne et en France et dans une moindre mesure au Danemark, en Roumanie, en Hollande et en Grande-Bretagne. Mais ces estimations reposent sur des calculs simplistes et doivent être considérées avec beaucoup de circonspection. Seules des données acquises au cours de forages d'exploration permettront de cerner précisément les enjeux réels. À supposer que ces hypothèses se confirment au moins partiellement, à quelles conditions ces ressources pourraient-elles être développées et dans quelle mesure pourraient-elles réduire la dépendance énergétique de l'Europe vis-à-vis de ses principaux fournisseurs de gaz ? Entraîneraient-elles des retombées significatives en termes de croissance, de prix de l'énergie et d'emploi ?

L'urbanisation de l'Europe ne permettra pas d'y reproduire l'exemple américain. Un schéma de développement raisonnable[71] ambitionnerait d'atteindre à l'horizon 2035 une production annuelle de 1,5 PWh, l'équivalent de quatre fois la consommation française. Pour satisfaire cet objectif, il serait nécessaire de mobiliser entre 100 et 300 appareils de forage pour forer 50 000 puits sur une durée de trente ans. En termes d'empreinte au sol, la surface globale utilisée serait de l'ordre de 500 km^2, l'équivalent du lac de Genève. Les besoins en eau seraient de un milliard de m^3 toujours sur trente ans. Cette valeur en apparence élevée reste pourtant marginale. À titre de comparaison pour la seule année 2012, la consommation d'eau en France atteignait 33 milliards de m^3.

Un tel schéma[72] compenserait grosso modo le déclin de la production domestique actuelle (mer du Nord et Groningue) et maintiendrait la dépendance gazière de l'Europe à son niveau actuel. Elle entraînerait à l'horizon 2035 une réduction des prix du gaz de 20 % et ceux de l'électricité de 10 %. La contribution moyenne à la croissance serait de 0,6 % par an. Un million net d'emplois (directs, indirects et induits) serait créé. Bien que bénéfique pour l'économie européenne, la production domestique de gaz de schistes ne représentera donc pas un véritable « game changer ». Par ailleurs, transformer ce rêve en réalité nécessite de lever trois verrous majeurs.

Le premier est de nature géologique. C'est seulement grâce au lancement de projets pilotes incluant chacun quelques dizaines de puits qu'il serait possible d'estimer le potentiel réel des roches mères européennes. Sont-elles meilleures, équivalentes ou moins bonnes que leurs consœurs américaines ?

Le deuxième est sociétal. Contrairement à l'Amérique du Nord, le « Vieux Continent » ne possède pas de culture pétrolière et gazière. Dans une Europe fortement urbanisée, la fracturation hydraulique, l'approvisionnement en eau, les

70 US EIA (Energy Information Administration), *"Technically Recoverable Shale Oil & Gas Resources : an assessment of 137 Shale Formations in 41 countries outside the US"*, June 2013.

71 Ph. Charlez et P. Baylocq (2014), *Gaz et pétrole de schiste... en questions*, Éditions Technip.

72 J. Williams, M. Winter, P. Summerton & S. Billington (2013), *"Macroeconomic impacts of EU shale gas development"* POYRY – Phase I : gas and power market impacts – Phase II : Employment impact". http://www.ogp.org.uk/IOGP, September 2013.

microséismes et l'impact en surface représentent autant de menaces pour certaines parties prenantes. Le droit minier, principalement favorable aux gouvernements nationaux dans tous les États membres, n'est évidemment pas un élément propice à motiver les autorités et les communautés locales. Une amélioration de la distribution de la rente minière notamment vers les communautés locales représenterait un progrès significatif.

Le troisième est économique. La viabilité d'un tel projet dépendra de notre capacité à exécuter des puits rentables, ce que le marché du service pétrolier en Europe (pas d'appareil de forage ni d'équipement de fracturation disponible, monopole de quelques grandes compagnies de service internationales) ne permet pas aujourd'hui. Changer la donne réclamerait d'encourager l'émergence de compagnies locales concurrençant les grandes multinationales dans les domaines du forage et de la fracturation. Cela demanderait d'abord et avant tout un engagement politique volontaire, un plan européen d'exploration puis de développement. Mais, même dans les cas les plus favorables, les Russes possèdent de telles marges de manœuvre sur leurs prix qu'ils pourront en un clic condamner économiquement tout projet européen. Le volet économique referme donc pour l'instant le dossier gaz de schiste en Europe qui à moyen terme n'a aucun avenir.

Quel futur mix énergétique européen ?

Bien qu'elle ait fait davantage d'efforts que ses confrères (son bouquet énergétique actuel intègre 13 % de fossiles en moins par rapport aux mix chinois, américain et russe), l'Europe reste le troisième émetteur de la planète avec environ 11 % des émissions mondiales.

La poursuite de la politique actuelle conduirait à un mix énergétique 2050 contenant 67 % de fossiles. Pour satisfaire l'objectif des 2 °C, l'Europe devra réduire ses émissions de 35 $GtCO_2$ (soit 6 % de l'effort mondial) à l'horizon 2050. Pour ce faire, la part des fossiles devra être ramenée à 41 % avec 22 % de gaz, 15 % de pétrole et 4 % de charbon). La part non fossile (59 %) du mix européen 2050 comprendrait 20 % de nucléaire et 40 % de renouvelables. La facture énergétique de l'Europe se verrait fortement réduite, ce qui lui permettrait de recouvrer une meilleure croissance économique.

Le nouveau Graal et la quadrature du cercle

Garantir l'approvisionnement énergétique, assurer une croissance forte, condition au plein emploi et aux revenus fiscaux des États, réduire de façon significative les émissions de gaz à effet de serre en mettant en œuvre le maximum de renouvelables, mais sans pour autant augmenter le prix de l'électricité, ni lever le verrou nucléaire ! Voilà le « nouveau Graal » à laquelle les dirigeants de la planète essayent de nous faire rêver.

Bien au-delà de la volonté commune que la photo de famille de la COP21 a essayé de véhiculer, la vraie transition énergétique se heurte d'abord et avant tout à une hétérogénéité de situations historiques, économiques et géographiques qu'il est vain de vouloir gommer. L'interdépendance des régions du monde et leurs intérêts contradictoires, qui relèvent souvent d'une histoire séculaire et complexe, restent et resteront durant de nombreuses années au centre de la problématique climatique.

Quand un prix élevé du baril signifie croissance pour l'économie russe, il notifie stagnation ou récession pour l'Europe. Quand l'économie américaine développe ses gaz de schiste et provoque l'effondrement des cours du charbon, ce dernier est absorbé par les pays européens les plus avancés en termes de renouvelables au mépris de la réduction de leurs émissions. L'exportation du GNL américain fera peut-être le bonheur des Chinois et des Européens, mais mettra en difficulté la stratégie russe. On demande aux pays riches, dont la compétitivité est en berne, de financer au nom de l'histoire passée la transition des pays émergents en pleine croissance qui émettent aujourd'hui 60 % du CO_2.

Aussi est-il tout à fait utopique de vouloir mondialiser la transition énergétique comme on a mondialisé les échanges économiques. La COP21 ne représente sur ce point qu'un catalogue de bonnes intentions. Une fois retourné sur son lopin de terre chacun oubliera **LA** transition et ne considèrera plus que **SA** transition restreinte au périmètre de **SES** intérêts, qu'ils soient légitimes ou pas. Le marin pêcheur français priera tous les matins pour que le prix du baril reste bas afin d'améliorer ses marges tandis que le consommateur russe implorera les cieux pour que les cours remontent le plus vite possible afin de rétablir son pouvoir d'achat. Le monde de l'énergie est trop complexe, trop stratégique, trop sensible, trop dépendant de l'histoire, de la géographie et de la politique pour pouvoir être mondialisé. C'est donc en recherchant un « plus petit commun multiple » et non un « plus grand commun diviseur » qu'il sera possible de résoudre la quadrature du cercle. Ce plus petit commun multiple devra s'appuyer sur trois leviers principaux largement développés dans cet ouvrage.

Le premier et de loin le plus important est la réduction de l'intensité énergétique dans les pays émergents. La Russie (4,7 kWh/€), l'Inde (4 kWh/€), la Chine (3,7 kWh/€) et d'une façon générale les autres pays émergents possèdent des gisements considérables de réduction d'intensité. À eux seuls, ils pourraient résoudre la problématique climatique. Rappelons que si d'un coup de baguette magique on abaissait l'intensité énergétique mondiale (2,3 kWh/€) au niveau de celle des leaders européens (1 kWh/€), sans aucun changement de niveau de vie ni de composition du mix énergétique, la planète n'émettrait plus que 15 Gt_{CO2} par an, une valeur bien en dessous du seuil des 25 Gt_{CO2} requis pour satisfaire les objectifs de Copenhague. Poursuite de la réduction de la consommation des véhicules, isolation des logements, amélioration de l'efficacité énergétique des centrales électriques dont le rendement reste désespérément bas et campagne mondiale de sensibilisation et de formation aux comportements adéquats, voilà un programme qui devrait faire consensus. Oubliant pour un temps les renouvelables, c'est sur la mise en œuvre de ce « plan Marshall de l'intensité énergétique » que le transfert de fonds des pays riches vers les émergents devra se concentrer en priorité.

Le deuxième est bien évidemment le déplacement rapide et massif de la production électrique du charbon vers les renouvelables. Le réseau ne pouvant s'accommoder des intermittences, les renouvelables devront s'appuyer sur un ami sûr : le gaz. Il est abondant, bon marché et beaucoup plus propre que le charbon. Il est beaucoup plus sûr que le nucléaire. Sa distribution terrestre par pipeline dans le cadre de contrats à long terme reste aujourd'hui à l'origine de querelles fratricides, de revendications territoriales et de chantages politiques. Par ailleurs, contrairement au pétrole, son prix reste très hétérogène d'une région à l'autre, ce qui provoque de fortes disparités de compétitivité. L'arrivée massive sur les marchés mondiaux de GNL australien, américain et iranien permettra sans aucun doute de diversifier les approvisionnements et de fluidifier les marchés. Grâce au GNL, le gaz deviendra peut-être un jour une commodité mondiale avec un marché unique.

Le troisième est d'oublier une fois pour toutes les calculs nationaux qui ne supportent que l'ambition personnelle et le corporatisme étroit et de créer une politique énergétique régionale homogène s'articulant autour de centrales d'achat communes. L'Europe est sur ce point un laboratoire des plus intéressants. Imaginons le chaos résultant d'une France où chaque région (voire chaque département ou chaque municipalité) négocierait de façon séparée et unilatérale un contrat gaz avec la Russie et déciderait de son propre mix énergétique en fonction de ses intérêts locaux et de son tissu économique. Une Bretagne éolienne en concurrence avec une Côte d'Azur solaire négociant leurs intermittences avec une région Rhône-Alpes hydroélectrique ou une Alsace nucléaire davantage intéressées à vendre leurs kilowattheures à une Allemagne plus généreuse.

« L'Europe médiévale des nations » si chère à Madame Le Pen pourrait séduire de façon compréhensible certains eurosceptiques exaspérés par l'incapacité des dirigeants européens à dépasser leurs agendas nationaux. Mais qu'ils soient conscients que sa volonté isolationniste n'est pas qu'une absurdité économique. C'est aussi une absurdité énergétique. Sa grande naïveté la conduit-elle à croire qu'après une sortie tonitruante de l'euro, le baril de pétrole se serait négocié en francs français, nouvelle « monnaie de singe » de la planète ? Est-elle candide au point de penser qu'au nom de la grandeur de la France, le Qatar aurait effacé d'un trait de crayon sa créance française ou l'aurait libellée en nouvelle monnaie nationale ? Son innocence lui commande-t-elle d'espérer que la Russie lui aurait offert, toujours en francs français, des conditions préférentielles sur les futurs contrats gaz qu'elle aurait dû inévitablement signer ? L'Allemagne et le Danemark ne sont pas en reste. Peuvent-ils mettre en œuvre leur politique renouvelable sans le support du nucléaire français et de l'hydroélectricité norvégienne ? La Pologne acceptera-t-elle finalement de se retirer du charbon en augmentant sa dépendance vis-à-vis du gaz russe ?

Si l'union fait la force, la désunion fait la faiblesse. L'avenir politique, économique, mais aussi énergétique de l'Europe résidera à terme dans la construction d'un État fédéral fort que personne aujourd'hui ne souhaite vraiment, mais qui émergera inévitablement au cours des prochaines décennies. N'en déplaise à la présidente du Front National, la pérennité du Vieux Continent est à ce prix. Espérons que l'Union européenne de l'énergie voulue par Donald Tusk permettra aux États membres de construire pas à pas une politique coordonnée conciliant réduction des émissions, compétitivité des entreprises et sécurité d'approvisionnement. Espérons que dans un avenir proche l'Union européenne négociera pour l'ensemble des nations (devenues de simples régions) européennes ses contrats gaz, que l'électricité européenne sera distribuée dans un marché ouvert, mais à un prix à peu près uniforme, et ce à travers une grille commune gérant de façon pertinente les intermittences. Si une taxe carbone universelle est impossible à mettre en œuvre, une taxe fédérale sur les échanges intérieurs est souhaitable et parfaitement réalisable. Il s'agit là d'un des objectifs courageux d'Emmanuel Macron.

Quoi qu'il en soit, le « parti des énergies fossiles » (pétrole/gaz/charbon) restera au cours des prochaines décennies la base alimentaire de notre croissance. La plupart des indicateurs plaident en faveur d'un mix énergétique mondial dont la part fossile descendra difficilement en dessous de 65 % à l'horizon 2050. On sera donc loin des 52 % requis par les objectifs de Copenhague encore plus loin de ceux rêvés par la COP21, d'autant que la possibilité d'une rupture d'offre pétrolière qui hantait les esprits au début des années 2000 s'est aujourd'hui éloignée notamment grâce à la révolution des pétroles de schiste. Même si les réserves d'intensité énergétique restent considérables dans les économies émergentes et le catalyseur technologique peut partiellement dématérialiser la croissance, il est illusoire de la déconnecter de son aliment de base.

Épilogue : les illusions perdues d'une société de croissance

On raconte qu'un jour, en Chine, alors que le cortège impérial traversait un pont, les chevaux qui tiraient le carrosse de l'Empereur s'emballèrent et projetèrent celui-ci dans la rivière par-dessus la balustrade. L'Empereur qui ne savait pas nager était sur le point de se noyer. La loi impériale stipulant que nul ne devait ni regarder ni toucher l'Empereur sous peine de mort, aucun des badauds qui avaient assisté à la scène n'eurent le courage de le secourir. Seul un homme, que les cris du pauvre Empereur avaient profondément touché, décida de plonger dans l'eau. Ému par ce geste qui lui avait sauvé la vie, l'Empereur décida non seulement de laisser notre homme en vie, mais aussi de le récompenser.

Notre homme rentra chez lui en réfléchissant à son vœu. La vie de l'Empereur méritait un cadeau conséquent, mais, d'un autre côté, l'Empereur était avare et, si la récompense paraissait trop énorme, il pourrait bien se retourner et le faire exécuter sur-le-champ.

Aussi apporta-t-il à l'empereur un échiquier et lui demanda en guise de récompense de mettre un grain de riz sur la première case de l'échiquier, deux sur la seconde, quatre sur la troisième, huit sur la quatrième et ainsi de suite. L'Empereur accepta d'emblée ce vœu en apparence dérisoire et apposa sans réfléchir son sceau impérial. Que ne fut-il pas étonné de voir dans les jours qui suivirent l'un de ses chambellans, le visage déconfit, lui annonçant que pour pouvoir remplir les conditions du vœu, il allait devoir céder au manant plusieurs siècles de moisson, la 64e case nécessitant à elle seule la bagatelle 350 milliards de tonnes de riz[73]. Sans en avoir l'air, notre manant avait réclamé à son empereur bien aimé d'accroître pendant 64 ans son capital initial au rythme insoutenable de 100 % par an.

Moins aberrant en apparence, l'emprunt d'État à 5 % qui durant les années 1960 et 1970 était réputé comme le meilleur des placements financiers, sans risque, et permettait au « bon père de famille », à échéance de 20 ans, de multiplier son capital par 2,5. La durée et l'intérêt ne sont pas dus au hasard dans la mesure où 20 ans correspondent en moyenne à l'amortissement d'un investissement à concurrence de 5 % l'an. Prolonger l'échéance au-delà des 20 ans devient pour l'emprunteur rapidement un cauchemar et pour le prêteur une véritable aubaine. Au bout de trente ans, son capital initial aura été multiplié par quatre, au bout de 50 ans par 10, au bout d'un siècle par 125 et au bout de deux siècles par plus de 15 000.

Réduisons encore nos ambitions en maintenant cette fois notre taux de croissance « au Graal des 3 % », mais appliquons-le sur plusieurs millénaires. Transposons-nous par exemple à l'époque égyptienne 2000 ans avant J.-C. et imaginons un citoyen très pauvre ne possédant qu'une demeure de 1 m^2. Supposons que l'homme politique de l'époque, aussi peu prudent que l'empereur chinois, lui ait promis à lui et à ses descendants une croissance continue de 3 % par an.

La vie de ses enfants et de ses petits-enfants n'est pas beaucoup plus « glamour » que la sienne puisqu'au bout d'un siècle, la surface qu'il a léguée a ses descendants ne dépasse pas un modeste studio parisien de 20 m^2. Par contre, un siècle plus tard le standing de la famille s'est accru de façon significative, avec un appartement « haut standing » de 360 m^2. Ce qui suit n'a plus aucune limite. Après trois siècles, la famille possède un immeuble cossu de 7 000 m^2. Après un demi-millénaire, elle est propriétaire d'un arrondissement de Paris. Au bout de 900 ans (soit 1 100 ans avant J.-C.), la famille est en droit de revendiquer le territoire français et à peine 100 ans plus tard la surface de la Terre entière (510 millions de km^2). À l'aube de l'empire grec, notre brave égyptien a légué à ses ancêtres un empire dépassant l'année-lumière carré et aujourd'hui il serait propriétaire de plusieurs « voies lactées ».

Même avec un tout petit pour cent de croissance, notre égyptien serait propriétaire de la terre entière bien avant la naissance de Jésus Christ et aujourd'hui de plusieurs systèmes solaires.

Le concept de croissance à plusieurs pourcents sur de longues périodes apparaît donc comme une aberration mathématique. Le Graal de l'homme moderne n'est finalement pas très différent de celui de la chevalerie du Moyen Âge.

73 Pour information, la production mondiale de riz en 2009 s'élevait à 685 millions de tonnes.

Le Système International d'unités (ou système SI)

Le système international d'unités ou SI est inspiré du système métrique (en référence au mètre). Il est basé sur trois unités élémentaires : le mètre unité de distance, la seconde unité de temps et le kg unité de masse. De ces trois unités élémentaires sont alors dérivées les unités mécaniques suivantes :

- Unité de surface : le mètre carré ou $m^2 = 1 \text{ m} \times 1 \text{ m}$
- Unité de volume : le mètre cube ou $m^3 = 1 \text{ m} \times 1 \text{ m} \times 1 \text{ m}$
- Unité de vitesse (distance par unité de temps) : le mètre par seconde ou m/s
- Unité d'accélération (variation de vitesse par unité de temps) : le mètre par seconde carré ou m/s^2
- Unité de force (produit d'une masse par une accélération) : le Newton. $1 \text{ N} = 1 \text{ kg} \times 1 \text{ m/s}^2$
- Unité de pression (force par unité de surface) : le Pascal. $1 \text{ Pa} = 1 \text{ N/m}^2$
- Unité de travail et d'énergie (produit d'une force par une distance) : le Joule. 1 J = 1 N x 1 m
- Unité de puissance (énergie par unité de temps) : le Watt. 1 W = 1 J/s

Nous utiliserons à maintes reprises dans cet ouvrage les unités d'énergie et de puissance. Pour simplifier lecture et comparaison, nous avons fait le choix d'utiliser pour la puissance directement le Watt et ses multiples mais pour l'énergie le Wh (1 Watt x 1 heure[1] = 3 600 Joules) et ses multiples. En effet, le kWh (kiloWatt heure) est l'unité d'énergie figurant sur la facture d'électricité.

Les facteurs multiplicatifs

Le Watt et le Wh étant des unités très petites, il est nécessaire pour parler énergie d'utiliser des facteurs multiplicatifs. Conformément au système SI les principaux facteurs multiplicatifs sont :

1 Rappelons qu'une heure contient 3 600 secondes.

- Kilo ou k pour milliers
- Méga ou M pour millions
- Giga ou G pour milliards
- Téra ou T pour billions (milliers de milliards)
- Péta ou P pour billiards (millions de milliards)

La tonne équivalent pétrole

Une autre unité que nous utiliserons dans cet ouvrage est la tonne équivalent pétrole ou tep qui correspond au pouvoir calorifique moyen d'une tonne de pétrole. Une tep équivaut à 11,63 MWh. La tep permet de comparer le pouvoir calorifique des combustibles fossiles entre eux. En moyenne :

- 1 tonne de pétrole = 7,3 barils = 1 161 litres = 11 630 kWh
- 1 tonne de tourbe = 0,2275 tep
- 1 tonne de lignite = 0,405 tep
- 1 tonne de charbon (anthracite) = 0,616 tep
- 1 tonne de bois = 0,3215 tep
- 1 000 m^3 de gaz naturel = 0,86 tep
- 1 tonne d'uranium = 12 000 tep

Liste des figures

Index

T

U

V

W

Table des matières

L'humanité entre dans une nouvelle phase de son évolution, dans laquelle elle est amenée à reconsidérer les aspects économiques, environnementaux et sociaux du développement. Le développement durable doit reposer, à quelque échelon que ce soit (États, entreprises, citoyens, ...), sur des réponses adaptées à tous les défis posés par l'articulation de ces trois dimensions.
Les titres de la collection ***Planète enjeu*** *viennent alimenter le débat économique, social et politique autour de ces préoccupations liées au développement durable.*
Cette collection a l'ambition de publier des ouvrages de réflexion, apportant un regard novateur. Son champ est largement ouvert à toutes les disciplines des sciences humaines.

Laurent **Baechler**
L'accès à l'eau. Enjeu majeur du développement durable

Edward B. **Barbier**
Un new deal écologique mondial. Repenser la reprise économique

Michael **Carolan**
Cheaponomics. Le coût élevé des produits bon marché

Philippe **Charlez**
Croissance, énergie, climat. Dépasser la quadrature du cercle

Cheryl **Desha** - Karlson **Hargroves** - Michael **Smith** - Peter **Stasinopoulos** - Ernst von **Weizsäcker**
Facteur 5. Comment transformer l'économie en rendant les ressources cinq fois plus productives

John **Houghton**
Le réchauffement climatique. Un état des lieux complet

Tim **Jackson**
Prospérité sans croissance. Les fondations pour l'économie de demain

David J.C. **MacKay**
L'énergie durable. Pas que du vent !

Peter **Newell** – Matthew **Paterson**
Climat et capitalisme. Réchauffement climatique et transformation de l'économie mondiale

Elinor **Ostrom**
Gouvernance des biens communs. Pour une nouvelle approche des ressources naturelles

Charles S. **Pearson**
Économie et défis du réchauffement climatique

Achevé d'imprimer en septembre 2017
par l'imprimerie Bietlot en Belgique
N° d'éditeur : 2017_0256
N° d'impression : 708846

IMPRIM'VERT®

FSC
www.fsc.org
MIXTE
Papier issu de
sources responsables
FSC® C021611